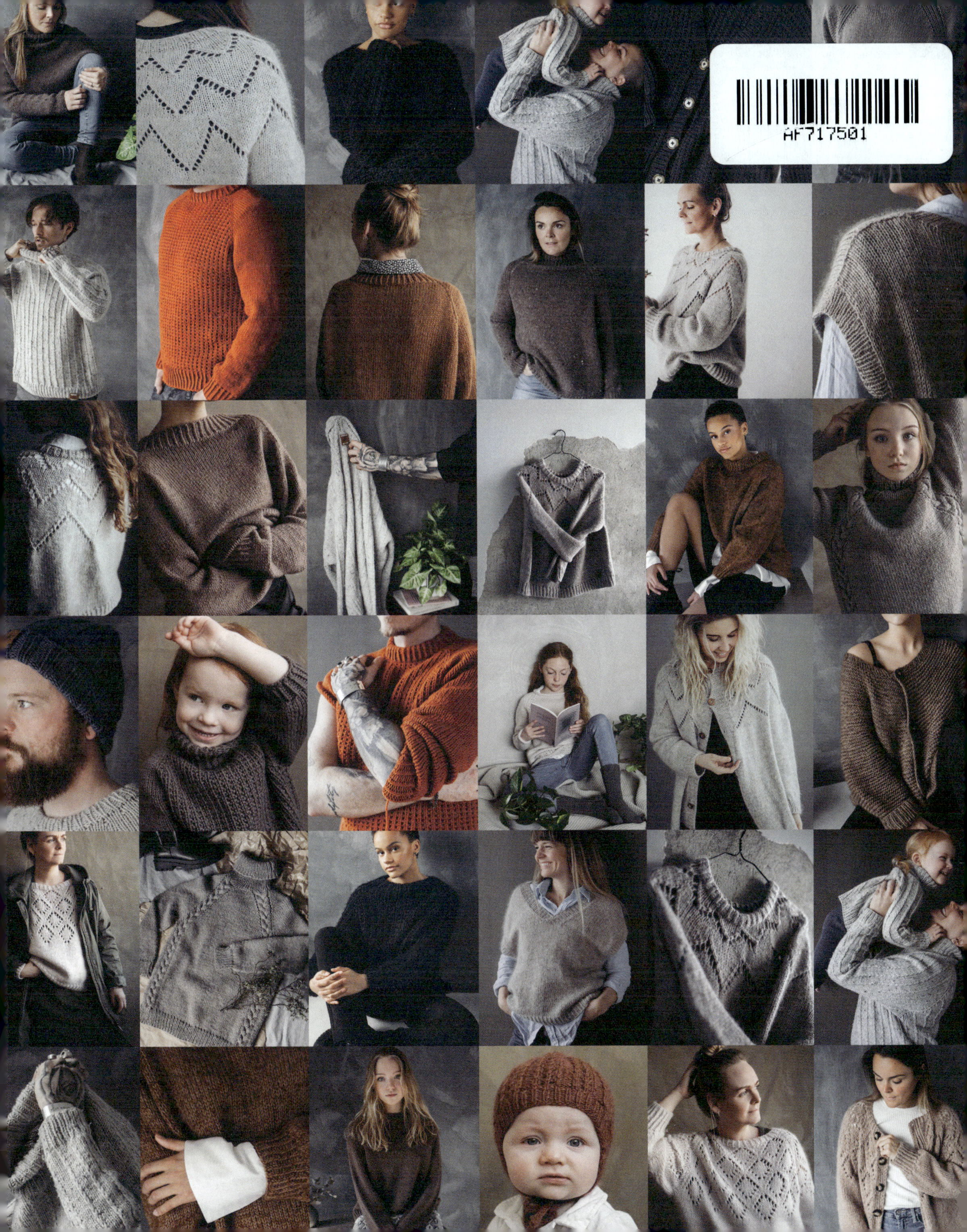

STROFF

Schnell gestrickt
für Groß und Klein

Strickdesign aus Island für die ganze Familie

stiebner

INHALTSVERZEICHNIS

FÜR BABYS UND KINDER 81

HOSEN, MÜTZEN, SOCKEN UND HANDSCHUHE 125

BABYSETS 145

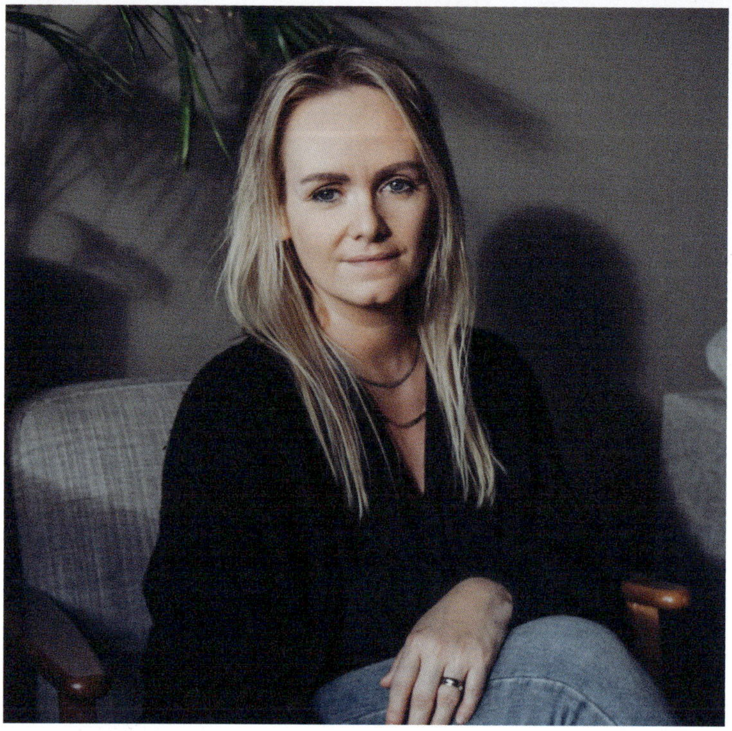

INNERE RUHE

Nichts erfüllt mich so sehr wie die Arbeit mit meinen Händen. Ich verbringe meine Tage umgeben von Wolle, Nadeln und unzähligen Maschenmarkierern. »Mamas stricken« war die Antwort meines Sohnes im Kindergarten auf die Frage, was Mütter so machen. Diese Antwort bringt meinen Lebensinhalt und unser Familienleben auf den Punkt. Handarbeiten haben mein Leben bestimmt, seit ich zwölf war und erste Kleider für meine Teddys und Puppen genäht habe. Für mich ist das eine wunderschöne und erfüllende Beschäftigung, die einfach gut für die Seele ist.

Schon als Kind wollte ich am liebsten mit den Händen arbeiten, etwas formen und erschaffen. Dafür hatte ich offensichtlich ein Talent (im Gegensatz zu Physik oder Literaturgeschichte ...), also probierte ich alles einmal aus: Holzarbeiten oder Malerei, Nähen oder Stricken.

Mein allerbestes Weihnachtsgeschenk war eine eigene Nähmaschine, als ich 20 Jahre alt war. Meine Eltern und Freunde legten dafür zusammen, und diese Maschine hielt mich jahrelang am Leben – hier konnte ich sitzen und nähen, entwerfen und meinen Gedanken freien Lauf lassen. Eines Tages hat die alte Maschine mitten in einem Projekt ihren Geist aufgegeben. Vielleicht sollte ich mir zu Weihnachten eine neue wünschen!

Das Leben fordert uns immer auf neue und unerwartete Weise heraus. Als ich eines Tages aus einer Laune heraus anfing, Strickanleitungen zu schreiben, wusste ich kaum, was ich tat. Trotzdem kamen immer neue Ideen und Entwürfe, die ich nach und nach immer besser zu Papier bringen konnte.

Dieses Buch ist eine Sammlung meiner Lieblingsanleitungen, von meinen ersten Anfängen bis heute. Ich hoffe, dass ihr in meinen Anleitungen genau wie ich Freude und Inspiration, Kreativität und innere Ruhe findet – das ist für mich der Sinn beim Stricken!

Sjöfn Kristjánsdóttir, Autorin und Designerin

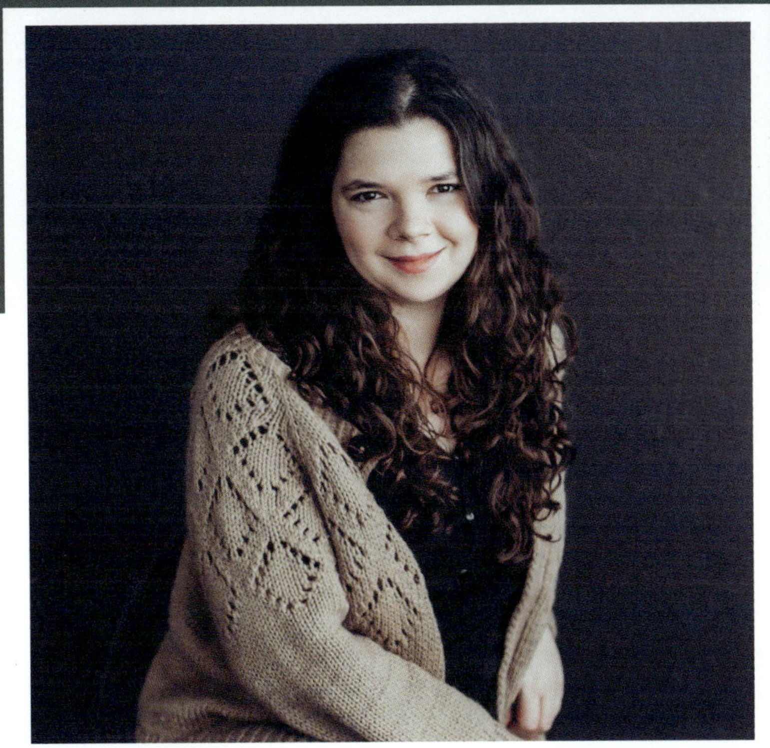

GLÜCKLICHER ZUFALL

Stricken habe ich, ganz klassisch, als Kind von meiner Oma und meiner Mutter gelernt. Richtig gepackt hat es mich aber erst später, als ich nach Island kam und meine Schwiegermutter mir beibrachte, die klassischen Islandpullover zu stricken. Praktischerweise arbeitete sie auch noch in der Wollfabrik und konnte mich so reichlich mit Wolle versorgen.

2018 entdeckte ich Sjöfns damals neuen Onlineshop und war sofort verliebt in ihre Designs für Babykleidung. Über die nächsten Jahre wurden meine eigenen Kinder, wie auch alle Kinder im Freundeskreis, in Modelle von Stroff eingekleidet. Dabei kam der leise Wunsch auf, doch auch beruflich etwas mit Wolle zu machen – leider fehlt mir aber jegliche Kreativität und das Gespür für neue Trends, das ich als Designerin bräuchte.

An dieser Stelle kam etwas Glück ins Spiel: Im Herbst 2020 kam ich in Sjöfns damals neu eröffnetem Wollgeschäft vorbei, um eine Stricknadel zu kaufen. Dabei entwickelte sich ein Gespräch über ihre Anleitungen, und ich erzählte, dass meine deutschen Freundinnen sie so gerne nachstricken würden. Das war quasi mein Einstellungsgespräch für einen Traumjob, von dem ich nicht wusste, dass es ihn gibt – ich war frisch arbeitslos, Sjöfn wollte ihre Anleitungen gerne einem breiteren Publikum präsentieren, und drei Wochen später ging der deutsche Onlineshop mit den ersten übersetzten Anleitungen online. Seitdem übersetze ich alle Anleitungen, stricke viele selbst noch einmal nach und betreue unsere deutschsprachigen Kundinnen.

Dass dieser erste Zufall einmal dazu führen würde, dass ich ein ganzes Buch mit Strickanleitungen übersetzen würde, hätte ich nie gedacht – aber bitte sehr, ihr haltet den Beweis in den Händen!

Leonie Karn, Übersetzerin

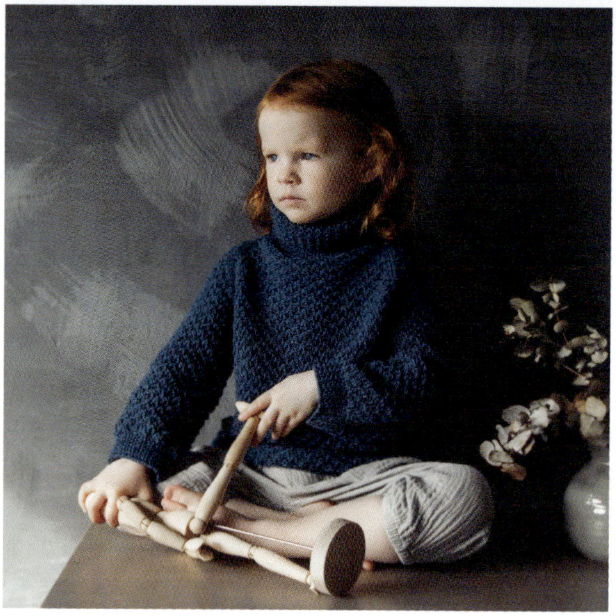

TECHNIKEN

Traditionelle Strickanleitungen enthalten viele Abkürzungen und Fachbegriffe, um die Anleitungen knapp und übersichtlich zu halten. Besonders Anfänger tun sich damit schwer – deshalb legen wir viel Wert darauf, unsere Anleitungen in klarer, normaler Sprache zu halten und wenig Vorwissen vorauszusetzen. So finden auch Anfängerinnen schnell zum ersten Erfolg.

Hier erklären wir zunächst einige der wichtigsten Techniken, die in diesem Buch immer wieder verwendet werden.

DIE RICHTIGE GRÖSSE ERMITTELN

Die angegebenen Maße in jeder Anleitung beziehen sich auf das fertige Strickstück. Wir empfehlen, dass ihr euch oder den Empfänger des Strickstücks vorher ausmesst oder alternativ ein gut passendes Kleidungsstück messt, um die passende Größe zu ermitteln.

Damit eine Mütze gut sitzt, muss sie enger sein als der Kopfumfang, deshalb liegt der angegebene Umfang unserer Mützen je nach Größe und Stricktechnik gut 5–10 cm unter dem durchschnittlichen Kopfumfang für die jeweilige Größe.

ZUNAHMEN MIT M1R, M1L

Die englische Bezeichnung »M1R, M1L« steht für »Make 1 right, make 1 left«. Damit sind nach rechts und nach links geneigte verschränkte Zunahmen gemeint, die wie folgt gestrickt werden:

M1R (rechts geneigte Zunahme): Nehmt den Querfaden zwischen zwei Maschen auf, indem ihr mit der linken Nadel von hinten in ihn einstecht. Strickt die Masche dann verschränkt ab, indem ihr in den vorderen Maschenschenkel einstecht.

M1L (links geneigte Zunahme): Nehmt den Querfaden zwischen zwei Maschen auf, indem ihr mit der linken Nadel von vorne in ihn einstecht. Strickt die Masche dann verschränkt ab, indem ihr in den hinteren Maschenschenkel einstecht.

Dadurch fügt sich die Zunahme unauffällig in das Maschenbild ein.

Video: https://bit.ly/m1r-m1l

SLIP SLIP KNIT (SSK)

Slip Slip Knit (SSK) bezeichnet eine nach links geneigte Abnahme. Sie kommt in Lochmustern und Abnahmen bei Socken, Mützen und einigen Raglanpullovern vor.

Für diese Abnahme hebt ihr zunächst beide Maschen einzeln wie beim Rechtsstricken von der linken auf die rechte Nadel, damit sie sich umdrehen. Schiebt diese zwei Maschen nun in dieser Orientierung wieder zurück auf die linke Nadel und strickt sie verschränkt zusammen, indem ihr von rechts nach links in die beiden hinteren Maschenschenkel einstecht.

Video: https://bit.ly/stroff-ssk

I-CORD-KANTE

Diese Kante bildet einen schönen und stabilen Abschluss an Stücken, die in Reihen gestrickt werden. Damit könnt ihr auch glatt rechts stricken, ohne dass sich das Stück dabei einrollt. Für diese Kante werden die ersten 2 oder 3 Maschen in jeder Reihe (Hin- **und** Rückreihe) immer rechts gestrickt. Die letzten zwei oder drei Maschen jeder Reihe werden ungestrickt, wie zum Linksstricken, mit dem Faden vor der Arbeit abgehoben.

Wenn diese Maschen in der nächsten Reihe wieder rechts gestrickt werden, rollen sie sich ein und bilden nach und nach die typische I-Cord-Kante.

Video: https://bit.ly/stroff-i-cord

I-CORD-KORDEL

Wir nutzen I-Cord-Kordeln hauptsächlich, um Bänder an Mützen oder Kordeln für Hosen zu stricken. Dafür schlagt ihr 3 Maschen auf eine Nadel aus dem Nadelspiel an und strickt sie rechts. Ihr wendet die Arbeit dann nicht, sondern schiebt diese 3 Maschen wieder ans vordere Ende der Nadel und strickt sie wieder rechts. Wiederholt diese Schritte, bis die Kordel die richtige Länge erreicht hat.

Alternativ könnt ihr die Kordel auch mit einer traditionellen Strickliesel herstellen – dann besteht sie zumeist aus 4 Maschen und ist etwas dicker.

Video: https://bit.ly/i-cord-Kordel

DAS DOPPELTE BÜNDCHEN

Viele unserer Pullover und Hosen beginnen mit einem Bündchen, das umgeklappt und doppelt gelegt festgestrickt wird, bevor ihr weiterstrickt. Dadurch wird ein Halsbündchen besonders weich und warm, und ein Hosenbund erhält dadurch einen Tunnelzug, durch den ihr eine Kordel oder ein Gummiband ziehen könnt. Ihr strickt das Bündchen dafür doppelt so lang wie die gewünschte Endlänge und klappt es dann so um, dass die Anschlagskante innen liegt. In der nächsten Runde strickt ihr es fest: Nehmt für jede Masche, die auf der Nadel liegt, jeweils die entsprechene Masche aus der Anschlagskante auf und strickt beide gemeinsam rechts ab. Am Ende liegt das Bündchen doppelt, ist fixiert und ihr könnt nach Anleitung weiterstricken.

Video: https://bit.ly/tunnelzug

VERKÜRZTE REIHEN

Verkürzte Reihen werden nur über einen Teil einer Runde gestrickt, der dadurch länger wird als der Rest. Wir nutzen sie bei Pullovern, um den Halsausschnitt hinten zu erhöhen, und bei Hosen, um Platz für eine Windel zu schaffen.

Damit an der Wendestelle kein Loch entsteht, stricken wir diese Reihen wie folgt: Strickt bis zur angegebenen Stelle und wendet die Arbeit. Hebt dann die erste Masche wie zum Linksstricken, mit dem Faden vor der Arbeit, ungestrickt ab. Zieht den Faden von vorne nach hinten über die Nadel. Dadurch wird die erste Masche nach oben gezogen. Beide Maschenschenkel liegen jetzt quasi wie zwei Maschen auf der Nadel. Zieht den Faden gut an und strickt die Reihe zurück. Wendet auf der anderen Seite mit derselben Wendemasche. Wenn ihr in den folgenden Reihen über diese Wendemasche hinaus strickt, strickt ihr sie als eine einzige Masche ab.

Video: https://bit.ly/verkuerzte-reihen

»KEINE MASCHE« IM DIAGRAMM

Besonders bei Lochmustern kommen im Musterdiagramm oft Kästchen mit der Bedeutung »Keine Masche« vor. Diese Kästchen sind reine Platzhalter, damit das Diagramm übersichtlich dargestellt werden kann. An dieser Stelle befindet sich tatsächlich keine Masche, da diese Masche erst später durch Zunahmen entsteht. Ihr überspringt dieses Kästchen und geht direkt weiter zur nächsten Masche.

SCHWIERIGKEITSGRADE

Alle Anleitungen in diesem Buch werden ausführlich, Schritt für Schritt, erklärt, und setzen wenig Vorwissen voraus. Trotzdem haben wir sie zur besseren Orientierung in drei Schwierigkeitsgrade aufgeteilt:

Stufe 1: Für Anfängerinnen, die den Maschenanschlag, rechte und linke Maschen, einfache Zu- und Abnahmen und Abketten beherrschen.

Stufe 2: Für Fortgeschrittene, die bereits ein paar einfache Modelle (eine Mütze oder einen einfachen Raglanpullover) gestrickt haben und mit den Grundlagen aus Stufe 1 keine Probleme mehr haben.

Stufe 3: Für Profis, die Musterdiagramme lesen können, und in der Lage sind, mehreren Anweisungen gleichzeitig zu folgen. Mit Geduld und Konzentration können aber auch hartnäckige Anfänger die Anleitungen der dritten Stufe nachstricken.

HILFE

Wenn ihr Hilfe braucht, empfehlen wir zunächst, online nach Erklärungen oder Videos zur gesuchten Technik zu suchen. Wir binden selbst Videolinks in unsere Anleitungen ein, da ein Video eine Stricktechnik oft viel klarer zeigen kann als eine lange Erklärung. Weitere Fragen zu den Anleitungen beantworten wir über info@stroff-knitting.de oder auf unseren Social-Media-Seiten.

ABKÜRZUNGEN

M: Masche/n
RM: Randmasche/n
re: rechte Masche/n
li: linke Masche/n
MM: Maschenmarkierer
SSK: Slip, slip, knit
M1R, M1L: Make 1 right, make 1 left
***–*:** Die Angaben, die zwischen den Sternen stehen, wiederholen

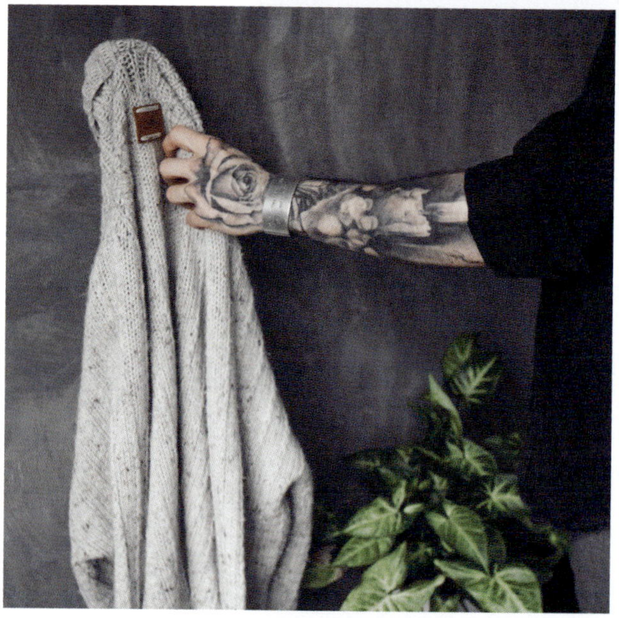

FÜR ERWACHSENE

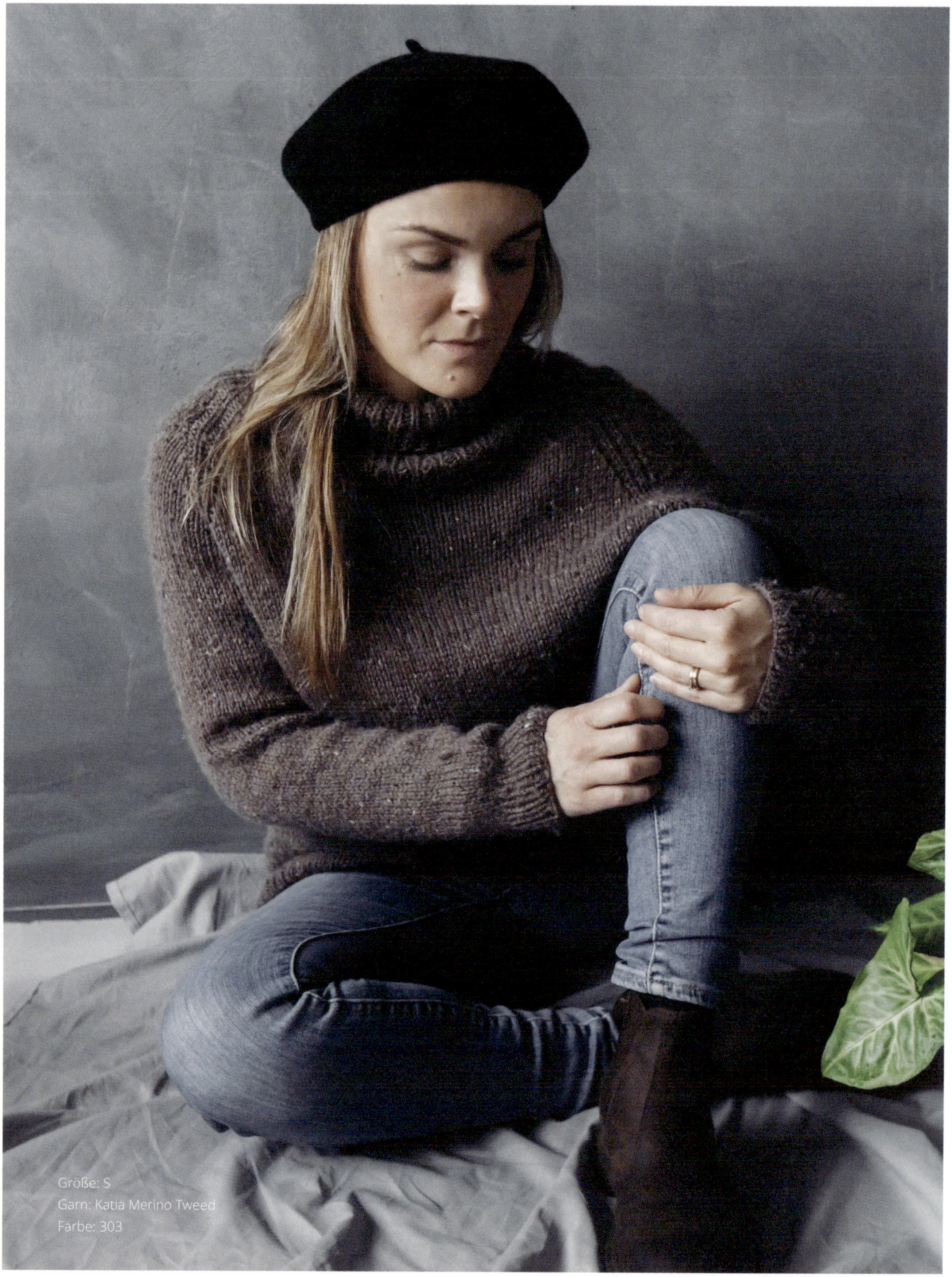
Größe: S
Garn: Katia Merino Tweed
Farbe: 303

KIESELSTEIN

Kieselstein ist die große Ausgabe unseres beliebten Kinderpullovers Kari, und genau wie dieser besonders groß, weit und kuschelig. Ihr könnt entscheiden, ob ihr einen Rollkragen wie bei Kari oder lieber ein kurzes Halsbündchen stricken möchtet, und ob ihr ihn aus einem Faden dicker Tweedwolle strickt oder als Luxusversion aus einem Faden Wolle und einem Faden Mohair. Oder direkt beide Versionen! Kieselstein ist perfekt für Anfänger, die ihren ersten Raglanpullover stricken möchten.

GRÖSSENANGABEN UND GARNVERBRAUCH

Größe	Rumpflänge	Brust-umfang	Ärmellänge	Ärmel-umfang
XS	40 cm	110 cm	40 cm	35 cm
S	44 cm	117 cm	44 cm	36 cm
M	49 cm	122 cm	47 cm	37 cm
L	**53 cm**	**130 cm**	**51 cm**	**39 cm**
XL	**57 cm**	**135 cm**	**53 cm**	**41 cm**

Bitte beachtet, dass die angegebenen Garnmengen nur ein Richtwert sind.

MERINO UND MOHAIR

Größe	Merino 100%	Mohair
XS	450 g (918 m)	100 g (840 m)
S	500 g (1020 m)	125 g (1050 m)
M	550 g (1122 m)	150 g (1260 m)
L	**600 g (1224 m)**	**150 g (1260 m)**
XL	**700 g (1428 m)**	**175 g (1470 m)**

EINFÄDIG AUS DICKEM GARN

Größe	Tweed
XS	500 g (800 m)
S	600 g (960 m)
M	700 g (1120 m)
L	**800 g (1280 m)**
XL	**900 g (1440 m)**

Garn

Katia Merino Tweed (80 m/50 g), Katia Merino Aran, Katia Merino Sport, Lana Grossa Bingo oder Drops Nepal

Maschenprobe

16 Maschen = 10 cm mit Nadelstärke 6

Das braucht ihr:

Rundstricknadel Nr. 6 (40, 80, 100/120 cm lang)
Nadelspiel Nr. 6
Stopfnadel zum Vernähen der Fäden
Maschenmarkierer

Kieselstein war unser erster Damenpullover und ist bis heute eines unserer beliebtesten Modelle! Er wird von oben nach unten in Runden gearbeitet, mit einem kleinen Rippenmuster in den Raglanlinien.

HALSBÜNDCHEN

Schlagt 68, 76, 80, **84, 88** M auf die Rundstricknadel Nr. 6 (40 cm) an. Schließt zur Runde und strickt das Bündchen im Rippenmuster (1 M re, 1 M li im Wechsel) insgesamt 6 cm lang (oder nach Geschmack). Alternativ könnt ihr auch einen Rollkragen stricken – strickt dann mit derselben Maschenzahl den Kragen im Rippenmuster insgesamt 18–20 cm lang und kalkuliert dafür ca. 50 g mehr Wolle ein.

RAGLANPASSE

Nach dem Rollkragen werden die Raglanzunahmen gearbeitet. Diese Zunahmen bilden die Linien, die Rumpf und Schultern voneinander trennen. Hier werden die Raglanschrägen mit einem kleinen Rippenmuster über 5 M gestrickt.

Die Runde beginnt in der hinteren Mitte. Ab hier wird nur noch glatt re gestrickt. Bitte beachtet, dass die Maschenmarkierer (MM) hier nicht in eine bestimmte Masche gesteckt werden, sondern immer zwischen zwei Maschen auf der Nadel hängen und in jeder Runde mitgenommen werden.

1. Schritt: Strickt 11, 13, 15, **15, 17** M re (rechtes Rückenteil). MM1 platzieren.

2. Schritt: Strickt 5 M im Rippenmuster (li, re, li, re, li). MM2 platzieren.

3. Schritt: Strickt 1 M re (rechte Schulter). MM3 platzieren.

4. Schritt: Strickt 5 M im Rippenmuster (li, re, li, re, li). MM4 platzieren.

5. Schritt: Strickt 23, 27, 29, **31, 33** M re (Vorderteil). MM5 platzieren.

6. Schritt: Strickt 5 M im Rippenmuster (li, re, li, re, li). MM6 platzieren.

7. Schritt: Strickt 1 M re (linke Schulter). MM7 platzieren.

8. Schritt: Strickt 5 M im Rippenmuster (li, re, li, re, li). MM8 platzieren.

9. Schritt: Strickt 12, 14, 14, **16, 16** M re (linkes Rückenteil).

Jetzt habt ihr wieder den Beginn der Runde in der hinteren Mitte erreicht. Markiert ihn ggf. mit einem weiteren MM. Die acht MM in der Runde markieren die Stellen, an denen ihr ab der nächsten Runde die Raglanzunahmen arbeitet.

Arbeitet jetzt die Zunahmen an beiden Seiten der 5 Raglanmaschen mit **M1R, M1L** (s. Seite 6): Strickt bis zum ersten MM, **M1R**, MM abheben, Rippenmuster stricken, MM abheben, **M1L**. Wiederholt diese Zunahmen an allen weiteren Raglanlinien in dieser Runde. Strickt dann eine zweite Runde ohne Zunahmen. Auf diese Weise nehmt ihr in jeder zweite Runde 8 M zu, und es bilden sich die Linien, die Hauptteil und Schultern voneinander trennen.

Arbeitet diese Zunahmen in jeder zweiten Runde, bis ihr insgesamt in 24, 25, 26, **28, 29** Runden zugenommen habt, oder um 192, 200, 208, **224, 232** M. Wechselt auf eine längere Rundstricknadel, wenn die Reihen zu lang für 40 cm werden. Am Ende liegen insgesamt 260, 276, 288, **308, 320** M auf der Nadel. Strickt noch eine weitere Runde glatt re, ohne Zunahmen und ohne Rippenmuster. Endet in der hinteren Mitte.

RUMPF

Jetzt werden die Maschen, die später die Ärmel bilden, auf jeder Seite auf einem Hilfsfaden stillgelegt. Das ist ein Faden in einer Kontrastfarbe, auf den ihr alle Ärmelmaschen auffädelt, um sie zu sichern, während der Rumpf gestrickt wird. Das geht folgendermaßen:

1. Schritt: Strickt die Maschen des rechten Rückenteils und die 5 Raglanmaschen bis zu MM2. Ab hier strickt ihr auch die Raglanmaschen re, ohne Rippenmuster.

2. Schritt: Legt die nächsten 49, 51, 53, **57, 59** M auf einen Hilfsfaden (rechter Ärmel).

3. Schritt: Schlagt 7 neue M an (unter dem rechten Ärmel).

4. Schritt: Strickt die nächsten 5 Raglanmaschen, das Vorderteil und die 5 Raglanmaschen auf der anderen Seite bis zu MM6. Auch hier strickt ihr alle Raglanmaschen nur noch re.

5. Schritt: Legt die nächsten 49, 51, 53, **57, 59** M auf einen Hilfsfaden (linker Ärmel).

6. Schritt: Schlagt 7 neue M an (unter dem linken Ärmel).

7. Schritt: Strickt die 5 Raglanmaschen und das linke Rückenteil re. Jetzt habt ihr wieder das Ende der Runde erreicht.

Jetzt liegen insgesamt 176, 188, 196, **208, 216** M auf der Nadel (Vorder- und Rückenteil, plus die 14 neuen M unter den Ärmeln). Die Ärmelmaschen liegen jetzt auf Hilfsfäden.

Strickt jetzt gerade nach unten, bis der Rumpf, ab dem Ärmelansatz, 34, 38, 43, **47, 51** cm misst. Strickt dann ein Rippenbündchen (1 M re, 1 M li im Wechsel), 6 cm lang, und kettet im Muster ab.

ÄRMEL

Jetzt werden die Maschen für den ersten Ärmel, die ihr auf einem Hilfsfaden stillgelegt habt, wieder zurück auf die Rundstricknadel (40 cm) gelegt. Zusätzlich werden aus den Maschen, die ihr unter dem Arm neu angeschlagen habt, 7 M aufgefasst und zu den restlichen Ärmelmaschen auf die Nadel gelegt. Die Ärmel werden in Runden gestrickt. Damit der Rundenbeginn mittig unter dem Arm liegt, werden die neu aufgefassten Maschen auf Rundenbeginn und -ende verteilt, d.h. es kommen je 4 der Maschen an den Beginn und 3 an das Ende der Runde. Die erste Runde beginnt nun in der Mitte zwischen diesen neuen Maschen.

Jetzt liegen 56, 58, 60, **64, 66** M auf der Nadel (mit den 7 neuen M unter den Armen). Strickt den Ärmel jetzt glatt re in Runden und nehmt dabei nach und nach Maschen ab:

Strickt zunächst 2, 2, 1, **5, 2** cm in Runden glatt re. Strickt dann in der nächsten Runde die ersten 2 M und die letzten 2 M der Runde zusammen und nehmt so 2 M ab. Nehmt auf diese Weise mit 4, 4,5, 5, **4, 4,5** cm Abstand insgesamt 8, 8, 8, **10, 10** Mal ab, und reduziert die Maschenzahl so nach und nach um insgesamt 16, 16, 16, **20, 20** M. Am Ende des Ärmels liegen noch 40, 42, 44, **44, 46** M auf der Nadel. Strickt den Ärmel glatt re in Runden weiter, bis er insgesamt 34, 38, 41, **45, 47** cm lang ist. Wechselt auf das Nadelspiel, wenn die Runden zu kurz für die Rundstricknadel werden. Strickt jetzt das Bündchen (1 m re, 1 m li im Wechsel), insgesamt 6 cm lang. Kettet im Rippenmuster ab. Achtet darauf, nicht zu fest abzuketten, damit der Pullover nicht zu eng am Handgelenk anliegt.

Strickt den zweiten Ärmel genauso.

ABSCHLUSS

Vernäht alle Enden. Wascht den Pullover entsprechend der Pflegehinweise auf eurem Garn, zieht ihn auf einem trockenen Handtuch in Form und lasst ihn liegend trocknen.

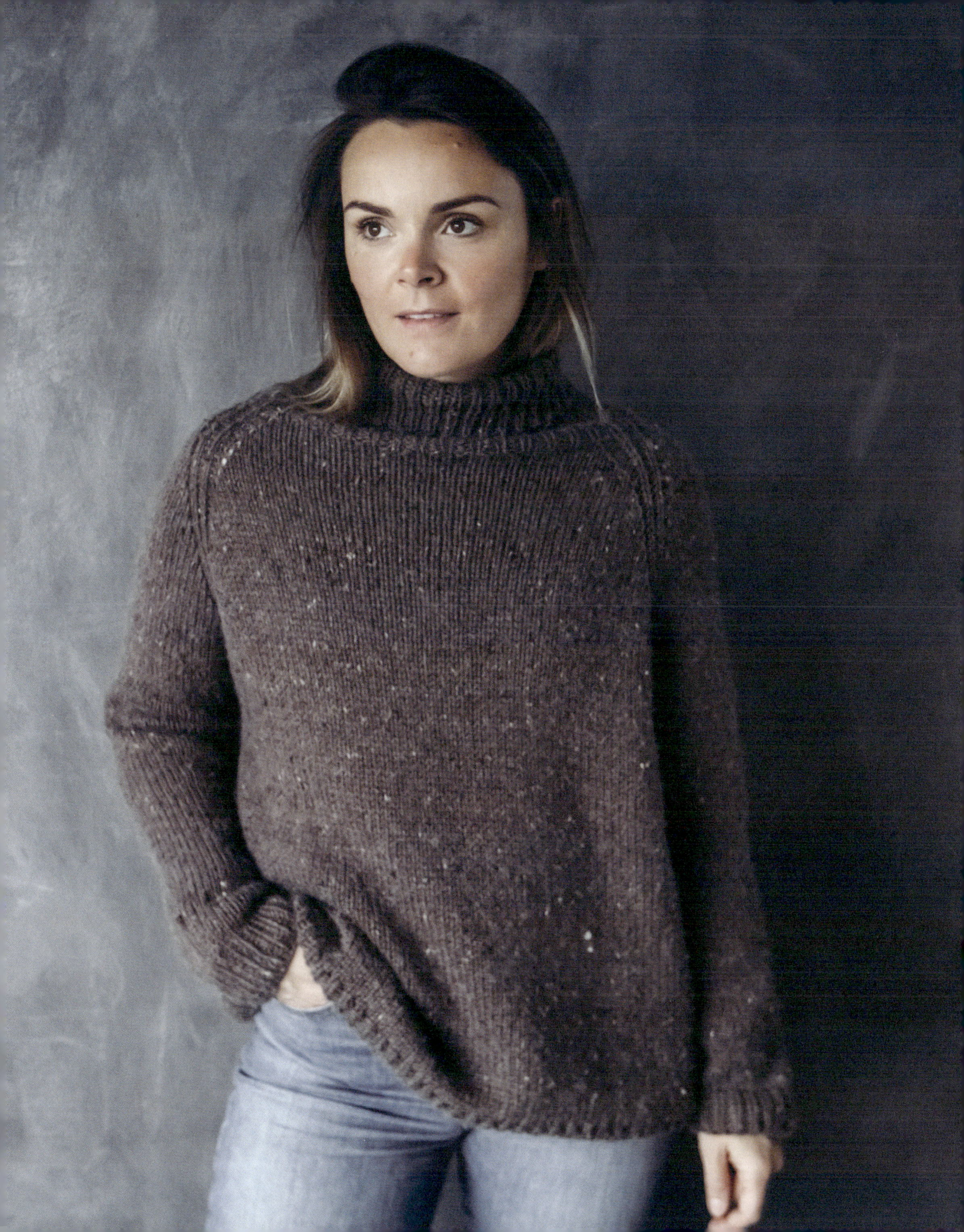

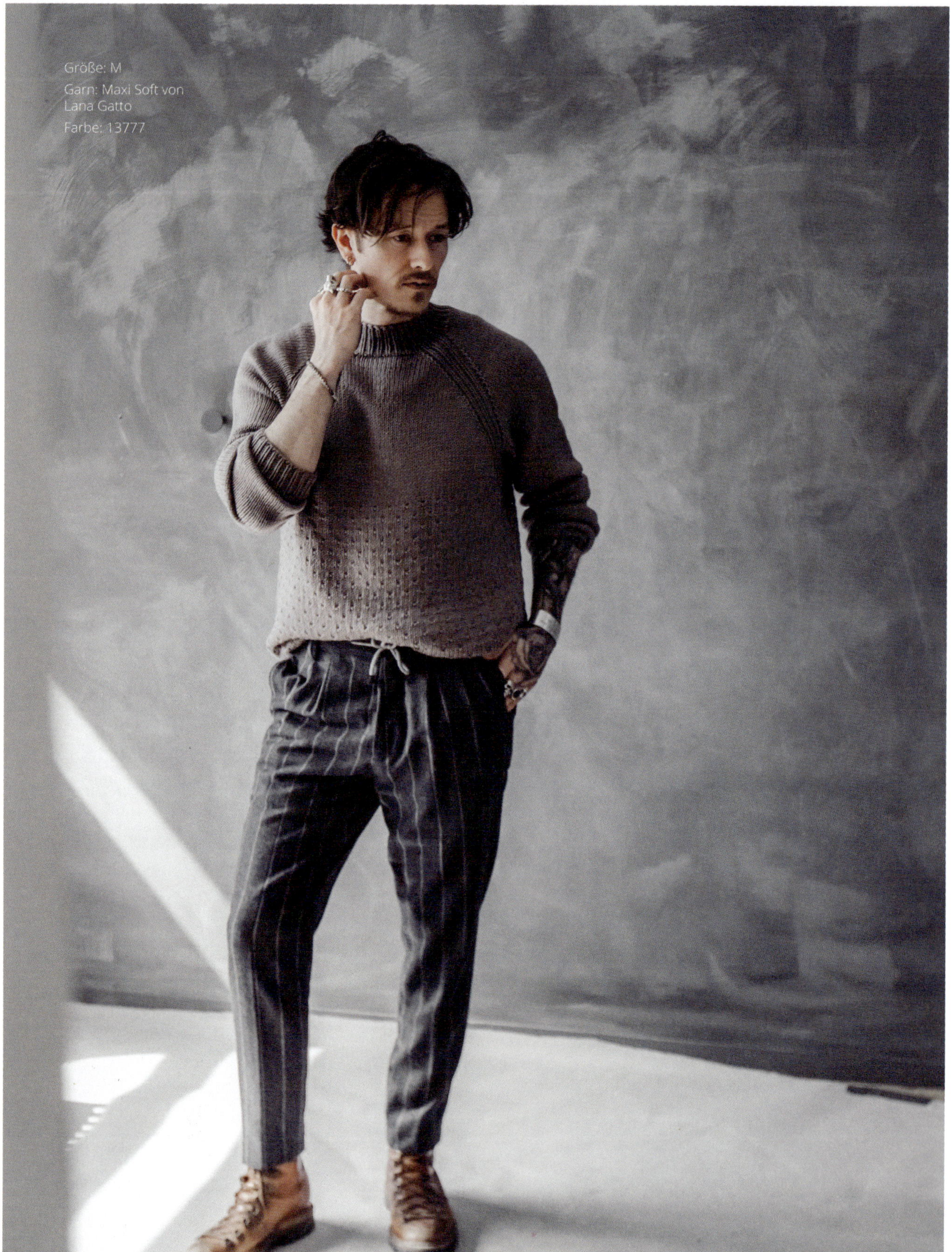

Größe: M

Garn: Maxi Soft von Lana Gatto

Farbe: 13777

MR. REYKJAVIK

Diesen Pullover habe ich für meinen Mann Grétar entworfen – für mich ist er der einzig wahre Mr Reykjavík!

MASSE, UMFANG UND GARNVERBRAUCH

Größe	Brust-umfang	Ärmel-umfang	Rumpflänge ab Ärmelansatz	Ärmellänge ab Ärmelansatz	Garnverbrauch
S	107 cm	38 cm	37 cm	46 cm	500 g (800 m)
M	112 cm	41 cm	39 cm	48 cm	600 g (960 m)
L	118 cm	42 cm	41 cm	50 cm	700 g (1120 m)
XL	**125 cm**	**45 cm**	**43 cm**	**52 cm**	**800 g (1280 m)**
2XL	**128 cm**	**46 cm**	**45 cm**	**54 cm**	**900 g (1440 m)**

Bitte beachtet, dass die angegebenen Garnmengen nur ein Richtwert sind..

Garn
Katia Merino Sport (80 m/50 g), Katja Merino Aran, Lana Grossa Bingo, Drops Nepal oder Lang Merino+

Maschenprobe
16 Maschen = 10 cm mit Nadelstärke 6

Das braucht ihr:
Rundstricknadeln Nr. 6 (40, 60 und 80/100 cm)
Rundstricknadel Nr. 5,5 (60/80/100 cm)
Nadelspiel Nr. 5,5
Stopfnadel zum Vernähen der Fäden
Maschenmarkierer

Der Pullover wird von oben nach unten in Runden gearbeitet, mit einem markanten Rippenmuster in den Raglanschrägen und einem kleinen Maschenmuster im Rumpf.

HALSBÜNDCHEN

Schlagt 68, 68, 72, **76, 76** M auf die Rundstricknadel 6 (40 cm lang) an. Schließt zur Runde und strickt das Bündchen im Rippenmuster (1 M re, 1 M li im Wechsel) bis zu einer Länge von 6, 6, 6, **7, 7** cm (oder nach Geschmack).

RAGLANPASSE

Ab hier strickt ihr glatt re weiter, mit dem Rippenmuster aus dem Bündchen in den Raglanschrägen. Die Maschenmarkierer (MM), die die Raglanschrägen und ab der zweiten Runde die Zunahmen markieren, werden hier immer zwischen zwei Maschen auf die Nadel gehängt. Die Runde beginnt in der hinteren Mitte.

Die **erste Runde** strickt ihr wie folgt:

1. Schritt: Strickt 7, 7, 7, **7, 7** M re (rechtes Rückenteil). MM1 platzieren.

2. Schritt: Strickt 7 Maschen im Rippenmuster (li, re, li, re, li, re, li, erste Raglanschräge). MM2 platzieren.

3. Schritt: Strickt 7, 7, 9, **9, 9** M re (rechtes Schulterstück). MM3 platzieren.

4. Schritt: Strickt 7 Maschen im Rippenmuster (li, re, li, re, li, re, li, zweite Raglanschräge). MM4 platzieren.

5. Schritt: Strickt 13, 13, 13, **15, 15** M re (Vorderteil). MM5 platzieren.

6. Schritt: Strickt 7 Maschen im Rippenmuster (li, re, li, re, li, re, li, dritte Raglanschräge). MM6 platzieren.

7. Schritt: Strickt 7, 7, 9, **9, 9** M re (linkes Schulterstück). MM7 platzieren.

8. Schritt: Strickt 7 Maschen im Rippenmuster (li, re, li, re, li, re, li, vierte Raglanschräge). MM8 platzieren.

9. Schritt: Strickt 6, 6, 6, **8, 8** M re (linkes Rückenteil).

Damit habt ihr wieder den Beginn der Runde erreicht und die Trennlinien zwischen Schultern und Hauptteil markiert.

In der **zweiten Runde** beginnen die Zunahmen. Dazu nutzt ihr **M1R, M1L** (s. Seite 6): Strickt re bis zu MM1, nehmt eine Masche mit **M1L** zu, hebt MM1 ab, strickt die 7 M bis zu MM2 im Rippenmuster, hebt MM2 ab und nehmt eine Masche mit **M1R** zu. Wiederholt diese Zunahmen an den anderen drei Raglanschrägen, jeweils vor und nach den MM.

Die **dritte Runde** strickt ihr glatt rechts, mit Rippenmuster in den Raglanschrägen, ohne Zunahmen.

Wiederholt **Runden 2 und 3**, bis ihr in insgesamt 26, 28, 29, **31, 32** Runden zugenommen habt. Jetzt liegen 276, 292, 304, **324, 332** M auf der Nadel.

RUMPF

Jetzt werden die Maschen, die später die Ärmel bilden, stillgelegt. Dafür werden sie auf einen Hilfsfaden (ein Faden in einer Kontrastfarbe, den man später wieder entfernt) gefädelt, um sie zu sichern, und liegen nicht mehr auf der Nadel. Die nächste Runde wird also wie folgt gestrickt:

1. Schritt: Strickt 40, 42, 44, **48, 48** M (rechtes Rückenteil).

2. Schritt: Legt 57, 61, 63, **67, 69** M auf einem Hilfsfaden still (rechter Ärmel).

3. Schritt: Schlagt 5 neue M an.

4. Schritt: Strickt 81, 85, 89, **95, 97** M (Vorderteil).

5. Schritt: Legt 57, 61, 63, **67, 69** M auf einem Hilfsfaden still (linker Ärmel).

6. Schritt: Schlagt 5 neue M an.

7. Schritt: Strickt 41, 43, 45, **47, 49** M (linkes Rückenteil).

Jetzt liegen 172, 180, 188, **200, 204** M auf der Nadel (mit den 10 neuen M, die unter den Armen angeschlagen wurden). Die Ärmelmaschen liegen auf Hilfsfäden. Strickt jetzt glatt rechts in Runden, bis der Rumpf, ab dem Ärmelansatz, 32, 34, 36, **38, 40** cm lang ist, und strickt dabei das Muster laut Diagramm.

Wechselt jetzt auf die dünnere Rundstricknadel und nehmt gleichmäßig über die nächste Runde verteilt 18, 18, 20, **20, 22** M ab. Strickt nun das Rippenbündchen (1 M re, 1 M li im Wechsel) 5 cm lang. Kettet im Rippenmuster ab.

ÄRMEL

Jetzt werden die Maschen für den ersten Ärmel, die ihr auf einem Hilfsfaden stillgelegt habt, wieder auf die Rundstricknadel oder das Nadelspiel (Stärke 6) gelegt. Zusätzlich werden aus den Maschen, die ihr unter dem Arm neu angeschlagen habt, 5 M aufgefasst und zu den restlichen Ärmelmaschen auf die Nadel gelegt.

Die erste Runde beginnt in der Mitte zwischen diesen neuen Maschen. Jetzt liegen (mit den 5 neu aufgefassten Maschen) insgesamt 62, 66, 68, **72, 74** M auf der Nadel.

Strickt zunächst 2,5, 2,5, 4,5, **3, 1** cm ohne Abnahmen glatt re in Runden. Nehmt dann in der nächsten Runde 2 M ab, indem ihr die ersten 2 und die letzten 2 M der Runde re zusammenstrickt. Wiederholt diese Abnahme mit 5,5, 4,5, 4,5, **4, 4** cm Abstand, bis ihr in 7, 9, 9, **11, 12** Runden abgenommen habt, oder um 14, 18, 18, **22, 24** Maschen.

Strickt jetzt weiter in Runden glatt rechts, bis der Ärmel, ab dem Ärmelansatz, 41, 43, 45, **47, 49** cm misst. Jetzt liegen 48, 48, 50, **50, 50** M auf der Nadel. Probiert den Pullover ggf. zwischendurch an, um die für euch richtige Länge zu ermitteln.

Wenn die gewünschte Ärmellänge erreicht ist, wechselt ihr auf die dünnere Nadel, strickt noch eine Runde glatt re und nehmt dabei noch einmal gleichmäßig über die Runde verteilt 10 M ab. Strickt dann ein Bündchen im Rippenmuster (1 M re, 1 M li im Wechsel) 5 cm lang. Kettet im Rippenmuster ab. Strickt den zweiten Ärmel genauso.

ABSCHLUSS

Vernäht alle Enden und schließt die Löcher unter den Armen, wenn vorhanden. Wascht den Pullover nach Angaben des Wollherstellers, zieht ihn auf einem trockenen Handtuch in Form und lasst ihn liegend trocknen.

MUSTERDIAGRAMM IM RUMPF:

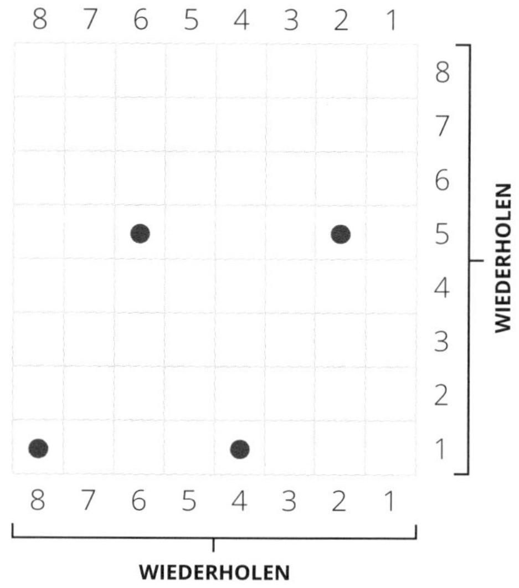

☐ Rechte Maschen

⊡ Linke Maschen

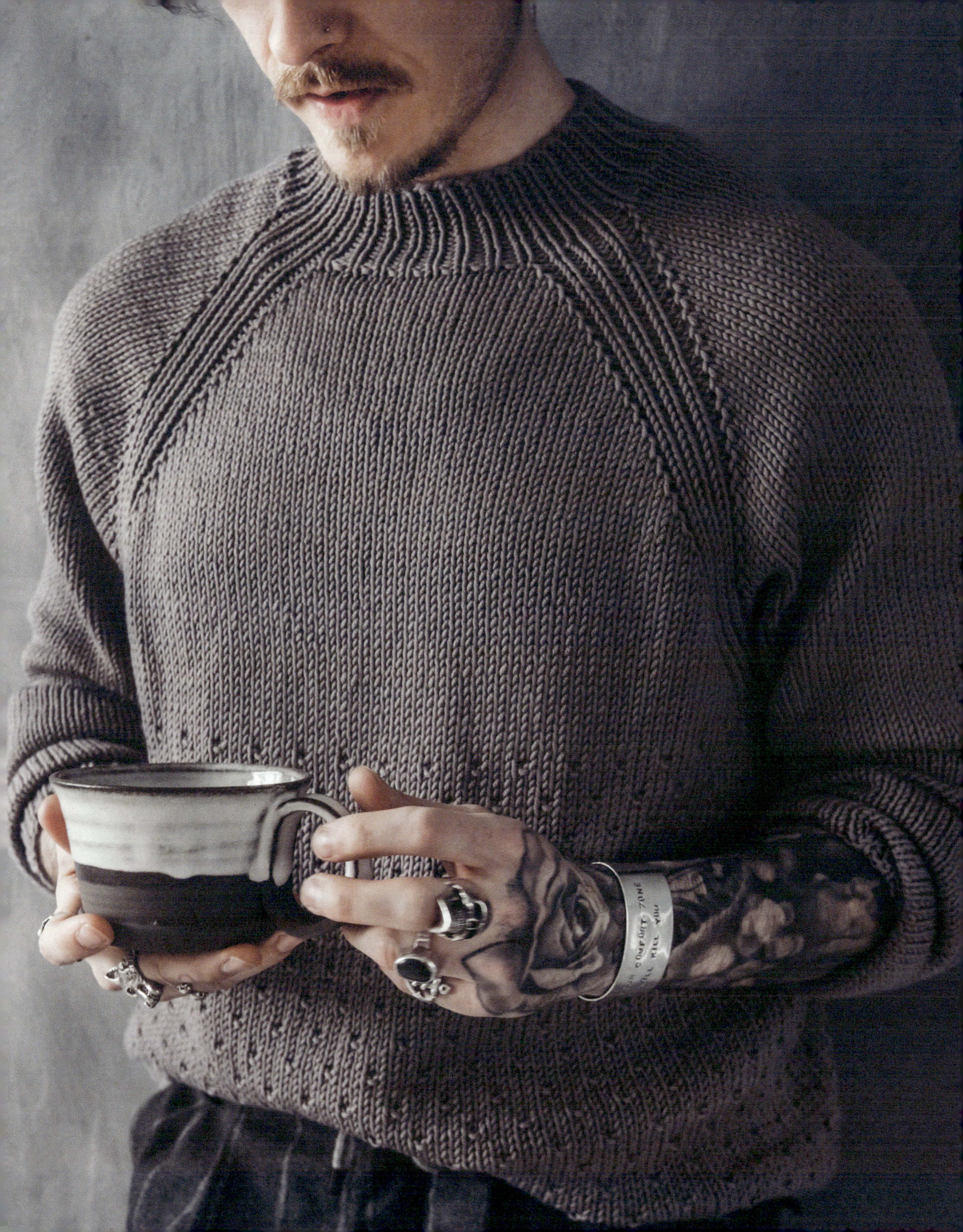
COMFORT ZONE
KILL YOU

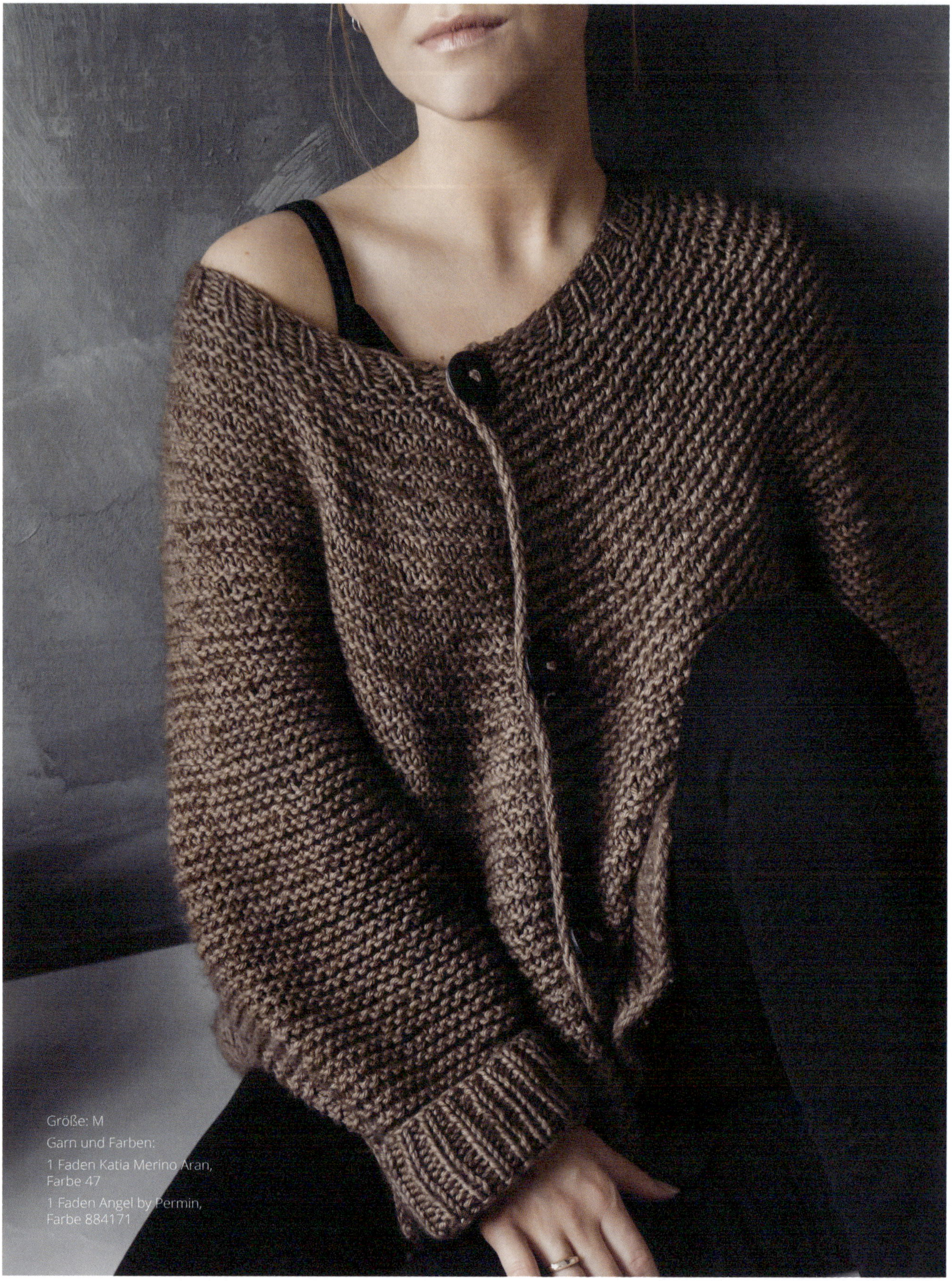
Größe: M
Garn und Farben:
1 Faden Katia Merino Aran, Farbe 47
1 Faden Angel by Permin, Farbe 884171

DÄMMERUNG

Die Jacke für kühle Sommerabende und graue Herbsttage: Ganz einfach und schnell gestrickt, ein praktischer Überwurf auf der Terrasse und die perfekte Kuscheljacke auf der Couch. Von diesem Lieblingsstück braucht man gleich mehrere!

GRÖSSENANGABEN UND GARNVERBRAUCH

Größe	Brust-umfang	Ärmel-umfang	Rumpflänge ab Ärmelansatz	Ärmellänge ab Ärmelansatz	Garnverbrauch Aran	Garnverbrauch Mohair
XS	98 cm	36 cm	34 cm	32 cm	500 g (775 m)	100 g (840 m)
S	106 cm	38 cm	36 cm	34 cm	600 g (930 m)	100 g (840 m)
M	116 cm	41 cm	38 cm	36 cm	600 g (930 m)	100 g (840 m)
L	**120 cm**	**42 cm**	**40 cm**	**38 cm**	**700 g (1085 m)**	**125 g (1050 m)**
XL	**122 cm**	**43 cm**	**42 cm**	**40 cm**	**800 g (1240 m)**	**150 g (1050 m)**

Bitte beachtet, dass die angegebenen Garnmengen nur ein Richtwert sind.

Garn
1 Faden Katia Merino Aran (155 m/50 g) **und** 1 Faden Angel by Permin (210 m/25 g). Ihr strickt mit beiden Fäden gemeinsam.

Maschenprobe
14 Maschen = 10 cm mit Nadelstärke 7

Das braucht ihr:
Rundstricknadel Nr. 7 (40, 80 und 100/120 cm)
Rundstricknadel Nr. 6 (40 und 80/100 cm für die unteren Bündchen)
Nadelspiel Nr. 6 (für die Ärmelbündchen)
Stopfnadel zum Vernähen der Fäden
Maschenmarkierer
Knöpfe (mind. 25 mm Durchmesser)

Diese Jacke wird kraus rechts in Reihen von oben nach unten gestrickt. Die Zunahmen in der Rundpasse werden in jeder sechsten Runde gearbeitet (fett gedruckt). Die Knopfleiste wird direkt mitgestrickt und auf beiden Seiten mit einer I-Cord-Kante abgeschlossen. Beachtet, dass kraus rechts gestrickte Stücke wie diese Jacke in der Wäsche oft etwas länger werden (bei mir waren es ca. 2–3 cm), strickt die Jacke also lieber nicht zu lang.

HALSBÜNDCHEN

Schlagt 59, 59, 63, **63, 65** M auf die Rundstricknadel Nr. 7 an. Strickt ein Rippenbündchen (1 M re, 1 M li im Wechsel) in Reihen, insgesamt 3,5 cm lang, und beachtet dabei die **Randmaschen**, die **I-Cord-Kante** und das erste **Knopfloch** (in den nächsten zwei Absätzen). Die erste Reihe, die ihr strickt, ist eine Hinreihe.

Die ersten 7 und die letzten 7 M des Bündchens sind **Randmaschen**, die später die Knopfleiste bilden. Sie werden über die gesamte Länge der Jacke, ab der ersten Reihe im Bündchen, kraus rechts gestrickt. Zusätzlich wird an beiden Seiten eine **I-Cord-Kante** (s. Seite 7) gestrickt, die einen schönen und geraden Abschluss bildet. Hier wird sie so gearbeitet, dass die letzten 2 M in jeder Reihe (Hin- und Rückreihe) mit dem Faden vor der Arbeit ungestrickt abgehoben werden. Die 2 ersten M in jeder Reihe werden immer re gestrickt.

In diese Randmaschen werden auch direkt die **Knopflöcher** eingestrickt. Wir empfehlen, sie mit einem Abstand von ca. 10 cm zu arbeiten. Das erste Loch wird direkt in der 5. Reihe gestrickt. Hier strickt ihr sie immer am Anfang einer Hinreihe: Strickt 4 M, 1 Umschlag, strickt 2 M re zusammen, strickt normal weiter.

RUNDPASSE

Ab hier strickt ihr kraus re weiter, d.h. nur rechte Maschen in der Hinreihe und in der Rückreihe, mit I-Cord-Kanten. Strickt 1 Hinreihe und nehmt dabei gleichmäßig verteilt insgesamt 16, 16, 12, **12, 10** M zu, aber nicht dort, wo die Randmaschen sind. Strickt alle Zunahmen verschränkt aus dem Querfaden, damit sich keine Löcher bilden. Strickt dann eine Rückreihe zurück. Markiert die 7 Randmaschen auf beiden Seiten mit einem MM, damit ihr bei den Zunahmen nicht den Überblick verliert, und denkt an die Knopflöcher.

In der nächsten **Hinreihe (3. Reihe)** beginnen die Zunahmen:

3. Reihe (Hinreihe): Strickt die Randmaschen (RM). Strickt 2 M, 1 M zunehmen, *strickt 3 M, 1 M zunehmen*. Wiederholt *–* über die gesamte Runde. Strickt 2 M, strickt die RM. Jetzt habt ihr 20 M zugenommen und habt 95 M auf der Nadel.

4.–8. Reihe: Strickt die Hinreihen und die Rückreihen re.

9. Reihe: Strickt die RM. Strickt 2 M, 1 M zunehmen, *strickt 4 M, 1 M zunehmen*. Wiederholt *–* über die gesamte Runde. Strickt 3 M, strickt die RM. Jetzt habt ihr 20 M zugenommen und habt 115 M auf der Nadel.

10.–14. Reihe: Strickt die Hinreihen und die Rückreihen re.

15. Reihe: Strickt die RM. Strickt 3 M, 1 M zunehmen, *strickt 5 M, 1 M zunehmen*. Wiederholt *–* über die gesamte Runde. Strickt 3 M, strickt die RM. Jetzt habt ihr 20 M zugenommen und habt 135 M auf der Nadel.

16.–20. Reihe: Strickt die Hinreihen und die Rückreihen re.

21. Reihe: Strickt die RM. Strickt 3 M, 1 M zunehmen, *strickt 6 M, 1 M zunehmen*. Wiederholt *–* über die gesamte Runde. Strickt 4 M, strickt die RM. Jetzt habt ihr 20 M zugenommen und habt 155 M auf der Nadel.

22.–26. Reihe: Strickt die Hinreihen und die Rückreihen re.

27. Reihe: Strickt die RM. Strickt 4 M, 1 M zunehmen, *strickt 7 M, 1 M zunehmen*. Wiederholt *–* über die gesamte Runde. Strickt 4 M, strickt die RM. Jetzt habt ihr 20 M zugenommen und habt 175 M auf der Nadel.

28.–32. Reihe: Strickt die Hinreihen und die Rückreihen re.

33. Reihe: Strickt die RM. Strickt 4 M, 1 M zunehmen, *strickt 8 M, 1 M zunehmen*. Wiederholt *–* über die gesamte Runde. Strickt 5 M, strickt die RM. Jetzt habt ihr 20 M zugenommen und habt 195 M auf der Nadel.

34.–38. Reihe: Strickt die Hinreihen und die Rückreihen re.

39. Reihe: Strickt die RM. Strickt 5 M, 1 M zunehmen, *strickt 9 M, 1 M zunehmen*. Wiederholt *–* über die gesamte Runde. Strickt 5 M, strickt die RM. Jetzt habt ihr 20 M zugenommen und habt 215 M auf der Nadel.

40.–44. Reihe: Strickt die Hinreihen und die Rückreihen re.

45. Reihe: Strickt die RM. Strickt 5 M, 1 M zunehmen, *strickt 10 M, 1 M zunehmen*. Wiederholt *–* über die gesamte Runde. Strickt 6 M, strickt die RM. Jetzt habt ihr 20 M zugenommen und habt 235 M auf der Nadel.

Hier endet die Rundpasse in Größe XS. Strickt in dieser Größe eine Rückreihe zurück und nehmt dabei noch einmal gleichmäßig über die Reihe verteilt (aber nicht in den Randmaschen!) 12 M zu. Geht dann direkt weiter zu Kapitel **Rumpf**. Überspringt diese Schritte in den größeren Größen und macht bei Reihe 46 weiter.

46.–50. Reihe: Strickt die Hinreihen und die Rückreihen re.

51. Reihe: Strickt die RM. Strickt 6 M, 1 M zunehmen, *strickt 11 M, 1 M zunehmen*. Wiederholt *–* über die gesamte Runde. Strickt 6 M, strickt die RM. Jetzt habt ihr 20 M zugenommen und habt 255 M auf der Nadel.

Hier endet die Rundpasse in Größe S. Strickt in dieser Größe eine Rückreihe zurück und nehmt dabei noch einmal gleichmäßig über die Reihe verteilt (aber nicht in den Randmaschen!) 12 M zu. Geht dann direkt weiter zu Kapitel **Rumpf**. Überspringt diese Schritte in den größeren Größen und macht bei Reihe 52 weiter.

52.–56. Reihe: Strickt die Hinreihen und die Rückreihen re.

57. Reihe: Strickt die RM. Strickt 6 M, 1 M zunehmen, *strickt 12 M, 1 M zunehmen*. Wiederholt *–* über die gesamte Runde. Strickt 7 M, strickt die RM. Jetzt habt ihr 20 M zugenommen und habt 275 M auf der Nadel.

Hier endet die Rundpasse in Größe M. Strickt in dieser Größe eine Rückreihe zurück und nehmt dabei noch einmal gleichmäßig über die Reihe verteilt (aber nicht in den Randmaschen!) 10 M zu. Geht dann direkt weiter zu Kapitel **Rumpf**. Überspringt diese Schritte in den größeren Größen und macht bei Reihe 58 weiter.

58.–62. Reihe: Strickt die Hinreihen und die Rückreihen re.

63. Reihe: Strickt die RM. Strickt 7 M, 1 M zunehmen, *strickt 13 M, 1 M zunehmen*. Wiederholt *–* über die gesamte Runde. Strickt 7 M, strickt die RM. Jetzt habt ihr 20 M zugenommen und habt 295 M auf der Nadel.

Hier endet die Rundpasse in Größe L und XL. Strickt in diesen Größen eine Rückreihe zurück und nehmt dabei noch einmal gleichmäßig über die Reihe verteilt (aber nicht in den Randmaschen!) in Größe L 2 M und in Größe XL 10 M zu. Geht dann weiter zu Kapitel **Rumpf**.

Alle Größen: Jetzt liegen 247, 267, 285, **297, 305** M auf der Nadel, mit den 14 Randmaschen.

RUMPF

Ab hier wird nur noch kraus re, ohne Zunahmen, gestrickt. Die Randmaschen werden weiterhin mit Knopflöchern und I-Cord gearbeitet. Jetzt werden die Maschen, die später die Ärmel bilden, auf jeder Seite auf einem Hilfsfaden stillgelegt. Das ist ein Faden in einer Kontrastfarbe, auf den ihr alle Ärmelmaschen auffädelt, um sie zu sichern, während der Rumpf gestrickt wird:

1. Schritt: Strickt die 7 Randmaschen.

2. Schritt: Strickt 33, 36, 39, **41, 42** M (linkes Vorderteil).

3. Schritt: Legt die nächsten 48, 52, 54, **56, 58** M auf einen Hilfsfaden (linker Ärmel).

4. Schritt: Schlagt 2 neue Maschen an (unter dem Arm).

5. Schritt: Strickt 71, 77, 85, **89, 91** M (Rückenteil).

6. Schritt: Legt die nächsten 48, 52, 54, **56, 58** M auf einen Hilfsfaden (rechter Ärmel).

7. Schritt: Schlagt 2 neue Maschen an (unter dem Arm).

8. Schritt: Strickt 33, 36, 39, **41, 42** M (rechtes Vorderteil).

9. Schritt: Strickt die 7 Randmaschen.

Jetzt liegen insgesamt 155, 167, 181, **189, 193** M auf der Nadel. Die Ärmelmaschen liegen auf Hilfsfäden.

Strickt kraus rechts, ohne weitere Zunahmen, weiter, bis der Rumpf, ab dem Ärmelansatz, 28, 30, 32, **34, 36** cm misst. Strickt als letzte Reihe eine re gestrickte Hinreihe. Wechselt jetzt auf Nadelstärke 6, strickt ein Rippenbündchen (1 M re, 1 M li im Wechsel), 6 cm lang, und kettet im Rippenmuster ab.

ÄRMEL

Jetzt werden die Maschen für den ersten Ärmel, die ihr auf einem Hilfsfaden stillgelegt habt, auf eine 40 cm Rundstricknadel gelegt. Zusätzlich werden aus den 2 Maschen, die ihr unter dem Arm neu angeschlagen habt, 2 M aufgefasst und zu den Ärmelmaschen auf die Nadel gelegt. Der Rundenbeginn liegt jetzt zwischen diesen beiden neuen Maschen.

Jetzt liegen 50, 54, 56, **58, 60** M auf der Nadel. Hier habt ihr die Wahl, ob ihr den Ärmel kraus rechts in Runden (d.h. 1 Runde re, 1 Runde li) oder in Reihen (jede Reihe re) stricken wollt – in Reihen seid ihr wahrscheinlich schneller fertig, müsst den Ärmel aber am Ende zusammennähen.

Strickt den Ärmel in Runden oder Reihen bis zu einer Länge von 26, 28, 30, **32, 34** cm und reduziert gleichzeitig nach und nach die Maschen:

Strickt nach 2 cm die ersten 2 M und die letzten 2 M der Reihe/Runde zusammen. Nehmt auf diese Weise mit 4, 3, 3,5, **3, 3,5** cm Abstand insgesamt 6, 8, 8, **9, 9** Mal ab, und reduziert die Maschenzahl so nach und nach um insgesamt 12, 16, 16, **18, 18** M. Wenn ihr in Reihen strickt, arbeitet ihr diese Abnahmen immer in den Hinreihen, d.h. in den glatt re gestrickten Reihen. Strickt dabei die erste M re, strickt dann 2 M zusammen, strickt bis 3 M vor Ende der Reihe, strickt wieder 2 M zusammen und strickt die letzte M re.

Am Ende des Ärmels liegen noch 38, 38, 40, **40, 42** M auf der Nadel. Wechselt auf das Nadelspiel Nr. 6 und schließt den Ärmel zur Runde, wenn ihr ihn in Reihen gestrickt habt. Strickt jetzt das Bündchen (1 m re, 1 m li im Wechsel), insgesamt 6 cm lang. Kettet im Rippenmuster ab.

Strickt den zweiten Ärmel genauso.

ABSCHLUSS

Näht die Ärmel seitlich zusammen, wenn ihr sie in Reihen gestrickt habt und vernäht die Enden. Wascht die Jacke entsprechend der Pflegehinweise auf eurem Garn, zieht sie auf einem trockenen Handtuch in Form und lasst sie liegend trocknen. Befestigt zum Schluss noch die Knöpfe.

Die Jacke wird in der Wäsche etwas länger (ca. 2–3 cm). Das wird in der Anleitung berücksichtigt.

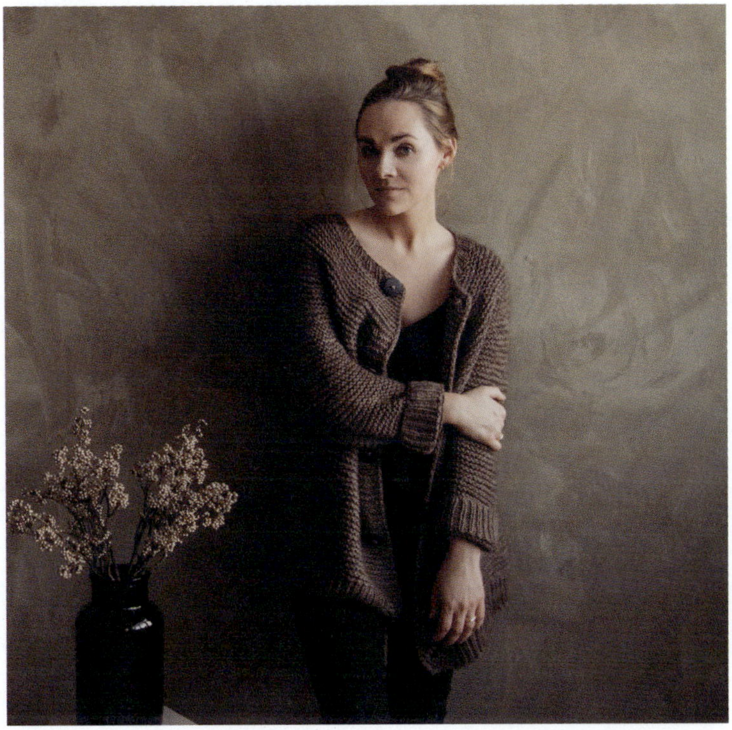

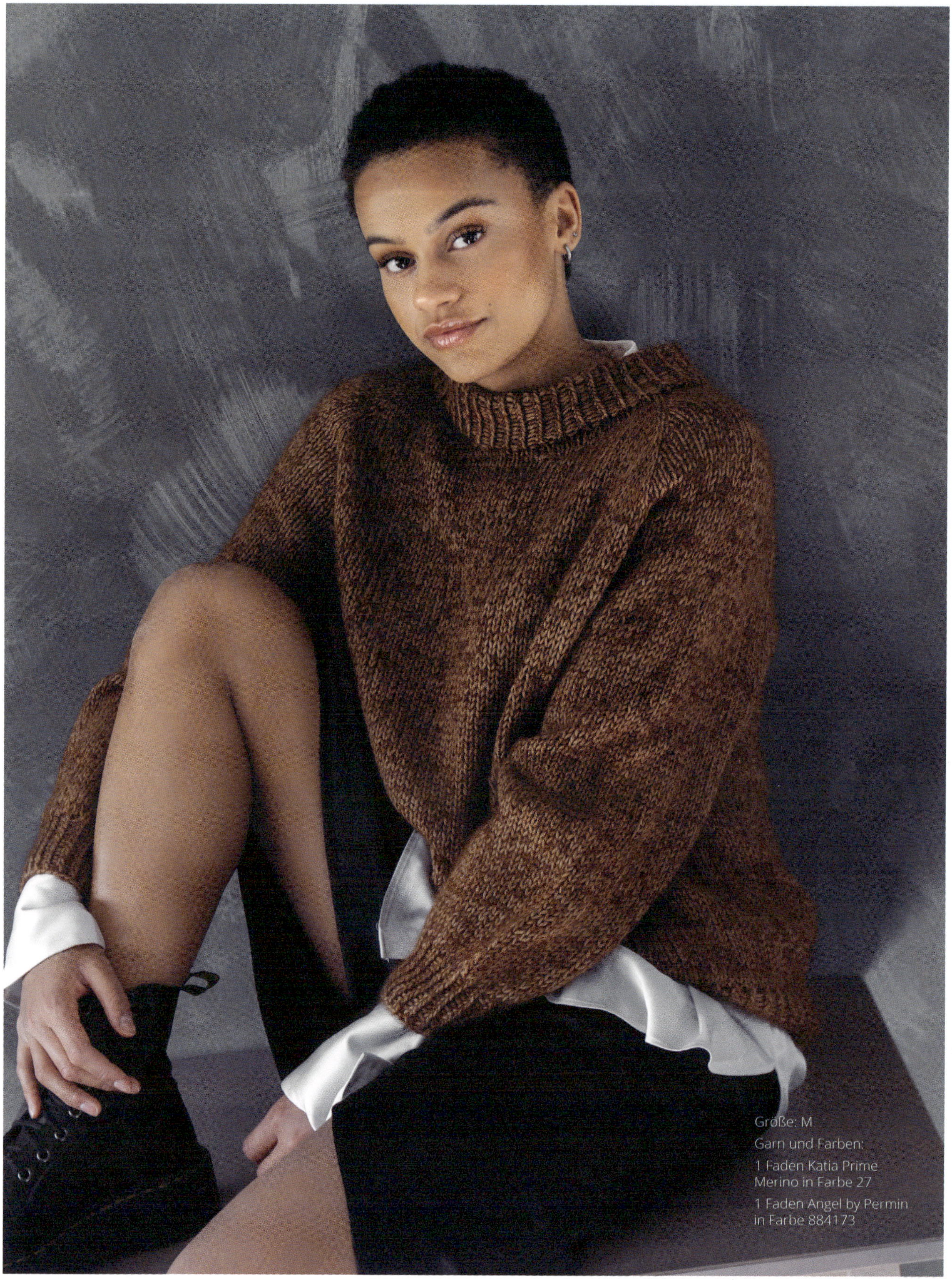
Größe: M
Garn und Farben:
1 Faden Katia Prime Merino in Farbe 27
1 Faden Angel by Permin in Farbe 884173

STURMTIEF

Wenn die Herbststürme mit Regen, Wind und Kälte übers Land ziehen, macht man es sich halt drinnen gemütlich – und hofft auf goldene Herbsttage, die wie für diesen weichen Pullover gemacht sind!

GRÖSSENANGABEN UND GARNVERBRAUCH

Größe	Brust-umfang	Ärmel-umfang	Rumpflänge ab Ärmelansatz	Ärmellänge ab Ärmelansatz	Garnverbrauch Prime	Garnverbrauch Mohair
XS	105 cm	34 cm	31 cm	34 cm	300 g (720 m)	75 g (630 m)
S	111 cm	37 cm	33 cm	36 cm	350 g (840 m)	100 g (840 m)
M	117 cm	40 cm	36 cm	38 cm	400 g (960 m)	100 g (840 m)
L	**123 cm**	**43 cm**	**38 cm**	**40 cm**	**450 g (1080 m)**	**125 g (1050 m)**
XL	**131 cm**	**46 cm**	**40 cm**	**42 cm**	**450 g (1080 m)**	**125 g (1050 m)**

Bitte beachtet, dass die angegebenen Garnmengen nur ein Richtwert sind.

Garn
1 Faden Katia Prime Merino (120 m/50 g) und 1 Faden Angel by Permin (210 m/25 g). Ihr strickt mit beiden Fäden gemeinsam.

Maschenprobe
14 Maschen = 10 cm mit Nadelstärke 7

Das braucht ihr:
Rundstricknadel Nr. 6 (40 cm lang, für das Halsbündchen)
Rundstricknadel Nr. 7 (40, 80 und 100/120 cm lang)
Rundstricknadel Nr. 5,5 (100 cm, für das untere Bündchen)
Nadelspiel Nr. 5,5 (für die Ärmelbündchen)
Stopfnadel zum Vernähen der Fäden
Maschenmarkierer

Dieser Pullover wird als Raglan von oben (RVO) in Runden gestrickt. Die verkürzten Reihen nach dem Halsbündchen geben ihm eine bessere Passform.

HALSBÜNDCHEN

Schlagt 74, 76, 76, **76, 80** M auf die Rundstricknadel Nr. 6 (40 cm) an. Schließt zur Runde und strickt ein Bündchen im Rippenmuster (1 M re verschränkt, 1 M li im Wechsel) insgesamt 13 cm lang. Klappt das Stück dann um und strickt die Anschlagskante mit der nächsten Runde zusammen, damit der Kragen umgeklappt fixiert ist (s. Seite 7).

RAGLANPASSE

Nach dem Kragen werden die Raglanzunahmen gearbeitet. Diese Zunahmen bilden die Linien, die Rumpf und Schultern voneinander trennen. Gleichzeitig werden einige verkürzte Reihen gearbeitet.

Die Runde beginnt in der **vorderen Mitte**. Ab hier wird nur noch glatt re gestrickt. Wechselt auf die Rundstricknadel Nr. 7 und markiert die Raglanmaschen in der ersten Runde mit Maschenmarkierern (MM):

1. Schritt: Strickt 15, 15, 15, **15, 16** M (linkes Vorderteil).

2. Schritt: Strickt 1 M und steckt MM1 direkt in diese M (Raglanmasche).

3. Schritt: Strickt 6 M (linke Schulter).

4. Schritt: Strickt 1 M und steckt MM2 direkt in diese M (Raglanmasche).

5. Schritt: Strickt 29, 30, 30, **30, 32** M (Rückenteil). MM platzieren.

6. Schritt: Strickt 1 M und steckt MM3 direkt in diese M (Raglanmasche).

7. Schritt: Strickt 6 M (rechte Schulter).

8. Schritt: Strickt 1 M und steckt MM4 direkt in diese M (Raglanmasche).

9. Schritt: Strickt 14, 15, 15, **15, 16** M (rechtes Vorderteil).

Jetzt habt ihr wieder den Beginn der Runde in der vorderen Mitte erreicht. Markiert ihn ggf. mit einem weiteren MM. Die vier MM in der Runde markieren die Stellen, an denen ihr ab der zweiten Runde die Raglanzunahmen arbeitet.

In der zweiten Runde beginnen auch die verkürzten Reihen. Diese Reihen sorgen dafür, dass der Pullover hinten etwas höher sitzt und der Halsausschnitt vorne etwas nach unten geht. Ihr könnt für diese verkürzten Reihen eure Lieblingsmethode verwenden. Wir arbeiten sie mit German Short Rows (s. Seite 7).

Hängt 2 weitere MM auf die Nadel, je 8 M vor und nach dem Rundenbeginn, d.h. mit 16 M dazwischen. Diese zwei MM (Wendemarkierer) zeigen im nächsten Schritt an, wo ihr das Stück wendet, um die verkürzten Reihen zu stricken.

Strickt die nächste Runde jetzt wie folgt: Strickt re bis vor die M mit MM1 (erste Raglanmasche), nehmt 1 M mit **M1R** (s. Seite 6) zu, strickt die Raglanmasche, nehmt 1 M mit **M1L** zu. Strickt weiter bis MM2 und wiederholt diese Zunahmen dort und an den zwei weiteren MM in den Raglanmaschen, sodass ihr in dieser Runde insgesamt 8 M zunehmt.

Strickt nach der letzten Zunahme die Runde wie folgt weiter:

1. Schritt (Hinreihe): Strickt weiter bis zum Wendemarkierer, den ihr 8 M vor Ende der Runde auf die Nadel gehängt habt. Wendet die Arbeit und nutzt bei dieser und jeder weiteren Wendung eure präferierte Methode der verkürzten Reihen, damit kein Loch entsteht.

2. Schritt (Rückreihe): Strickt li zurück über die ganze Runde bis zum zweiten Wendemarkierer.

3. Schritt (Hinreihe): Wendet die Arbeit und strickt re zurück. An MM1–4 nehmt ihr wieder 8 M mit M1R, M1L zu. Strickt bis zum ersten Wendemarkierer, hebt ihn ab, strickt 2 M und wendet die Arbeit.

4. Schritt (Rückreihe): Strickt li zurück über die ganze Runde bis zum zweiten Wendemarkierer. Hebt ihn ab, strickt 2 M weiter und wendet die Arbeit.

Strickt auf diese Weise insgesamt 6 verkürzte Reihen (3 Hinreihen und 3 Rückreihen) und endet so mit einer Rückreihe. Verschiebt die Wendestelle dabei immer um 2 M in Richtung Rundenbeginn. Nehmt dabei in jeder Hinrunde 8 M an den Raglanmaschen zu. Wendet die Arbeit und strickt ab jetzt wieder re in Runden über alle Maschen. Arbeitet dabei weiterhin die Zunahmen mit M1R, M1L in jeder zweiten Runde an den 4 MM, bis ihr insgesamt in 20, 22, 24, **26, 28** Runden zugenommen habt. Wechselt auf eine längere Rundstricknadel, wenn die Reihen zu lang für 40 cm werden. Am Ende liegen insgesamt 234, 252, 268, **284, 304** M auf der Nadel. Strickt noch eine weitere Runde glatt re. Endet in der vorderen Mitte.

RUMPF

Jetzt werden die Maschen, die später die Ärmel bilden, auf jeder Seite auf einem Hilfsfaden stillgelegt. Das ist ein Faden in einer Kontrastfarbe, auf den ihr alle Ärmelmaschen auffädelt, um sie zu sichern, während der Rumpf gestrickt wird. Das geht folgendermaßen:

1. Schritt: Strickt 36, 38, 40, **42, 45** M (linkes Vorderteil).

2. Schritt: Legt 46, 50, 54, **58, 62** M auf einen Hilfsfaden (linker Ärmel).

3. Schritt: Schlagt 2 neue M an (unter dem linken Ärmel).

4. Schritt: Strickt 71, 76, 80, **84, 90** M (Rückenteil)

5. Schritt: Legt 46, 50, 54, **58, 62** M auf einen Hilfsfaden (rechter Ärmel).

6. Schritt: Schlagt 2 neue M an (unter dem rechten Ärmel).

7. Schritt: Strickt 35, 38, 40, **42, 45** M (rechtes Vorderteil).

Jetzt liegen insgesamt 146, 156, 164, **172, 184** M auf der Nadel (Vorder- und Rückenteil, plus die 4 neuen M unter den Ärmeln). Die Ärmelmaschen liegen jetzt auf Hilfsfäden.

Strickt jetzt gerade nach unten, bis der Rumpf, ab dem Ärmelansatz, 24, 26, 29, **31, 33** cm misst.

Wechselt auf die Rundstricknadel Nr. 5,5, strickt eine weitere Runde re und nehmt gleichmäßig verteilt 10 M ab:

Strickt zum Abschluss ein Rippenbündchen (1 M re verschränkt, 1 M li im Wechsel), 7 cm lang, und kettet im Muster ab.

ÄRMEL

Jetzt werden die Maschen für den ersten Ärmel, die ihr auf einem Hilfsfaden stillgelegt habt, wieder zurück auf eine Rundstricknadel (40 cm) gelegt. Zusätzlich werden aus den Maschen, die ihr unter dem Arm neu angeschlagen habt, 2 M aufgefasst und zu den restlichen Ärmelmaschen auf die Nadel gelegt. Die erste Runde beginnt in der Mitte zwischen diesen neuen Maschen.

Jetzt liegen 48, 52, 56, **60, 64** M auf der Nadel (mit den 2 neuen M unter den Armen). Strickt den Ärmel glatt re in Runden, bis er ab dem Ärmelansatz 27, 29, 31, **33, 35** cm misst.

Wechselt dann auf das Nadelspiel Nr. 5,5 und reduziert die Maschenanzahl in der nächsten Runde um 8, 10, 14, **16, 18** M.

Am Ende des Ärmels liegen 40, 42, 42, **44, 46** M auf der Nadel. Strickt jetzt das Bündchen (1 m re verschränkt, 1 m li im Wechsel), insgesamt 7 cm lang. Kettet im Rippenmuster ab. Achtet darauf, nicht zu fest abzuketten, damit der Pullover nicht zu eng am Handgelenk anliegt.

Strickt den zweiten Ärmel genauso.

ABSCHLUSS

Vernäht alle Enden. Wascht den Pullover entsprechend der Pflegehinweise auf eurem Garn, zieht ihn auf einem trockenen Handtuch in Form und lasst ihn liegend trocknen.

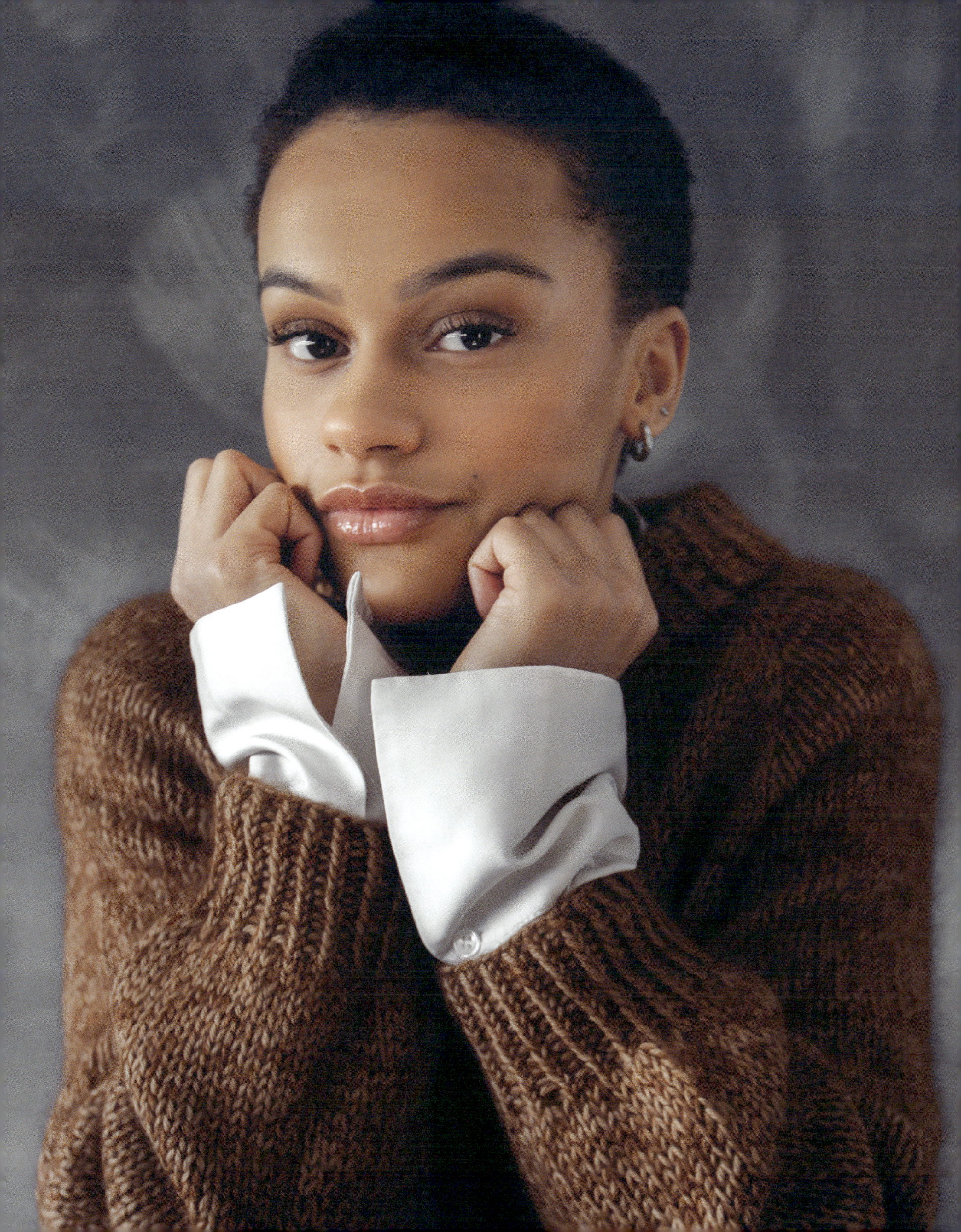

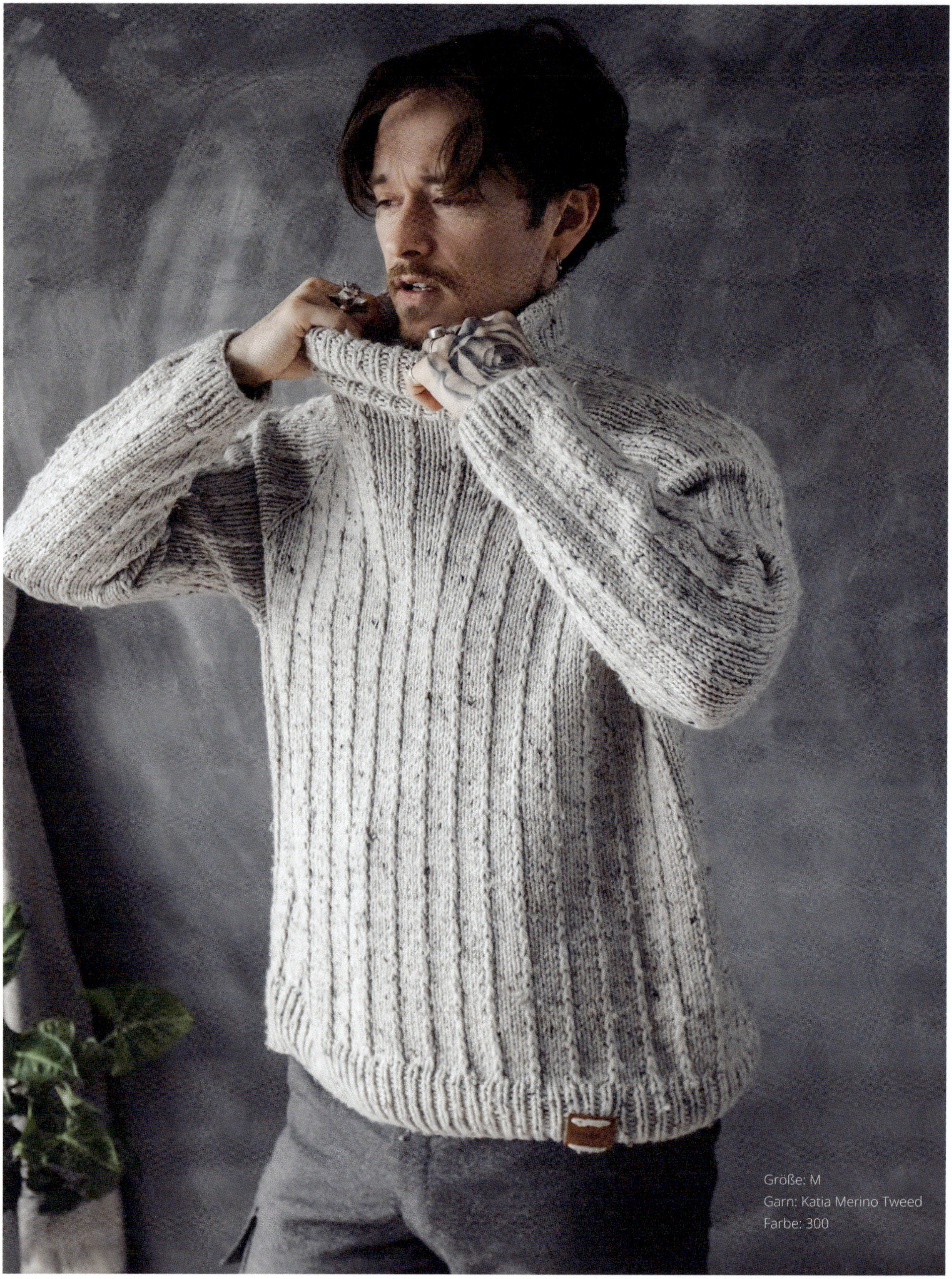

Größe: M
Garn: Katia Merino Tweed
Farbe: 300

NACHT FÜR NACHT

Strickt ihr auch gerne mit einem Hörbuch im Ohr? Bei diesem Pullover habe ich ein Buch mit dem Titel »Nacht« gehört – es war so spannend, dass ich einfach nicht aufhören konnte und dieses Modell in Rekordzeit fertig war! Aus diesem Pullover wurde eine ganze Kollektion. Den Kinderpullover und die passende Mütze findet ihr natürlich auch in diesem Buch.

GRÖSSENANGABEN UND GARNVERBRAUCH

Größe	Brustumfang	Ärmelumfang	Rumpflänge ab Ärmelansatz	Ärmellänge ab Ärmelansatz	Garnverbrauch
XS	99 cm	34 cm	35 cm	41 cm	650 g (1040 m)
S	105 cm	36 cm	37 cm	43 cm	700 g (1120 m)
M	110 cm	38 cm	39 cm	44 cm	750 g (1200 m)
L	**115 cm**	**41 cm**	**41 cm**	**46 cm**	**850 g (1360 m)**
XL	**121 cm**	**43 cm**	**45 cm**	**49 cm**	**900 g (1440 m)**

Bitte beachtet, dass die angegebenen Garnmengen nur ein Richtwert sind.

Garn
Katia Merino Tweed (80 m/ 50 g), Katia Merino Aran, Katia Merino Sport, Lana Grossa Bingo oder Drops Nepal

Maschenprobe
18 Maschen = 10 cm mit Nadelstärke 6 im Muster gestrickt

Das braucht ihr:
Rundstricknadel Nr. 6 (40, 80 und 100 cm lang)
Rundstricknadel Nr. 5,5 (80 oder 100 cm lang, für das untere Bündchen)
Nadelspiel Nr. 5,5 (für die Ärmelbündchen)
Stopfnadel zum Vernähen der Fäden
Maschenmarkierer

Dieser Pullover wird in Runden von oben nach unten mit Raglanzunahmen gearbeitet. Die Musterdiagramme findet ihr am Ende der Anleitung. Lest euch die Anleitung gut durch, bevor ihr beginnt!

ROLLKRAGEN

Schlagt 64, 68, 68, **72, 72** M auf die Rundstricknadel Nr. 6 (40 cm) an. Schließt zur Runde und strickt den Rollkragen im Rippenmuster (1 M re, 1 M li im Wechsel), insgesamt 20, 20, 22, **22, 22** cm lang.

RAGLANPASSE

Nach dem Rollkragen werden die Raglanzunahmen gearbeitet. Diese Zunahmen bilden die Linien, die Rumpf und Schultern voneinander trennen.

Die Runde beginnt in der hinteren Mitte. Ab hier wird nur noch glatt re mit dem **Hebemaschenmuster** (s. Diagramm) gestrickt. Bitte beachtet, dass die Maschenmarkierer hier nicht zwischen zwei Maschen auf der Nadel hängen, sondern an vier Stellen direkt in eine bestimmte Masche gesteckt werden.

1. Schritt: Strickt 14, 15, 15, **16, 16** M im Muster (rechtes Rückenteil).

2. Schritt: Strickt 1 M re (Raglanmasche) und steckt einen MM in diese Masche.

3. Schritt: Strickt 3 M mit Muster (rechte Schulter): 1 M re, 1 M abheben, 1 M re.

4. Schritt: Strickt 1 M re (Raglanmasche) und steckt einen MM in diese Masche.

5. Schritt: Strickt 27, 29, 29, **31, 31** M (Vorderteil) im Muster.

6. Schritt: Strickt 1 M re (Raglanmasche) und steckt einen MM in diese Masche.

7. Schritt: Strickt 3 M mit Muster (linke Schulter): 1 M re, 1 M abheben, 1 M re.

8. Schritt: Strickt 1 M re (Raglanmasche) und steckt einen MM in diese Masche.

9. Schritt: Strickt 13, 14, 14, **15, 15** M im Muster (linkes Rückenteil).

Jetzt habt ihr wieder den Beginn der Runde in der hinteren Mitte erreicht. Die vier MM in der Runde markieren die Stellen, an denen ihr ab der dritten Runde die Raglanzunahmen arbeitet.

Strickt zunächst noch eine **zweite Runde** im Muster, ohne Zunahmen.

In der **dritten Runde** beginnen die Zunahmen mit **M1R, M1L** (s. Seite 6): Strickt im Muster bis zum ersten MM, **M1R**, strickt die Masche mit dem MM re, **M1L**. Wiederholt diese Zunahmen an allen weiteren MM in dieser Runde und strickt dabei das Hebemaschenmuster. Auf diese Weise nehmt ihr in dieser Runde 8 M zu.

Wiederholt **Runden 2 und 3**, bis ihr insgesamt 28, 30, 32, **33, 35** Runden mit Zunahmen gestrickt habt. Wechselt auf eine längere Rundstricknadel, wenn die Reihen zu lang für 40 cm werden. Am Ende liegen insgesamt 288, 308, 324, **336, 352** M auf der Nadel. Führt dabei das Muster aus den Hebemaschen über die gesamte Länge fort.

RUMPF

Jetzt werden die Maschen, die später die Ärmel bilden, auf jeder Seite auf einem Hilfsfaden stillgelegt. Das ist ein Faden in einer Kontrastfarbe, auf den ihr alle Ärmelmaschen auffädelt, um sie zu sichern, während der Rumpf gestrickt wird. Das geht folgendermaßen:

1. Schritt: Strickt 44, 47, 48, **50, 52** M (rechtes Rückenteil).

2. Schritt: Legt 57, 61, 67, **69, 73** M auf einen Hilfsfaden (rechter Ärmel).

3. Schritt: Schlagt 3, 2, 5, **6, 7** neue M an (unter dem rechten Ärmel).

4. Schritt: Strickt 87, 93, 95, **99, 103** M (Vorderteil)

5. Schritt: Legt 57, 61, 67, **69, 73** M auf einen Hilfsfaden (linker Ärmel).

6. Schritt: Schlagt 3, 2, 5, **6, 7** neue M an (unter dem linken Ärmel).

7. Schritt: Strickt 43, 46, 47, **49, 51** M (linkes Rückenteil).

Jetzt liegen insgesamt 180, 190, 200, **210, 220** M auf der Nadel (Vorder- und Rückenteil, plus die neuen M unter den Ärmeln). Die Ärmelmaschen liegen auf Hilfsfäden. Die 4 Raglanmaschen, an denen ihr zugenommen habt, bilden jetzt einen Teil des Musters.

Strickt jetzt im Muster gerade nach unten, bis der Rumpf, ab dem Ärmelansatz, 25, 27, 29, **31, 35** cm misst, und endet dabei in Reihe 3 oder 6 des Musters. Wechselt auf die dünnere Rundstricknadel und strickt eine weitere Runde glatt re, ohne Muster. Nehmt dabei gleichmäßig über die Runde verteilt 18, 18, 20, **20, 22** M ab. Strickt zum Abschluss ein Rippenbündchen (1 M re, 1 M li im Wechsel), 10 cm lang, und kettet im Rippenmuster ab.

ÄRMEL

Jetzt werden die Maschen für den ersten Ärmel, die ihr auf einem Hilfsfaden stillgelegt habt, wieder zurück auf die Rundstricknadel (40 cm) gelegt. Zusätzlich werden aus den Maschen, die ihr unter dem Arm neu angeschlagen habt, 3, 4, 3, **6, 7** M aufgefasst und zu den restlichen Ärmelmaschen auf die Nadel gelegt. Bitte beachtet, dass ihr hier **nicht** dieselbe Anzahl an Maschen aufnehmt, wie ihr unter den Ärmeln angeschlagen habt – nur so geht das Muster auf. Die erste Runde beginnt in der Mitte zwischen diesen neuen Maschen.

Jetzt liegen 60, 65, 70, **75, 80** M auf der Nadel. Strickt den Ärmel mit dem Muster in Runden und nehmt in regelmäßigen Abständen Maschen ab: Strickt zunächst 2 cm ohne Abnahmen in Runden. Strickt dann die ersten 2 M und die letzten 2 M der nächsten zusammen. Nehmt auf diese Weise mit 5, 4, 3,5, **3, 2,5** cm Abstand insgesamt 6, 8, 10, **12, 14** Mal ab, und reduziert die Maschenzahl so nach und nach um insgesamt 12, 16, 20, **24, 28** M. Am Ende der Abnahmen liegen noch 48, 49, 50 **51, 52** M auf der Nadel. Strickt den Ärmel ohne Abnahmen weiter, bis er ab dem Ärmelansatz 33, 35, 36, **38, 41** cm misst. Endet dabei in Reihe 3 oder 6 des Musters.

Wechselt jetzt auf Nadelstärke 5,5, strickt eine weitere Runde glatt re und reduziert die Maschenzahl gleichmäßig über die Runde verteilt um 10 M. Strickt zum Schluss ein Rippenbündchen (1 m re, 1 m li im Wechsel), insgesamt 8 cm lang. Kettet im Rippenmuster ab. Achtet darauf, nicht zu fest abzuketten, damit der Pullover nicht zu eng am Handgelenk anliegt.

Strickt den zweiten Ärmel genauso.

ABSCHLUSS

Vernäht alle Enden. Wascht den Pullover entsprechend der Pflegehinweise auf eurem Garn, zieht ihn auf einem trockenen Handtuch in Form und lasst ihn liegend trocknen.

Durch das Muster wird der Pullover in der Wäsche etwas breiter. Das wird in der Anleitung berücksichtigt.

Zeichenerklärung

- ☐ glatt rechts
- ■ Raglanmasche
- ☐ keine Masche (Platzhalter)
- [V] 1 Masche ungestrickt, wie zum linksstricken, mit dem Faden hinter der Arbeit abheben
- [MR] M1R (s. Seite 6)
- [ML] M1L (s. Seite 6)

Schultern – alle Größen

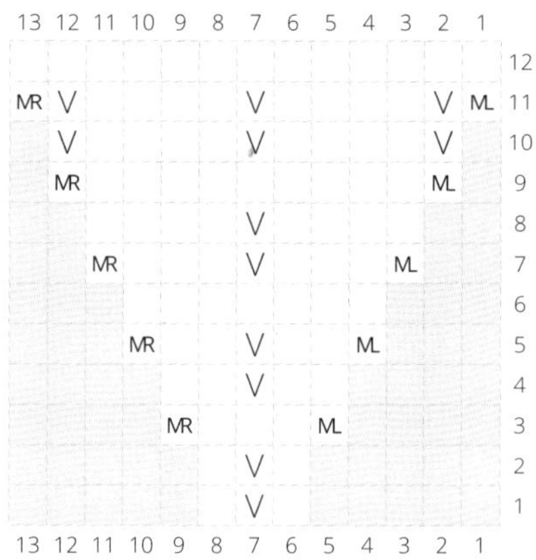

BEGINNT HIER

XS
Rücken- und Vorderteil
Die Runde beginnt bei Masche 20.

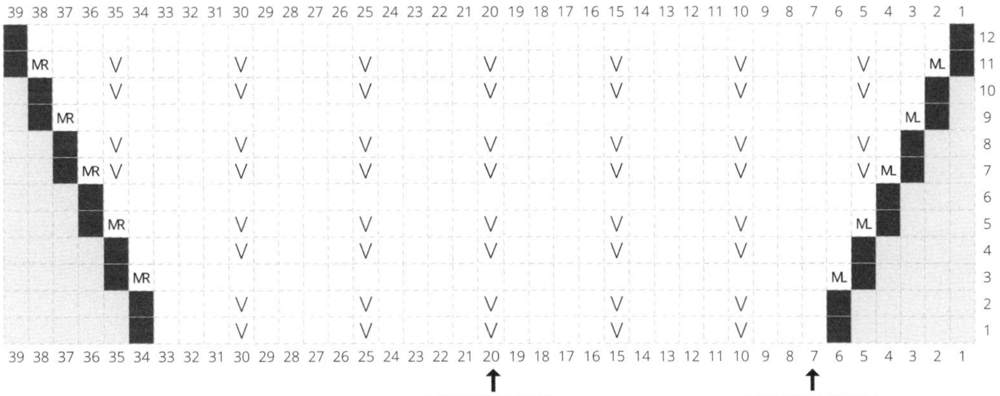

BEGINNT HIER RECHTES RÜCKENTEIL

BEGINNT HIER VORDERTEIL UND LINKES RÜCKENTEIL

S & M
Rücken- und Vorderteil
Die Runde beginnt bei Masche 21.

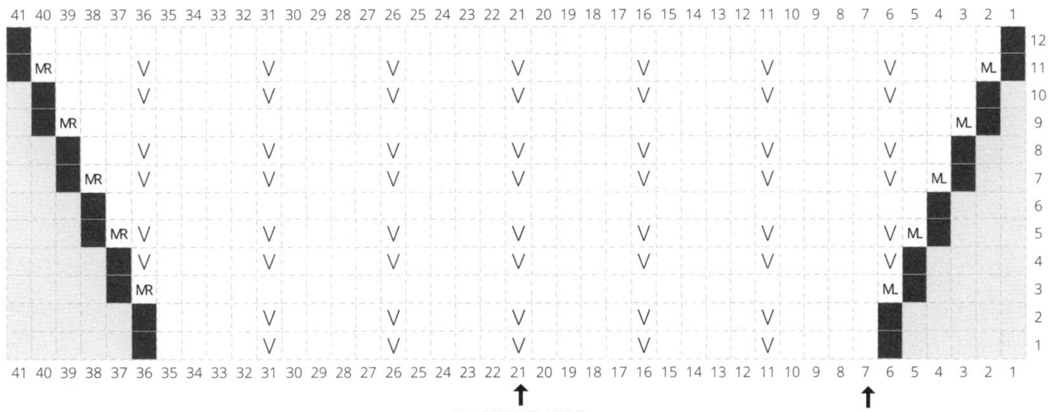

BEGINNT HIER RECHTES RÜCKENTEIL

BEGINNT HIER VORDERTEIL UND LINKES RÜCKENTEIL

L & XL
Rücken- und Vorderteil
Die Runde beginnt bei Masche 22.

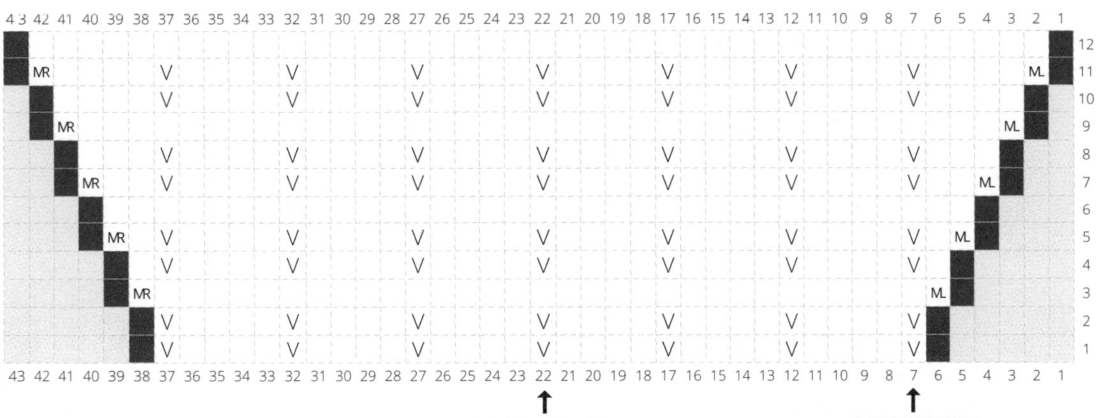

BEGINNT HIER RECHTES RÜCKENTEIL

BEGINNT HIER VORDERTEIL UND LINKES RÜCKENTEIL

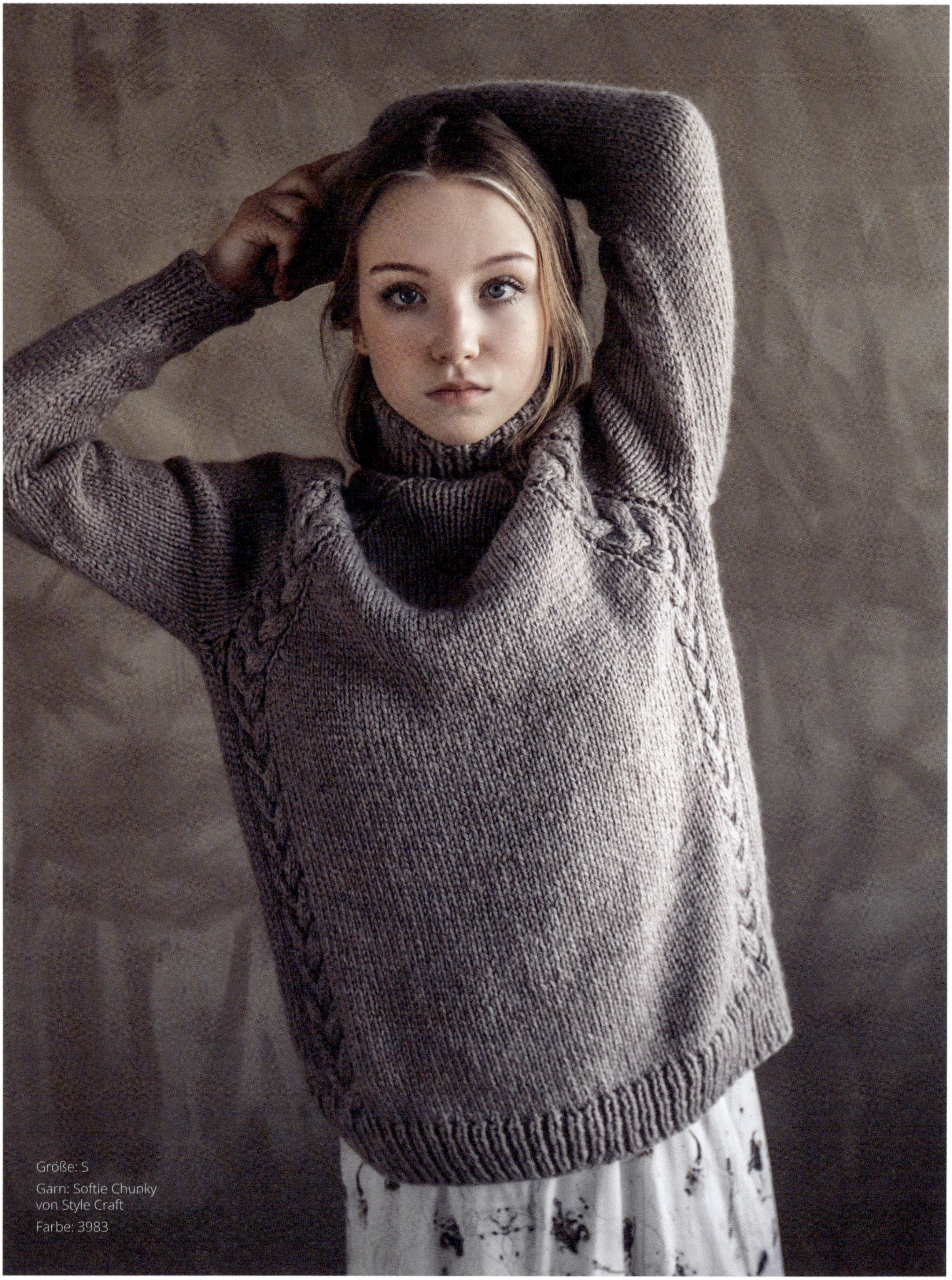

Größe: S
Garn: Softie Chunky von Style Craft
Farbe: 3983

FALSCHER VOGEL

Dieser Name kommt direkt aus dem gleichnamigen Buch von Mikael Torfason. Ich finde, dass Pullover und Name ausgesprochen gut zusammen passen, obwohl der Pullover weder falsch ist noch aus Federn gestrickt wurde!

GRÖSSENANGABEN UND GARNVERBRAUCH

Größe	Brustumfang	Ärmel-umfang	Rumpflänge ab Ärmelansatz	Ärmellänge ab Ärmelansatz	Garnverbrauch Special Aran With Wool	Garnverbrauch Mohair
XS	112 cm	34 cm	42 cm	42 cm	400 g (816 m)	100 g (840 m)
S	117 cm	36 cm	45 cm	43 cm	400 g (816 m)	100 g (840 m)
M	125 cm	40 cm	47 cm	44 cm	600 g (1224 m)	125 g (1050 m)
L	**132 cm**	**42 cm**	**50 cm**	**46 cm**	**600 g (1224 m)**	**125 g (1050 m)**
XL	**137 cm**	**44 cm**	**52 cm**	**48 cm**	**700 g (1428 m)**	**150 g (1260 m)**
2XL	**145 cm**	**46 cm**	**54 cm**	**50 cm**	**800 g (1632 m)**	**175 g (1470 m)**

Bitte beachtet, dass die angegebenen Garnmengen nur ein Richtwert sind.

Garn

1 Faden Special Aran With Wool (102 m/ 50 g), Katia Merino Aran, Katia Merino Sport, Lana Grossa Bingo, Drops Nepal oder Lang Merino+

+1 Faden Mohair (z.B. Angel by Permin (210 m/25 g) oder Lana Grossa Silk Hair)

Maschenprobe

14 Maschen = 10 cm mit Nadelstärke 7

Das braucht ihr:

Rundstricknadel Nr. 7 (40, 80 und 100/120 cm lang)
Nadelspiel Nr. 7 (für die Ärmelbündchen)
Stopfnadel zum Vernähen der Fäden
Zopfnadel
Maschenmarkierer

Dieser Pullover wird mit zwei Fäden (Aran und Mohair) zusammen von oben nach unten in Runden gearbeitet. Das Zopfmuster beginnt in den Raglanschrägen und wird bis zum unteren Bündchen fortgeführt.

ZOPFMUSTER

Direkt nach dem Rollkragen beginnt ein geflochtenes Zopfmuster, das an vier Stellen über die Raglanpasse und den Rumpf bis zum unteren Bündchen über 9 Maschen gestrickt wird. Diese Maschen werden in jeder dritten Runde (also in Runde 3, 6, 9, 12 und so weiter) verzopft, s. Diagramm auf S. 32. Auf beiden Seiten dieser 9 Zopfmaschen wird je eine Masche links gestrickt, und beidseitig dieser linken Maschen (also mit insgesamt 11 M dazwischen) platzieren wir die MM. Hier werden in der Raglanpasse Maschen zugenommen.

ROLLKRAGEN

Schlagt 60, 60, 64, **64, 64, 68** M auf eure Rundstricknadel Nr. 7 (40 cm) an. Schließt zur Runde und strickt einen Rollkragen im Rippenmuster (1 M re, 1 M li im Wechsel), ca. 20 cm lang (oder nach Geschmack). Die Runde beginnt in der hinteren Mitte.

RAGLANPASSE

Nach dem Rollkragen werden die Raglanzunahmen gearbeitet. Diese Zunahmen bilden die Linien, die Rumpf und Schultern voneinander trennen. Die Raglanmaschen zwischen den Zunahmen werden mit einem Zopfmuster gestrickt.

Ab der **ersten Runde** wird nur noch glatt re gestrickt, bis auf die linken Maschen beidseitig der Zöpfe. Bitte beachtet, dass die Maschenmarkierer (MM) hier nicht in eine bestimmte Masche gesteckt werden, sondern immer zwischen zwei Maschen auf der Nadel hängen.

1. Schritt: Strickt 3, 3, 4, **4, 4, 5** M (rechtes Rückenteil). MM1 platzieren.

2. Schritt: Strickt 1 M li, 9 M re (Zopfmaschen), 1 M li. MM2 platzieren.

3. Schritt: Strickt 3 M (rechte Schulter). MM3 platzieren.

4. Schritt: Strickt 1 M li, 9 M re (Zopfmaschen), 1 M li. MM4 platzieren.

5. Schritt: Strickt 5, 5, 7, **7, 7, 9** M (Vorderteil). MM5 platzieren.

6. Schritt: Strickt 1 M li, 9 M re (Zopfmaschen), 1 M li. MM6 platzieren.

7. Schritt: Strickt 3 M (linke Schulter). MM7 platzieren.

8. Schritt: Strickt 1 M li, 9 M re (Zopfmaschen), 1 M li. MM8 platzieren.

9. Schritt: Strickt 2, 2, 3, **3, 3, 4** M (linkes Rückenteil).

Jetzt habt ihr wieder den Beginn der Runde in der hinteren Mitte erreicht. Markiert ihn ggf. mit einem weiteren MM. Die acht MM in der Runde markieren die Stellen, an denen ihr ab der nächsten Runde die Raglanzunahmen arbeitet. Die 11 M zwischen den MM sind die Raglanmaschen, die gemäß Diagramm im Zopfmuster gestrickt werden.

Arbeitet in der **zweiten Runde** die Zunahmen an beiden Seiten der 11 Raglanmaschen mit **M1R, M1L** (s. Seite 6): Strickt bis zu MM1, **M1R**, hebt MM1 ab, strickt die 11 Raglanmaschen (1 li, 9 re, 1 li), hebt MM2 ab, **M1L**. Wiederholt diese Zunahmen an allen weiteren Raglanlinien in dieser Runde.

Strickt eine **dritte Runde** ohne Zunahmen und verzopft hier zum ersten Mal die Zopfmaschen laut Diagramm.

Arbeitet die Zunahmen in jeder zweiten Runde, bis ihr insgesamt in 22, 24, 26, **28, 30, 32** Runden zugenommen habt. Denkt an das Zopfmuster in jeder dritten Runde. Wechselt auf eine längere Rundstricknadel, wenn die Reihen zu lang für 40 cm werden. Am Ende liegen insgesamt 236, 252, 272, **288, 304, 324** M auf der Nadel.

RUMPF

Jetzt werden die Maschen, die später die Ärmel bilden, auf jeder Seite auf einem Hilfsfaden stillgelegt. Das ist ein Faden in einer Kontrastfarbe, auf den ihr alle Ärmelmaschen auffädelt, um sie zu sichern, während der Rumpf gestrickt wird. Die Raglanmaschen strickt ihr weiterhin im Zopfmuster.

1. Schritt: Strickt das rechte Rückenteil und die Raglanmaschen und weiter bis 2 M nach MM2.

2. Schritt: Legt 43, 47, 51, **55, 59, 63** M auf einen Hilfsfaden (rechter Ärmel).

3. Schritt: Schlagt 3 neue M an (unter dem Ärmel).

4. Schritt: Strickt die Raglanmaschen, das Vorderteil und die nächsten Raglanmaschen, bis 2 M nach MM6.

5. Schritt: Legt 43, 47, 51, **55, 59, 63** M auf einen Hilfsfaden (linker Ärmel).

6. Schritt: Schlagt 3 neue M an (unter dem Ärmel).

7. Schritt: Strickt die Runde zu Ende (linkes Rückenteil).

Jetzt liegen insgesamt 156, 164, 176, **184, 192, 204** M auf der Nadel (Vorder- und Rückenteil, plus die 6 neuen M unter den Ärmeln). Die Ärmelmaschen liegen jetzt auf Hilfsfäden.

Strickt jetzt gerade nach unten, bis der Rumpf, ab dem Ärmelansatz, 34, 37, 39, **41, 43, 45** cm misst. Führt das Zopfmuster an den 4 Stellen im Rumpf bis unten fort. Strickt zum Schluss ein Rippenbündchen (1 M re, 1 M li im Wechsel), 8, 8, 8, **9, 9, 9** cm lang, und kettet im Muster ab.

ÄRMEL

Jetzt werden die Maschen für den ersten Ärmel, die ihr auf einem Hilfsfaden stillgelegt habt, wieder zurück auf die Rundstricknadel Nr. 7 (40 cm) gelegt. Zusätzlich werden aus den Maschen, die ihr unter dem Arm neu angeschlagen habt, 3 M aufgefasst und zu den restlichen Ärmelmaschen auf die Nadel gelegt. Die erste Runde beginnt in der Mitte zwischen diesen neuen Maschen.

Jetzt liegen 46, 50, 54, **58, 62, 66** M auf der Nadel. Strickt zunächst 2 cm glatt re in Runden und strickt dann in der nächsten Runde die ersten 2 M und die letzten 2 M der Runde zusammen. Wiederholt diese Abnahme mit 4,3, 4, 3,4, **3, 3, 3** cm Abstand insgesamt 7, 8, 10, **11, 12, 13** Mal und reduziert die Maschenzahl so nach und nach um insgesamt 14, 16, 20, **22, 24, 26** M. Am Ende der Abnahmen liegen noch 32, 34, 34, **36, 38, 40** M auf der Nadel. Strickt den Ärmel ohne Abnahmen weiter, bis er ab dem Ärmelansatz 35, 36, 37, **38, 40, 42** cm misst.

Strickt jetzt das Bündchen (1 m re, 1 m li im Wechsel), insgesamt 7, 7, 7, **8, 8, 8** cm lang, und kettet im Rippenmuster ab. Strickt den zweiten Ärmel genauso.

ABSCHLUSS

Vernäht alle Enden. Wascht den Pullover entsprechend der Pflegehinweise auf eurem Garn, zieht ihn auf einem trockenen Handtuch in Form und lasst ihn liegend trocknen.

MUSTERDIAGRAMM

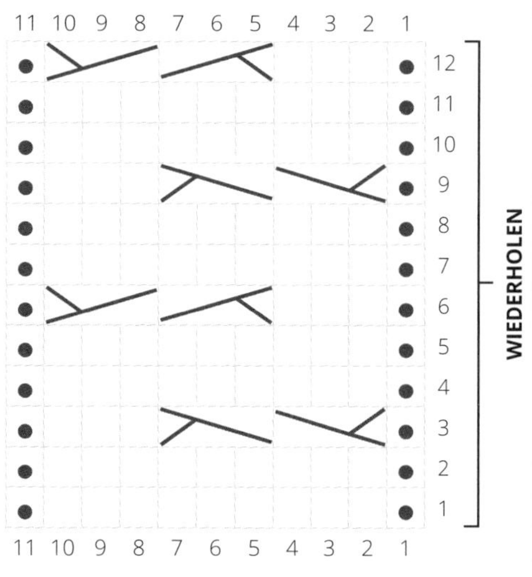

rechte Maschen

linke Maschen

Legt 3 M auf die Zopfnadel vor die Arbeit, strickt 3 M re, strickt die M von der Zopfnadel re

Legt 3 M auf die Zopfnadel hinter die Arbeit, strickt 3 M re, strickt die M von der Zopfnadel re

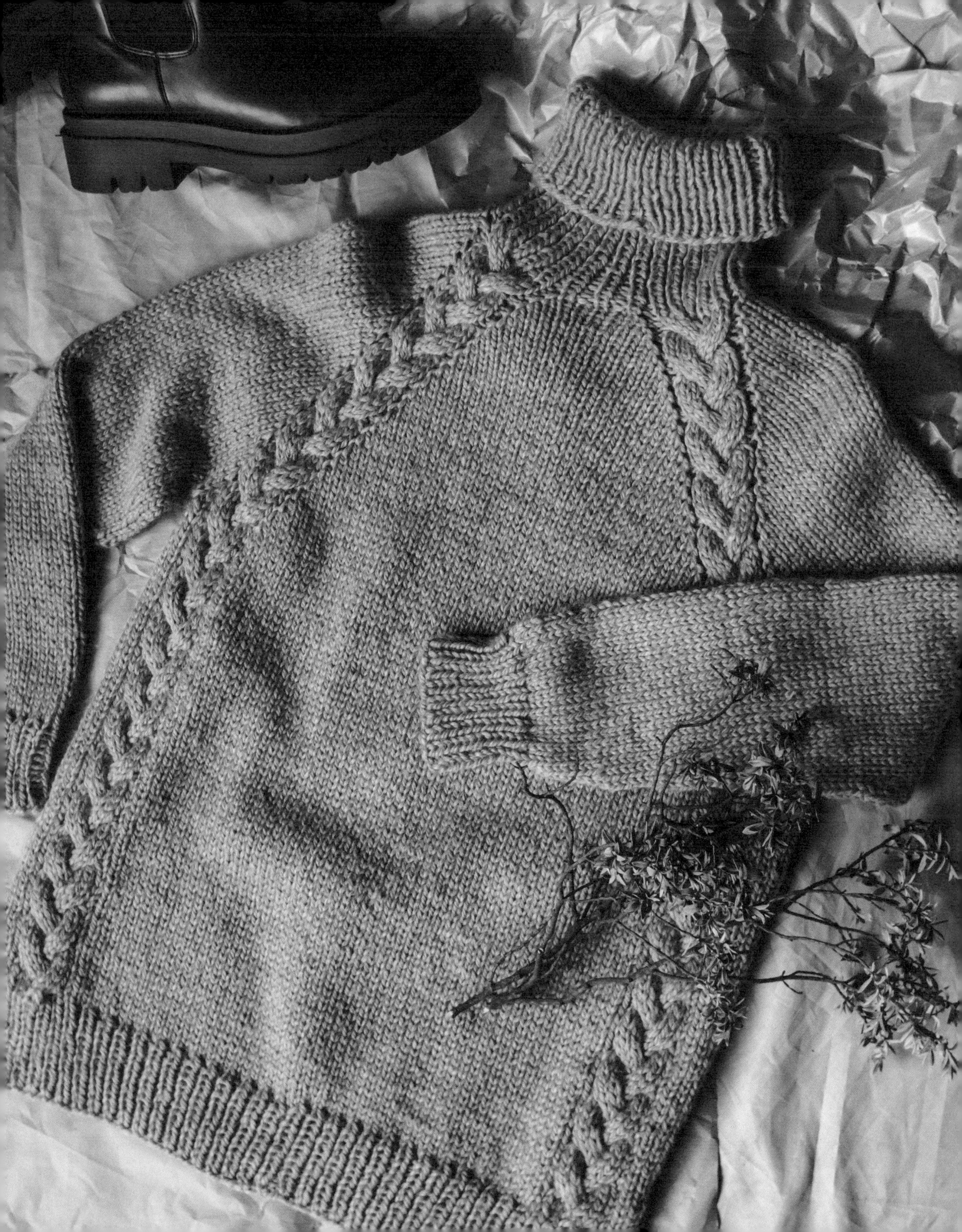

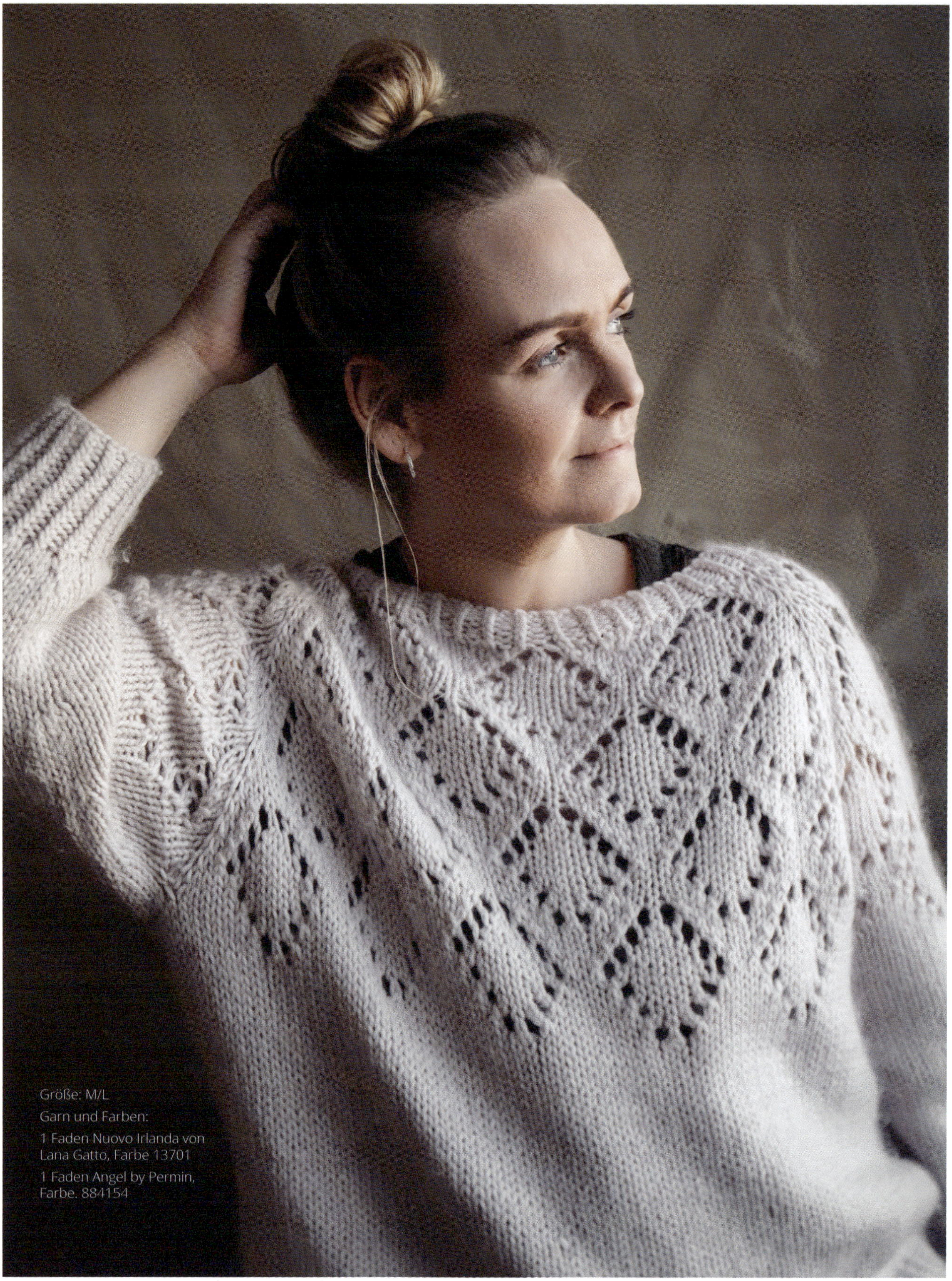

Größe: M/L

Garn und Farben:

1 Faden Nuovo Irlanda von Lana Gatto, Farbe 13701

1 Faden Angel by Permin, Farbe. 884154

EVA – DAMENPULLOVER

Dieser Pullover war das erste Modell unserer Eva–Kollektion. Ich liebe schlichte, unkomplizierte Muster, die sich schnell stricken lassen. Hier wollte ich einmal einen eleganteren Pullover stricken, aber trotzdem aus dicker Wolle – und daraus entstand die beliebte Eva–Kollektion!

GRÖSSENANGABEN UND GARNVERBRAUCH

Größe	Brustumfang	Ärmel-umfang	Rumpflänge (vorne)	Ärmellänge ab Ärmelansatz	Garnverbrauch Merino Sport	Garnverbrauch Mohair
2XS	104 cm	34 cm	30 cm	34 cm	450 g (720 m)	75 g (630 m)
XS/S	111 cm	37 cm	32 cm	36 cm	500 g (800 m)	100 g (840 m)
M/L	120 cm	41 cm	34 cm	38 cm	550 g (880 m)	100 g (840 m)
XL	**128 cm**	**46 cm**	**36 cm**	**40 cm**	**650 g (1040 m)**	**125 g (1050 m)**
2XL	**137 cm**	**51 cm**	**39 cm**	**42 cm**	**750 g (1200 m)**	**150 g (1260 m)**

Bitte beachtet, dass die angegebenen Garnmengen nur ein Richtwert sind.

Garn

Katia Merino Sport (80 m/50 g), Lana Grossa Bingo, Schachenmayr Merino Extrafine 85 oder Lang Merino Plus

+ 1 Faden Mohair, z.B. Angel by Permin (210 m/25 g) oder Lana Grossa Silkhair

Der Pullover wird mit beiden Fäden gleichzeitig gestrickt

Maschenprobe

14 Maschen = 10 cm mit Nadelstärke 7 glatt rechts

Das braucht ihr:

Rundstricknadel Nr. 7 (40, 80 und 100/120 cm lang)
Rundstricknadel Nr. 6 (40 und 100 cm lang)
Nadelspiel Nr. 7 (bei Bedarf in 2XS für die Ärmelbündchen)
Stopfnadel zum Vernähen der Fäden
Maschenmarkierer

Der Pullover wird glatt rechts von oben nach unten in Runden gearbeitet. Die Raglanpasse wird mit einem einfachen Lochmuster gestrickt. Nach der Raglanpasse werden verschiedene Möglichkeiten zur Fertigstellung (kurz oder lang, mit oder ohne Schlitz an der Seite und verschiedene Ärmelformen) erklärt. Die Musterdiagramme für das Lochmuster findet ihr am Ende der Anleitung.

BÜNDCHEN

Schlagt 68, 68, 68, **72, 72** M auf die Rundstricknadel Nr. 6 (40 cm lang) an und schließt zur Runde. Strickt das Halsbündchen im Rippenmuster (1 M re verschränkt, 1 M li im Wechsel) insgesamt 4 cm lang.

RAGLANBLENDE

Nach dem Bündchen werden die Raglanzunahmen gearbeitet. Diese Zunahmen bilden die Linien, die Rumpf und Schultern voneinander trennen. Die Runde beginnt in der hinteren Mitte. Ab hier wird nur noch glatt re gestrickt, mit Lochmuster (s. Diagramme am Ende der Anleitung). Die erste Reihe im Lochmuster wird laut Diagramm glatt re gestrickt.

Wechselt auf die Rundstricknadel Nr. 7 und strickt die **erste Runde** (= Reihe 1 im Diagramm) glatt re. Nehmt dabei gleichmäßig verteilt 12, 12, 12, **8, 8** M zu, um die im Diagramm angezeigte Maschenzahl zu erhalten. Jetzt liegen in allen Größen 80 M auf der Nadel.

In der **zweiten Runde** markiert ihr die Stellen für die Raglanzunahmen mit Maschenmarkierern (MM) und strickt dabei auch die 2. Reihe des Lochmusters laut Diagramm.

1. Schritt: Strickt 16 M im Lochmuster laut Diagramm (rechtes Rückenteil).

2. Schritt: Hängt MM1 auf die Nadel, strickt 1 M re (die Raglanmasche) und hängt dann MM2 auf die Nadel.

3. Schritt: Strickt 7 M im Lochmuster laut Diagramm (rechte Schulter).

4. Schritt: Hängt MM3 auf die Nadel, strickt 1 M re (die Raglanmasche) und hängt dann MM4 auf die Nadel.

5. Schritt: Strickt 31 M im Lochmuster laut Diagramm (Vorderteil).

6. Schritt: Hängt MM5 auf die Nadel, strickt 1 M re (die Raglanmasche) und hängt dann MM6 auf die Nadel.

7. Schritt: Strickt 7 M im Lochmuster laut Diagramm (linke Schulter).

8. Schritt: Hängt MM7 auf die Nadel, strickt 1 M re (die Raglanmasche) und hängt dann MM8 auf die Nadel.

9. Schritt: Strickt 15 M im Lochmuster laut Diagramm (linkes Rückenteil).

Jetzt habt ihr wieder den Beginn der Runde in der hinteren Mitte erreicht. Markiert ihn ggf. mit einem weiteren MM.

Die acht MM in der Runde markieren die Stellen, an denen ihr ab der **dritten Runde** die Raglanzunahmen arbeitet:

Strickt glatt re (Reihe 3 im Musterdiagramm) bis zu MM1, der die erste Raglanmasche markiert. Nehmt 1 M mit **M1R** (s. Seite 6) zu, hebt MM1 ab, strickt die Raglanmasche re, hebt MM2 ab, nehmt 1 M mit **M1L** zu. Wiederholt diese Zunahme an den anderen drei Raglanmaschen in der Runde und nehmt so an vier Stellen in der Runde insgesamt 8 M zu.

Strickt die **vierte Runde** im Lochmuster (4. Reihe im Diagramm) ohne Zunahmen.

Wiederholt **Runden 3 und 4**, bis ihr in insgesamt 18, 20, 23, **26, 28** Runden zugenommen habt und strickt dabei das Lochmuster laut Diagramm in der entsprechenden Größe. Wechselt auf eine längere Rundstricknadel, wenn die Runden zu lang für 40 cm werden. Am Ende der Zunahmen liegen 224, 240, 264, **288, 304** M auf der Nadel.

In den Größen XS–XXL habt ihr das Lochmuster an dieser Stelle noch nicht ganz beendet, sondern befindet euch an der entsprechenden Linie im Musterdiagramm. Hier endet die Raglanpasse. Der Teil des Lochmusters, der sich im Diagramm oberhalb der Linie befindet, wird in allen Größen bis auf XXS fertiggestrickt, wenn Rumpf und Ärmel getrennt gestrickt werden.

RUMPF

Wenn ihr alle Zunahmen gearbeitet habt, werden die Maschen, die später die Ärmel bilden, auf jeder Seite auf einem Hilfsfaden stillgelegt. Das ist ein Faden in einer Kontrastfarbe, auf den ihr alle Ärmelmaschen auffädelt, um sie zu sichern, während der Rumpf gestrickt wird. In XXS habt ihr das Lochmuster bereits beendet und strickt ab hier nur noch glatt re. In allen anderen Größen führt ihr das Lochmuster laut Diagramm weiter.

1. Schritt: Strickt laut Musterdiagramm bis MM2 (das rechte Rückenteil plus die Raglanmasche).

2. Schritt: Legt die 43, 47, 53, **59, 63** M zwischen MM2 und MM3 auf einen Hilfsfaden (rechter Ärmel).

3. Schritt: Schlagt 3, 5, 5, **5, 7** neue M an (unter dem rechten Ärmel).

4. Schritt: Strickt laut Musterdiagramm bis MM6 (das Vorderteil plus die Raglanmaschen auf beiden Seiten).

5. Schritt: Legt 43, 47, 53, **59, 63** M zwischen MM6 und MM7 auf einen Hilfsfaden (linker Ärmel).

6. Schritt: 3, 5, 5, **5, 7** neue M an (unter dem linken Ärmel).

7. Schritt: Strickt die Runde laut Musterdiagramm fertig (die Raglanmasche plus das linke Rückenteil).

Jetzt liegen insgesamt 144, 156, 168, **180, 192** M auf der Nadel (Vorder- und Rückenteil, plus die neuen M unter den Ärmeln). Die Ärmelmaschen liegen jetzt auf Hilfsfäden. Die 4 Raglanmaschen sind Teil des Rumpfes.

Beachtet, dass die neuen Maschen unter den Armen nicht ins Lochmuster integriert werden. Ihr beendet das Lochmuster laut Diagramm in Vorder- und Rückenteil und den Ärmeln getrennt, die neuen Maschen unter den Armen werden einfach glatt rechts, ohne Muster, gestrickt. Ihr beendet nur noch die Rauten, die ihr in der Raglanpasse begonnen habt, und arbeitet keine Raglanzunahmen mehr.

Jetzt habt ihr zwei Möglichkeiten, um den Rumpf zu stricken: Ihr könnt ihn entweder etwas kürzer stricken und am Ende noch einmal für ein eng anliegendes Bündchen Maschen abnehmen, oder ihr könnt ihn länger stricken und unten am Bündchen seitliche Schlitze arbeiten.

KURZE VERSION:

Strickt in Runden und beendet dabei in allen Größen außer XXS in den ersten Runden noch das Lochmuster laut Diagramm. Strickt nach dem Muster glatt re in Runden weiter, bis der Rumpf, ab dem Ärmelansatz, 22, 24, 26, **28, 31** cm lang ist (denkt daran, dass ihr den Pullover zwischendurch anprobieren und die Länge an eure eigene Größe anpassen könnt).

Wechselt dann auf Nadelstärke 6, strickt eine weitere Runde glatt re und nehmt dabei gleichmäßig verteilt 26 M ab:

Strickt jetzt ein Rippenbündchen wie im Hals (1 M re verschränkt, 1 M li im Wechsel) über 6 cm und kettet im Rippenmuster ab.

LANGE VERSION MIT SEITENSCHLITZEN:

Strickt in Runden und beendet dabei in allen Größen außer XXS in den ersten Runden noch das Lochmuster laut Diagramm. Strickt nach dem Muster glatt re in Runden weiter, bis der Rumpf, ab dem Ärmelansatz, 24, 26, 28, **30, 33** cm lang ist (denkt daran, dass ihr den Pullover zwischendurch anprobieren und die Länge an eure eigene Größe anpassen könnt).

Teilt die Maschen jetzt in Vorder- und Rückseite auf. Die Runde beginnt wie immer in der hinteren Mite.

1. Schritt: Strickt 36, 39, 42, **45, 48** M re (bis zur rechten Seite). Markiert die Stelle mit einem MM.

2. Schritt: Strickt 72, 78, 84, **90, 96** M re (Vorderseite). Legt diese Maschen auf eine zweite Rundstricknadel oder einen Hilfsfaden und legt sie vorübergehend still.

Jetzt befindet ihr euch auf der linken Seite des Pullovers und strickt nur die Rückseite in Reihen.

RÜCKSEITE

Die Rückseite wird mit Nadelstärke 7 glatt re in Reihen (d.h. re in der Hinreihe, li in der Rückreihe) gestrickt. An beiden Seiten schließen wir die Ränder mit einem I-Cord-Rand ab: Dafür strickt ihr die ersten 2 M in jeder Reihe immer re und hebt die letzten 2 M in jeder Reihe ungestrickt wie zum Linksstricken, mit dem Faden vor der Arbeit, ab. Dadurch erhaltet ihr eine stabile und saubere Kante.

Strickt zunächst 6 Reihen glatt re mit I-Cord-Rand. In der ersten Reihe nehmt ihr noch 1 M ab, indem ihr an einer Stelle 2 M re zusammenstrickt. Strickt dann ein verschränktes Rippenbündchen über 6 cm und führt dabei den I-Cord-Rand fort:

Hinreihe: 1 M re verschränkt und 1 M li im Wechsel.

Rückreihe: 1 M li verschränkt und 1 M re im Wechsel.

Kettet dann im Rippenmuster ab.

VORDERSEITE

Die Vorderseite wird wie die Rückseite mit I-Cord-Rand gestrickt, ist aber kürzer und beginnt direkt mit dem Rippenbündchen. Um auch hier die Maschenzahl um 1 zu reduzieren, strickt ihr in der ersten Runde nach dem I-Cord 2 M re verschränkt zusammen. Strickt das Bündchen wie auf der Rückseite über 6 cm und kettet im Rippenmuster ab.

ÄRMEL

Jetzt werden die Maschen für den ersten Ärmel, die ihr auf einem Hilfsfaden stillgelegt habt, wieder zurück auf Nadeln (Stärke 7) gelegt. Zusätzlich werden aus den Maschen, die ihr unter dem Arm neu angeschlagen habt, 3, 5, 5, **5, 7** M aufgefasst und zu den restlichen Ärmelmaschen auf die Nadel gelegt.

Die Runde beginnt in der Mitte zwischen den neuen Maschen. Jetzt liegen 46, 52, 58, **64, 70** M auf der Nadel.

Jetzt habt ihr wieder die Wahl, wie ihr den Ärmel stricken wollt: Entweder nehmt ihr in regelmäßigen Abständen Maschen ab, lasst den Ärmel so nach und nach enger werden und endet mit einem locker anliegenden Bündchen (Variante A), oder ihr strickt den Ärmel mit weniger Abnahmen bis zum Bündchen, nehmt in der letzten Runde viele Maschen auf einmal ab und habt einen bauschigeren Ärmel, der in einem eng anliegenden, längeren Bündchen endet (Variante B).

Wenn ihr in den ersten Runden des Ärmels das Muster beendet, strickt ihr die 5 neuen Maschen unter dem Arm rechts und nicht als Teil des Musters.

VARIANTE A

XXS: Strickt 3 cm glatt re in Runden. Strickt in der nächsten Runde die ersten 2 M und die letzten 2 M der Runde re zusammen und nehmt so in dieser Runde 2 M ab. Wiederholt diese Abnahme mit 5 cm Abstand insgesamt 5 Mal und nehmt so 10 M ab. Am Ende liegen 36 M auf der Nadel.

XS/S: Strickt das Lochmuster laut Diagramm zu Ende. Strickt (ab der ersten Runde) 2 cm. Strickt in der nächsten Runde die ersten 2 M und die letzten 2 M der Runde re zusammen und nehmt so in dieser Runde 2 M ab. Wiederholt diese Abnahme mit 4 cm Abstand insgesamt 7 Mal und nehmt so 14 M ab. Am Ende liegen 38 M auf der Nadel.

M/L: Strickt das Lochmuster laut Diagramm zu Ende. Strickt (ab der ersten Runde) 4 cm. Strickt in der nächsten Runde die ersten 2 M und die letzten 2 M der Runde re zusammen und nehmt so in dieser Runde 2 M ab. Wiederholt diese Abnahme mit 3 cm Abstand insgesamt 9 Mal und nehmt so 18 M ab. Am Ende liegen 40 M auf der Nadel.

XL: Strickt das Lochmuster laut Diagramm zu Ende. Strickt (ab der ersten Runde) 2 cm. Strickt in der nächsten Runde die ersten 2 M und die letzten 2 M der Runde re zusammen und nehmt so in dieser Runde 2 M ab. Wiederholt diese Abnahme mit 2,5 cm Abstand insgesamt 12 Mal und nehmt so 24 M ab. Am Ende liegen 40 M auf der Nadel.

XXL: Strickt das Lochmuster laut Diagramm zu Ende. Strickt (ab der ersten Runde) 4 cm. Strickt in der nächsten Runde die ersten 2 M und die letzten 2 M der Runde re zusammen und nehmt so in dieser Runde 2 M ab. Wiederholt diese Abnahme mit 2 cm Abstand insgesamt 15 Mal und nehmt so 30 M ab. Am Ende liegen 40 M auf der Nadel.

Alle Größen: Strickt weiter, bis der Ärmel 28, 30, 32, **34, 36** cm lang ist. Strickt dann mit derselben Nadelstärke ein Rippenbündchen (1 M re verschränkt, 1 M li), insgesamt 6 cm lang, und kettet im Rippenmuster ab. Strickt den zweiten Ärmel genauso.

VARIANTE B

XXS: In dieser Größe nehmt ihr nur ganz am Ende Maschen ab. Strickt den Ärmel glatt re in Runden, bis er ab dem Ärmelansatz 26 cm lang ist. Wechselt dann auf das Nadelspiel Nr. 6, strickt noch eine weitere Runde glatt re und nehmt dabei gleichmäßig verteilt 14 Maschen ab. Am Ende liegen noch 32 M auf der Nadel.

XS/S: Strickt das Lochmuster laut Diagramm zu Ende. Strickt (ab der ersten Runde) insgesamt 8 cm lang ohne Abnahmen und nehmt dann in der nächsten Runde 2 M ab, indem ihr die ersten 2 und die letzten 2 M der Runde zusammenstrickt. Strickt noch einmal 10 cm weiter, nehmt dann noch einmal 2 M ab und strickt den Ärmel weiter, bis er ab dem Ärmelansatz 28 cm lang ist. Wechselt auf das Nadelspiel Nr. 6, strickt noch eine weitere Runde glatt re und nehmt dabei gleichmäßig verteilt 14 Maschen ab. Am Ende liegen noch 32 M auf der Nadel.

M/L: Strickt das Lochmuster laut Diagramm zu Ende. Strickt (ab der ersten Runde) insgesamt 5 cm lang ohne Abnahmen und nehmt dann in der nächsten Runde 2 M ab, indem ihr die ersten 2 und die letzten 2 M der Runde zusammenstrickt. Wiederholt diese Abnahmen mit 5 cm Abstand insgesamt 5 Mal und nehmt so insgesamt 10 M ab. Strickt dann den

Ärmel weiter, bis er ab dem Ärmelansatz 30 cm lang ist. Wechselt auf das Nadelspiel Nr. 6, strickt noch eine weitere Runde glatt re und nehmt dabei gleichmäßig verteilt 14 Maschen ab. Am Ende liegen noch 34 M auf der Nadel.

XL: Strickt das Lochmuster laut Diagramm zu Ende. Strickt (ab der ersten Runde) 4 cm lang ohne Abnahmen und nehmt dann in der nächsten Runde 2 M ab, indem ihr die ersten 2 und die letzten 2 M der Runde zusammenstrickt. Wiederholt diese Abnahmen mit 3,5 cm Abstand insgesamt 8 Mal und nehmt so insgesamt 16 M ab. Strickt dann den Ärmel weiter, bis er ab dem Ärmelansatz 32 cm lang ist. Wechselt auf das Nadelspiel Nr. 6, strickt noch eine weitere Runde glatt re und nehmt dabei gleichmäßig verteilt 12 Maschen ab. Am Ende liegen noch 36 M auf der Nadel.

XXL: Strickt das Lochmuster laut Diagramm zu Ende. Strickt (ab der ersten Runde) 2 cm lang ohne Abnahmen und nehmt dann in der nächsten Runde 2 M ab, indem ihr die ersten 2 und die letzten 2 M der Runde zusammenstrickt. Wiederholt diese Abnahmen mit 4 cm Abstand insgesamt 7 Mal und nehmt so insgesamt 14 M ab. Strickt dann den Ärmel weiter, bis er ab dem Ärmelansatz 36 cm lang ist. Wechselt auf das Nadelspiel Nr. 6, strickt noch eine weitere Runde glatt re und nehmt dabei gleichmäßig verteilt 18 Maschen ab. Am Ende liegen noch 38 M auf der Nadel.

Alle Größen: Strickt ein Bündchen im Rippenmuster (1 M re verschränkt, 1 M re), insgesamt 8 cm lang. Kettet im Rippenmuster ab.

Strickt den zweiten Ärmel genauso.

ABSCHLUSS

Vernäht alle Enden und schließt ggf. die Löcher unter den Armen, wenn vorhanden. Wascht den Pullover entsprechend der Pflegehinweise auf eurem Garn, zieht ihn auf einem trockenen Handtuch in Form und lasst ihn liegend trocknen.

MUSTERDIAGRAMME

Auf den nächsten Seiten findet ihr die Diagramme für das Lochmuster. Je nach Größe beendet ihr die Raglanpasse an einer anderen Stelle im Diagramm.

Ihr strickt in eurer angegebenen Größe bis zur entsprechenden Linie im Musterdiagramm (z. B. bis Reihe 42 in Größe XS/S). Im nächsten Schritt trennt ihr Ärmel und Rumpf und strickt das Lochmuster in beiden Teilen getrennt fertig. Ihr strickt allerdings nicht das komplette Diagramm, sondern beendet jeweils nur die Rauten, die ihr bereits begonnen habt. In Größe XS/S strickt ihr also weiter bis Reihe 50, beginnt in dieser Reihe aber KEINE neue Raute mehr, sondern beendet nur noch die angefangenen (vgl. auch Reihe 62 im Diagramm).

VORDER- UND RÜCKENTEIL

Vorder- und Rückenteil werden nach demselben Diagramm gestrickt. Da eure Runde in der Mitte des Rückenteils beginnt, müsst ihr hier auch in der Mitte des Diagramms anfangen (in Masche 45) und euch dann nach links bis zur Raglanmasche arbeiten. Für das Vorderteil und die zweite Hälfte des Rückenteils beginnt ihr in Masche 30.

SCHULTERN

Die Schultern beginnen auf beiden Seiten in Masche 19, 21, 24, **27, 29** des Diagramms.

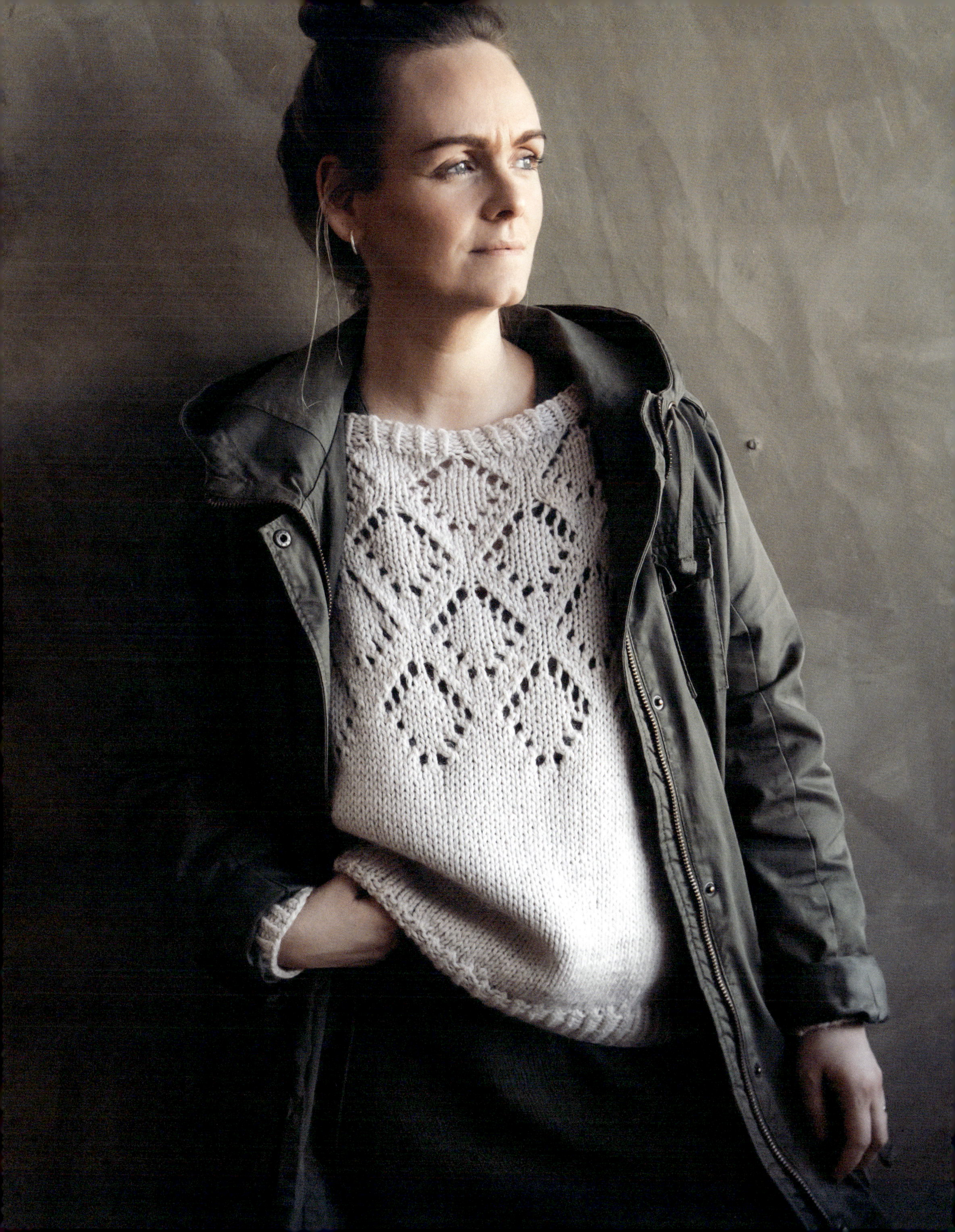

Vorder- und Rückenteil

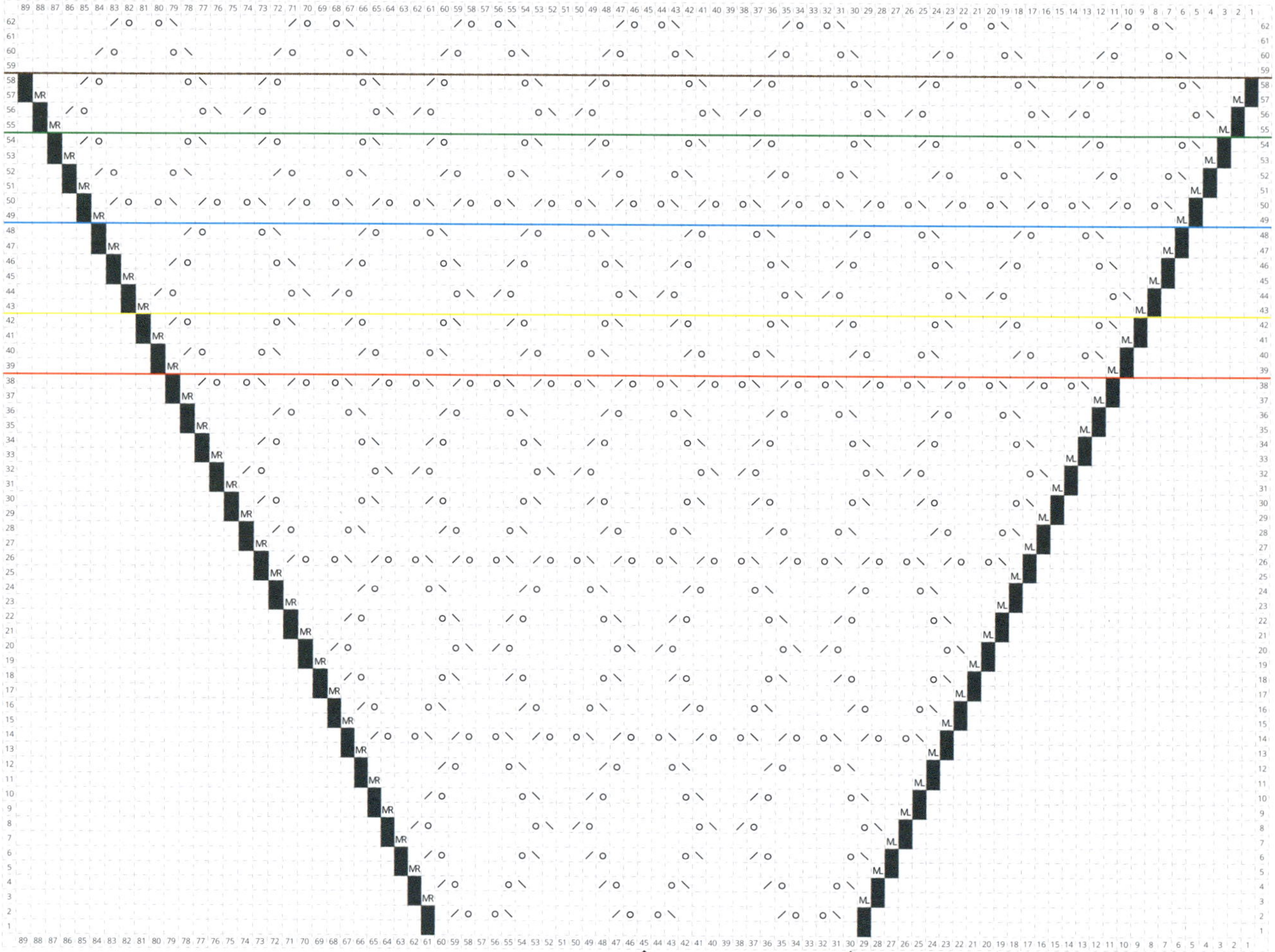

BEGINNT HIER RECHTES RÜCKENTEIL

BEGINNT HIER VORDERTEIL UND LINKES RÜCKENTEIL

Diese Diagramme gelten für alle Größen. Je nach Größe beendet ihr das Diagramm an einer anderen Stelle:

2XS: Strickt bis zur roten Linie (Reihe 38). Beendet die angefangenen Rauten in Reihe 38, **beginnt aber keine neuen** – vgl. Reihe 62.

XS und S: Strickt bis zur gelben Linie (Reihe 42). Strickt Rumpf und Ärmel dann getrennt bis Reihe 50 weiter.

M und L: Strickt bis zur blauen Linie (Reihe 48). Strickt Rumpf und Ärmel dann getrennt bis Reihe 50 weiter.

XL: Strickt bis zur grünen Linie (Reihe 54). Strickt Rumpf und Ärmel dann getrennt bis Reihe 62 weiter.

2XL: Strickt bis zur braunen Linie (Reihe 58). Strickt Rumpf und Ärmel dann getrennt bis Reihe 62 weiter.

In allen Größen bis auf 2XS beendet ihr das Lochmuster in Rumpf und Ärmeln getrennt, nachdem ihr die Ärmel abgeteilt habt. Strickt in diesen Größen im Muster (aber ohne Raglanzunahmen!) weiter, bis ihr die letzten Rauten, die ihr in der Raglanpasse begonnen habt, beendet habt, aber **beginnt keine neuen mehr** (vgl. Reihe 62). Strickt dann glatt re weiter.

Schultern

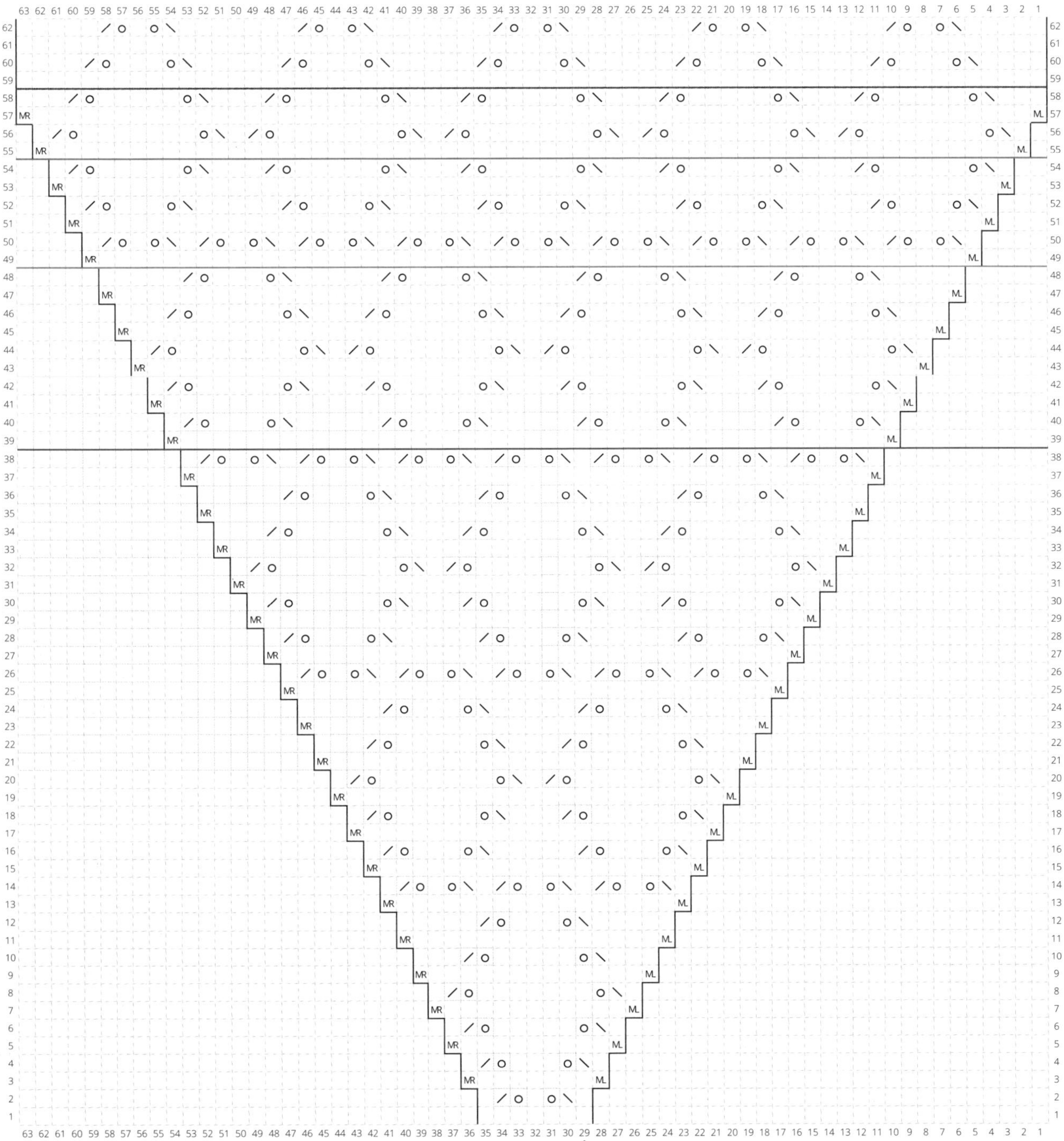

BEGINNT HIER

ZEICHENERKLÄRUNG

- ☐ glatt rechts
- ■ Raglanmasche
- ⧅ 2 M mit SSK zusammenstricken – s. Seite 7
- ⧄ 2 M re zusammenstricken
- [O] Umschlag
- [ML] M1L (s. Seite 6)
- [MR] M1R (s. Seite 6)

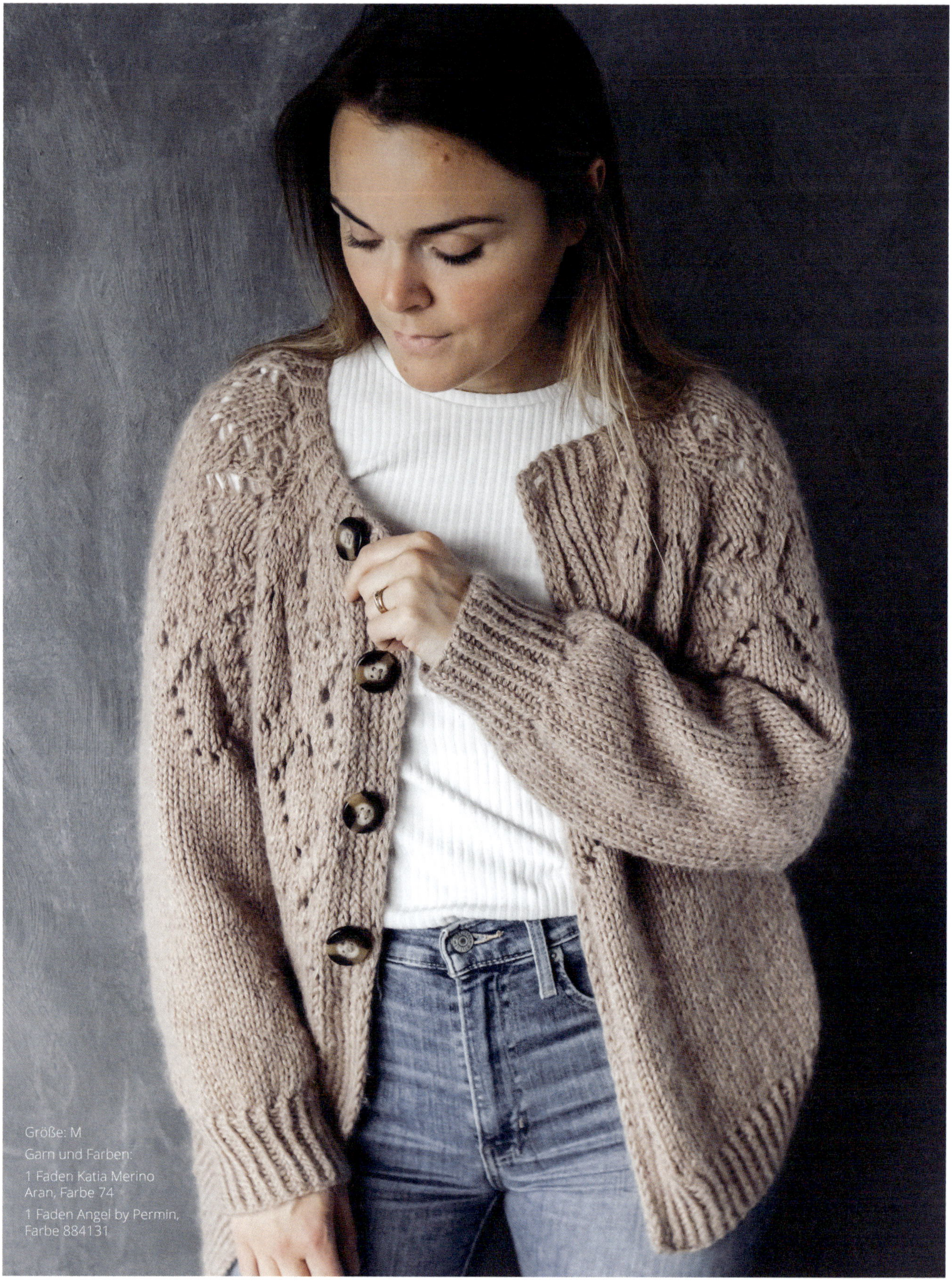

Größe: M
Garn und Farben:
1 Faden Katia Merino Aran, Farbe 74
1 Faden Angel by Permin, Farbe 884131

EVA – CARDIGAN

Dieser Cardigan wird mit demselben Lochmuster gestrickt wie der gleichnamige Pullover, ist aber etwas kürzer. Wir tragen ihn gerne über Kleidern – aber auch zu Hosen, Röcken, und eigentlich immer! Die integrierte Knopfleiste schließt das geometrische Muster ab und rahmt es mit den Bündchen schön ein.

GRÖSSENANGABEN UND GARNVERBRAUCH

Größe	Brustumfang	Ärmelumfang	Rumpflänge ab Ärmelansatz	Ärmellänge ab Ärmelansatz	Garnverbrauch Merino Aran	Garnverbrauch Mohair
XS	100 cm	31 cm	35 cm	36 cm	550 g (853 m)	75 g (625 m)
S	106 cm	33 cm	37 cm	38 cm	550 g (853 m)	75 g (625 m)
M	111 cm	35 cm	39 cm	40 cm	600 g (930 m)	100 g (750 m)
L	**117 cm**	**39 cm**	**41 cm**	**42 cm**	**650 g (1008 m)**	**125 g (1000 m)**
XL	**124 cm**	**41 cm**	**43 cm**	**44 cm**	**700 g (1085 m)**	**150 g (1250 m)**
2XL	**130 cm**	**44 cm**	**45 cm**	**46 cm**	**800 g (1240 m)**	**200 g (1500 m)**

Bitte beachtet, dass die angegebenen Garnmengen nur ein Richtwert sind.

Garn

1 Faden Katia Merino Aran (155 m/ 100 g), Katia Merino Sport, Lana Grossa Bingo oder Lang Merino Plus

+ 1 Faden Angel by Permin (210 m/25 g), Lana Grossa Silkhair oder Drops Kid Silk Mohair

Der Cardigan wird mit beiden Fäden gleichzeitig gestrickt.

Maschenprobe

14 Maschen = 10 cm mit Nadelstärke 7

Das braucht ihr:

Rundstricknadel Nr. 6 (40 cm für das Halsbündchen und die Ärmelbündchen)
Rundstricknadel Nr. 7 (80/100/120 cm)
Rundstricknadel Nr. 6 (80/100/120 cm für das untere Bündchen)
Stopfnadel zum Vernähen der Fäden
Maschenmarkierer

Der Cardigan wird zweifädig glatt rechts von oben nach unten in Reihen gearbeitet. Die Raglanpasse wird mit einem Lochmuster gestrickt. Die Knopfleiste wird direkt mitgestrickt und vorne mit I-Cord-Kanten abgeschlossen.

Eva ist ein kurzer Cardigan, der besonders gut über Kleider oder lange Blusen passt, und so ist auch die Garnmenge berechnet. Wenn ihr ihn gerne etwas länger haben möchtet, könnt ihr den Rumpf und die Ärmel problemlos länger stricken (probiert das Stück einfach immer wieder an, um zu sehen, wie euch die Länge gefällt), plant dann dafür aber auch mehr Garn ein. In der Wäsche glättet sich das Lochmuster und der Cardigan wird etwas länger.

Die Musterdiagramme für das Lochmuster findet ihr am Ende der Anleitung.

I-CORD-MASCHEN

Die ersten 2 M und die letzten 2 M in jeder Reihe werden als I-Cord-Maschen gestrickt. Ihr strickt die ersten 2 M in jeder Reihe (Hin- und Rückreihe) immer re, und hebt die letzten 2 M in jeder Reihe ungestrickt wie zum Linksstricken, mit dem Faden vor der Arbeit, ab. Dadurch entsteht eine feste und saubere Kante, die die Knopfleisten abschließt. Ihr beginnt die I-Cord-Kante in der allerersten Reihe des Halsbündchens und strickt sie über die komplette Länge der Jacke bis zur letzten Reihe des unteren Bündchens mit. Beginnt das Rippenmuster in der ersten Masche nach der I-Cord-Kante (d.h. die dritte Masche der Reihe) in der Hinreihe mit einer re verschränkten Masche. Damit wird der Übergang schöner als mit einer linken Masche.

KNOPFLÖCHER

Da die Knopfleisten hier direkt mitgestrickt werden, strickt ihr in regelmäßigen Abständen ein Knopfloch ein. In dieser Jacke stricken wir die Knopflöcher mit ca. 14–16 Reihen Abstand am Anfang einer Hinreihe: Strickt 4 oder 6 M (je nachdem, ob ihr die Löcher lieber am Rand oder in der Mitte der Knopfleiste haben wollt), macht einen Umschlag, strickt die nächsten 2 M re zusammen, strickt normal weiter. In der Rückreihe wird der Umschlag im Takt mit dem Rippenmuster abgestrickt, sodass sich ein Loch bildet.

Das erste Knopfloch strickt ihr direkt im Halsbündchen in der dritten Reihe.

BÜNDCHEN

Schlagt 75, 75, 77, **77, 79, 81** M auf die Rundstricknadel Nr. 6 (40 cm lang) an. Strickt das Halsbündchen über 3 cm in Hin- und Rückreihen im verschränkten Rippenmuster: In der Hinreihe strickt ihr 1 M li, 1 M re verschränkt im Wechsel, in der Rückreihe strickt ihr dann 1 M re, 1 M li verschränkt im Wechsel. Strickt dabei die ersten 2 M und die letzten 2 M jeder Reihe als I-Cord-Maschen und beachtet das erste Knopfloch in der 3. Reihe. Die erste Reihe, die ihr strickt, ist eine Hinreihe. Beendet das Bündchen mit einer Rückreihe.

Die ersten 10 und die letzten 10 M der Reihe (je 2 I-Cord-Maschen und 8 Maschen im Rippenmuster) sind Randmaschen, die die Knopfleisten bilden. Markiert diese 10 Randmaschen auf beiden Seiten mit einem MM und strickt sie über die gesamte Länge der Jacke im selben Rippenmuster wie das Halsbündchen.

RAGLANBLENDE

Nach dem Bündchen wird glatt rechts mit Lochmuster (s. Musterdiagramme am Ende der Anleitung) und Raglanzunahmen weitergestrickt. Ab hier wird nur noch glatt re gestrickt (d.h. re in der Hinreihe, li in der Rückreihe), mit Lochmuster. Die 10 Randmaschen auf beiden Seiten werden weiterhin im Rippenmuster gestrickt. Wechselt auf Nadelstärke 7 und beginnt mit einer Hinreihe.

1. Reihe (Hinreihe): Strickt die 10 Randmaschen im Rippenmuster mit I-Cord. Strickt dann glatt re weiter und nehmt gleichmäßig über die Reihe verteilt 14, 14, 12, **12, 10, 8** M zu (nehmt dabei nicht in den Randmaschen zu). Strickt dann die 10 Randmaschen am Ende der Reihe wieder im Rippenmuster mit I-Cord. Diese Reihe ist Reihe 1 im Musterdiagramm. Jetzt liegen in allen Größen 89 M auf der Nadel.

2. Reihe (Rückreihe): Strickt li zurück (Reihe 2 im Musterdiagramm), mit den Randmaschen wie immer im Rippenmuster mit I-Cord.

Die 3. Reihe (Hinreihe) strickt ihr wie folgt:

1. Schritt: Strickt die 10 Randmaschen im Rippenmuster mit I-Cord.

2. Schritt: Strickt 10 M mit Lochmuster (linkes Vorderteil).

3. Schritt: Nehmt 1 M mit **M1R** (s. Seite 6) zu. Strickt 1 M re (Raglanmasche) und steckt MM1 in diese Masche. Nehmt 1 M mit **M1L** zu.

4. Schritt: Strickt 7 M mit Lochmuster (Schulter).

5. Schritt: Nehmt 1 M mit M1R zu. Strickt 1 M re (Raglanmasche) und steckt MM2 in diese Masche. Nehmt 1 M mit M1L zu.

6. Schritt: Strickt 31 M mit Lochmuster (Rückenteil).

7. Schritt: Nehmt 1 M mit M1R zu. Strickt 1 M re (Raglanmasche) und steckt MM3 in diese Masche. Nehmt 1 M mit M1L zu.

8. Schritt: Strickt 7 M mit Lochmuster (Schulter).

9. Schritt: Nehmt 1 M mit M1R zu. Strickt 1 M re (Raglanmasche) und steckt MM4 in diese Masche. Nehmt 1 M mit M1L zu.

10. Schritt: Strickt 10 M mit Lochmuster (rechtes Vorderteil).

11. Schritt: Strickt die 10 Randmaschen im Rippenmuster mit I-Cord.

4. Reihe (Rückreihe): Strickt die Rückreihe li zurück, mit den Randmaschen im Rippenmuster mit I-Cord.

5. Reihe (Hinreihe): Strickt laut Musterdiagramm bis zur Raglanmasche mit MM1. Nehmt mit M1R zu, strickt die Raglanmasche re, nehmt mit M1L zu, strickt weiter im Muster. Wiederholt diese Zunahmen an MM2, 3 und 4 und nehmt so in dieser Reihe wieder insgesamt 8 M zu.

Diese Zunahmen bilden die Raglanlinien, die Rumpf und Ärmel voneinander trennen. Wiederholt Reihen 4 und 5, bis ihr in insgesamt 16, 18, 20, **22, 24, 26** Hinreihen zugenommen habt. Jetzt habt ihr insgesamt 217, 233, 249, **265, 281, 297** M auf den Nadeln. Strickt die Rückreihe li zurück.

An dieser Stelle endet die Raglanpasse, und ihr seid an der entsprechenden Linie im Musterdiagramm angekommen. Die letzten Reihen des Lochmusters oberhalb der Linie werden in Rumpf und Ärmeln einzeln fertig gestrickt.

RUMPF

Wenn ihr alle Zunahmen gearbeitet habt, werden die Maschen, die später die Ärmel bilden, auf jeder Seite auf einem Hilfsfaden stillgelegt. Das ist ein Faden in einer Kontrastfarbe, auf den ihr alle Ärmelmaschen auffädelt, um sie zu sichern, während der Rumpf gestrickt wird.

1. Schritt: Strickt die Randmaschen.

2. Schritt: Strickt das linke Vorderteil im Lochmuster und strickt die Raglanmasche (MM1) re.

3. Schritt: Legt die nächsten 39, 43, 47, **51, 55, 59** M (alle Maschen zwischen MM1 und MM2, die die Maschen für den linken Ärmel bilden) auf einem Hilfsfaden still.

4. Schritt: Schlagt 5 neue M an (unter dem linken Arm).

5. Schritt: Strickt die Raglanmasche (MM2) re, strickt das Rückenteil laut Musterdiagramm und strickt die nächste Raglanmasche (MM3) re.

6. Schritt: Legt die nächsten 39, 43, 47, **51, 55, 59** M (die Maschen zwischen MM3 und MM4 für den rechten Ärmel) auf einem Hilfsfaden still.

7. Schritt: Schlagt 5 neue M an (unter dem rechten Arm).

8. Schritt: Strickt die Raglanmasche (MM4) re, strickt das rechte Vorderteil laut Musterdiagramm.

9. Schritt: Strickt die Randmaschen.

Jetzt liegen insgesamt 149, 157, 165, **173, 181, 189** M auf der Nadel (mit den 10 neuen M unter den Ärmeln). Die Ärmelmaschen liegen auf Hilfsfäden.

Strickt jetzt glatt re weiter, bis der Rumpf, ab dem Ärmelansatz, 29, 31, 33, 35, 37, 39 cm lang ist (probiert die Jacke zwischendurch an, um die Länge ggf. an euch anzupassen). Strickt je nach Größe die ersten Reihen noch mit Lochmuster laut Diagramm, bis ihr das Muster beendet habt. Hier beendet ihr nur noch die Rauten, die ihr in der Raglanpasse begonnen habt, und arbeitet ab hier keine Raglanzunahmen mehr. Beachtet, dass die neuen Maschen unter den Armen nicht ins Lochmuster integriert werden: Ihr beendet das Lochmuster laut Diagramm in Vorder- und Rückenteil und den Ärmeln getrennt, die neuen Maschen unter den Armen werden einfach glatt rechts, ohne Muster gestrickt.

Wenn der Rumpf die gewünschte Länge erreicht hat, wechselt ihr wieder auf die Rundstricknadel Nr. 6 (80–120 cm Länge) und strickt ein verschränktes Rippenbündchen wie im Halsbündchen über 6 cm. Führt die I-Cord-Kanten bis zum Ende fort. Kettet in einer Hinreihe ab.

ÄRMEL

Jetzt werden die Maschen für den ersten Ärmel, die ihr auf einem Hilfsfaden stillgelegt habt, wieder zurück auf Nadeln (Stärke 7) gelegt. Zusätzlich werden aus den Maschen, die ihr unter dem Arm neu angeschlagen habt, 5 M aufgefasst und zu den restlichen Ärmelmaschen auf die Nadel gelegt. Die Runde beginnt in der Mitte zwischen den neuen Maschen. Jetzt liegen 44, 48, 52, **56, 60, 64** M auf der Nadel.

Je nach Größe strickt ihr auch hier das Lochmuster noch fertig. Wie im Rumpf werden die 5 neuen Maschen unter dem Arm nicht zum Muster gezählt, sondern immer re gestrickt. Das Muster beginnt nach diesen Maschen.

XS: Strickt das Lochmuster laut Diagramm zu Ende. Strickt glatt re ohne Abnahmen in Runden, bis der Ärmel 30 cm lang ist.

S: Strickt das Lochmuster laut Diagramm zu Ende. Strickt glatt re ohne Abnahmen in Runden, bis der Ärmel 32 cm lang ist.

M: Strickt das Lochmuster laut Diagramm zu Ende. Strickt dabei die ersten 4 cm ohne Abnahmen. Strickt in der nächsten Runde die ersten 2 M und die letzten 2 M der Runde re zusammen und nehmt so in dieser Runde 2 M ab. Wiederholt diese Abnahme mit 10 cm Abstand insgesamt 4 Mal und nehmt so 8 M ab. Strickt weiter, bis der Ärmel 34 cm lang ist.

L: Strickt das Lochmuster laut Diagramm zu Ende. Strickt dabei die ersten 4 cm ohne Abnahmen. Strickt in der nächsten Runde die ersten 2 M und die letzten 2 M der Runde re zusammen und nehmt so in dieser Runde 2 M ab. Wiederholt diese Abnahme mit 8 cm Abstand insgesamt 4 Mal und nehmt so 8 M ab. Strickt weiter, bis der Ärmel 36 cm lang ist.

XL: Strickt das Lochmuster laut Diagramm zu Ende. Strickt dabei die ersten 3 cm ohne Abnahmen. Strickt in der nächsten Runde die ersten 2 M und die letzten 2 M der Runde re zusammen und nehmt so in dieser Runde 2 M ab. Wiederholt diese Abnahme mit 7 cm Abstand insgesamt 5 Mal und nehmt so 10 M ab. Strickt weiter, bis der Ärmel 38 cm lang ist.

XXL: Strickt das Lochmuster laut Diagramm zu Ende. Strickt dabei die ersten 4 cm ohne Abnahmen. Strickt in der nächsten Runde die ersten 2 M und die letzten 2 M der Runde re zusammen und nehmt so in dieser Runde 2 M ab. Wiederholt diese Abnahme mit 6 cm Abstand insgesamt 6 Mal und nehmt so 12 M ab. Strickt weiter, bis der Ärmel 40 cm lang ist.

Alle Größen: Jetzt liegen 44, 48, 44, **48, 50, 52** M auf der Nadel. Wechselt auf Nadelstärke 6, strickt noch eine Runde glatt re und nehmt dabei gleichmäßig über die Runde verteilt 10, 12, 8, **10, 12, 12** M ab. Jetzt liegen noch 34, 36, 34, **38, 38, 40** M auf der Nadel. Strickt ein Rippenbündchen (1 M re verschränkt, 1 M li), insgesamt 6 cm lang, und kettet im Rippenmuster ab. Strickt den zweiten Ärmel genauso.

ABSCHLUSS

Vernäht alle Enden und schließt ggf. die Löcher unter den Armen, wenn vorhanden. Befestigt die Knöpfe. Wascht den Cardigan entsprechend der Pflegehinweise auf eurem Garn, zieht ihn auf einem trockenen Handtuch in Form und lasst ihn liegend trocknen.

MUSTERDIAGRAMME

Auf den nächsten Seiten findet ihr die Diagramme für das Lochmuster. Je nach Größe beendet ihr die Raglanpasse an einer anderen Stelle im Diagramm.

Ihr strickt in eurer angegebenen Größe bis zur entsprechenden Linie im Musterdiagramm (z. B. bis Reihe 42 in Größe M). Im nächsten Schritt trennt ihr Ärmel und Rumpf und strickt das Lochmuster in beiden Teilen getrennt fertig. Ihr strickt allerdings nicht das komplette Diagramm, sondern beendet jeweils nur die Rauten, die ihr bereits begonnen habt. In Größe M strickt ihr also weiter bis Reihe 51, beginnt in dieser Reihe aber KEINE neue Raute mehr, sondern beendet nur noch die angefangenen (vgl. auch Reihe 63 im Diagramm).

Zeichenerklärung

- ☐ rechts in der Hinreihe, links in der Rückreihe
- ■ Raglanmasche
- ⧅ 2 M mit SSK zusammenstricken – s. Seite 7
- ⧄ 2 M re zusammenstricken
- O Umschlag
- ▒ 2 I-Cord-Maschen und 8 Randmaschen
- ML M1L (s. Seite 6)
- MR M1R (s. Seite 6)

Vorderteil

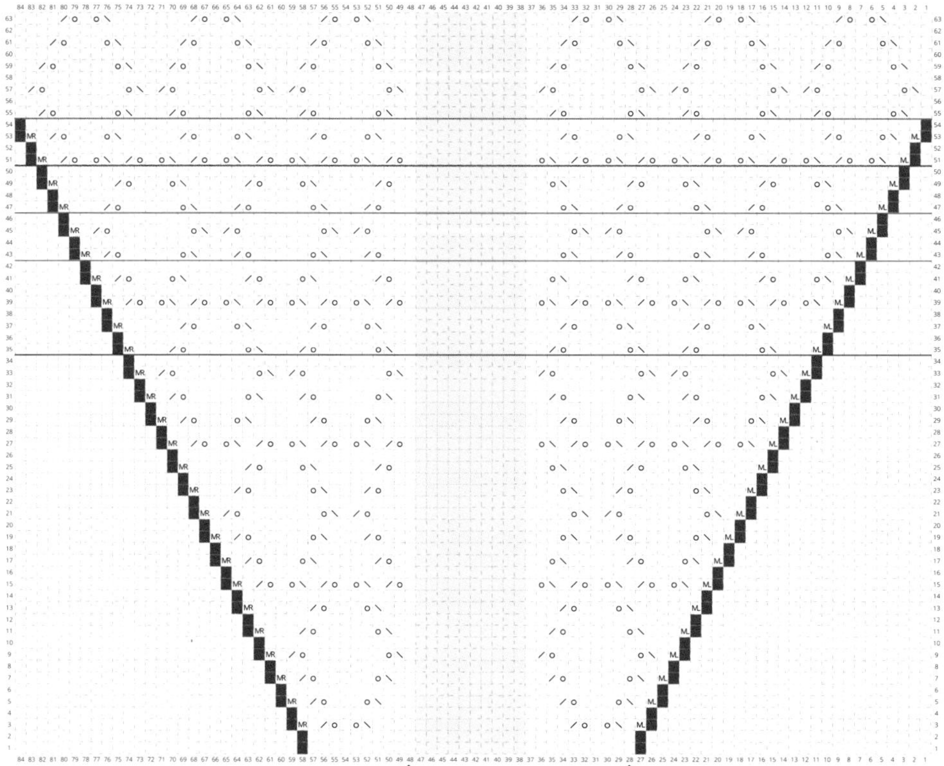

BEGINNT HIER
LINKES VORDERTEIL

BEGINNT HIER
RECHTES VORDERTEIL

Rückenteil

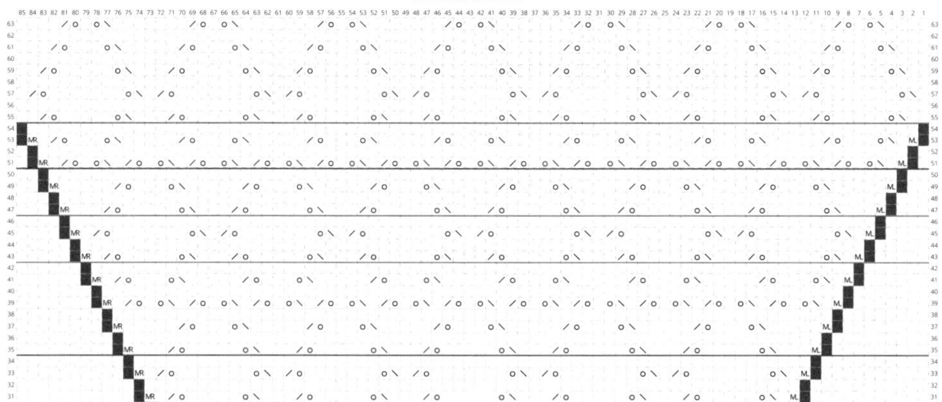

BEGINNT HIER

Ärmel

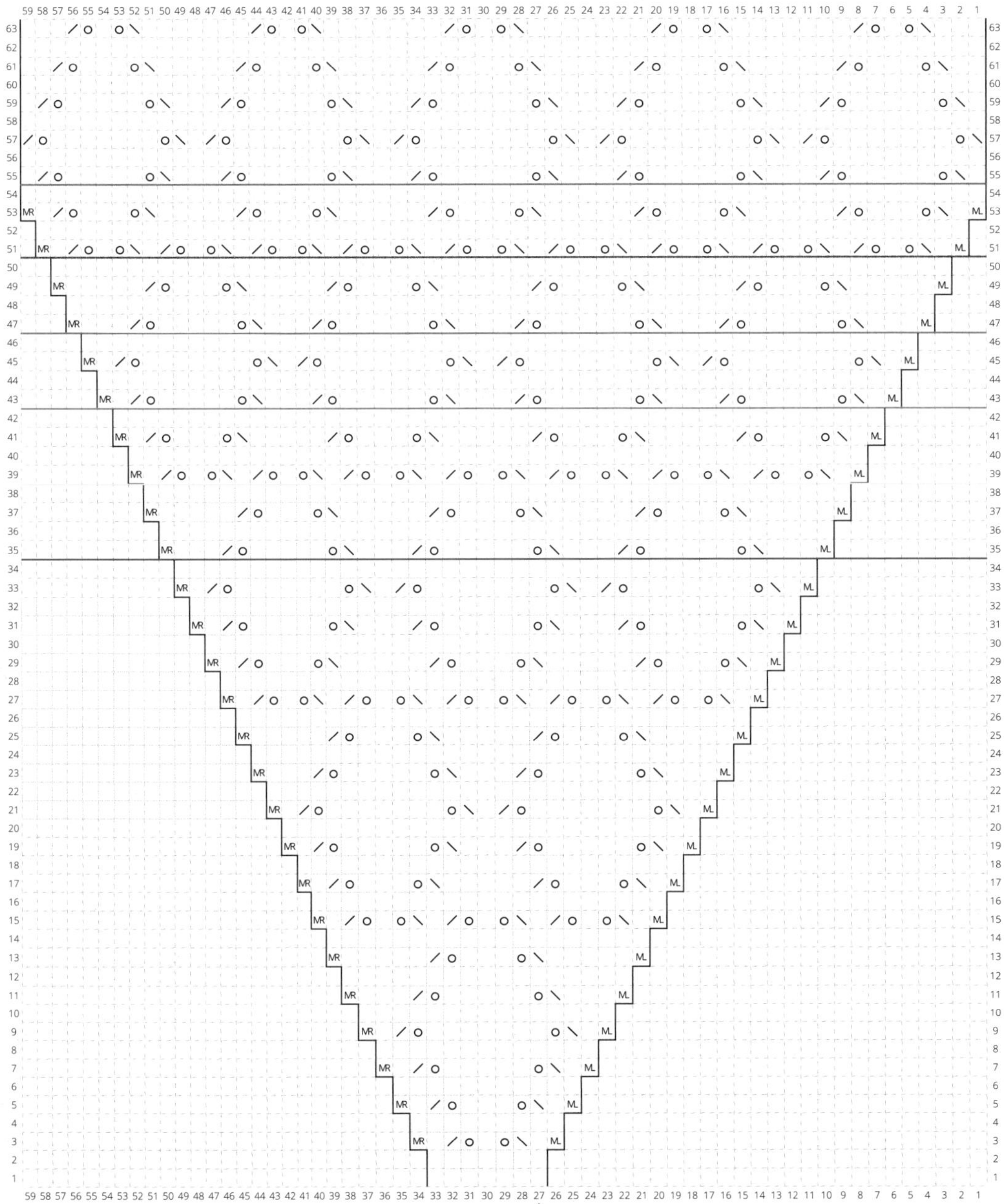

BEGINNT HIER

Diese Diagramme gelten für alle Größen. Je nach Größe beendet ihr das Diagramm an einer anderen Stelle:

XS: Strickt bis zur roten Linie (Reihe 34). Strickt Rumpf und Ärmel dann getrennt bis Reihe 39 weiter.

S: Strickt bis zur gelben Linie (Reihe 38). Strickt Rumpf und Ärmel dann getrennt bis Reihe 39 weiter.

M: Strickt bis zur blauen Linie (Reihe 42). Strickt Rumpf und Ärmel dann getrennt bis Reihe 51 weiter.

L: Strickt bis zur grünen Linie (Reihe 46). Strickt Rumpf und Ärmel dann getrennt bis Reihe 51 weiter.

XL: Strickt bis zur braunen Linie (Reihe 50). Strickt Rumpf und Ärmel dann getrennt bis Reihe 51 weiter.

2XL: Strickt bis zur orangenen Linie (Reihe 54). Strickt Rumpf und Ärmel dann getrennt bis Reihe 63 weiter.

Ihr beendet das Lochmuster in allen Größen in Rumpf und Ärmeln getrennt, nachdem ihr die Ärmel abgeteilt habt. Strickt im Muster (aber ohne Raglanzunahmen!) weiter, bis ihr die letzten Rauten, die ihr in der Raglanpasse begonnen habt, beendet habt, aber **beginnt keine neuen mehr** (vgl. Reihe 63). Strickt dann glatt re weiter.

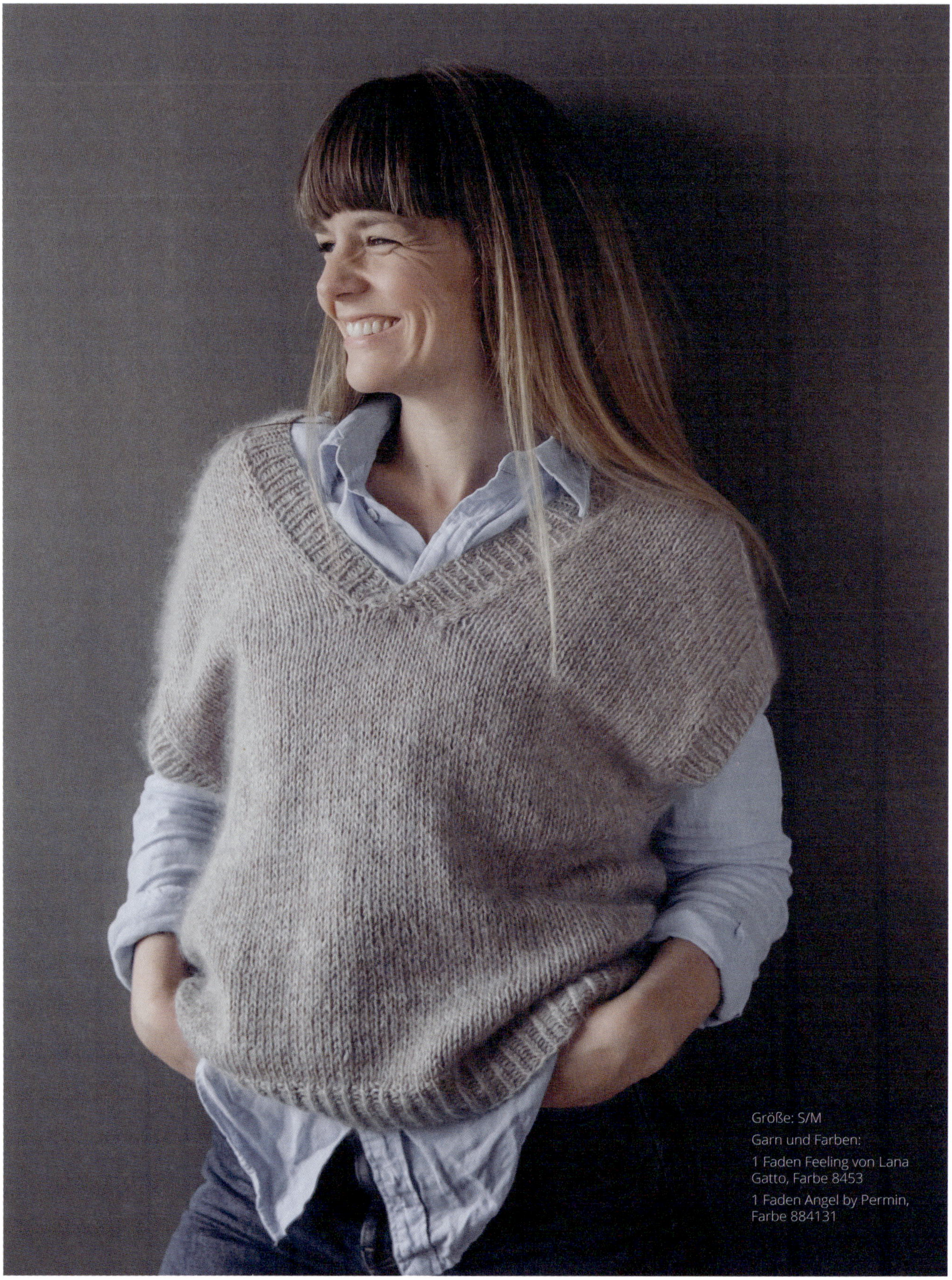

Größe: S/M

Garn und Farben:

1 Faden Feeling von Lana Gatto, Farbe 8453

1 Faden Angel by Permin, Farbe 884131

WESTHAFEN

Meine Cousine brauchte dringend einen Pullunder – gesagt, getan! Sie hatte ein paar Voraussetzungen: einfach gestrickt, lässig geschnitten, und dass sie das vordere Bündchen in die Hose stecken kann. Hier habt ihr das Ergebnis, mit dem ihr hoffentlich genauso zufrieden sein werdet wie meine Cousine.

GRÖSSENANGABEN UND GARNVERBRAUCH

Größe	Brust-umfang	Rumpflänge bis Ärmel-ansatz	Rückenlänge ab Ärmelansatz	Garnverbrauch Merino	Garnverbrauch Mohair
XXS/XS	100 cm	27 cm	26 cm	350 g (712 m)	75 g (630 m)
S/M	110 cm	30 cm	28 cm	350 g (712 m)	75 g (630 m)
L/XL	120 cm	35 cm	30 cm	450 g (918 m)	100 g (840 m)
2XL	**130 cm**	**37 cm**	**32 cm**	**450 g (918 m)**	**125 g (1050 m)**
3XL	**140 cm**	**40 cm**	**34 cm**	**500 g (1020 m)**	**125 g (1050 m)**

Bitte beachtet, dass die angegebenen Garnmengen nur ein Richtwert sind.

Garn
1 Faden Katia Merino 100% (102 m/50 g) und 1 Faden Mohair, z.B. Angel by Permin (210 m/25 g) oder Lana Grossa Silkhair

Maschenprobe
16 Maschen mit Nadelstärke 6 = 10 cm

Das braucht ihr:
Rundstricknadel Nr. 6 (80–120 cm lang)
Rundstricknadel Nr. 5 (40 und 80 cm lang)
Hilfsnadeln
Stopfnadel zum Vernähen der Fäden
Maschenmarkierer

Dieser Pullunder wird von unten nach oben gestrickt. Der Rumpf wird bis zur Ärmelöffnung in Runden gestrickt, dann werden Vorder- und Rückenteil getrennt in Reihen weitergestrickt.

BÜNDCHEN UND RUMPF

Schlagt 140, 156, 172, **188, 204** M auf die Rundstricknadel Nr. 5 (80 cm lang) an. Strickt ein verschränktes Rippenmuster (1 M re verschränkt, 1 M li im Wechsel), insgesamt 6, 6, 6, **7, 7** cm lang.

Wechselt dann auf die Rundstricknadel Nr. 6 (80–120 cm), strickt eine Runde glatt re (ab hier strickt ihr die rechten Maschen nicht mehr verschränkt) und nehmt in dieser Runde gleichmäßig verteilt 20 M zu. Jetzt liegen 160, 176, 192, **208, 224** M auf der Nadel. Strickt jetzt glatt re weiter, bis der Rumpf, ab dem Maschenanschlag, 27, 30, 35, **37, 40** cm lang ist.

Jetzt teilt ihr die Maschen in Vorder- und Rückenteil auf:

1. Schritt: Strickt 34, 38, 42, **46, 50** M re (linkes Rückenteil).

2. Schritt: Strickt die nächsten 12 M re und legt diese 12 M dann auf einer Hilfsnadel still (linke Armöffnung).

3. Schritt: Strickt 68, 76, 84, **92, 100** M re (Vorderteil).

4. Schritt: Strickt die nächsten 12 M re und legt diese 12 M dann auf einer Hilfsnadel still (rechte Armöffnung).

5. Schritt: Strickt 34, 38, 42, **46, 50** M re (rechtes Rückenteil).

Legt die Maschen des Rückenteils jetzt auf einem Hilfsfaden, einer Hilfsnadel oder einer anderen Rundstricknadel still und strickt zuerst das Vorderteil.

VORDERTEIL

Ab hier strickt ihr glatt re in Reihen, d.h. re in der Hinreihe, li in der Rückreihe. Die erste und die letzte Masche in jeder Reihe (Hin- und Rückreihe) strickt ihr immer als Randmasche re. Hier nehmen wir am Ende die Maschen für die Bündchen auf.

Jetzt liegen 68, 76, 84, **92, 100** M auf der Nadel. Strickt in Reihen, bis das Vorderteil ab der Stelle, an der ihr in Reihen strickt, 4 cm lang ist. Endet mit einer Rückreihe.

V-AUSSCHNITT

In der nächsten Hinreihe teilt ihr das Vorderteil noch einmal in zwei Hälften auf, die getrennt weitergestrickt werden, um den V-Ausschnitt zu bilden.

1. Schritt: Strickt 31, 35, 38, **42, 46** M re.

2. Schritt: Kettet die nächsten 6, 6, 8, **8, 8** M ab.

3. Schritt: Strickt 31, 35, 38, **42, 46** M re.

Legt die linke Seite des Vorderteils wieder auf einer Hilfsnadel still und strickt zunächst die rechte Seite.

RECHTES VORDERTEIL

1. Reihe (Rückreihe): Strickt die RM re, strickt li bis 1 M vor Ende der Reihe, strickt die RM re.

2. Reihe (Hinreihe): Strickt 2 M re, strickt 2 M mit SSK (s. Seite 7) zusammen, strickt re bis zum Ende der Reihe.

3. Reihe (Rückreihe): Strickt die RM re, strickt li bis 1 M vor Ende der Reihe, strickt die RM re.

4. Reihe (Hinreihe): Strickt re über alle Maschen.

5. Reihe (Rückreihe): Strickt die RM re, strickt li bis 1 M vor Ende der Reihe, strickt die RM re.

Wiederholt Reihen 2–5, bis nur noch 18, 20, 22, **24, 36** M auf der Nadel liegen. Ihr nehmt dadurch in jeder zweiten Hinreihe 1 M ab.

Größe 3XL: Wiederholt jetzt nur in dieser Größe Reihen 2 und 3, bis 26 M auf der Nadel liegen. Ab hier nehmen wir in jeder Hinreihe ab, da das Vorderteil sonst zu lang werden würde.

Endet in allen Größen mit einer Rückreihe, legt diese M auf einer Hilfsnadel still und strickt jetzt die linke Seite des Vorderteils.

LINKES VORDERTEIL

1. Reihe (Rückreihe): Strickt die RM re, strickt li bis 1 M vor Ende der Reihe, strickt die RM re.

2. Reihe (Hinreihe): Strickt re bis 4 M vor Ende der Reihe, strickt 2 M re zusammen, strickt 2 M re.

3. Reihe (Rückreihe): Strickt die RM re, strickt li bis 1 M vor Ende der Reihe, strickt die RM re.

4. Reihe (Hinreihe): Strickt re über alle Maschen.

5. Reihe (Rückreihe): Strickt die RM re, strickt li bis 1 M vor Ende der Reihe, strickt die RM re.

Wiederholt Reihen 2–5, bis nur noch 18, 20, 22, **24, 36** M auf der Nadel liegen.

Größe 3XL: Wiederholt jetzt nur in dieser Größe noch einmal Reihen 2 und 3, bis 26 M auf der Nadel liegen.

Endet in allen Größen mit einer Rückreihe, legt diese M auf einer Hilfsnadel still und strickt jetzt das Rückenteil.

RÜCKENTEIL

Legt die stillgelegten M des Rückenteils wieder zurück auf die Nadel. Jetzt liegen 68, 76, 84, **92, 100** M auf der Nadel. Strickt das Rückenteil glatt re in Reihen (re in der Hinreihe, li in der Rückreihe und die Randmaschen immer re), bis das Rückenteil genauso lang ist wie die Vorderteile.

Näht oder strickt jetzt die ersten und die letzten 18, 20, 22, **24, 26** M des Rückenteils mit den entsprechenden Maschen der Vorderteile zusammen. Die 32, 36, 40, **44, 48** M, die in der Mitte des Rückenteils übrig bleiben, werden wieder auf einer Hilfsnadel stillgelegt.

BÜNDCHEN IM V-AUSSCHNITT

Jetzt strickt ihr das Bündchen im V-Ausschnitt. Beginnt dabei auf der Vorderseite des Pullunders ganz unten an der Kante des rechten Vorderteils und strickt neue Maschen an den re gestrickten Randmaschen auf. Ab hier strickt ihr wieder mit Nadelstärke 5 (80 cm).

1. Schritt: Strickt 31, 35, 38, **42, 48** M am rechten Vorderteil auf. Überspringt dabei ca. jede 3. Randmasche, um diese Maschenzahl zu erreichen.

2. Schritt: Strickt die 32, 36, 40, **44, 48** stillgelegten Maschen des Rückenteils re auf die Nadel.

3. Schritt: Strickt 31, 35, 38, **42, 48** M am linken Vorderteil auf. Überspringt dabei ca. jede 3. Randmasche, um diese Maschenzahl zu erreichen.

Jetzt liegen alle Maschen für das Bündchen am V-Ausschnitt auf der Nadel. Die 6, 6, 8, **8, 8** M, die ihr zwischen dem linken und dem rechten Vorderteil abgekettet habt, bleiben davon unberührt – ihr nehmt hier keine Maschen auf, sondern näht die beiden Seiten des Bündchens am Ende auf diese Kante.

Strickt jetzt ein verschränktes Rippenbündchen in Reihen über 4, 4, 4, **5, 5** cm.

Hinreihe: 1 M re verschränkt, 1 M li.

Rückreihe: 1 M li verschränkt, 1 M re.

Links verschränkte Maschen werden gestrickt, indem ihr nicht in den vorderen Maschenschenkel einstecht, sondern von links nach rechts in den hinteren Maschenschenkel.

Kettet dann in einer Hinreihe im Rippenmuster ab.

BÜNDCHEN AN DEN ARMÖFFNUNGEN

Jetzt nehmt ihr auch an den Armöffnungen die Randmaschen auf und strickt daraus die Bündchen wie im Halsausschnitt.

Legt zuerst die 12 M, die ihr am unteren Rand der Armöffnung stillgelegt habt, auf die Rundstricknadel Nr. 5. Strickt dann 50, 52, 54, **56, 58** M am Vorderteil und 50, 52, 54, **56, 58** M am Rückenteil auf. Überspringt auch hier ca. jede dritte Masche, um diese Maschenzahl zu erreichen. Strickt jetzt ein verschränktes Rippenbündchen wie im Rumpf (1 M re verschränkt, 1 M li) in Runden über 4, 4, 4, **5, 5** cm. Kettet im Rippenmuster ab und strickt das zweite Bündchen genauso.

ABSCHLUSS

Näht die losen Kanten des V-Ausschnitts auf die abgeketteten Maschen in der Mitte des Ausschnitts. Näht dabei zuerst die rechte Seite fest, und dann die linke Seite auf der rechten.

Vernäht alle Enden. Wascht den Pullunder entsprechend der Pflegehinweise auf eurem Garn, zieht ihn auf einem trockenen Handtuch in Form und lasst ihn liegend trocknen.

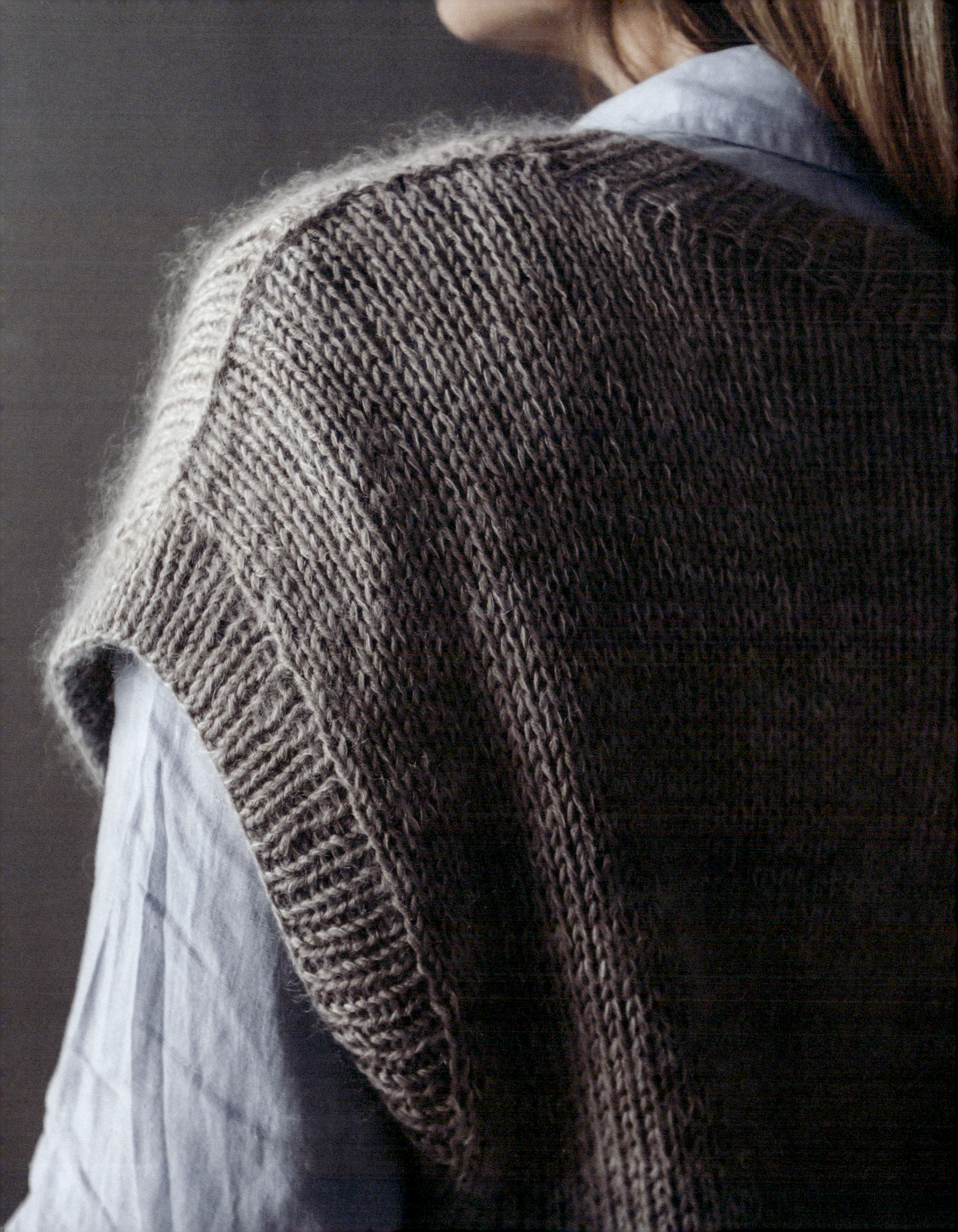

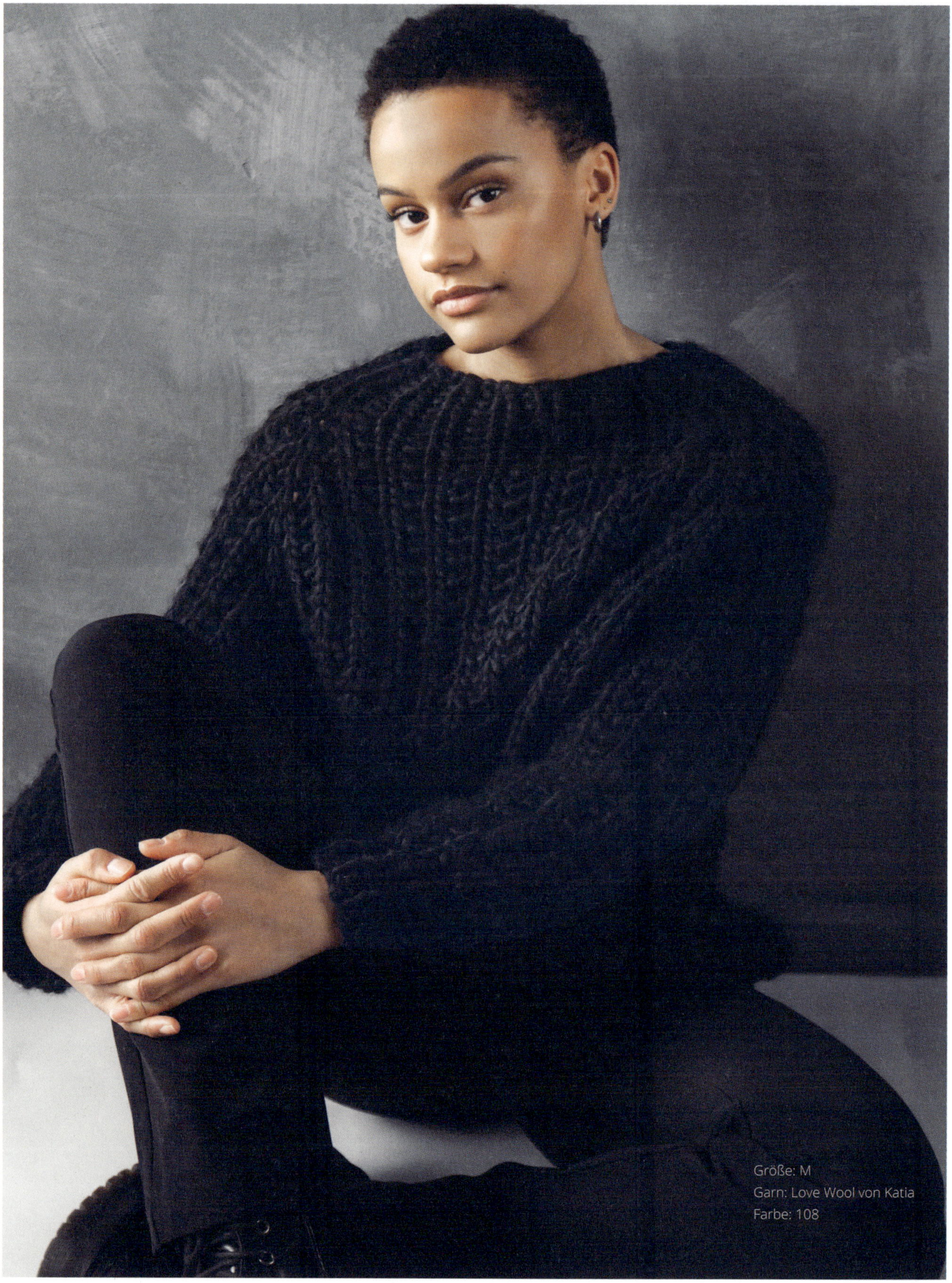

Größe: M
Garn: Love Wool von Katia
Farbe: 108

GLUT – BULKY

Extra chunky und warm, auf Nadelstärke 15 – diesen Pullover habt ihr schnell gestrickt. Gut für Ungeduldige, und alle die, die erst im Dezember mit den Weihnachtsgeschenken beginnen!

GRÖSSENANGABEN UND GARNVERBRAUCH

Größe	Brustumfang	Ärmelumfang	Rumpflänge ab Ärmelansatz	Ärmellänge ab Ärmelansatz	Garnverbrauch
XS	105 cm	33 cm	31 cm	33 cm	700 g (350 m)
S	110 cm	35 cm	33 cm	35 cm	800 g (400 m)
M	115 cm	38 cm	35 cm	37 cm	900 g (450 m)
L	**120 cm**	**38 cm**	**37 cm**	**39 cm**	**1000 g (500 m)**
XL	**125 cm**	**40 cm**	**39 cm**	**41 cm**	**1100 g (550 m)**
2XL	**130 cm**	**42 cm**	**41 cm**	**44 cm**	**1200 g (600 m)**

Bitte beachtet, dass die angegebenen Garnmengen nur ein Richtwert sind.

Garn
Love Wool von Katia (50 m/100 g)

Maschenprobe
7 Maschen mit Nadelstärke 15 = 10 cm

Das braucht ihr:
Rundstricknadel Nr. 12 (100 cm lang)
Rundstricknadel Nr. 15 (40, 80, 100/120 cm lang)
Stopfnadel zum Vernähen der Fäden
Maschenmarkierer

Der Pullover wird im gebrochenen Rippenmuster von oben nach unten in Runden gearbeitet.

GEBROCHENES RIPPENMUSTER

1. Runde: 1 M re, 1 M li im Wechsel.

2. Runde: Strickt alle M re.

Wiederholt Runden 1 und 2 über die ganze Länge des Pullovers.

HALSBÜNDCHEN

Schlagt 32, 36, 36, **40, 40, 40** M auf die Rundstricknadel Nr. 15 (40 cm lang) an und schließt zur Runde. Strickt das Bündchen im Rippenmuster (1 M re, 1 M li im Wechsel) über 6, 7, 7, **7, 7, 8** cm.

RAGLANBLENDE

Nach dem Bündchen werden die Raglanzunahmen gearbeitet. Die Runde beginnt in der hinteren Mitte. Ab hier wird im gebrochenen Rippenmuster weitergestrickt, d.h. immer eine Runde re/li im Wechsel und eine Runde re.

Die **erste Runde** nach dem Bündchen strickt ihr wie folgt:

1. Schritt: Strickt 6, 6, 6, **8, 8, 8** M im Muster (rechtes Rückenteil). Beginnt dabei mit einer rechten Masche.

2. Schritt: Strickt 1 M re und steckt MM1 in diese Masche (Raglanmasche).

3. Schritt: Strickt 3 M li–re–li im Muster (rechte Schulter).

4. Schritt: Strickt 1 M re und steckt MM2 in diese Masche (Raglanmasche).

5. Schritt: Strickt 11, 13, 13, **15, 15, 15** M im Muster (Vorderteil). Beginnt dabei mit einer linken Masche.

6. Schritt: Strickt 1 M re und steckt MM3 in diese Masche (Raglanmasche).

7. Schritt: Strickt 3 M li–re–li (linke Schulter).

8. Schritt: Strickt 1 M re und steckt MM4 in diese Masche (Raglanmasche).

9. Schritt: Strickt 5, 7, 7, **7, 7, 7** M im Muster (rechtes Rückenteil). Beginnt dabei mit einer linken Masche.

Jetzt habt ihr wieder den Beginn der Runde in der hinteren Mitte erreicht. Markiert ihn ggf. mit einem weiteren MM.

Die **zweite Runde** strickt ihr als Runde 2 im gebrochenen Rippenmuster, d.h. ihr strickt hier alle Maschen re.

In der **dritten Runde** beginnen die Raglanzunahmen, die ihr ab jetzt in jeder zweiten Runde beidseitig der 4 Raglanmaschen mit **M1R, M1L** (s. Seite 6) arbeitet. Strickt im gebrochenen Rippenmuster (1 M re, 1 M li im Wechsel), bis vor die die erste Raglanmasche (die Masche mit MM1), nehmt 1 M mit **M1R** zu, strickt die Raglanmasche re, nehmt 1 M mit **M1L** zu. Strickt im gebrochenen Rippenmuster weiter bis zur nächsten Raglanmasche mit

MM2 und wiederholt diese Zunahmen an MM2, MM3 und MM4, sodass ihr am Ende der Runde an 4 Stellen insgesamt 8 M zugenommen habt.

Nehmt auf diese Weise in jeder zweiten Runde insgesamt 10, 11, 12, **12, 13, 14** Mal zu und strickt dazwischen immer eine ohne Zunahmen. Wechselt auf eine längere Rundstricknadel, wenn die Runden zu lang für 40 cm werden. Wenn ihr unsere Anleitung befolgt habt, strickt ihr jede Runde mit Zunahmen im Rippenmuster und jede Runde ohne Zunahmen nur rechts. Am Ende der Zunahmen liegen 112, 124, 132, **136, 144, 152** M auf der Nadel.

RUMPF

Jetzt werden die Maschen, die später die Ärmel bilden, auf jeder Seite auf einem Hilfsfaden stillgelegt. Das ist ein Faden in einer Kontrastfarbe, auf den ihr alle Ärmelmaschen auffädelt, um sie zu sichern, während der Rumpf gestrickt wird. Das gebrochene Rippenmuster führt ihr über den gesamten Rumpf weiter wie bisher.

1. Schritt: Strickt 18, 19, 20, **21, 22, 23** M (re Rückenteil).

2. Schritt: Legt 21, 23, 25, **27, 29, 31** M auf einen Hilfsfaden (rechter Ärmel).

3. Schritt: Schlagt 1 neue M an (unter dem rechten Arm).

4. Schritt: Strickt 35, 39, 41, **41, 43, 45** M (Vorderteil)

5. Schritt: Legt 21, 23, 25, **27, 29, 31** M auf einen Hilfsfaden (linker Ärmel).

6. Schritt: Schlagt 1 neue M an (unter dem linken Arm).

7. Schritt: Strickt 17, 20, 21, **20, 21, 22** M (li Rückenteil).

Jetzt liegen insgesamt 72, 80, 84, **84, 88, 92** M auf der Nadel (Vorder- und Rückenteil, plus die 2 neuen M unter den Ärmeln). Die Ärmelmaschen liegen jetzt auf Hilfsfäden.

Strickt jetzt gerade nach unten, bis der Rumpf, ab dem Ärmelansatz, 26, 28, 30, **32, 34, 36** cm misst. Führt das gebrochene Rippenmuster fort. Probiert den Pullover ggf. zwischendurch an, um die für euch passende Länge zu ermitteln. Wenn der Pullover die gewünschte Länge (minus das Bündchen) erreicht hat, wechselt ihr auf Nadelstärke 12, strickt eine Runde re und nehmt dabei gleichmäßig über die Runde verteilt 14 M ab. Strickt jetzt ein Rippenbündchen wie am Halsausschnitt (1 M re, 1 M li im Wechsel) über 5 cm und kettet dann im Rippenmuster ab.

ÄRMEL

Jetzt werden die Maschen für den ersten Ärmel, die ihr auf einem Hilfsfaden stillgelegt habt, wieder zurück auf Nadeln (Nadelstärke 15) gelegt. Zusätzlich wird aus der Masche, die ihr unter dem Arm neu angeschlagen habt, 1 M aufgefasst und zu den restlichen Ärmelmaschen auf die Nadel gelegt. Die Ärmel werden in Runden gestrickt. Die Runde beginnt nun mittig unter dem Arm, mit der neu aufgefassten Masche als erste oder letzte Masche der Runde. Jetzt liegen 22, 24, 26, **28, 30, 32** M auf der Nadel.

Strickt den Ärmel im gebrochenen Rippenmuster in Runden, bis zu einer Länge von 26, 28, 30, **32, 34, 37** cm (ich empfehle hier, die Armlänge des Empfängers von Achsel zu Handgelenk zu messen, wenn möglich, um die Länge ggf. anzupassen). Wechselt auf Nadelstärke 12, strickt eine weitere Runde glatt re und reduziert die Maschen dabei gleichmäßig verteilt um 4, 4, 4, **4, 6, 8** M. Jetzt liegen noch 18, 20, 22, **24, 24, 24** M auf der Nadel. Strickt daraus in Bündchen im Rippenmuster wie im Rumpf, insgesamt 7 cm lang. Kettet im Muster ab.

Strickt den zweiten Ärmel genauso.

ABSCHLUSS

Vernäht alle Enden. Wascht den Pullover entsprechend der Pflegehinweise auf eurem Garn, zieht ihn auf einem trockenen Handtuch in Form und lasst ihn liegend trocknen.

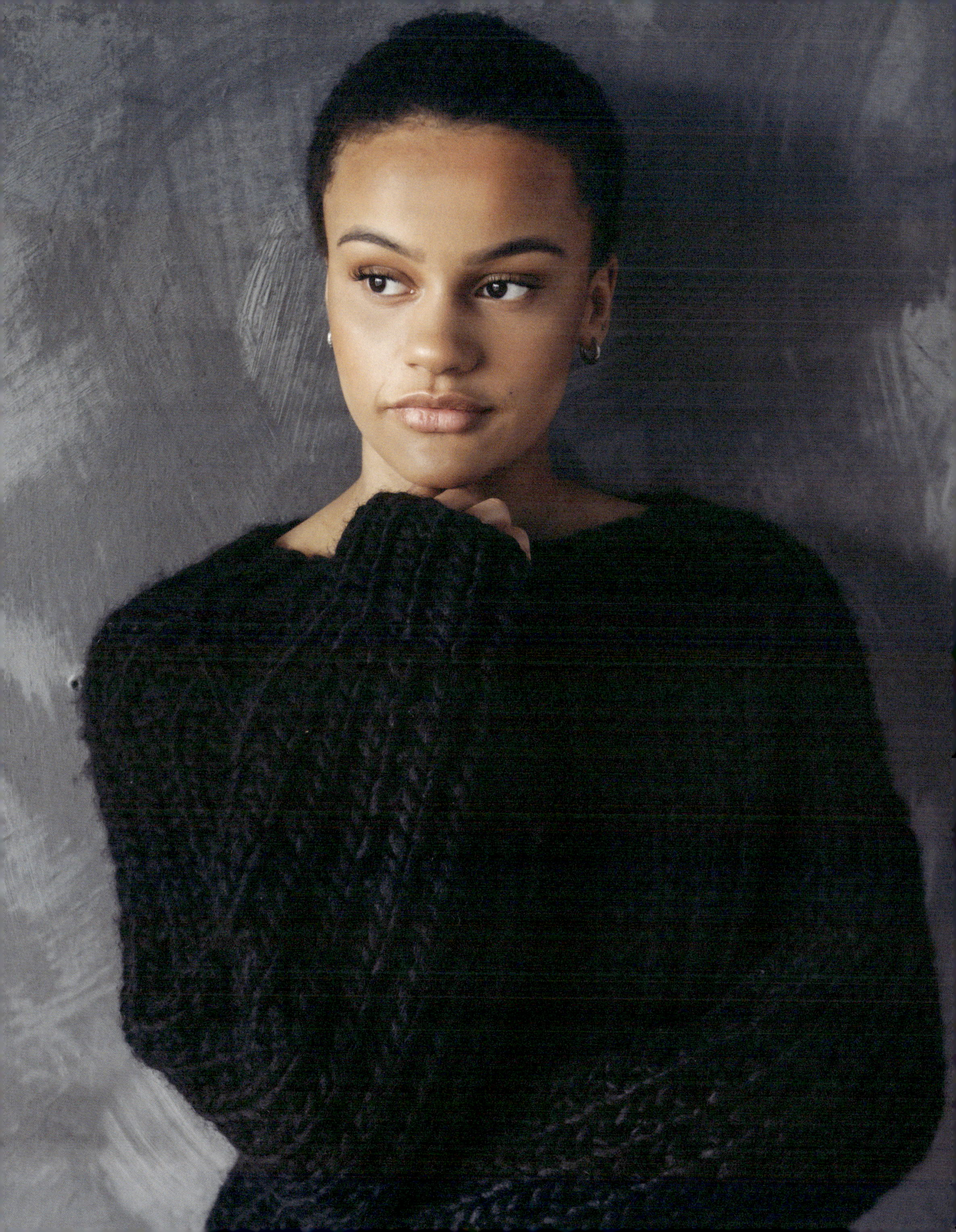

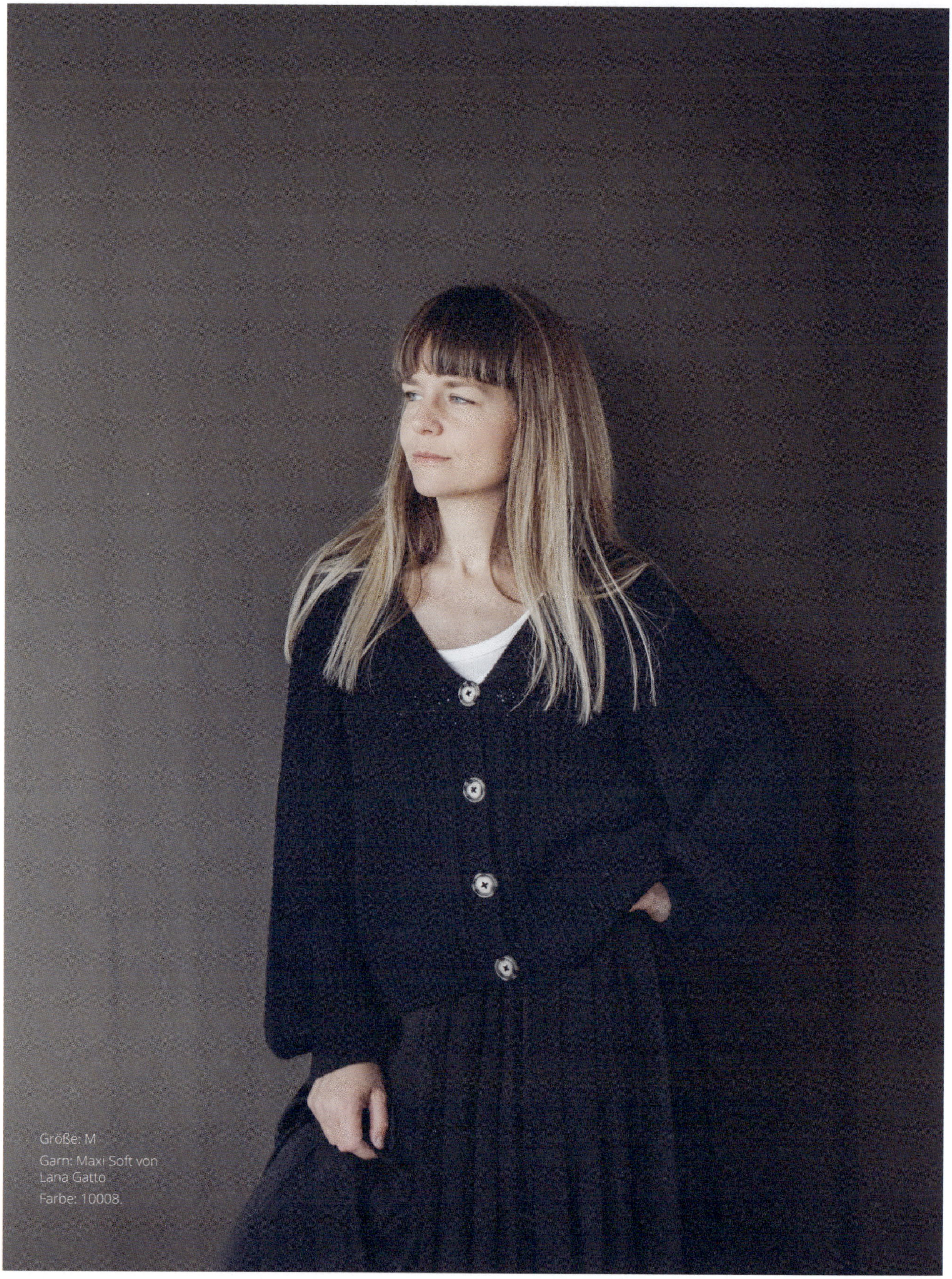
Größe: M

Garn: Maxi Soft von Lana Gatto

Farbe: 10008.

GLUT – CARDIGAN

Ein Cardigan ist der Allrounder im Kleiderschank. Er passt zu allem, sieht geknöpft so gut aus wie offen getragen, und ist dabei so wunderbar bequem! Das feine Strukturmuster und die Ballonärmel geben diesem Schmuckstück aus der Glut-Kollektion den letzten Schliff.

GRÖSSENANGABEN UND GARNVERBRAUCH

Größe	Brustumfang	Ärmelumfang	Rumpflänge ab Ärmelansatz	Ärmellänge ab Ärmelansatz	Garnverbrauch
XS	100 cm	41 cm	25 cm	37 cm	600 g (960 m)
S	109 cm	44 cm	27 cm	38 cm	650 g 1040 m)
M	115 cm	46 cm	29 cm	40 cm	700 g (1120 m)
L	**120 cm**	**49 cm**	**31 cm**	**42 cm**	**750 g (1200 m)**
XL	**125 cm**	**51 cm**	**33 cm**	**45 cm**	**800 g (1280 m)**
2XL	**136 cm**	**54 cm**	**35 cm**	**47 cm**	**850 g (1360 m)**

Bitte beachtet, dass die angegebenen Garnmengen nur ein Richtwert sind.

Garn
Katia Merino Sport (80 m/50 g) oder Merino Aran, Lana Gatto Nuovo Irlanda oder Maxi Soft, Lana Grossa Bingo

Maschenprobe
16 Maschen mit Nadelstärke 6 = 10 cm glatt rechts

Das braucht ihr:
Rundstricknadel Nr. 6 (100/120 cm lang)
Rundstricknadel Nr. 5,5 (100/120 cm lang für das untere Bündchen und die Knopfleiste)
Rundstricknadel Nr. 6 (40 cm lang, für die Ärmel)
4 bis 5 Knöpfe (je nach Länge und Geschmack)
Maschenmarkierer
Stopfnadel zum Vernähen der Fäden

Der Cardigan wird von oben nach unten in Reihen gearbeitet, durchgehend im gebrochenen Rippenmuster. Das Bündchen mit der Knopfleiste wird nachträglich angestrickt. Lest euch die Anleitung einmal komplett durch, bevor ihr beginnt, besonders die Kapitel zur Raglanpasse und zum V-Ausschnitt, da diese beiden Elemente gleichzeitig gearbeitet werden. Der Cardigan wird in der Wäsche etwas weiter und länger. Das wird in der Anleitung berücksichtigt.

GEBROCHENES RIPPENMUSTER

Das gebrochene Rippenmuster wird über die gesamte Länge des Cardigans gestrickt, ab der dritten Reihe nach dem Maschenanschlag bis zu den unteren Bündchen. Ihr strickt es wie folgt:

1. Reihe (Hinreihe): Alle Maschen re stricken.

2. Reihe (Rückreihe): 1 M re, 1 M li im Wechsel stricken.

Wiederholt Reihen 1+2.

RAGLANPASSE

Schlagt 49, 51, 53, **53, 57, 57** M auf die Rundstricknadel Nr. 6 (100/120 cm lang) an. Strickt eine Reihe re (Hinreihe) und eine Reihe li (Rückreihe). Die erste und die letzte Masche in jeder Reihe (Hin- und Rückreihe) sind Randmaschen (RM) und werden immer re gestrickt. Dort nehmt ihr am Ende die Maschen für das Bündchen auf.

Ab jetzt strickt ihr im **gebrochenen Rippenmuster** weiter und beginnt die Raglanzunahmen. Diese Zunahmen bilden die Linien, die Rumpf und Schultern voneinander trennen. Strickt die Randmaschen dabei weiterhin immer re.

Die **erste Reihe (Hinreihe – 1. Reihe im Muster, d.h. nur re)** strickt ihr wie folgt:

1. Schritt: Strickt die Randmasche (RM) re.

2. Schritt: Strickt 1, 1, 1, **1, 2, 2** M re (linkes Vorderteil). Hängt MM1 auf die Nadel.

3. Schritt: Strickt 1 M re (Raglanmasche) und hängt MM2 auf die Nadel.

4. Schritt: Strickt 9 M re (linke Schulter). Hängt MM3 auf die Nadel.

5. Schritt: Strickt 1 M re (Raglanmasche) und hängt MM4 auf die Nadel.

6. Schritt: Strickt 23, 25, 27, **27, 29, 29** M re (Rückenteil). Hängt MM5 auf die Nadel.

7. Schritt: Strickt 1 M re (Raglanmasche) und hängt MM6 auf die Nadel.

8. Schritt: Strickt 9 M re (rechte Schulter). Hängt MM7 auf die Nadel.

9. Schritt: Strickt 1 M re (Raglanmasche) und hängt MM8 auf die Nadel.

10. Schritt: Strickt 1, 1, 1, **1, 2, 2** M re (rechtes Vorderteil).

11. Schritt: Strickt die Randmasche (RM) re.

2. Reihe (Rückreihe): Strickt die Rückreihe im gebrochenen Rippenmuster (2. Reihe im Muster, d.h. re–li im Wechsel). Strickt die Randmaschen re und die Raglanmaschen li.

3. Reihe (Hinreihe): Strickt die Randmasche re, nehmt 1 M mit **M1L** (s. Seite 6) zu. Strickt dann weiter im gebrochenen Rippenmuster (1. Reihe im Muster, d.h. alle Maschen re) bis zu MM1. Nehmt 1 M mit **M1R** (s. Seite 6) zu, hebt MM1 ab, strickt die Raglanmasche re, hebt MM2 ab, nehmt 1 M mit **M1L** zu. Wiederholt diese Zunahme an den anderen MM in dieser Reihe und nehmt so an den Raglanmaschen insgesamt 8 M zu. Strickt bis zur Randmasche am Ende der Reihe, nehmt 1 M mit M1R zu, und strickt die Randmasche re. Die zwei Zunahmen am Anfang und Ende dieser Reihe waren die ersten Zunahme für den **V-Ausschnitt** (s. unten).

Wiederholt Reihen 2 und 3, bis ihr in insgesamt 26, 28, 30, **32, 34, 36** Hinrunden zugenommen habt, oder um 208, 224, 240, **256, 272, 288** M. Gleichzeitig nehmt ihr in regelmäßigen Abständen an den Randmaschen Maschen zu, um den V-Ausschnitt zu bilden:

V-AUSSCHNITT

Die Zunahmen für den V-Ausschnitt werden in Hinreihen wie folgt gearbeitet: Strickt die Randmasche re, nehmt 1 M mit **M1R** zu, strickt die Reihe normal (mit den Raglanzunahmen an den MM) fertig, bis zur Randmasche am Ende der Reihe. Nehmt 1 M mit **M1L** zu, strickt die Randmasche re.

Diese Zunahmen arbeitet ihr ab der 3. Reihe der Raglanpasse in jeder 6. Reihe, bzw. in jeder dritten Hinreihe. Strickt diese Zunahmen insgesamt 8, 9, 10, **10, 11, 12** Mal, sodass ihr auf der linken wie auf der rechten Vorderseite jeweils 8, 9, 10, **10, 11, 12** M zunehmt.

Jetzt habt ihr insgesamt 273, 293, 313, **329, 351, 369** M auf den Nadeln. Strickt die Rückreihe im Muster zurück. An dieser Stelle endet die Raglanpasse.

RUMPF

Wenn ihr alle Zunahmen gearbeitet habt, werden die Maschen, die später die Ärmel bilden, auf jeder Seite auf einem Hilfsfaden stillgelegt. Das ist ein Faden in einer Kontrastfarbe, auf den ihr alle Ärmelmaschen auffädelt, um sie zu sichern, während der Rumpf gestrickt wird.

Ihr teilt die Maschen wie folgt auf:

1. Schritt: Strickt die Randmasche.

2. Schritt: Strickt re bis zu MM2 (das linke Vorderteil und die Raglanmasche).

3. Schritt: Legt die nächsten 61, 65, 69, **73, 77, 81** M (alle Maschen zwischen MM2 und MM3, die die Maschen für den linken Ärmel bilden) auf einem Hilfsfaden still.

4. Schritt: Schlagt 5 neue M an (unter dem linken Ärmel).

5. Schritt: Strickt re bis zu MM6 (die zweite Raglanmasche, das Rückenteil und die dritte Raglanmasche).

6. Schritt: Legt die nächsten 61, 65, 69, **73, 77, 81** M (alle Maschen zwischen MM6 und MM7, die die Maschen für den rechten Ärmel bilden) auf einem Hilfsfaden still.

7. Schritt: Schlagt 5 neue M an (unter dem rechten Ärmel).

8. Schritt: Strickt die Reihe re zu Ende.

9. Schritt: Strickt die Randmasche.

Jetzt liegen insgesamt 161, 173, 185, **193, 207, 217** M auf der Nadel (mit den 10 neuen M unter den Ärmeln). Die Ärmelmaschen liegen auf Hilfsfäden.

Strickt jetzt im gebrochenen Rippenmuster weiter, bis der Rumpf, ab dem Ärmelansatz, 19, 21, 23, **25, 27, 29** cm lang ist (probiert die Jacke zwischendurch an, um die Länge ggf. an euch anzupassen). Endet mit einer Rückreihe.

Wechselt jetzt auf Nadelstärke 5,5 und nehmt in der nächsten Hinreihe gleichmäßig über die Reihe verteilt 14 M ab. Strickt eine Rückreihe li zurück. Strickt jetzt ein Bündchen im Rippenmuster (1 M re, 1 M li im Wechsel), ca. 6 cm lang, und kettet im Rippenmuster ab.

ÄRMEL

Jetzt werden die Maschen für den ersten Ärmel, die ihr auf einem Hilfsfaden stillgelegt habt, wieder zurück auf Nadeln (Stärke 6) gelegt. Zusätzlich werden aus den Maschen, die ihr unter dem Arm neu angeschlagen habt, 5 M aufgefasst und zu den restlichen Ärmelmaschen auf die Nadel gelegt. Die Ärmel werden in Runden gestrickt. Damit der Rundenbeginn mittig unter dem Arm liegt, werden die neu aufgefassten Maschen auf Rundenbeginn und -ende verteilt. Die Runde beginnt nun in der Mitte zwischen diesen neuen Maschen. Jetzt liegen 66, 70, 74, **78, 82, 86** M auf der Nadel.

Strickt den Ärmel in Runden und führt dabei das gebrochene Rippenmuster fort wie bisher. Da ihr jetzt in Runden strickt, strickt ihr immer 1 Runde re und 1 Runde re–li im Wechsel. Achtet darauf, dass der Rhythmus nicht unterbrochen wird. Strickt den Ärmel bis zu einer Länge von 31, 32, 34, **36, 39, 41** cm (oder je nach Geschmack und Armlänge).

Strickt jetzt noch eine Runde glatt re und nehmt dabei gleichmäßig über die Runde verteilt 40, 42, 44, **46, 50, 52** M ab. Da ihr hier sehr viele Maschen auf einmal abnehmt, müsst ihr ggf. an manchen Stellen 3 M zusammenstricken, um die korrekte Maschenzahl zu erhalten. Jetzt liegen noch 26, 28, 30, **32, 32, 34** M auf der Nadel. Strickt ein Rippenbündchen (1 M re, 1 M li im Wechsel), insgesamt 6 cm lang, und kettet im Rippenmuster ab. Strickt den zweiten Ärmel genauso.

BÜNDCHEN UND KNOPFLEISTEN

Zum Schluss strickt ihr die Knopfleiste an den Cardigan. Beginnt unten am rechten Vorderteil und strickt auf der Vorderseite mit der Rundstricknadel Nr. 5,5 (100 cm) die Randmaschen des rechten Vorderteils, die Anschlagskante ganz oben und die Randmaschen des linken Vorderteils auf. Strickt dabei immer 3 M auf und überspringt dann die vierte. Dadurch solltet ihr eine ordentliche, nicht zu lockere Kante erreichen.

Strickt jetzt drei Reihen im Rippenmuster wie in den Bündchen (1 M re, 1 M li im Wechsel). In der vierten Reihe (eine Hinreihe) strickt ihr die Knopflöcher. Markiert euch die Stellen, an denen ihr den ersten und den letzten Knopf haben wollt (der oberste Knopf darf nicht über der letzten Zunahme für den V-Ausschnitt liegen!), und verteilt die übrigen Knöpfe dazwischen. Ihr strickt dann an den entsprechenden Stellen ein Knopfloch ein, indem ihr 2 M zusammenstrickt und dann einen Umschlag macht.

Strickt nach der Reihe mit den Knopflöchern noch 3 Reihen im Rippenmuster und kettet dann im Muster ab.

ABSCHLUSS

Vernäht alle Enden und schließt ggf. die Löcher unter den Armen, wenn vorhanden. Befestigt die Knöpfe. Wascht den Cardigan entsprechend der Pflegehinweise auf eurem Garn, zieht ihn auf einem trockenen Handtuch in Form und lasst ihn liegend trocknen.

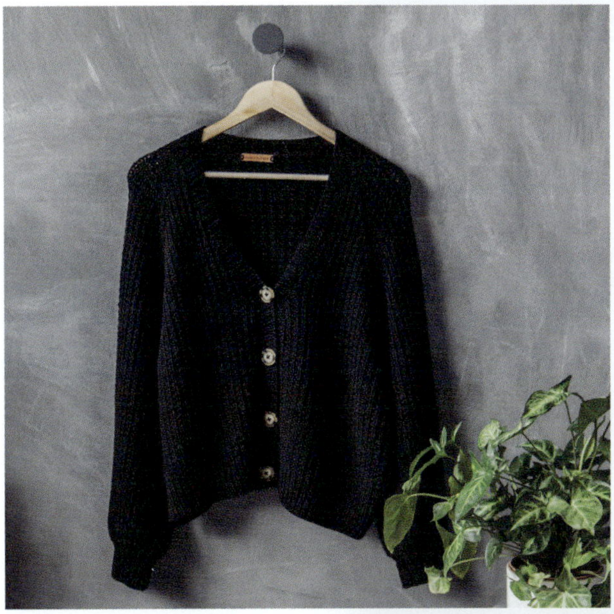

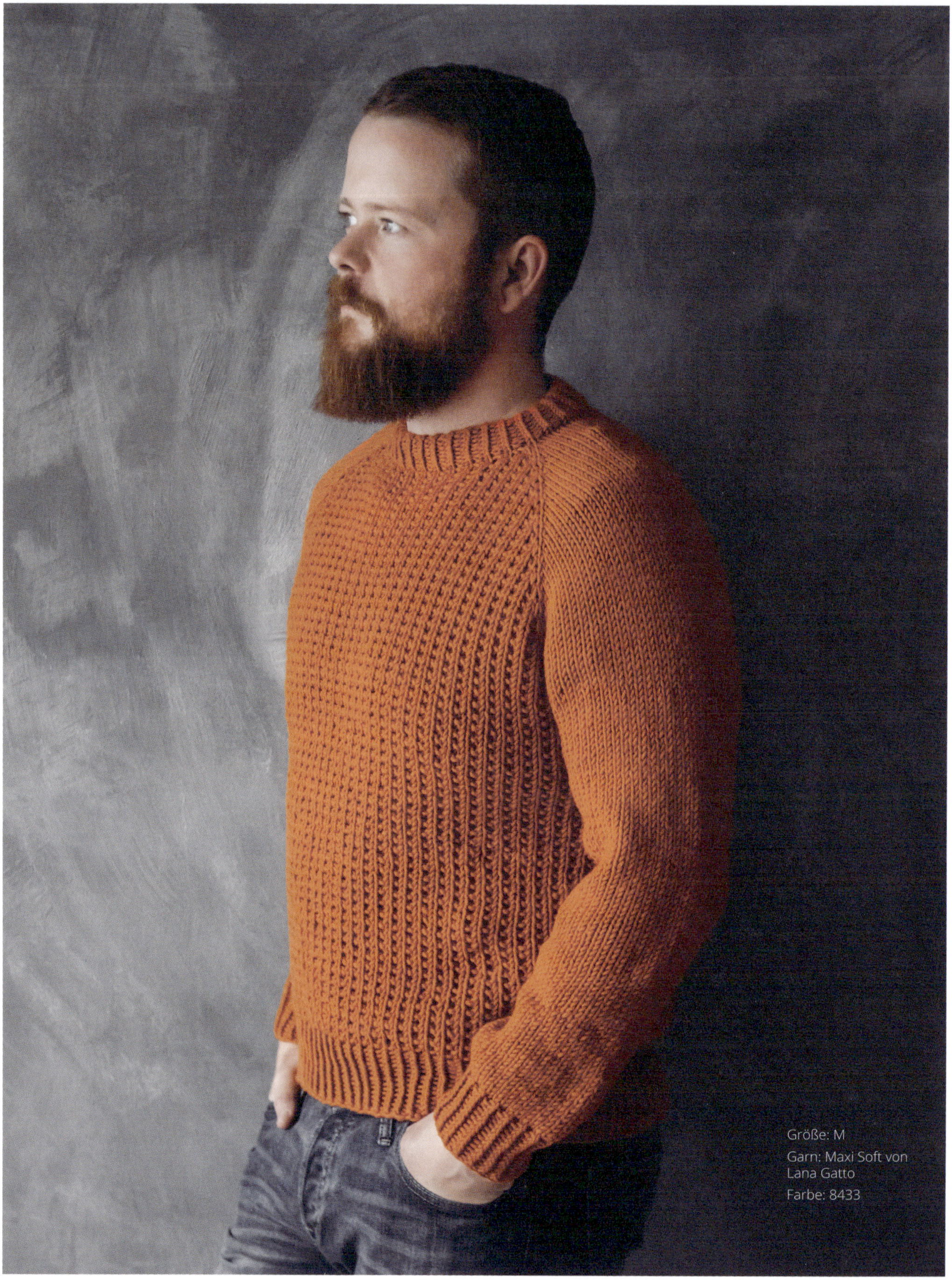

Größe: M

Garn: Maxi Soft von Lana Gatto

Farbe: 8433

GLUT – UNISEX

Dieser leuchtend orangene Pullover hat den Namen der gesamten Glut-Kollektion inspiriert. Hätte ich gewusst, dass die weiteren Teile wieder in zarten Naturtönen kommen würden, hätte ich es mir vielleicht anders überlegt – aber zu spät, der Name steht!

GRÖSSENANGABEN UND GARNVERBRAUCH

Größe	Brustumfang	Ärmelumfang	Rumpflänge ab Ärmelansatz	Ärmellänge ab Ärmelansatz	Garnverbrauch
XS	103 cm	38 cm	35 cm	47 cm	600 g (960 m)
S	105 cm	39 cm	37 cm	49 cm	650 g (1040 m)
M	108 cm	40 cm	39 cm	51 cm	750 g (1200 m)
L	**115 cm**	**42 cm**	**41 cm**	**53 cm**	**800 g (1280 m)**
XL	**122 cm**	**46 cm**	**43 cm**	**55 cm**	**900 g (1440 m)**
2XL	**127 cm**	**49 cm**	**46 cm**	**57 cm**	**1000 g (1600 m)**

Bitte beachtet, dass die angegebenen Garnmengen nur ein Richtwert sind.

Garn
Katia Merino Sport (80 m/50 g) oder Merino Aran, Lana Grossa Bingo, Lana Gatto Maxi Soft oder Nuovo Irlanda

Maschenprobe
16 Maschen = 10 cm mit Nadelstärke 6

Das braucht ihr:
Rundstricknadel Nr. 6 (40, 80 und 100/120 cm)
Rundstricknadel Nr. 5,5 (80/100 cm für das untere Bündchen)
Nadelspiel Nr. 5,5 (für die Ärmelbündchen)
Stopfnadel zum Vernähen der Fäden
Maschenmarkierer

Der Pullover wird von oben nach unten in Runden gearbeitet. Auf der Vorderseite wird ein gebrochenes Rippenmuster gestrickt, die Rückseite und die Ärmel werden glatt rechts gestrickt.

GEBROCHENES RIPPENMUSTER

1. Reihe: Strickt 1 M re, 1 M li im Wechsel.

2. Reihe: Strickt alle M re.

Wiederholt Reihen 1 und 2 auf der Vorderseite über die ganze Länge des Pullovers.

HALSBÜNDCHEN

Schlagt 64, 64, 64, **68, 68, 68** M auf die Rundstricknadel Nr. 6 (40 cm lang) an und schließt zur Runde. Strickt das Bündchen im Rippenmuster (1 M re verschränkt, 1 M li im Wechsel) insgesamt 8 cm lang.

Im Anschluss klappt ihr das Bündchen nach innen um und strickt es in der nächsten Runde fest, damit es umgeklappt fixiert ist (s. Seite 7).

RAGLANBLENDE

Nach dem Bündchen werden die Raglanzunahmen gearbeitet. Diese Zunahmen bilden die Linien, die Rumpf und Schultern voneinander trennen. Die Runde beginnt in der vorderen Mitte. Ab hier werden der Rücken und die Schultern glatt re gestrickt und die Vorderseite im gebrochenen Rippenmuster. Ihr strickt die rechten Maschen ab hier auch nicht mehr verschränkt. Direkt am Anfang werden auch einige verkürzte Reihen gestrickt, die den Pullover hinten etwas höher werden lassen und so für eine bessere Passform sorgen.

In der **ersten Runde** platziert ihr die MM:

1. Schritt: Strickt 12, 12, 12, **14, 14, 14** M re im gebrochenen Rippenmuster (linkes Vorderteil). Beginnt mit einer rechten Masche. Hängt 2 M vor Ende dieses Abschnitts einen MM auf die Nadel (Wendemarkierer A).

2. Schritt: Strickt 1 M re und steckt MM1 in diese Masche.

3. Schritt: Strickt 5 M re (linke Schulter).

4. Schritt: Strickt 1 M re und steckt MM2 in diese Masche.

5. Schritt: Strickt 25, 25, 25, **27, 27, 27** M re (Rückenteil).

6. Schritt: Strickt 1 M re und steckt MM3 in diese Masche.

7. Schritt: Strickt 5 M re (rechte Schulter).

8. Schritt: Strickt 1 M re und steckt MM4 in diese Masche.

9. Schritt: Strickt 13, 13, 13, **13, 13, 13** M im gebrochenen Rippenmuster (rechtes Vorderteil). Beginnt mit einer linken Masche. Hängt nach den ersten 2 M einen MM auf die Nadel (Wendemarkierer B).

Jetzt habt ihr wieder den Beginn der Runde in der vorderen Mitte erreicht. Markiert ihn ggf. mit einem weiteren MM.

ZUNAHMEN UND VERKÜRZTE REIHEN

Damit der Pullover besser sitzt, werden jetzt einige verkürzte Reihen gestrickt. Dazu habt ihr im Vorderteil die zwei Markierer auf die Nadel gehängt. Diese Reihen sorgen dafür, dass der Pullover hinten etwas höher sitzt und der Halsausschnitt vorne etwas nach unten geht. Ihr könnt für diese verkürzten Reihen eure Lieblingsmethode verwenden. Wir arbeiten sie mit German Short Rows (s. Seite 7).

In der **zweite Reihe** beginnen die Raglanzunahmen und gleichzeitig auch die verkürzten Reihen.

Strickt die Reihe re (im Vorderteil strickt ihr jetzt Reihe 2 des gebrochenen Rippenmusters, also auch hier nur re) bis zur Masche mit MM1. Nehmt 1 M mit **M1R** (s. Seite 6) zu, strickt die Masche mit dem MM, nehmt 1 M mit **M1L** zu. Wiederholt diese Zunahme an den anderen drei MM in der Runde und nehmt so an vier Stellen in der Runde insgesamt 8 M zu. Strickt weiter bis zum Wendemarkierer B und wendet die Arbeit mit einer Wendemasche. Welche Art von Wendemasche ihr verwendet, ist euch überlassen und hängt von eurer gewählten Methode für die verkürzten Reihen ab – wichtig ist nur, dass ihr das Stück nicht einfach wendet und zurückstrickt. Dadurch würde an der Wendestelle ein Loch entstehen.

Die **dritte Reihe (Rückeihe)** strickt ihr li, mit gebrochenem Rippenmuster im Vorderteil (achtet hier darauf, dass das Muster nicht verrutscht), ohne Zunahmen, über die Schultern und den Rücken bis zu Wendemarkierer A. Wendet hier mit einer Wendemasche.

Die **vierte Reihe (Hinreihe)** strickt ihr wie die zweite Reihe re, mit Raglanzunahmen (M1R, M1L) an MM1–4. Strickt bis 2 M nach Wendemarkierer B und wendet mit einer Wendemasche.

Die **fünfte Reihe (Rückreihe)** strickt ihr wie die dritte Reihe li, mit gebrochenem Rippenmuster im Vorderteil, bis 2 M nach Wendemarkierer A. Wendet dann mit einer Wendemasche.

Die **sechste Reihe (Hinreihe)** strickt ihr wie die vierte Reihe re, mit Raglanzunahmen an MM1–4. Strickt bis 4 M nach Wendemarkierer B und wendet mit einer Wendemasche.

Die **siebte Reihe (Rückreihe)** strickt ihr wie die fünfte Reihe. Strickt bis 4 M nach Wendemarkierer A und wendet mit einer Wendemasche.

Jetzt habt ihr das Ende der verkürzten Reihen erreicht und dabei auch in drei Hinreihen an den Raglanmaschen zugenommen. Strickt ab hier wieder in Runden und arbeitet die Raglanzunahmen im Takt mit den bisherigen Zunahmen in jeder zweiten Runde (immer in der Runde, in der ihr das Vorderteil nur re strickt), bis ihr insgesamt, mit den Zunahmen in den verkürzten Reihen, in 25, 26, 27, **29, 32, 34** Reihen/Runden zugenommen habt. Strickt dazwischen immer eine Runde ohne Zunahmen, mit gebrochenem Rippenmuster im Vorderteil.

Jetzt liegen 264, 272, 280, **300, 324, 340** M auf der Nadel.

RUMPF

Jetzt werden die Maschen, die später die Ärmel bilden, auf jeder Seite auf einem Hilfsfaden stillgelegt. Das ist ein Faden in einer Kontrastfarbe, auf den ihr alle Ärmelmaschen auffädelt, um sie zu sichern, während der Rumpf gestrickt wird. Ihr strickt weiterhin das Rückenteil glatt re und das Vorderteil im gebrochenen Rippenmuster.

1. Schritt: Strickt 38, 39, 40, **44, 47, 49** M im gebrochene Rippenmuster (linkes Vorderteil).

2. Schritt: Legt 55, 57, 59, **63, 69, 73** M auf einen Hilfsfaden (linker Ärmel).

3. Schritt: Schlagt 5 neue M an (unter dem linken Ärmel).

4. Schritt: Strickt 77, 79, 81, **87, 93, 97** M re (Rückenteil)

5. Schritt: Legt 55, 57, 59, **63, 69, 73** M auf einen Hilfsfaden (rechter Ärmel).

6. Schritt: Schlagt 5 neue M an (unter dem rechten Ärmel).

7. Schritt: Strickt 39, 40, 41, **43, 46, 48** M im gebrochenen Rippenmuster (rechtes Vorderteil).

Teilt die 5 neuen Maschen unter den Armen auf beiden Seiten so auf, dass 3 Maschen zum Vorderteil gehören und im gebrochenen Rippenmuster weitergestrickt werden, und 2 Maschen wie der Rest des Rückenteils glatt re gestrickt werden.

Jetzt liegen insgesamt 164, 168, 172, **184, 196, 204** M auf der Nadel (Vorder- und Rückenteil, plus die 10 neuen M unter den Ärmeln). Die Ärmelmaschen liegen jetzt auf Hilfsfäden.

Strickt jetzt gerade nach unten, bis der Rumpf, ab dem Ärmelansatz, 28, 30, 32, **34, 36, 39** cm misst. Führt das gebrochene Rippenmuster auf der Vorderseite bis zum Bündchen fort. Wechselt auf Nadelstärke 5,5 und strickt ein Rippenbündchen wie im Halsbündchen (1 M re verschränkt, 1 M li im Wechsel), 7 cm lang, und kettet im Muster ab.

ÄRMEL

Jetzt werden die Maschen für den ersten Ärmel, die ihr auf einem Hilfsfaden stillgelegt habt, wieder zurück auf Nadeln (Nadelstärke 6) gelegt. Zusätzlich werden aus den Maschen, die ihr unter dem Arm neu angeschlagen habt, 5 M aufgefasst und zu den restlichen Ärmelmaschen auf die Nadel gelegt. Die Ärmel werden in Runden gestrickt. Die erste Runde beginnt nun in der Mitte zwischen diesen neuen Maschen.

Jetzt liegen 60, 62, 64, **68, 74, 78** M auf der Nadel. Auf dem Weg nach unten reduziert ihr nach und nach die Maschen, indem ihr in regelmäßigen Abständen die ersten 2 M und die letzten 2 M einer Runde zusammenstrickt und dadurch in dieser Runde 2 M abnehmt.

Strickt zunächst 2, 1, 3, **2, 5, 5** cm lang glatt re in Runden. Nehmt in der nächsten Runde 2 M ab. Wiederholt diese Abnahme mit 6,5, 6, 6, **5, 4, 3,5** cm Abstand, bis ihr insgesamt 6, 7, 7, **9, 11, 13** Abnahmen gearbeitet und 12, 14, 14, **18, 22, 26** M abgenommen habt. Jetzt liegen 48, 48, 50, **50, 52, 52** M auf der Nadel. Strickt glatt re weiter, bis der Ärmel, ab dem Ärmelansatz, 41, 43, 45, **47, 49, 51** cm lang ist. Probiert den Pullover ggf. zwischendurch an, um die perfekte Ärmellänge zu ermitteln.

Wechselt auf das Nadelspiel Nr. 5,5, strickt noch eine Runde glatt re und nehmt dabei gleichmäßig verteilt 10 M ab. Jetzt liegen noch 38, 38, 40, **40, 42, 42** M auf der Nadel. Strickt daraus das Bündchen im Rippenmuster (1 M re, 1 M li im Wechsel) über 4 cm und kettet im Rippenmuster ab. Strickt den zweiten Ärmel genauso.

ABSCHLUSS
Vernäht alle Enden. Wascht den Pullover entsprechend der Pflegehinweise auf eurem Garn, zieht ihn auf einem trockenen Handtuch in Form und lasst ihn liegend trocknen.

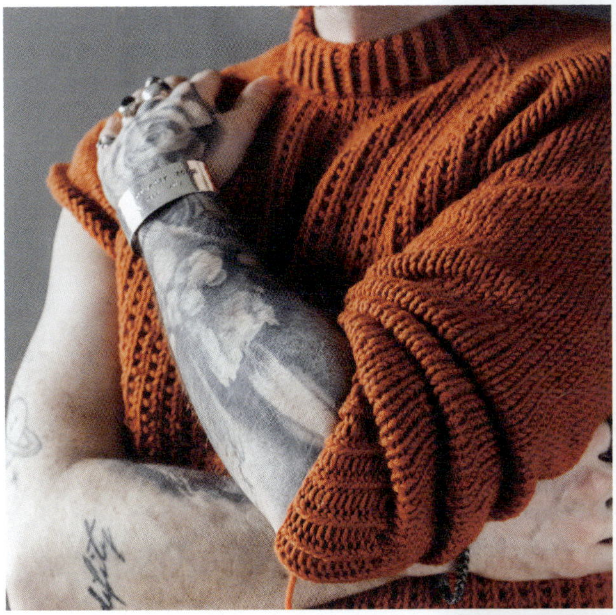

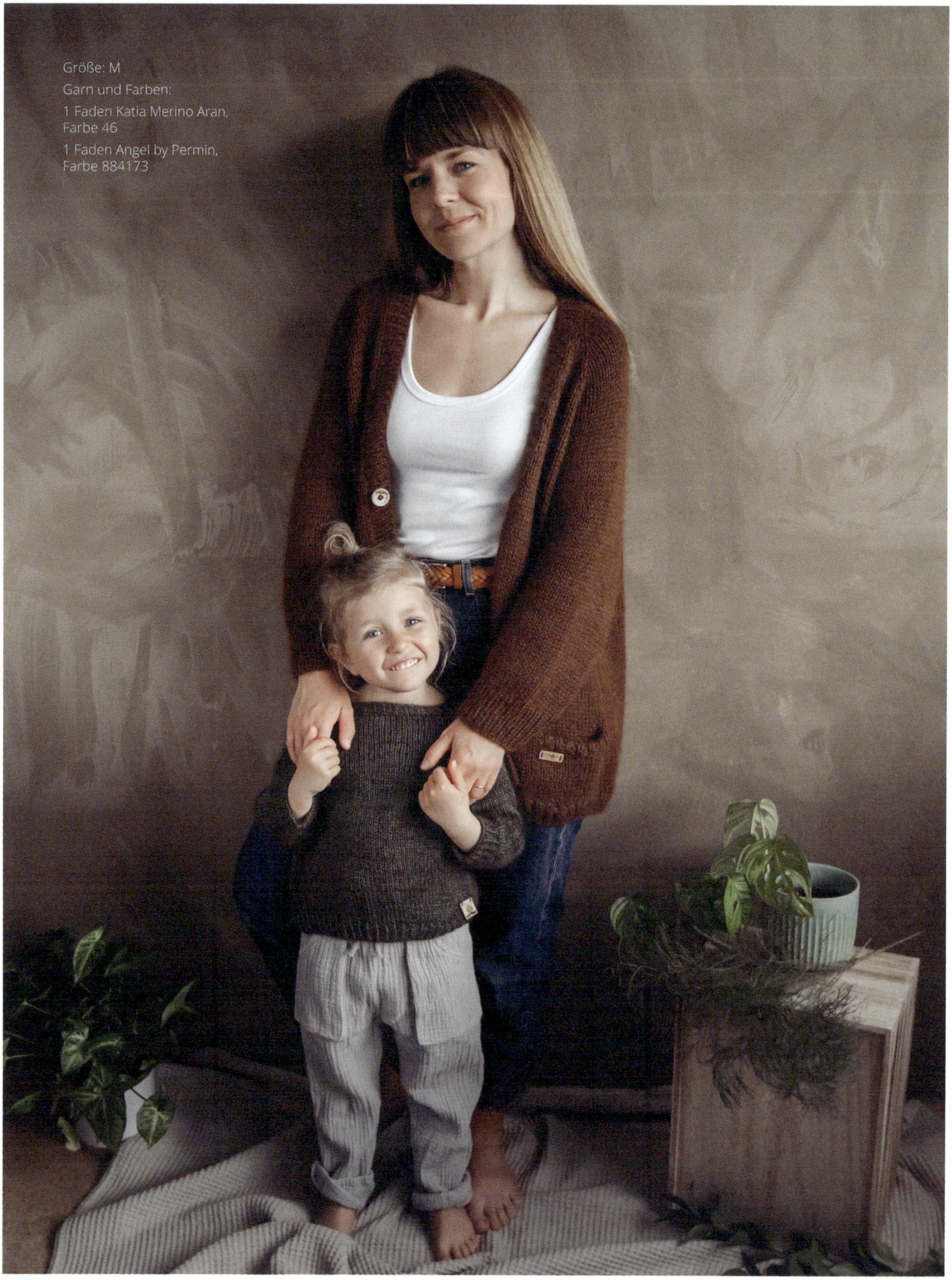
Größe: M
Garn und Farben:
1 Faden Katia Merino Aran, Farbe 46
1 Faden Angel by Permin, Farbe 884173

MOKKA

Was verleiht einem Cardigan den letzten Schliff? Richtig, die Taschen! Dieses lässig geschnittene Modell erfüllt alle Voraussetzungen für ein richtiges Lieblingsstück: Lockere Passform, anschmiegsames Mohair und endlich ein Platz für die Hände.

GRÖSSENANGABEN UND GARNVERBRAUCH

Größe	Brustumfang	Ärmelumfang	Rumpflänge ab Ärmelansatz	Ärmellänge ab Ärmelansatz	Garnverbrauch Aran	Garnverbrauch Mohair
XS	93 cm	35 cm	40 cm	35 cm	500 g (775 m)	75 g (630 m)
S	100 cm	39 cm	42 cm	36 cm	600 g (930 m)	100 g (840 m)
M	110 cm	41 cm	44 cm	37 cm	700 g (1085 m)	100 g (840 m)
L	**115 cm**	**44 cm**	**46 cm**	**38 cm**	**700 g (1085 m)**	**125 g (1050 m)**
XL	**125 cm**	**47,5 cm**	**47 cm**	**40 cm**	**750 g (1163 m)**	**150 g (1260 m)**
2XL	**132 cm**	**50 cm**	**48 cm**	**41 cm**	**800 g (1240 m)**	**175 g (1470 m)**

Bitte beachtet, dass die angegebenen Garnmengen nur ein Richtwert sind.

Garn
1 Faden Katia Merino Aran (155 m /100 g) und 1 Faden Angel by Permin (210 m/25 g)

Maschenprobe
14 Maschen = 10 cm mit Nadelstärke 7

Das braucht ihr:
Rundstricknadel Nr. 7 (40 und 100/120 cm)
Rundstricknadel Nr. 6 (100 cm für die Knopfleiste)
Nadelspiel Nr. 6 (für die Ärmelbündchen)
5 bis 6 Knöpfe (je nach Länge und Geschmack)
Maschenmarkierer
Stopfnadel zum Vernähen der Fäden

Der Cardigan wird glatt rechts von oben nach unten in Reihen gearbeitet. Das Bündchen mit der Knopfleiste wird nachträglich angestrickt.

HALSBÜNDCHEN UND RAGLANPASSE

Schlagt 49, 51, 53, **53, 57, 57** M auf die Rundstricknadel Nr. 7 (100/120 cm lang) an. Strickt eine Reihe re (Hinreihe) und eine Reihe li (Rückreihe). Die erste und die letzte Masche in jeder Reihe (Hin- und Rückreihe) sind Randmaschen (RM) und werden immer re gestrickt. Dort nehmt ihr am Ende die Maschen für das Bündchen auf.

Jetzt beginnen die Raglanzunahmen. Diese Zunahmen bilden die Linien, die Rumpf und Schultern voneinander trennen. Ihr strickt weiter glatt re, d.h. re in der Hinreihe und li in der Rückreihe. Strickt die Randmaschen dabei weiterhin immer re. Beginnt mit einer Hinreihe.

1. Reihe (Hinreihe):

1. Schritt: Strickt die Randmasche (RM) re.

2. Schritt: Strickt 1, 1, 1, **1, 2, 2** M re (linkes Vorderteil). Hängt MM1 auf die Nadel.

3. Schritt: Strickt 1 M re (Raglanmasche) und hängt MM2 auf die Nadel.

4. Schritt: Strickt 9 M re (linke Schulter). Hängt MM3 auf die Nadel.

5. Schritt: Strickt 1 M re (Raglanmasche) und hängt MM4 auf die Nadel.

6. Schritt: Strickt 23, 25, 27, **27, 29, 29** M re (Rückenteil). Hängt MM5 auf die Nadel.

7. Schritt: Strickt 1 M re (Raglanmasche) und hängt MM6 auf die Nadel.

8. Schritt: Strickt 9 M re (rechte Schulter). Hängt MM7 auf die Nadel.

9. Schritt: Strickt 1 M re (Raglanmasche) und hängt MM8 auf die Nadel.

10. Schritt: Strickt 1, 1, 1, **1, 2, 2** M re (rechtes Vorderteil).

11. Schritt: Strickt die Randmasche re.

2. Reihe (Rückreihe): Strickt die Rückreihe li zurück. Strickt die Randmaschen re.

3. Reihe (Hinreihe): Strickt die Randmasche re. Nehmt 1 M mit **M1R** (s. Seite 6) zu. Strickt re bis zu MM1. Nehmt 1 M mit **M1R** zu, hebt MM1 ab, strickt die Raglanmasche, hebt MM2 ab, nehmt 1 M mit **M1L** zu. Wiederholt diese Zunahme an den anderen MM der Reihe und nehmt so beidseitig der Raglanmaschen insgesamt 8 M zu. Strickt weiter bis zur Randmasche, nehmt 1 M mit **M1L** zu und strickt dann die Randmasche re. Die zwei Maschen, die ihr an Anfang und Ende der Reihe zugenommen habt, sind die erste Zunahme für den **V-Ausschnitt** (s. Seite 66).

Wiederholt Reihen 2 und 3, bis ihr in insgesamt 18, 20, 22, **24, 26, 28** Hinrunden zugenommen habt. **Gleichzeitig** nehmt ihr in regelmäßigen Abständen an den Randmaschen Maschen zu, um den V-Ausschnitt zu bilden:

V-AUSSCHNITT

Die Zunahmen für den V-Ausschnitt werden in Hinreihen wie folgt gearbeitet: Strickt die Randmasche re, nehmt 1 M mit **M1R** zu, strickt die Reihe re (mit den Raglanzunahmen an den MM) fertig, bis zur Randmasche am Ende der Reihe. Nehmt 1 M mit **M1L** zu, strickt die Randmasche re.

Diese Zunahmen arbeitet ihr in jeder 6. Reihe, bzw. in jeder dritten Hinreihe. Zählt dabei ab der allerersten Reihe nach dem Maschenanschlag. Strickt diese Zunahmen insgesamt 6, 7, 8, **8, 9, 10** Mal, sodass ihr auf der linken wie auf der rechten Vorderseite jeweils 6, 7, 8, **8, 9, 10** M zunehmt.

Am Ende der Zunahmen in der Raglanpasse und dem V-Ausschnitt habt ihr insgesamt 205, 225, 245, **261, 283, 301** M auf den Nadeln. Strickt die Rückreihe li zurück. An dieser Stelle endet die Raglanpasse.

RUMPF

Jetzt werden die Maschen, die später die Ärmel bilden, auf jeder Seite auf einem Hilfsfaden stillgelegt. Das ist ein Faden in einer Kontrastfarbe, auf den ihr alle Ärmelmaschen auffädelt, um sie zu sichern, während der Rumpf gestrickt wird.

1. Schritt: Strickt die Randmasche re.

2. Schritt: Strickt re bis zu MM2 (das linke Vorderteil und die Raglanmasche).

3. Schritt: Legt die nächsten 45, 49, 53, **57, 61, 65** M (alle Ärmelmaschen zwischen MM2 und MM3) auf einem Hilfsfaden still.

4. Schritt: Schlagt 5 neue M an (unter dem linken Arm).

5. Schritt: Strickt re bis zu MM6 (die zweite Raglanmasche, das Rückenteil und die dritte Raglanmasche).

6. Schritt: Legt die nächsten 45, 49, 53, **57, 61, 65** M (alle Ärmelmaschen zwischen MM6 und MM7) auf einem Hilfsfaden still.

7. Schritt: Schlagt 5 neue M an (unter dem rechten Arm).

8. Schritt: Strickt re bis zum Ende der Reihe.

9. Schritt: Strickt die Randmasche re.

Jetzt liegen insgesamt 125, 137, 149, **157, 171, 181** M auf der Nadel (mit den 10 neuen M unter den Ärmeln). Die Ärmelmaschen liegen auf Hilfsfäden.

Strickt jetzt glatt re weiter, bis der Rumpf, ab dem Ärmelansatz, 23, 25, 27, 29, 31, 33 cm lang ist (probiert die Jacke zwischendurch an, um die Länge ggf. an euch anzupassen). Endet mit einer Rückreihe.

In der nächsten Hinreihe strickt ihr zwei Hilfsfäden für die Taschen ein. Als Hilfsfäden nehmt ihr ein möglichst glattes, fusselfreies Garn in einer Kontrastfarbe und in einer ähnlichen Stärke wie die verwendete Wolle.

1. Schritt: Strickt 13 M re.

2. Schritt: Strickt die nächsten 18 M mit einem Hilfsfaden.

3. Schritt: Legt diese 18 M wieder auf die linke Nadel und strickt sie noch einmal mit eurem normalen Arbeitsfaden, sodass der Hilfsfaden jetzt fest eingestrickt ist.

4. Schritt: Strickt mit dem Arbeitsfaden weiter bis 31 M vor Ende der Reihe.

5. Schritt: Strickt die nächsten 18 M wieder mit einem Hilfsfaden.

6. Schritt: Legt diese 18 M zurück auf die linke Nadel und strickt sie noch einmal mit dem Arbeitsfaden.

7. Schritt: Strickt die Reihe re zu Ende.

Dieses Video zeigt die Methode mit dem Hilfsfaden sehr anschaulich. Im Video wird ein Daumen in einen Handschuh gestrickt, das Konzept ist aber dasselbe. https://bit.ly/daumen-hilfsfaden

Strickt jetzt glatt re weiter, bis der Rumpf ab dem Ärmelansatz 36, 38, 40, **42, 43, 44** cm lang ist. Gleichzeitig strickt ihr beidseitig die 18 Maschen unmittelbar unter dem Hilfsfaden im Rippenmuster, d.h. 1 M re, 1 M li im Wechsel, über 4 Reihen. Nach der 4. Reihe strickt ihr auch diese Maschen nur noch glatt re.

Wenn der Cardigan die gewünschte Länge erreicht hat, strickt ihr zum Abschluss noch ein Rippenbündchen (1 M re, 1 M li) über 4 cm und kettet dann im Rippenmuster ab.

ÄRMEL

Jetzt werden die Maschen für den ersten Ärmel, die ihr auf einem Hilfsfaden stillgelegt habt, wieder zurück auf Nadeln (Stärke 7) gelegt. Zusätzlich werden aus den Maschen, die ihr unter dem Arm neu angeschlagen habt, 5 M aufgefasst und zu den restlichen Ärmelmaschen auf die Nadel gelegt. Die Runde beginnt in der Mitte zwischen diesen neuen Maschen. Jetzt liegen 50, 54, 58, **62, 66, 70** M auf der Nadel.

Strickt den Ärmel glatt re in Runden. Auf dem Weg nach unten reduziert ihr nach und nach die Maschen, indem ihr in regelmäßigen Abständen die ersten 2 M und die letzten 2 M einer Runde zusammenstrickt und dadurch in dieser Runde 2 M abnehmt.

Strickt zunächst 3, 2, 5, **2, 6, 4** cm ohne Abnahme. Nehmt in der nächsten Runde 2 M ab. Wiederholt diese Abnahme mit 7, 6, 4, **4, 3, 3** cm Abstand, bis ihr insgesamt 4, 5, 7, **8, 10, 11** Abnahmen gearbeitet und 8, 10, 14, **16, 20, 22** M abgenommen habt. Jetzt liegen 42, 44, 44, **46, 46, 48** M auf der Nadel. Strickt glatt re weiter, bis der Ärmel, ab dem Ärmelansatz, 31, 32, 33, **34, 36, 37** cm lang ist. Probiert den Cardigan zwischendurch an, um die für euch richtige Ärmellänge zu ermitteln.

Wechselt auf das Nadelspiel Nr. 6, strickt noch eine Runde glatt re und nehmt dabei gleichmäßig verteilt 6 M ab. Strickt jetzt das Bündchen im Rippenmuster (1 M re, 1 M li im Wechsel) über 4 cm und kettet im Rippenmuster ab. Strickt den zweiten Ärmel genauso.

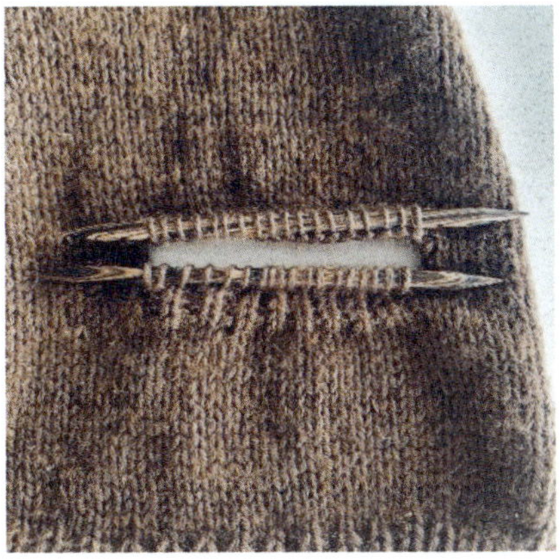

So nehmt ihr die Maschen ober- und unterhalb des Hilfsfadens auf und entfernt dann den Faden.

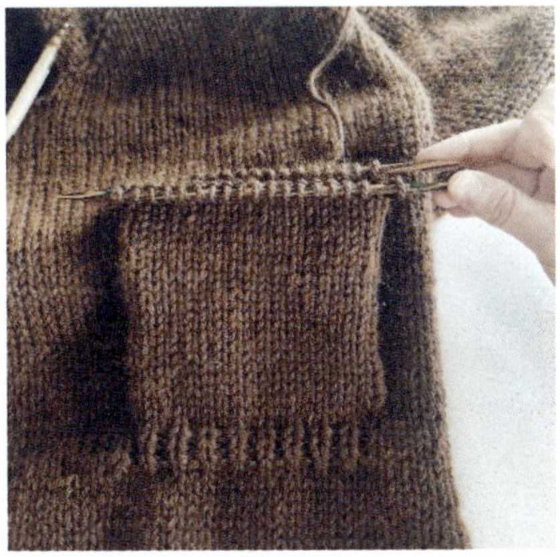

Hier wurde die Tasche bis zur richtigen Länge gestrickt. Die Maschen sind auf zwei Nadeln aufgeteilt, damit ihr die Tasche mit dem Maschenstich schließen könnt.

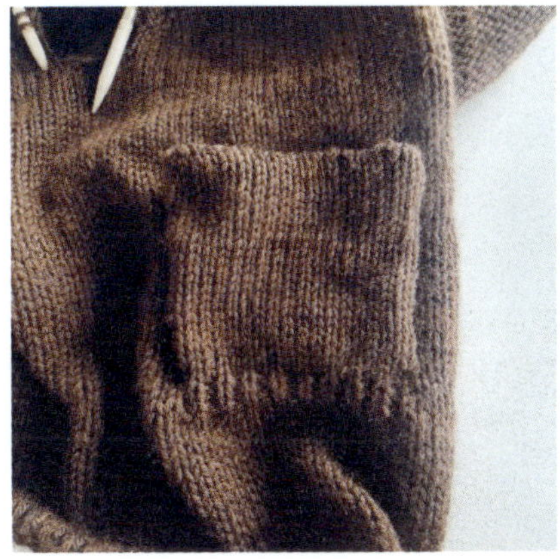

Die Tasche wurde oben geschlossen und wird jetzt nach innen gedreht.

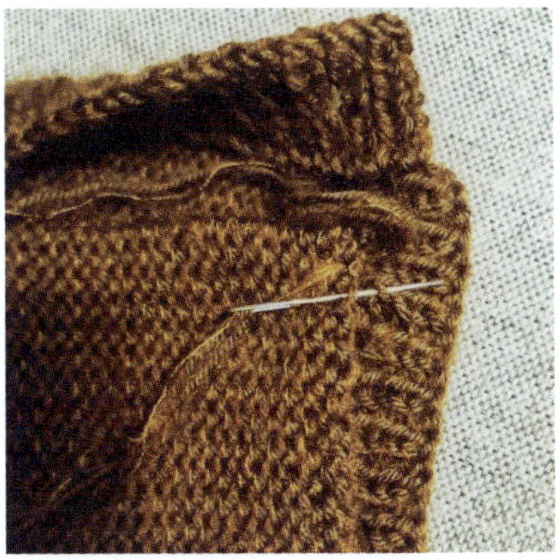

So wird die Tasche innen festgenäht.

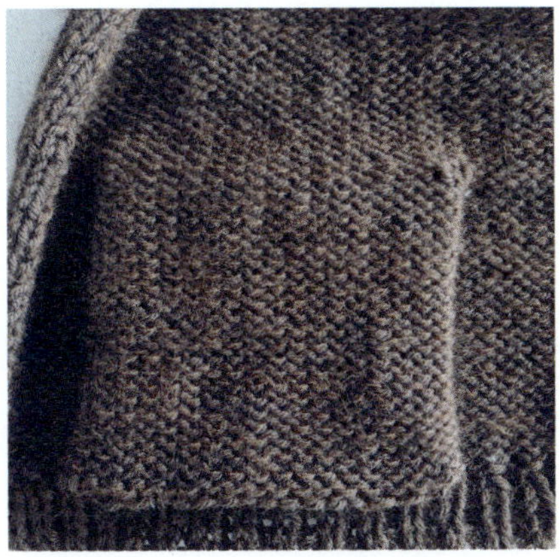

Die Tasche ist jetzt festgenäht und fixiert.

TASCHEN

Legt für die erste Tasche die Maschen, die ihr mit einem Hilfsfaden gestrickt habt, auf zwei Nadeln (Nadelstärke 7), je eine über und unter dem Faden, also insgesamt 36 M. Ich sichere gerne alle Maschen auf den Nadeln, bevor ich den Faden entferne, damit keine Masche verloren geht. Nehmt an jeder Seite noch eine weitere Masche auf, damit sich keine Löcher am Rand bilden. Diese zwei Maschen werden in der ersten Runde mit der nächsten Masche zusammengestrickt, damit sich wieder die ursprüngliche Maschenzahl ergibt.

Strickt diese 36 M glatt re in Runden, bis die Tasche 16 cm lang ist. Schließt dann die Tasche, indem ihr die Maschen entweder mit dem Maschenstich zusammennäht oder sie abkettet und dann zusammennäht. Strickt die zweite Tasche genauso.

BÜNDCHEN UND KNOPFLEISTEN

Zum Schluss strickt ihr die Knopfleiste an den Cardigan. Beginnt unten am rechten Vorderteil und strickt auf der Vorderseite mit der Rundstricknadel Nr. 6 (100 cm) die Randmaschen des rechten Vorderteils, die Anschlagskante ganz oben und die Randmaschen des linken Vorderteils auf. Strickt dabei immer 3 M auf und überspringt dann die vierte. Dadurch solltet ihr eine ordentliche, nicht zu lockere Kante erreichen.

Strickt jetzt drei Reihen im Rippenmuster wie in den Bündchen (1 M re, 1 M li im Wechsel). In der vierten Reihe (eine Hinreihe) strickt ihr die Knopflöcher. Markiert euch die Stellen, an denen ihr den ersten und den letzten Knopf haben wollt (der oberste Knopf darf nicht über der letzten Zunahme für den V-Ausschnitt liegen!), und verteilt die übrigen Knöpfe dazwischen. Ihr strickt dann an den entsprechenden Stellen ein Knopfloch ein, indem ihr 2 M zusammenstrickt und dann einen Umschlag macht.

Strickt nach der Reihe mit den Knopflöchern noch 3 Reihen im Rippenmuster und kettet dann im Muster ab.

ABSCHLUSS

Vernäht alle Enden und schließt ggf. die Löcher unter den Armen, wenn vorhanden. Näht die Taschen vorsichtig an der Innenseite des Cardigans fest. Befestigt die Knöpfe. Wascht den Cardigan entsprechend der Pflegehinweise auf eurem Garn, zieht ihn auf einem trockenen Handtuch in Form und lasst ihn liegend trocknen.

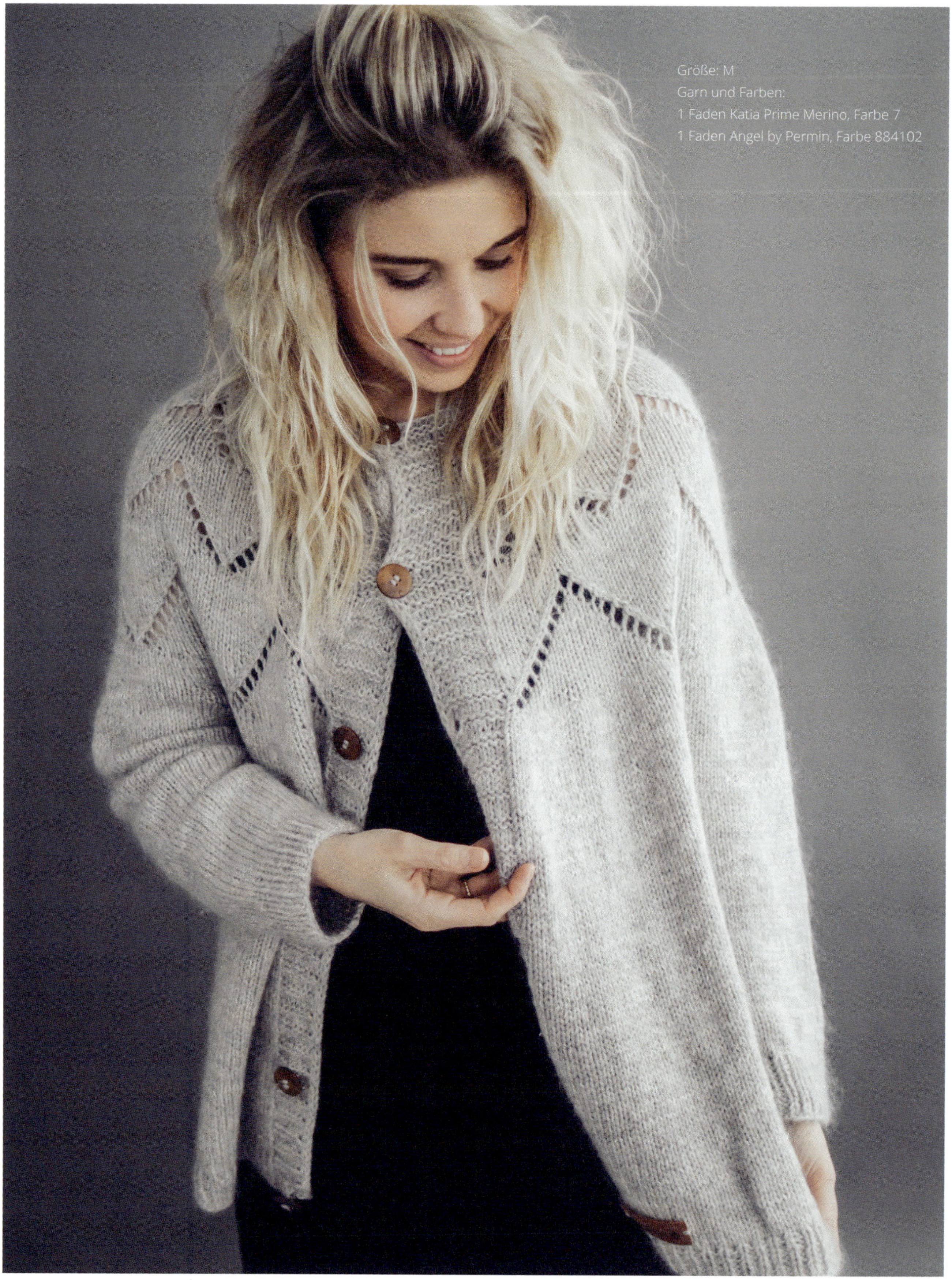
Größe: M
Garn und Farben:
1 Faden Katia Prime Merino, Farbe 7
1 Faden Angel by Permin, Farbe 884102

FEDER – CARDIGAN

Dieser zarte Cardigan war unser erstes Modell mit dem feinen Lochmuster in der Rundpasse – nach und nach wurde daraus eine ganze Kollektion für Kinder und Erwachsene. Die luftige Mischung aus dünner Wolle und Mohair und feine Details wie die angestrickte Knopfleiste und die I-Cord-Kanten machen diese Jacke zum echten Schmuckstück.

GRÖSSENANGABEN UND GARNVERBRAUCH

Größe	Brust-umfang	Ärmel-umfang	Rumpflänge ab Ärmelansatz	Ärmellänge ab Ärmelansatz	Garnverbrauch Merino Prime	Garnverbrauch Mohair
XS	108 cm	30 cm	35 cm	30 cm	400 g (960 m)	100 g (840 m)
S	115 cm	32 cm	36 cm	31 cm	400 g (960 m)	125 g (1050 m)
M	120 cm	33 cm	38 cm	33 cm	500 g (1200 m)	125 g (1050 m)
L	**125 cm**	**35 cm**	**40 cm**	**35 cm**	**600 g (1440 m)**	**150 g (1260 m)**
XL	**130 cm**	**36 cm**	**43 cm**	**37 cm**	**700 g (1680 m)**	**150 g (1260 m)**
XXL	**135 cm**	**38 cm**	**46 cm**	**39 cm**	**800 g (1920 m)**	**175 g (1470 m)**

Bitte beachtet, dass die angegebenen Garnmengen nur ein Richtwert sind.

Garn

1 Faden Katia Prime Merino (120 m/50 g), Cool Wool big oder Ecopuno von Lana Grossa, Lang Merino 120 oder Drops Merino extra fine

+ 1 Faden Mohair, z.B. Angel by Permin (210 m/25 g) oder Lana Grossa Silkhair.

Maschenprobe

20 Maschen = 10 cm mit Nadelstärke 5,5

Das braucht ihr:

Rundstricknadel Nr. 5,5 (40, 60 und 100 cm)
Nadelspiel Nr. 5,5 (für die Ärmelbündchen)
Stopfnadel zum Vernähen der Fäden
Maschenmarkierer
Knöpfe (mindestens 25 mm Durchmesser)

Diese Jacke wird in Reihen von oben nach unten gestrickt. Die Knopfleiste wird hier nicht nachträglich angestrickt, sondern direkt mitgestrickt und mit I-Cord-Kanten abgeschlossen. Die Zunahmen in der Rundpasse liegen zwischen den drei Musterrapports.

HALSBÜNDCHEN

Schlagt 87, 87, 89, **89, 91, 91** M auf die Rundstricknadel Nr. 5,5 an. Strickt ein Rippenbündchen (1 M re, 1 M li im Wechsel) in Reihen, insgesamt 6 Reihen lang, und beachtet dabei die **Randmaschen (RM)**, die **I-Cord-Kante** und das erste **Knopfloch** (in den nächsten drei Absätzen). Die erste Reihe, die ihr strickt, ist eine Hinreihe.

Die ersten 10 und die letzten 10 M des Bündchens sind **Randmaschen (RM)**, die später die Knopfleiste bilden. Ihr strickt sie über die gesamte Länge der Jacke immer abwechselnd 2 Reihen glatt re und 2 Reihen glatt li im Wechsel, sodass sich ein waagerechtes Rippenmuster ergibt. Beachtet dabei, dass ihr in den glatt re gestrickten Reihen die Hinreihen re und die Rückreihen li strickt, in den glatt li gestrickten Abschnittet dagegen li in der Hinreihe und re in der Rückreihe strickt. Markiert euch die Randmaschen (RM) mit Maschenmarkierern (MM), die ihr zwischen RM und Hauptteil auf die Nadeln hängt.

Zusätzlich wird an beiden Seiten eine **I-Cord-Kante** gestrickt, die einen schönen und geraden Abschluss bildet. Hier wird sie so gearbeitet, dass die letzten 3 M in jeder Reihe (Hin- und Rückreihe) mit dem Faden vor der Arbeit ungestrickt abgehoben werden. Die 3 ersten M in jeder Reihe werden immer re gestrickt. Die I-Cord-Maschen sind Teil der Randmaschen.

In diese RM werden auch direkt die **Knopflöcher** eingestrickt. Wir empfehlen, sie mit einem Abstand von ca. 26–30 Reihen (je nach Geschmack und Anzahl der Knöpfe) zu arbeiten. Das erste Knopfloch wird direkt in der 5. Reihe des Bündchens gestrickt. Hier strickt ihr die Knopflöcher immer am Anfang einer Hinreihe: Strickt 4 M, 1 Umschlag, strickt 2 M re zusammen, strickt normal weiter.

RUNDPASSE

Ab hier strickt ihr glatt re weiter, d.h. re in der Hinreihe und li in der Rückreihe, mit den RM wie gehabt im waagerechten Rippenmuster. In die Rundpasse werden drei Abschnitte im Lochmuster und dazwischen Zunahmerunden integriert. Die Zunahmen werden in diesem Kapitel sehr genau beschrieben. Es ist wichtig, dass ihr sie genau wie angegeben arbeitet, damit sich die Lochmusterabschnitte nicht verschieben.

Strickt 2 Reihen und nehmt dann in der **dritten Reihe** wie folgt 14, 14, 22, **22, 30, 30** M zu:

Größen XS und S: Strickt 10 RM. Strickt 2 M re, *1 Zunahme, 5 M re* x5, *1 Zunahme, 4 M re* x2, *1 Zunahme, 5 M re* x6. 1 Zunahme, 2 M re. Strickt die 10 RM. Jetzt liegen 101 M auf der Nadel.

Größen M und L: Strickt 10 RM. Strickt 2 M re, *1 Zunahme, 3 M re* x9, *1 Zunahme, 4 M re* x2, *1 Zunahme, 3 M re* x10. 1 Zunahme, 2 M re. Strickt die 10 RM. Jetzt liegen 111 M auf der Nadel.

Größen XL und XXL: Strickt 10 RM. Strickt 1 M re, *1 Zunahme, 3 M re* x5, *1 Zunahme, 2 M re* x18, *1 Zunahme, 3 M re* x6. 1 Zunahme, 1 M re. Strickt die 10 RM. Jetzt liegen 121 M auf der Nadel.

Reihen 4–13: Strickt **Musterdiagramm 1**. Beginnt und beendet jede Reihe wie immer mit den 10 RM.

Reihe 14: Strickt die Rückreihe li mit RM.

Reihe 15: Nehmt 32, 32, 36, **36, 40, 40** M wie folgt zu:

Alle Größen: Strickt 10 RM. Strickt 2 M re. *1 Zunahme, 2 M re, 1 Zunahme, 2 M re, 1 Zunahme, 2 M re, 1 Zunahme, 4 M re* x7, 7, 8, 8, 9, 9. 1 Zunahme, 2 M re, 1 Zunahme, 2 M re, 1 Zunahme, 2 M re, 1 Zunahme, 3 M re. Strickt 10 RM. Jetzt liegen 133, 133, 147, **147, 161, 161** M auf der Nadel.

Reihe 16: Strickt die Rückreihe li mit RM.

Reihe 17: Strickt die Hinreihe re mit RM.

Reihe 18–33: Strickt **Musterdiagramm 2**. Beginnt und beendet jede Reihe wie immer mit den 10 RM.

Reihe 34: Strickt die Rückreihe li mit RM.

Reihe 35: Nehmt 48, 48, 54, **54, 60, 60** M wie folgt zu:

Alle Größen: Strickt 10 RM. *2 M re, 1 Zunahme, 2 M re, 1 Zunahme, 2 M re, 1 Zunahme, 2 M re, 1 Zunahme, 2 M re, 1 Zunahme, 3 M re, 1 Zunahme, 1 M re* x8, 8, 9, 9, 10, 10. Strickt 1 M re. Strickt 10 RM. Jetzt liegen 181, 181, 201, **201, 221, 221** M auf der Nadel.

Reihen 36–55: Strickt **Musterdiagramm 3**. Beginnt und beendet jede Reihe wie immer mit den 10 RM. Beachtet, dass ihr die Spitzen in Reihe 55 auf eine andere Art arbeitet als in den vorherigen Musterabschnitten. Nach Reihe 55 habt ihr 7, 7, 8, **8, 9, 9** M zugenommen und habt jetzt 188, 188, 209, **209, 230, 230** M auf der Nadel.

Reihe 56: Strickt die Rückreihe li mit RM.

Reihe 57: Strickt die Hinreihe re mit RM.

Reihe 58: Strickt die Rückreihe li mit RM.

Reihe 59: Nehmt in allen Größen 67 M wie folgt zu:

Größen XS und S: Strickt 10 RM. Strickt 1 M re. *1 Zunahme, 3 M re* x17. *1 Zunahme, 2 M re* x32. *1 Zunahme, 3 M re* x17. Strickt 1 M re. Strickt 10 RM. Jetzt liegen 255 M auf der Nadel.

Größen M und L: Strickt 10 RM. Strickt 1 M re. *1 Zunahme, 2 M re* x6. *1 Zunahme, 3 M re* x54. *1 Zunahme, 2 M re* x6. 1 Zunahme, 2 M re. Strickt 10 RM. Jetzt liegen 276 M auf der Nadel.

Größen XL und XXL: Strickt 10 RM. Strickt 2 M re. *1 Zunahme, 3 M re* x29. *1 Zunahme, 4 M re* x8. *1 Zunahme, 3 M re* x29. 1 Zunahme, 2 M re. Strickt 10 RM. Jetzt liegen 297 M auf der Nadel.

Reihe 60: Strickt die Rückreihe li mit RM.

Reihe 61: Strickt die Hinreihe re mit RM.

Reihe 62: Strickt die Rückreihe li mit RM.

Reihe 63: Nehmt in allen Größen 21 M wie folgt zu:

Größen XS und S: Strickt 10 RM. Strickt 5 M re. *1 Zunahme, 12 M re* x2. *1 Zunahme, 11 M re* x16. *1 Zunahme, 12 M re* x2. 1 Zunahme, strickt 6 M re. Strickt 10 RM. Jetzt liegen 276 M auf der Nadel.

Größen M und L: Strickt 10 RM. Strickt 6 M re. *1 Zunahme, 13 M re* x2. *1 Zunahme, 12 M re* x16. *1 Zunahme, 13 M re* x2. 1 Zunahme, strickt 6 M re. Jetzt liegen 297 M auf der Nadel.

Größen XL und XXL: Strickt 10 RM. Strickt 6 M re. *1 Zunahme, 14 M re* x2. *1 Zunahme, 13 M re* x16. *1 Zunahme, 14 M re* x2. 1 Zunahme, strickt 7 M re. Strickt 10 RM. Jetzt liegen 318 M auf der Nadel.

Reihe 64: Strickt die Rückreihe li mit RM.

Reihe 65: Strickt die Hinreihe re mit RM.

Reihe 66: Strickt die Rückreihe li mit RM.

Reihe 67: Nehmt 18, 24, 24, **24, 24, 24** M wie folgt zu:

Größe XS: Strickt 10 RM. Strickt 7 M re. *1 Zunahme, 15 M re* x2. *1 Zunahme 14 M re* x13. *1 Zunahme, 15 M re* x2. 1 Zunahme, strickt 7 M re. Strickt 10 RM. Jetzt liegen 294 M auf der Nadel.

Größe S: Strickt 10 RM. Strickt 5 M re. *1 Zunahme, 11 M re* x8. *1 Zunahme, 10 M re* x7. *1 Zunahme, 11 M re* x8. 1 Zunahme, strickt 5 M re. Strickt 10 RM. Jetzt liegen 300 M auf der Nadel.

Größen M und L: Strickt 10 RM. Strickt 6 M re. *1 Zunahme, 11 M re* x5. *1 Zunahme, 12 M re* x12. *1 Zunahme, 11 M re* x6. 1 Zunahme, strickt 6 M re. Strickt 10 RM. Jetzt liegen 321 M auf der Nadel.

Größen XL und XXL: Strickt 10 RM. Strickt 6 M re. *1 Zunahme, 13 M re* x5. *1 Zunahme, 12 M re* x13. *1 Zunahme, 13 M re* x5. 1 Zunahme, 6 M re. Strickt 10 RM. Jetzt liegen 342 M auf der Nadel.

Reihe 68: Strickt die Rückreihe li mit RM.

Hier endet die Rundpasse in Größe XS. Geht in dieser Größe direkt weiter zum Kapitel »Rumpf«.

Reihe 69: Strickt die Hinreihe re mit RM.

Reihe 70: Strickt die Rückreihe li mit RM.

Reihe 71: Nehmt in den Größen S bis XXL 16, 9, **15, 10, 10** M wie folgt zu:

Größe S: Strickt 10 RM. Strickt 9 M re. *1 Zunahme, 17 M re* x4. *1 Zunahme, 18 M re* x7. *1 Zunahme, 17 M re* x4. 1 Zunahme, strickt 9 M re. Strickt 10 RM. Jetzt liegen 316 M auf der Nadel.

Größe M: Strickt 10 RM. Strickt 16 M re. *1 Zunahme, 34 M re* x2. *1 Zunahme, 33 M re* x4. *1 Zunahme, 34 M re* x2. 1 Zunahme, strickt 17 M re. Strickt 10 RM. Jetzt liegen 330 M auf der Nadel.

Größe L: Strickt 10 RM. Strickt 10 M re. *1 Zunahme, 20 M re* x14. 1 Zunahme, strickt 11 M re. Strickt 10 RM. Jetzt liegen 336 M auf der Nadel.

XL und XXL: Strickt 10 RM. Strickt 16 M re. *1 Zunahme, 32 M re* x7. 1 Zunahme, strickt 33 M re, 1 Zunahme, strickt 16 M re. Strickt 10 RM. Jetzt liegen 352 M auf der Nadel.

Reihe 72: Strickt die Rückreihe li mit RM.

Hier endet die Rundpasse in Größe S. Geht in dieser Größe direkt weiter zum Kapitel »Rumpf«.

Reihe 73: Strickt die Hinreihe re mit RM.

Reihe 74: Strickt die Rückreihe li mit RM.

Hier endet die Rundpasse in Größe M. Geht in dieser Größe direkt weiter zum Kapitel »Rumpf«.

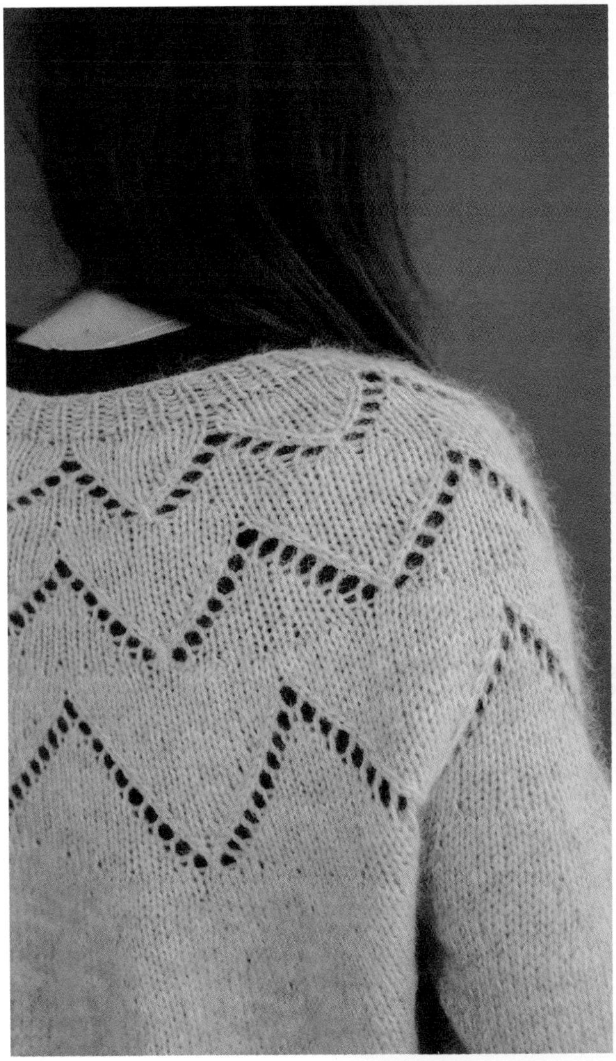

Reihe 75: Nehmt in den Größen L, XL und XXL **12, 9, 20** M wie folgt zu:

Größe L: Strickt 10 RM. Strickt 13 M re. *1 Zunahme, 27 M re* x2, *1 Zunahme, 26 M re* x7, *1 Zunahme, 27 M re* x2. 1 Zunahme, strickt 13 M re. Strickt 10 M re. Jetzt liegen 348 M auf der Nadel.

Größe XL: Strickt 10 RM. Strickt 17 M re. *1 Zunahme, 33 M re* x4. 1 Zunahme, strickt 34 M re. *1 Zunahme, strickt 33 M re* x4. 1 Zunahme, strickt 17 M re. Strickt 10 RM. Jetzt liegen 362 M auf der Nadel.

Größe XXL: Strickt 10 RM. Strickt 8 M re. *1 Zunahme, 17 M re* x6. *1 Zunahme, 16 M re* x7. *1 Zunahme, 17 M re* x6. 1 Zunahme, strickt 8 M re. Strickt 10 RM. Jetzt liegen 372 M auf der Nadel.

Reihe 76: Strickt die Rückreihe li mit RM.

Reihe 77: Strickt die Hinreihe re mit RM.

Reihe 78: Strickt die Rückreihe li mit RM.

Hier endet die Rundpasse in Größe L. Geht in dieser Größe direkt weiter zum Kapitel »Rumpf«.

Reihe 79:

Größe XL: Strickt die Hinreihe re mit RM.

Nehmt in der Größe XXL 8 M wie folgt zu: Strickt 10 RM. Strickt 22 M re. *1 Zunahme, 44 M re* x7. 1 Zunahme, strickt 22 M re. Strickt 10 RM. Jetzt liegen 380 M auf der Nadel.

Reihe 80: Strickt die Rückreihe li mit RM.

Hier endet die Rundpasse in Größe XL. Geht in dieser Größe direkt weiter zum Kapitel »Rumpf«.

Reihe 81: Strickt die Hinreihe re mit RM.

Reihe 82: Strickt die Rückreihe li mit RM.

Hier endet die Rundpasse in Größe XXL. Geht weiter zum Kapitel »Rumpf«.

RUMPF

Ab hier wird nur noch glatt re, ohne Lochmuster und Zunahmen, gestrickt. Die RM werden weiterhin im Rippenmuster mit Knopflöchern gearbeitet. Jetzt werden die Maschen, die später die Ärmel bilden, auf jeder Seite auf einem Hilfsfaden stillgelegt:

1. Schritt: Strickt die 10 RM.

2. Schritt: Strickt 40, 44, 46, **48, 51, 54** M (li Vorderteil).

3. Schritt: Legt die nächsten 52, 56, 58, **62, 64, 68** M auf einen Hilfsfaden (linker Ärmel).

4. Schritt: Schlagt 8 neue Maschen an (unter dem Arm).

5. Schritt: Strickt 90, 96, 102, **108, 112, 116** M (Rückenteil).

6. Schritt: Legt die nächsten 52, 56, 58, **62, 64, 68** M auf einen Hilfsfaden (rechter Ärmel).

7. Schritt: Schlagt 8 neue Maschen an (unter dem Arm).

8. Schritt: Strickt 40, 44, 46, **48, 51, 54** M (re Vorderteil).

9. Schritt: Strickt die 10 RM.

Jetzt liegen insgesamt 206, 220, 230, **240, 250, 260** M auf der Nadel. Die Ärmelmaschen liegen jetzt auf Hilfsfäden.

Strickt jetzt gerade nach unten, bis der Rumpf, ab dem Ärmelansatz, 30, 31, 33, **35, 38, 41** cm misst. In der letzten Hinreihe nehmt ihr noch einmal gleichmäßig über die Reihe verteilt 11 M ab:

Jetzt liegen 195, 209, 219, **229, 239, 249** M auf der Nadel. Strickt eine Rückreihe li zurück. Strickt zum Schluss ein Rippenbündchen (1 M re, 1 M li im Wechsel) über 5 cm. Führt dabei die RM bis zum Schluss im selben waagerechten Rippenmuster fort, wie ihr es über die gesamte Länge der Jacke gestrickt habt. Kettet zum Schluss die RM re und die Maschen dazwischen im Rippenmuster ab. Strickt dann die Ärmel.

ÄRMEL

Jetzt werden die Maschen für den ersten Ärmel, die ihr auf einem Hilfsfaden stillgelegt habt, wieder zurück auf Nadeln (Nr. 5,5) gelegt. Zusätzlich werden aus den 8 Maschen, die ihr unter dem Arm neu angeschlagen habt, 8 M aufgefasst und zu den restlichen Ärmelmaschen auf die Nadel gelegt. Die erste Runde beginnt in der Mitte zwischen diesen neuen Maschen. Jetzt liegen 60, 64, 66, **70, 72, 76** M auf der Nadel.

Der Ärmel wird glatt re in Runden gestrickt. Strickt 2 cm und beginnt dann, in regelmäßigen Abständen 2 M pro Runde abzunehmen, indem ihr die ersten 2 M und die letzten 2 M einer Runde zusammenstrickt. Nehmt auf diese Weise mit 3, 2,8, 2,8, **2,7, 2,9, 2,6** cm Abstand insgesamt 7, 8, 9, **10, 10, 12** Mal ab und reduziert die Maschenzahl so nach und nach um 14, 16, 18, **20, 20, 24** M. Jetzt liegen 46, 48, 48, **50, 52, 52** M auf der Nadel. Strickt dann ohne Abnahmen weiter, bis der Ärmel ab dem Ärmelansatz 25, 26, 28, **30, 32, 34** cm lang ist. Strickt ein Bündchen im Rippenmuster (1 M re, 1 M li im Wechsel), 5 cm lang. Kettet dann im Rippenmuster ab.

Strickt den zweiten Ärmel genauso.

ABSCHLUSS

Vernäht alle Enden, schließt ggf. die Löcher unter den Armen, wenn vorhanden, und näht die Knöpfe an. Wascht den Cardigan entsprechend der Pflegehinweise auf eurem Garn, zieht ihn auf einem trockenen Handtuch vorsichtig in Form und lasst ihn liegend trocknen.

☐ rechts in der Hinreihe, links in der Rückreihe

⧅ 2 M mit SSK zusammenstricken (s. Seite 7)

⧄ 2 M zusammenstricken

⩓ 1 M ungestrickt abheben, die nächsten 2 M zusammenstricken, die ungestrickte M darüberziehen

◯ Umschlag

ꝏ 1 M ungestrickt abheben, die nächsten 2 M re stricken, die ungestrickte M über die beiden M ziehen

Musterdiagramm 1

Strickt zunächst Maschen 1–5, wiederholt dann Maschen 6–15 über die gesamte Reihe und endet mit Maschen 16–21.

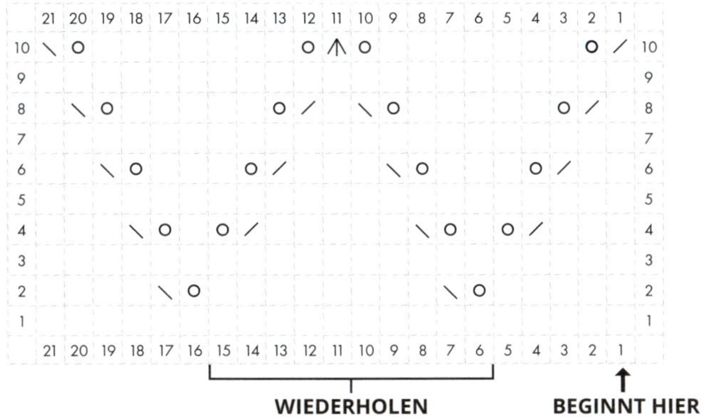

Musterdiagramm 2

Strickt zunächst Maschen 1–7, wiederholt dann Maschen 8–21 über die gesamte Reihe und endet mit Maschen 22–29.

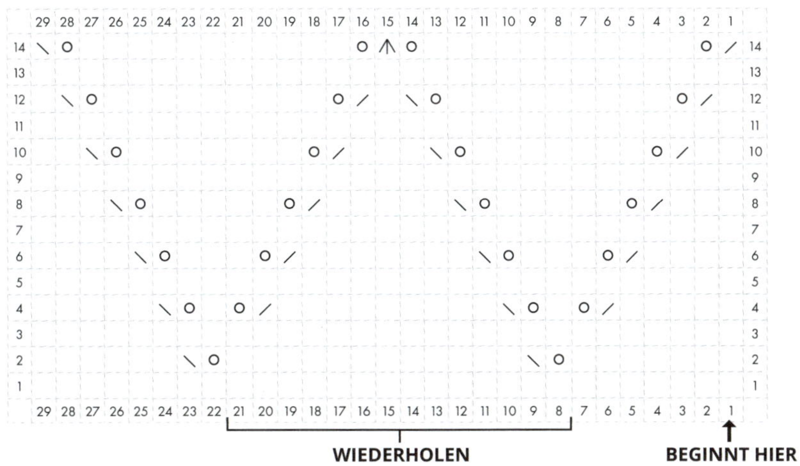

Musterdiagramm 3

Strickt zunächst Maschen 1–10, wiederholt dann Maschen 11–30 über die gesamte Reihe und endet mit Maschen 31–41.

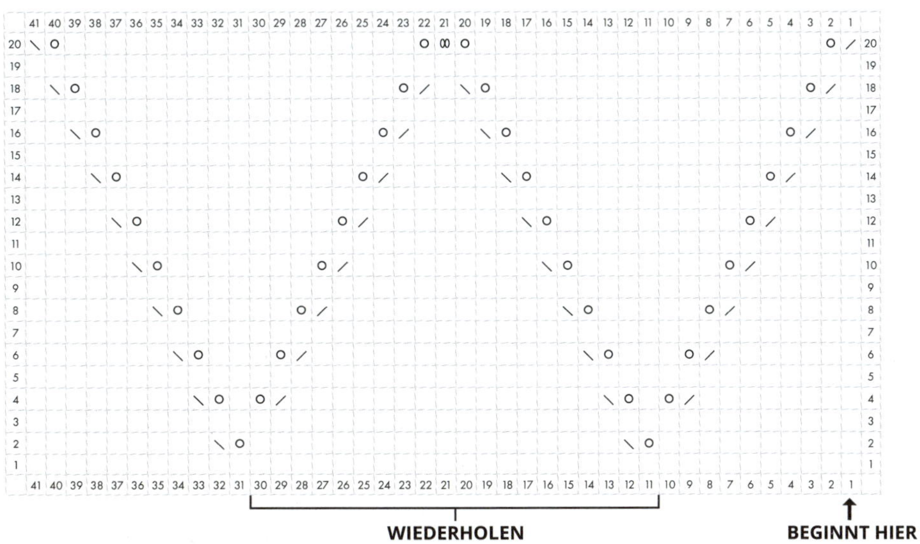

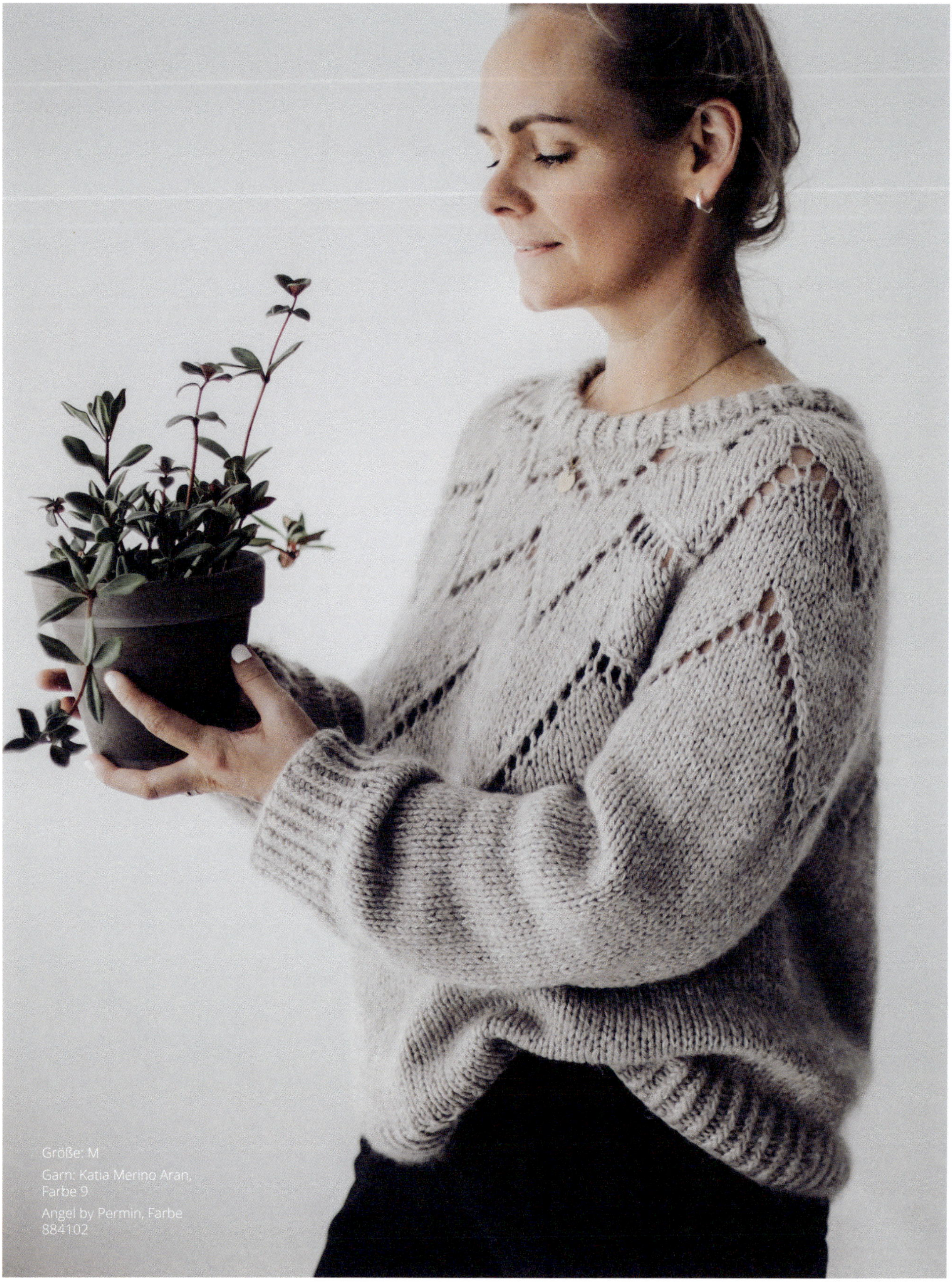
Größe: M
Garn: Katia Merino Aran, Farbe 9
Angel by Permin, Farbe 884102

FEDER – DAMENPULLOVER

Nach dem Cardigan kam der Damenpullover zur Feder-Kollektion: Grober gestrickt als der Cardigan und doch mit demselben auffälligen Lochmuster in der Rundpasse ist er ein toller Kuschelpullover für Herbst und Winter.

GRÖSSENANGABEN UND GARNVERBRAUCH

Größe	Brust-umfang	Ärmel-umfang	Rumpflänge ab Ärmelansatz	Ärmellänge ab Ärmelansatz	Garnverbrauch Merino Sport	Garnverbrauch Mohair
XS	95 cm	33 cm	28 cm	39 cm	400 g (640 m)	75 g (630 m)
S	100 cm	34 cm	29 cm	40 cm	500 g (800 m)	100 g (840 m)
M	107 cm	35 cm	30 cm	41 cm	500 g (800 m)	100 g (840 m)
L	**111 cm**	**37 cm**	**31 cm**	**42 cm**	**600 g (960 m)**	**125 g (1050 m)**
XL	**117 cm**	**40 cm**	**32 cm**	**43 cm**	**700 g (1120 m)**	**150 g (1260 m)**
XXL	**121 cm**	**41 cm**	**33 cm**	**44 cm**	**700 g (1120 m)**	**150 g (1260 m)**

Bitte beachtet, dass die angegebenen Garnmengen nur ein Richtwert sind.

Garn
1 Faden Katia Merino Sport (80 m/50 g), Merino Aran oder Merino Tweed, Lana Grossa Bingo oder Lang Merino+

+ 1 Faden Mohair, z.B. Angel by Permin (210 m/ 25 g), Lana Grossa Silkhair, Drops Kid Silk Mohair

Maschenprobe
14 Maschen = 10 cm mit Nadelstärke 7

Das braucht ihr:
Rundstricknadel Nr. 7 (40, 80, 100 cm)
Rundstricknadel Nr. 6 (40 und 80 cm)
Stopfnadel zum Vernähen der Fäden
Maschenmarkierer

Dieser Pullover wird in Runden von oben nach unten gestrickt. Die Zunahmen in der Rundpasse werden in in das Lochmuster integriert. Danach werden Ärmel und Rumpf getrennt glatt rechts in Runden fertiggestrickt.

Die Musterdiagramme für das Lochmuster findet ihr am Ende der Anleitung.

VERSCHIEBEN DES RUNDENBEGINNS

An drei Stellen des Lochmusters muss der Rundenbeginn um eine Masche verschoben werden. Dafür strickt ihr die Runde davor normal fertig, nehmt den MM, der den Rundenwechsel markiert, ab, strickt eine weitere Masche (= bisher die erste Masche der nächsten Runde) re und hängt den MM wieder auf die Nadel. Jetzt beginnt die Runde eine Masche weiter. Diese Stellen werden im Diagramm markiert.

HALSBÜNDCHEN

Schlagt 64, 64, 68, **68, 72, 72** M auf die Rundstricknadel Nr. 6 (40 cm) an. Schließt zur Runde und strickt ein Rippenbündchen (1 M re verschränkt, 1 M li im Wechsel) über 6 cm.

Ihr strickt rechts verschränkte Maschen, indem ihr bei den rechten Maschen nicht wie normal in den vorderen Maschenschenkel einstecht, sondern in den hinteren. Dadurch wird das Rippenmuster etwas markanter und hält seine Form besser.

Im Anschluss klappt ihr das Bündchen um und strickt es in der nächsten Reihe mit rechten Maschen fest, damit es umgeklappt fixiert ist (s. Seite 7).

Wechselt jetzt auf Nadelstärke 7, strickt noch eine weitere Runde glatt re und nehmt dabei gleichmäßig über die Runde verteilt 8, 8, 4, **4, 8, 8** M zu. Jetzt liegen 72, 72, 72, **72, 80, 80** M auf der Nadel.

RUNDPASSE

Ab jetzt strickt ihr die Rundpasse glatt re mit Lochmuster. Die Runde beginnt in der hinteren Mitte. Markiert euch den Rundenwechsel mit einem MM.

Strickt jetzt das Muster laut **Musterdiagramm 1** am Ende der Anleitung.

An manchen Stellen muss direkt über einem Umschlag eine Masche zugenommen werden. Ich lege mir den Umschlag an dieser Stelle doppelt auf die Nadel und stricke ihn einmal verschränkt ab, um eine Masche zuzunehmen, und dann noch einmal normal, damit das Loch für das Lochmuster entsteht – oder umgekehrt, je nachdem, ob das Loch vor oder nach der Zunahme liegen soll.

Wenn ihr Muster 1 abgeschlossen habt, habt ihr 36, 36, 36, **36, 40, 40** M zugenommen. Jetzt liegen 108, 108, 108, **108, 120, 120** M auf der Nadel.

Strickt jetzt eine Runde glatt re.

In der nächsten Runde nehmt ihr noch einmal gleichmäßig über die Runde verteilt Maschen zu: Strickt 2 M re, 1 Zunahme, *strickt 12 M re, 1 Zunahme*, wiederholt *–* bis zum Ende der Runde und endet mit 10 M re. Jetzt liegen 117, 117, 117, **117, 130, 130** M auf der Nadel.

Strickt 0, 0, 1, **2, 3, 3** Runden glatt rechts und geht dann weiter zu **Musterdiagramm 2**.

Wenn ihr Muster 2 abgeschlossen habt, habt ihr 45, 45, 45, **45, 50, 50** M zugenommen. Jetzt liegen 162, 162, 162, **162, 180, 180** M auf der Nadel.

Strickt jetzt eine Runde glatt re.

In der nächsten Runde nehmt ihr wieder gleichmäßig über die Runde verteilt Maschen zu: Strickt 4 M re, *1 Zunahme, strickt 5 M re, 1 Zunahme, strickt 13 M re*. Wiederholt *–* über die ganze Runde und strickt am Ende noch einmal 9 M re. Jetzt liegen 180, 180, 180, **180, 200, 200** M auf der Nadel.

Strickt 0, 0, 1, **2, 3, 3** Runden glatt rechts und geht dann weiter zu **Musterdiagramm 3**.

Wenn ihr Muster 3 abgeschlossen habt, habt ihr 27, 36, 54, **63, 60, 70** M zugenommen. Jetzt liegen 207, 216, 234, **243, 260, 270** M auf der Nadel.

Strickt in allen Größen eine Runde glatt re.

Strickt eine weitere Runde glatt re und nehmt dabei 3, 4, 0, **1, 0, 0** M zu. Wenn ihr nur eine M zunehmt, macht ihr das am Ende der Runde, ansonsten verteilt ihr die Zunahmen gleichmäßig über die Runde. Jetzt liegen 210, 220, 234, **244, 260, 270** M auf der Nadel.

Strickt jetzt noch einmal 2, 3, 3, **4, 4, 5** Runden glatt re. Geht dann weiter zum Kapitel »Rumpf«.

RUMPF

Jetzt werden die Maschen, die später die Ärmel bilden, auf jeder Seite auf einem Hilfsfaden stillgelegt. Das ist ein Faden in einer Kontrastfarbe, auf den ihr alle Ärmelmaschen auffädelt, um sie zu sichern, während der Rumpf gestrickt wird. Das geht folgendermaßen:

1. Schritt: Strickt 29, 30, 33, **34, 37, 38** M re (rechtes Rückenteil).

2. Schritt: Legt 42, 44, 46, **48, 52, 54** M auf einen Hilfsfaden (rechter Ärmel).

3. Schritt: Schlagt 4 neue M an (unter dem linken Ärmel).

4. Schritt: Strickt 63, 66, 71, **74, 78, 81** M (Vorderteil)

5. Schritt: Legt 42, 44, 46, **48, 52, 54** M auf einen Hilfsfaden (linker Ärmel).

6. Schritt: Schlagt 4 neue M an (unter dem linken Ärmel).

7. Schritt: Strickt 34, 36, 38, **40, 41, 43** M (linkes Rückenteil) – da sich der Rundenbeginn mehrfach verschoben hat, hat die linke Hälfte des Rückenteils mehr Maschen als die rechte.

Jetzt liegen insgesamt 134, 140, 150, **156, 164, 170** M auf der Nadel (Vorder- und Rückenteil, plus die 8 neuen M unter den Ärmeln). Die Ärmelmaschen liegen jetzt auf Hilfsfäden.

Strickt jetzt gerade nach unten, bis der Rumpf, ab dem Ärmelansatz, 23, 24, 25, **26, 27, 28** cm misst. Wechselt auf Nadelstärke 6, strickt eine zusätzliche Runde re und strickt ein Rippenbündchen dann wie im Halsbündchen (1 M re verschränkt, 1 M li), 5 cm lang. Kettet im Rippenmuster ab.

ÄRMEL

Jetzt werden die Maschen für den ersten Ärmel, die ihr auf einem Hilfsfaden stillgelegt habt, wieder zurück auf Nadeln gelegt, je nach Größe auf die kurze Rundstricknadel oder das Nadelspiel Nr. 7. Zusätzlich werden aus den 4 Maschen, die ihr unter dem Arm neu angeschlagen habt, 4 M aufgefasst und zu den restlichen Ärmelmaschen auf die Nadel gelegt.

Damit der Rundenbeginn mittig unter dem Arm liegt, werden die neu aufgefassten Maschen auf Rundenbeginn und -ende verteilt, d.h. es kommen je 2 M auf die erste und 2 M auf die letzte Nadel. Die erste Runde beginnt nun in der Mitte zwischen diesen neuen Maschen. Jetzt liegen 46, 48, 50, **52, 56, 58** M auf der Nadel.

Strickt den Ärmel jetzt glatt re in Runden. Strickt zunächst 2, 3, 4, **2, 2, 4** cm ohne Abnahmen und nehmt dann in der nächsten Runde 2 M ab, indem ihr die ersten 2 und die letzten 2 M der Runde zusammenstrickt. Wiederholt diese Abnahme mit 8, 8, 8, **7, 6, 5** cm Abstand, bis ihr insgesamt 4, 4, 4, **5, 6, 7** Abnahmen gearbeitet habt und um 8, 8, 8, **10, 12, 14** M abgenommen habt. Strickt ohne Abnahmen weiter, bis der Ärmel, ab den Ärmelansatz, 34, 35, 36, **37, 38, 39** cm lang ist. Wechselt auf Nadelstärke 6, strickt eine weitere Runde glatt re und strickt noch ein Rippenbündchen (1 M re verschränkt, 1 M li im Wechsel) über 5 cm. Kettet im Rippenmuster ab und strickt den zweiten Ärmel genauso.

ABSCHLUSS

Vernäht alle Enden und schließt ggf. die Löcher unter den Armen, wenn vorhanden. Wascht den Pullover entsprechend der Pflegehinweise auf eurem Garn, zieht ihn auf einem trockenen Handtuch in Form und lasst ihn liegend trocknen. Das Lochmuster glättet sich in der Wäsche.

Zeichenerklärung

- rechte Maschen
- M: 1 M mit M1R zunehmen (s. Seite 6)
- \ : 2 M mit SSK zusammenstricken (s. Seite 7)
- / : 2 M zusammenstricken
- Λ: 1 M ungestrickt abheben, die nächsten 2 M zusammenstricken, die ungestrickte M darüberziehen
- O: Umschlag
- OO: 1 M ungestrickt abheben, die nächsten 2 M re stricken, die ungestrickte M über die beiden M ziehen
- Keine Masche (Platzhalter)

Musterdiagramm 1 – alle Größen

Strickt zunächst Maschen 1–3, wiederholt dann Maschen 4–15 über die gesamte Runde und endet mit Maschen 16–24.
In Runde 3 des Diagramms muss der Rundenbeginn verschoben werden, siehe »Verschieben des Rundenbeginns« auf Seite 75.

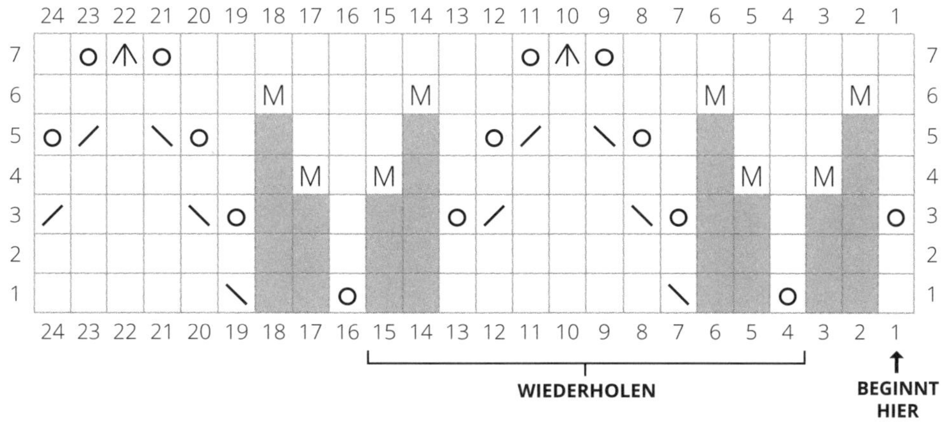

Musterdiagramm 2 – alle Größen

Strickt zunächst Maschen 1–6, wiederholt dann Maschen 7–24 über die gesamte Runde und endet mit Maschen 25–36.
In Runde 9 des Diagramms muss der Rundenbeginn verschoben werden, siehe »Verschieben des Rundenbeginns« auf Seite 75.

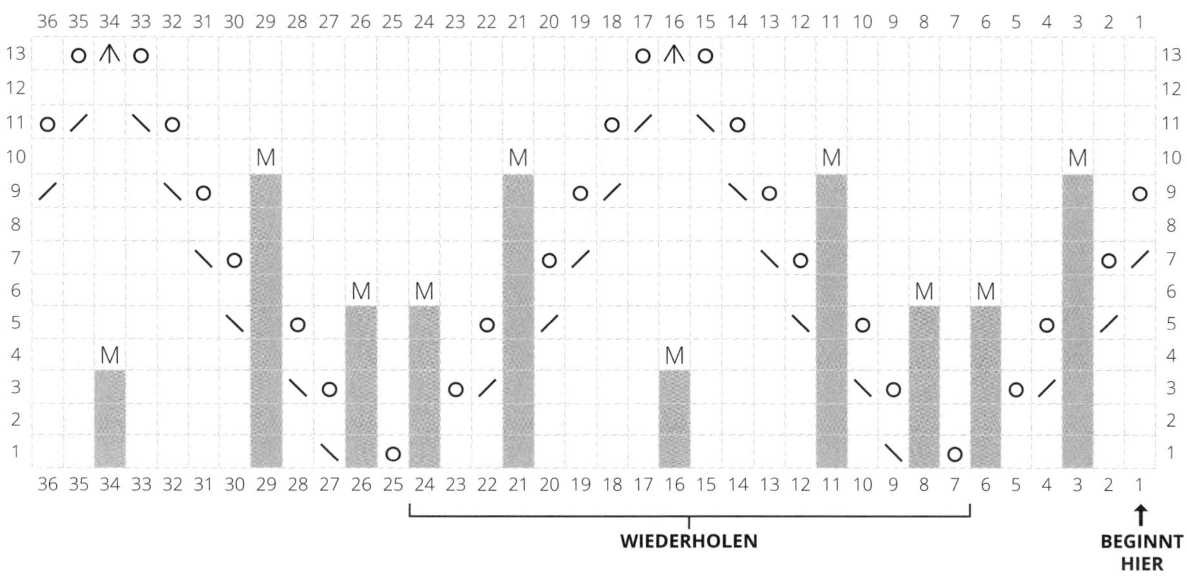

Musterdiagramm 3

Muster 3 ist nach Größen aufgeteilt. XS und S haben jeweils ein eigenes Diagramm. M+XL und L+XXL teilen sich jeweils ein Diagramm. Achtet auf die mittleren Maschen zwischen den Umschlägen in Runde 19, die anders gestrickt werden als in den Musterdiagrammen 1 und 2.

Größe XS

Strickt zunächst Maschen 1–8, wiederholt dann Maschen 9–30 über die gesamte Runde und endet mit Maschen 31–44. In Runde 15 des Diagramms muss der Rundenbeginn verschoben werden, siehe »Verschieben des Rundenbeginns« auf Seite 75.

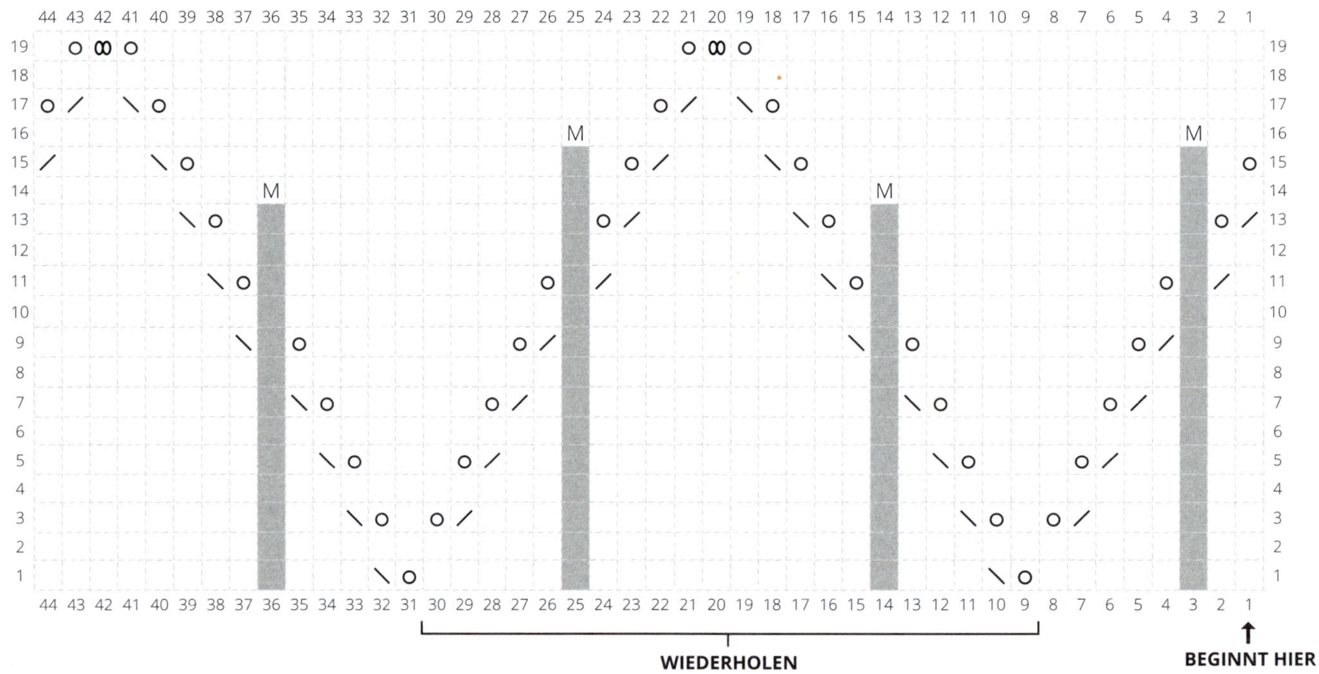

Größe S

Strickt zunächst Maschen 1–9, wiederholt dann Maschen 10–32 über die gesamte Runde und endet mit Maschen 33–46. In Runde 15 des Diagramms muss der Rundenbeginn verschoben werden, siehe »Verschieben des Rundenbeginns« auf Seite 75.

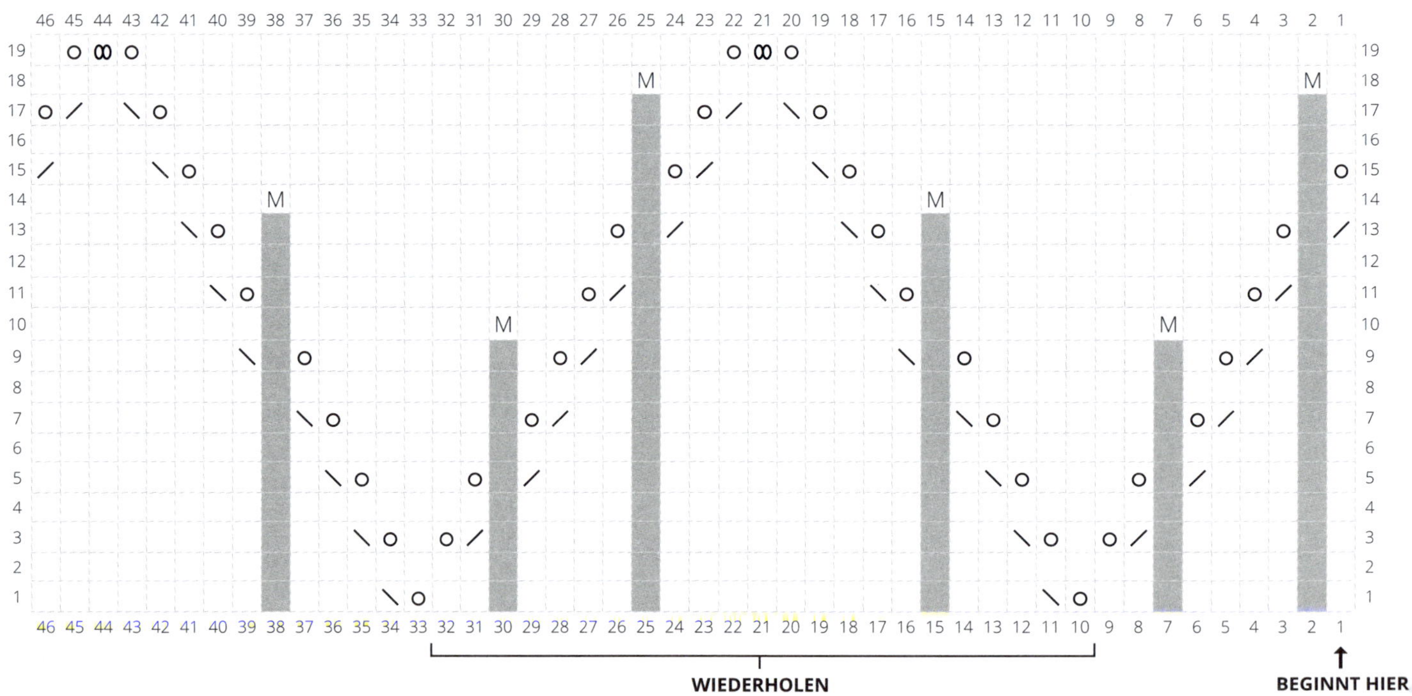

Musterdiagramm 3

Muster 3 ist nach Größen aufgeteilt. XS und S haben jeweils ein eigenes Diagramm. M+XL und L+XXL teilen sich jeweils ein Diagramm. Achtet auf die mittleren Maschen zwischen den Umschlägen in Runde 19, die anders gestrickt werden als in den Musterdiagrammen 1 und 2.

Größe M und XL

Strickt zunächst Maschen 1–10, wiederholt dann Maschen 11–35 über die gesamte Runde und endet mit Maschen 35–50. In Runde 15 des Diagramms muss der Rundenbeginn verschoben werden, siehe »Verschieben des Rundenbeginns« auf Seite 75.

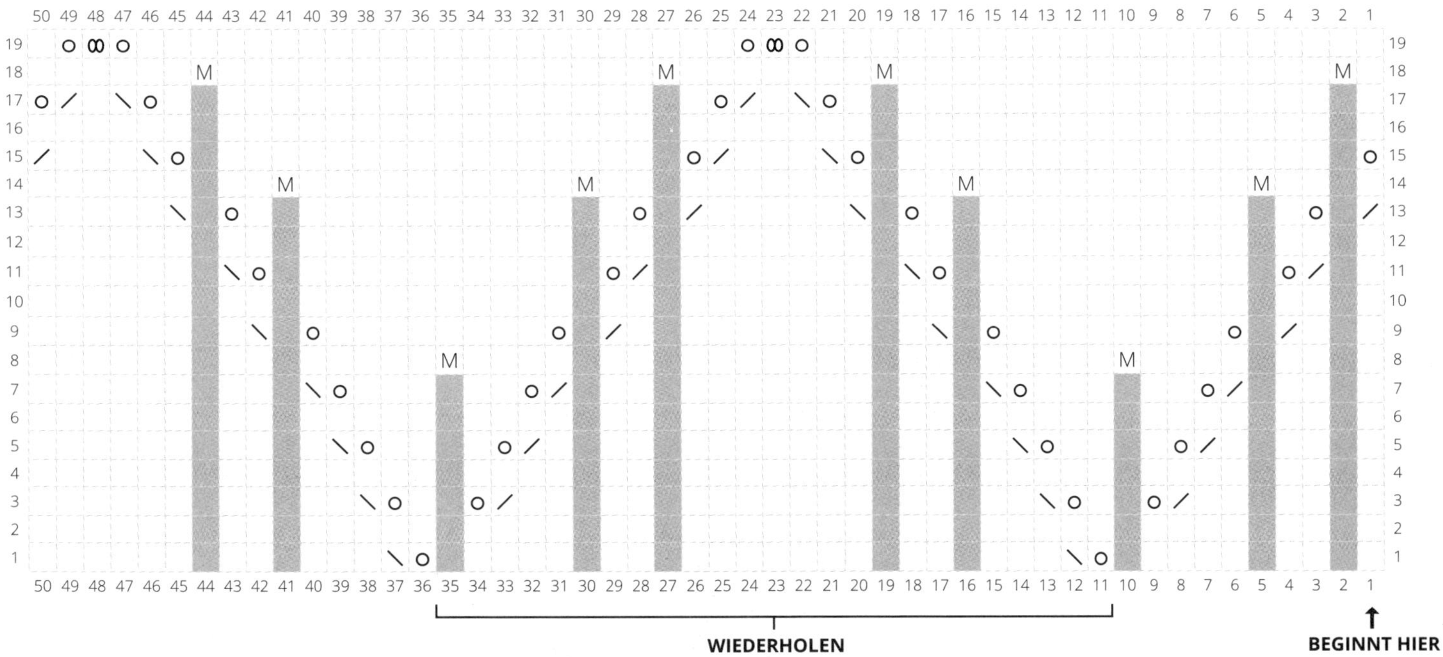

Größe L und XXL

Strickt zunächst Maschen 1–10, wiederholt dann Maschen 11–36 über die gesamte Runde und endet mit Maschen 37–52. In Runde 15 des Diagramms muss der Rundenbeginn verschoben werden, siehe »Verschieben des Rundenbeginns« auf Seite 75.

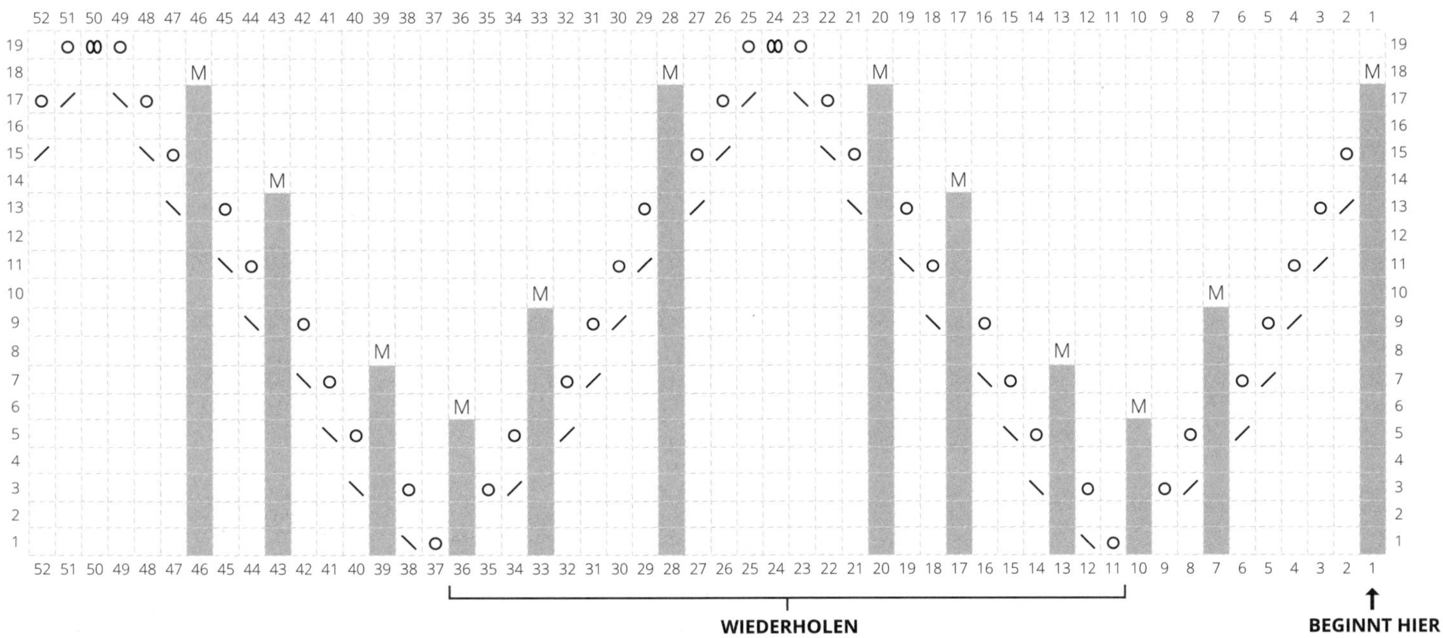

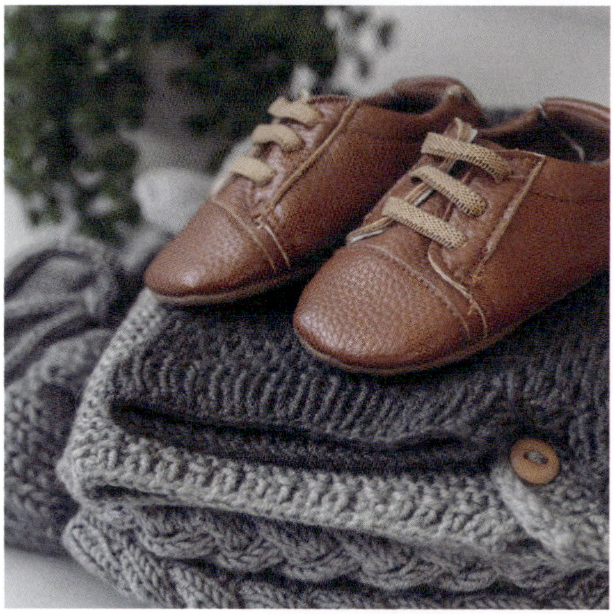

FÜR BABYS UND KINDER

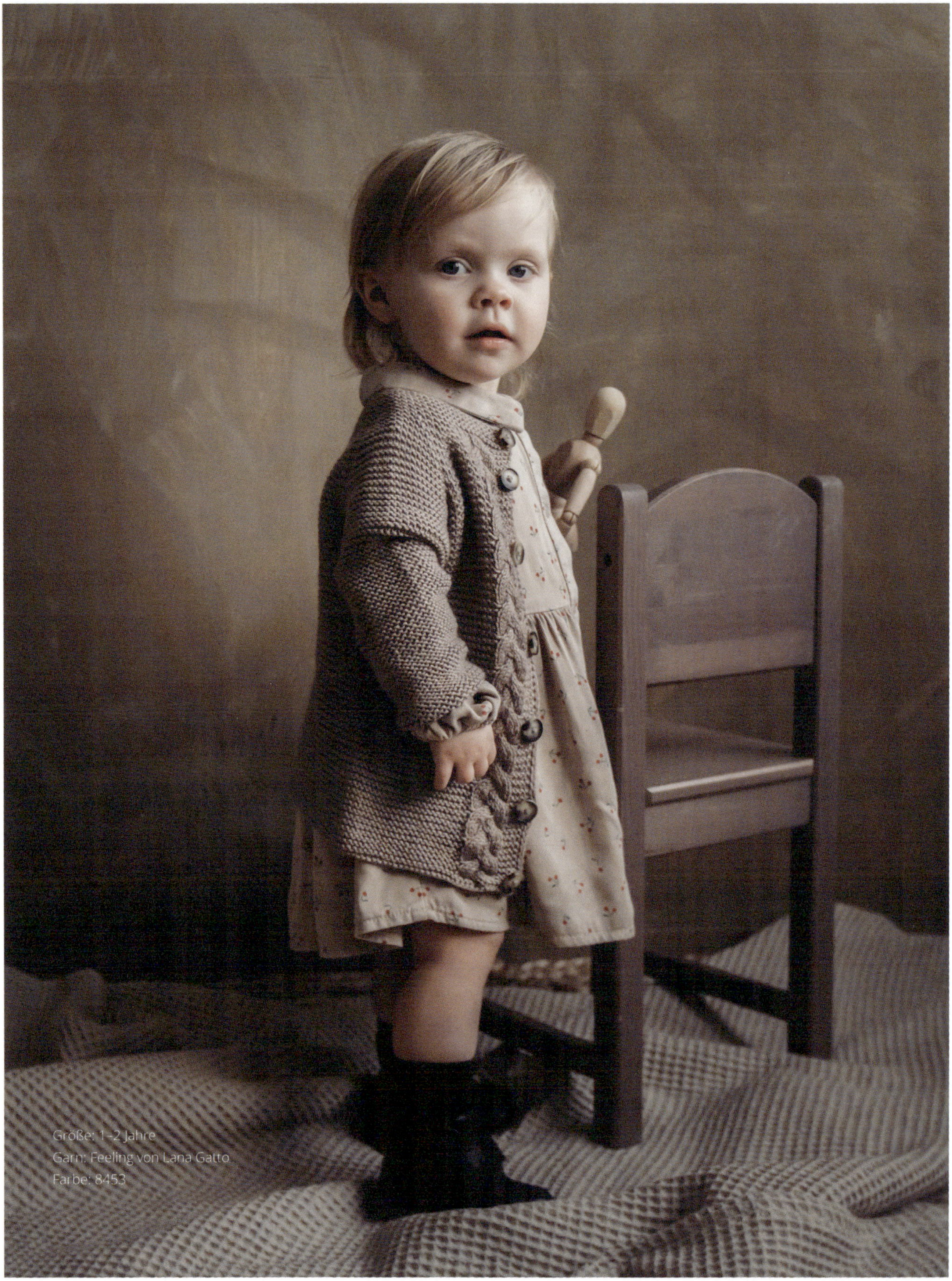

Größe: 1–2 Jahre
Garn: Feeling von Lana Gatto
Farbe: 8453

KATLA

Katla ist eines meiner allerersten Modelle, und heute so beliebt wie damals. Ob Jungen oder Mädchen, Babys oder größere Kinder, diese schlichte Jacke mit Zopfmuster passt einfach immer!

GRÖSSENANGABEN UND GARNVERBRAUCH

Größe	Brust-umfang	Ärmel-umfang	Rumpflänge bis Ärmelansatzi	Ärmellänge bis Ärmelansatz	Garnverbrauch
0–6 Monate	55 cm	17 cm	16 cm	16 cm	200 g (408 m)
6–12 Monate	58 cm	19 cm	18 cm	18 cm	200 g (408 m)
1–2 Jahre	60 cm	21 cm	22 cm	21 cm	250 g (510 m)
2–4 Jahre	65 cm	22 cm	25 cm	25 cm	300 g (612 m)
4–6 Jahre	**70 cm**	**23 cm**	**29 cm**	**29 cm**	**350 g (714 m)**
6–8 Jahre	**75 cm**	**24 cm**	**32 cm**	**34 cm**	**400 g (816 m)**
8–10 Jahre	**80 cm**	**25 cm**	**36 cm**	**38 cm**	**500 g (1020 m)**

Bitte beachtet, dass die angegebenen Garnmengen nur ein Richtwert sind.

Garn
Katia Merino 100% (102 m/50 g), Lana Grossa Cool Wool big, Lang Merino 120 oder Drops Merino extra fine

Maschenprobe
23 Maschen = 10 cm mit Nadelstärke 4

Das braucht ihr:
Rundstricknadel Nr. 4 (60/80 cm lang)
Nadelspiel Nr. 4
Zopfnadel
Stopfnadel zum Vernähen der Fäden
Maschenmarkierer
Knöpfe (ca. 15–18 mm Durchmesser

Diese Jacke wird kraus rechts von unten nach oben gestrickt. Die Ärmel werden in Runden gestrickt, der Rumpf in Reihen. Am Ärmelansatz werden Ärmel und Rumpf auf einer langen Nadel vereint und die Raglanpasse in Reihen gestrickt. Vorne neben den Knopfleisten wird auf jeder Seite ein Zopf eingestrickt.

RUMPF

Schlagt 132, 140, 144, 156, **170, 180, 192** M auf die Rundstricknadel Nr. 4 (60 oder 80 cm lang) an. Strickt 4 Reihen kraus re, d.h. re in der Hinreihe und der Rückreihe, und beachtet dabei die **Randmaschen**, die **I-Cord-Kante** und das erste **Knopfloch** (siehe die nächsten zwei Absätze). Die erste Reihe, die ihr strickt, ist eine Hinreihe.

Die ersten 6, 6, 6, 6, **8, 8, 8** und die letzten 6, 6, 6, 6, **8, 8, 8** M des Bündchens sind **Randmaschen**, die später die Knopfleiste bilden. Sie werden wie der Rest der Jacke kraus rechts gestrickt. Zusätzlich wird an beiden Seiten eine **I-Cord-Kante** gestrickt, die einen schönen und geraden Abschluss bildet. Dafür hebt ihr die letzten 2 M in jeder Reihe mit dem Faden vor der Arbeit ungestrickt ab (s. Seite 7).

In diese Randmaschen werden auch direkt die **Knopflöcher** eingestrickt. Wir empfehlen, sie mit einem Abstand von ca. 14–16 Reihen (7–8 Krausrippen), oder nach Geschmack und Knopfgröße zu arbeiten. Das erste Loch wird direkt in der zweiten Hinreihe gestrickt. Hier strickt ihr die Knopflöcher immer am Anfang einer Hinreihe: Strickt 3 M re, macht einen Umschlag, strickt 2 M re zusammen und strickt normal weiter.

Platziert dann in der fünften Reihe (die 3. Hinreihe) die MM für die Zöpfe: Strickt 6, 6, 6, 6, **8, 8, 8** M re (die Randmaschen), hängt einen MM auf die Nadel, strickt 9 M re, hängt einen MM auf die Nadel. Strickt re weiter bis 15, 15, 15, 15, **17, 17, 17** M vor Ende der Reihe. Hängt einen MM auf die Nadel, strickt 9 M re, hängt einen MM auf die Nadel, strickt 4, 4, 4, 4, **6, 6, 6** M re und hebt die letzten 2 M ungestrickt, mit dem Faden vor der Arbeit, ab (Randmaschen mit I-Cord). Strickt eine Rückreihe re zurück, strickt dabei aber die 9 M zwischen den MM an beiden Seiten li.

Die 9 M zwischen den MM an beiden Seiten sind die Zopfmaschen. Sie werden immer glatt re gestrickt, d.h. re in der Hinreihe und li in der Rückreihe, und in jeder zweiten Hinreihe verzopft (s. das Musterdiagramm auf Seite 85).

1. Schritt: Legt 3 M auf die Zopfnadel vor die Arbeit, strickt die nächsten 3 M re, strickt die M von der Zopfnadel re, strickt 3 M re.

2. Schritt: Strickt drei Reihen kraus re, bis auf die Zopfmaschen, die weiterhin glatt re gestrickt werden. In der nächsten Reihe werden die Zopfmaschen wie folgt gedreht:

3. Schritt: Strickt 3 M re, legt 3 M auf die Zopfnadel hinter die Arbeit, strickt die nächsten 3 M re, strickt die M von der Zopfnadel re.

4. Schritt: Strickt drei Reihen kraus re, bis auf die Zopfmaschen, die weiterhin glatt re gestrickt werden.

Strickt kraus rechts in Reihen und wiederholt dabei Schritte 1–4 an den Zopfmaschen auf beiden Seiten, bis der Rumpf 16, 18, 22, 25, **29, 32, 36** cm lang ist. Strickt die Randmaschen weiterhin mit I-Cord und strickt in regelmäßigen Abständen ein Knopfloch ein. Wenn der Rumpf die richtige Länge erreicht hat, legt ihr ihn zur Seite (nichts abketten, alle M liegen noch auf den Nadeln) und strickt die Ärmel.

ÄRMEL

Schlagt 30, 32, 36, 38, **38, 40, 40** M auf das Nadelspiel Nr. 4 an und schließt zur Runde. Strickt kraus rechts wie beim Rumpf, nur dass ihr hier in Runden strickt, d.h. eine Runde re, eine Runde li im Wechsel. Strickt so 6, 6, 8, 8, **8, 10, 10** Runden und nehmt dann in der nächsten Runde 2 M zu, eine am Anfang und eine am Ende der Runde. Wiederholt diese Zunahmen mit 3, 3, 3, 4, **4, 4,5, 4,5** cm Abstand und nehmt so insgesamt 4, 5, 5, 5, **6, 6, 7** Mal zu, oder um 8, 10, 10, 10, **12, 12, 14** M. Am Ende der Zunahmen liegen 38, 42, 46, 48, **50, 52, 54** M auf der Nadel. Strickt den Ärmel kraus re weiter, bis er 16, 18, 21, 25, **29, 34, 38** cm lang ist. Strickt als letzte Runde eine links gestrickte Runde. Beendet die letzte Runde 3, 3, 4, 4, **4, 4, 4** M vor Ende der Runde und legt die nächsten 6, 6, 8, 8, **8, 8, 8** M auf einen Hilfsfaden. Legt den Ärmel zur Seite und strickt den zweiten Ärmel genauso.

RAGLANPASSE

Wenn Rumpf und Ärmel fertig sind, werden sie auf einer Rundstricknadel vereint, und die Raglanpasse wird über alle Maschen gestrickt. Strickt weiterhin kraus re, mit Zopfmuster, und vergesst die Knopflöcher nicht.

1. Schritt: Nehmt wieder den Rumpf zur Hand und strickt 6, 6, 6, 6, **8, 8, 8** M (Randmaschen) re.

2. Schritt: Strickt 26, 28, 28, 31, **33, 35, 38** M (rechtes Vorderteil). Führt dabei das Zopfmuster weiter.

3. Schritt: Legt die nächsten 6, 6, 8, 8, **8, 8, 8** M auf einen Hilfsfaden (unter dem rechten Arm).

4. Schritt: Nehmt jetzt den ersten Ärmel zur Hand und strickt die 32, 36, 38, 40, **42, 44, 46** Maschen des Ärmels re an. Die 6, 6, 8, 8, **8, 8, 8** M, die ihr beim Ärmel auf einen Hilfsfaden gelegt habt, liegen jetzt neben den entsprechenden stillgelegten Rumpfmaschen unter dem Arm. Dieses Loch schließt ihr, wenn die Jacke fertig gestrickt ist.

5. Schritt: Strickt 56, 60, 60, 66, **72, 78, 84** M re (Rückenteil).

6. Schritt: Legt die nächsten 6, 6, 8, 8, **8, 8, 8** M auf einen Hilfsfaden (unter dem linken Ärmel).

7. Schritt: Strickt die 32, 36, 38, 40, **42, 44, 46** Maschen des zweiten Ärmels re an. Die 6, 6, 8, 8, **8, 8, 8** M, die ihr beim Ärmel auf einen Hilfsfaden gelegt habt, liegen jetzt an derselben Position wie die entsprechenden Rumpfmaschen auf dem Hilfsfaden.

8. Schritt: Strickt 26, 28, 28, 31, **33, 35, 38** M re (linkes Vorderteil). Führt dabei das Zopfmuster weiter.

9. Schritt: Strickt 4, 4, 4, 4, **6, 6, 6** Randmaschen und hebt die letzten 2 M ungestrickt mit dem Faden vor der Arbeit ab (I-Cord).

Damit habt ihr insgesamt 184, 200, 204, 220, **238, 252, 268** M auf der Nadel. Markiert euch die Stellen, an denen Ärmel und Rumpf zusammentreffen, mit 4 MM.

Strickt jetzt insgesamt 3 Reihen (eine Rückreihe, eine Hinreihe, eine Rückreihe) kraus re, mit Zöpfen und ohne Abnahmen. Die Ärmelmaschen werden jetzt wie der Rest in Hin- und Rückreihe immer re gestrickt.

Jetzt beginnen die Abnahmen: Strickt die Randmaschen und das Vorderteil mit Zopfmuster, bis 3 M vor dem ersten MM. Strickt 2 M mit SSK zusammen, strickt 1 M re, hebt den MM von der rechten auf die linke Nadel, strickt 1 M re, strickt 2 M re zusammen. Strickt weiter bis 3 M vor dem nächsten MM und wiederholt diese Abnahmen dort und an den zwei übrigen MM in der Reihe. Auf diese Weise nehmt ihr in der Runde an den 4 MM insgesamt 8 M ab. Strickt die Rückreihe ohne Abnahmen re zurück.

Arbeitet diese Abnahmen in jeder Hinreihe an den 4 MM, insgesamt 13, 15, 15, 16, **18, 19, 20** Mal. Die Rückreihen werden immer re ohne Abnahmen gestrickt. Führt dabei das Zopfmuster bis oben fort. Strickt nach der letzten Abnahme eine Rückreihe zurück und nehmt dabei gleichmäßig über die Reihe verteilt (aber nicht in den 6 Randmaschen auf den Vorderseiten) 4, 0, 0, 4, **4, 4, 8** M ab. Am Ende liegen noch 76, 80, 84, 88, **90, 96, 100** M auf der Nadel.

HALSBÜNDCHEN

Strickt jetzt nur noch kraus re, ohne Zopfmuster, das Halsbündchen, insgesamt 1,5, 1,5, 1,5, 2, **2, 2, 2,5** cm lang. Strickt ein letztes Knopfloch in das Halsbündchen ein: Wenn das Bündchen 1,5 cm lang sein soll, strickt ihr es direkt in der ersten Rückreihe, und ansonsten nach ca. 2–3 Reihen. Wenn das Bündchen die gewünschte Länge erreicht hat, kettet ihr es in einer Hinreihe ab.

ABSCHLUSS

Vernäht alle Fäden, schließt die Löcher unter den Armen, indem ihr die stillgelegten Maschen zusammenstrickt oder mit dem Matratzenstich zusammennäht, und näht die Knöpfe an. Wascht die Jacke entsprechend der Pflegehinweise auf eurem Garn, zieht sie auf einem trockenen Handtuch in Form und lasst sie liegend trocknen.

Musterdiagramm für das Zopfmuster:

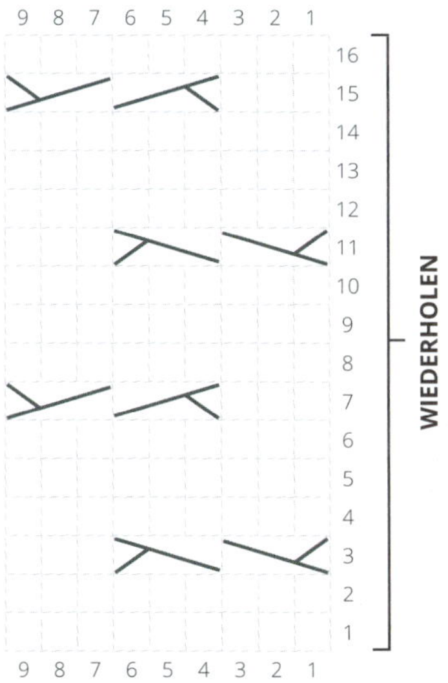

- ☐ Rechts in der Hinreihe, li in der Rückreihe
- Legt 3 M auf die Zopfnadel vor die Arbeit, strickt 3 M re, strickt die M von der Zopfnadel re
- Legt 3 M auf die Zopfnadel hinter die Arbeit, strickt 3 M re, strickt die M von der Zopfnadel re

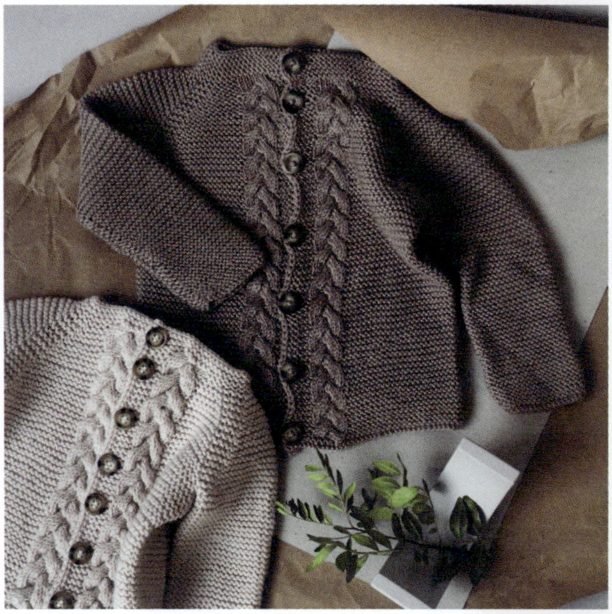

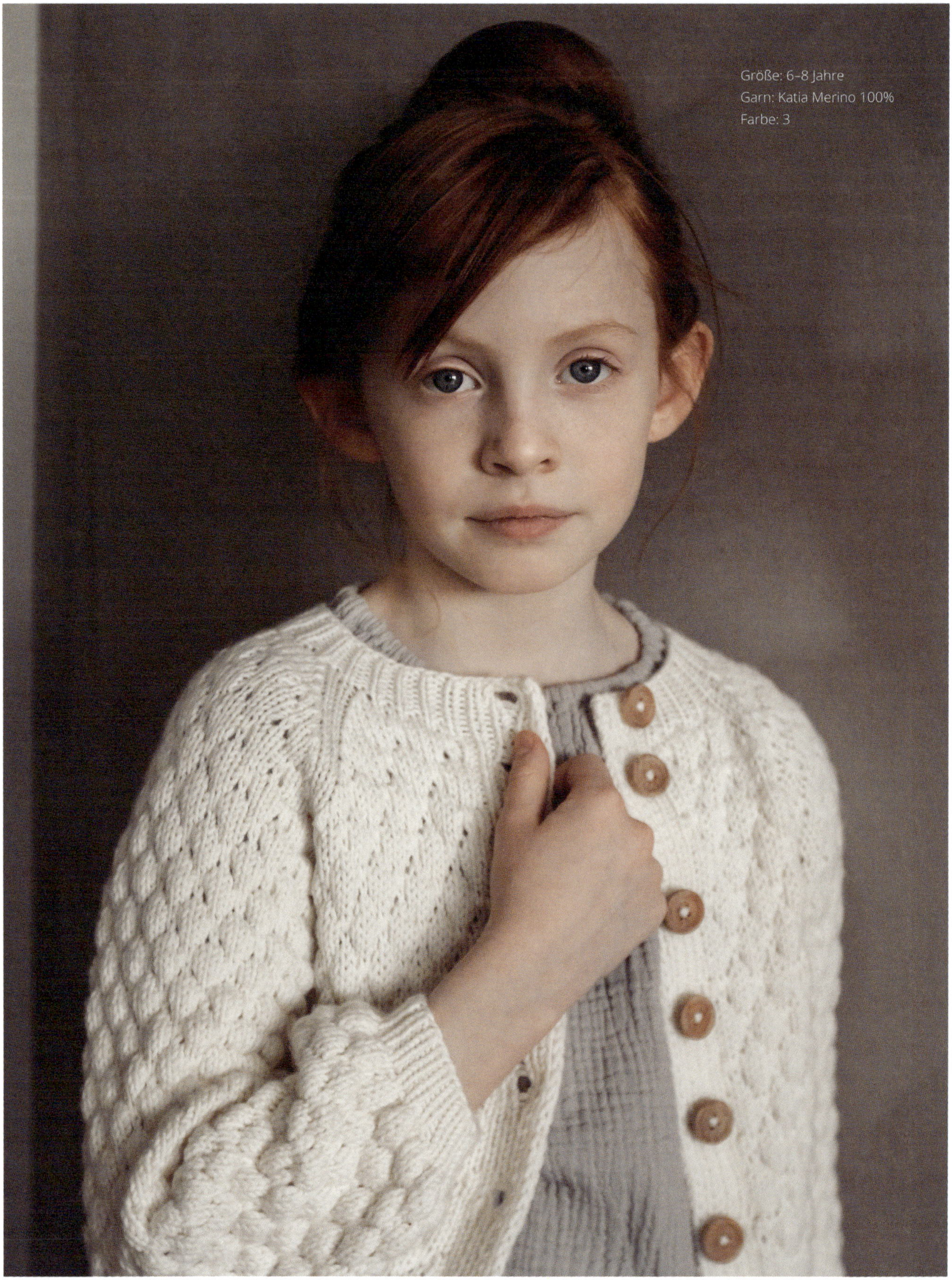
Größe: 6–8 Jahre
Garn: Katia Merino 100%
Farbe: 3

BUTTERBLUME

Butterblume ist ein weiterer Klassiker und wird von unten nach oben gestrickt. Das markante Noppenmuster gibt der Jacke ihre einzigartige Struktur, die ihr mit eurer Garnwahl mehr oder weniger betonen könnt: Mit reiner Merinowolle erhaltet ihr besonders plastische Noppen, mit Mischungen aus Alpaka oder Baumwolle werden die Noppen dezenter.

GRÖSSENANGABEN UND GARNVERBRAUCH

Größe	Brust-umfang	Ärmel-umfang	Rumpflänge ab Ärmelansatz	Ärmellänge ab Ärmelansatz	Garnverbrauch
0–3 Monate	49 cm	17,5 cm	15 cm	15 cm	150 g (306 m)
3–6 Monate	53 cm	19 cm	17 cm	17 cm	200 g (408 m)
6–12 Monate	57 cm	21 cm	19 cm	19 cm	200 g (408 m)
1–2 Jahre	60 cm	22,5 cm	22 cm	22 cm	250 g (510 m)
2–4 Jahre	**64 cm**	**24 cm**	**25 cm**	**25 cm**	**300 g (612 m)**
4–6 Jahre	**70 cm**	**26 cm**	**30 cm**	**30 cm**	**350 g (714 m)**
6–8 Jahre	**73 cm**	**28 cm**	**35 cm**	**35 cm**	**400 g (816 m)**
8–10 Jahre	**79 cm**	**30 cm**	**38 cm**	**38 cm**	**500 g (1020 m)**

Bitte beachtet, dass die angegebenen Garnmengen nur ein Richtwert sind.

Garn

Katia Merino 100% (102 m/50 g), Lana Grossa Cool Wool big, Lang Merino 120, Drops Merino extra fine, Sandnes Alpakka ull oder andere Garne mit passender Maschenprobe

Maschenprobe

23 Maschen = 10 cm mit Nadelstärke 4

Das braucht ihr:

Rundstricknadel Nr. 4 (60/80 cm lang)
Rundstricknadel Nr. 3,5 (60/80 cm lang, für das untere Bündchen)
Nadelspiel Nr. 4
Nadelspiel Nr. 3,5 (für die Ärmelbündchen)
Stopfnadel zum Vernähen der Fäden
Maschenmarkierer
Knöpfe (15–18 mm Durchmesser)

Diese Jacke wird von unten nach oben gestrickt. Der Rumpf wird in Reihen und die Ärmel in Runden gestrickt. Ab dem Ärmelansatz werden Ärmel und Rumpf auf einer Nadel vereint. Die Jacke wird dann mit einer Raglanpasse in Reihen fertig gestrickt.

Die Knopfleisten werden nicht nachträglich angestrickt, sondern direkt mitgestrickt und mit I-Cord-Kanten abgeschlossen.

BÜNDCHEN

Schlagt 121, 129, 137, 145, **157, 169, 177, 189** M auf die Rundstricknadel Nr. 3,5 (60 oder 80 cm) an. Strickt ein Rippenbündchen (1 M re, 1 M li im Wechsel), insgesamt 2,5, 2,5, 3, 3, **3, 3, 3,5, 3,5** cm lang, und beachtet dabei die **Randmaschen**, die **I-Cord-Maschen** und die **Knopflöcher** (s. die nächsten zwei Absätze). Die erste Reihe, die ihr strickt, ist eine Hinreihe. Strickt als letzte Reihe des Bündchens eine Rückreihe.

Die ersten 7, 7, 7, 7, **9, 9, 9, 9** und die letzten 7, 7, 7, 7, **9, 9, 9, 9** M des Bündchens sind **Randmaschen**, die später die Knopfleiste bilden. Sie werden über die gesamte Länge der Jacke, bis zum Halsbündchen, in demselben Rippenmuster gestrickt wie das Bündchen. Zusätzlich wird an beiden Seiten eine **I-Cord-Kante** gestrickt, die einen schönen und geraden Abschluss bildet. Hier wird sie so gearbeitet, dass die letzten 2 M in jeder Reihe (Hin- und Rückreihe) mit dem Faden vor der Arbeit ungestrickt abgehoben werden. Die 2 ersten M in jeder Reihe werden immer re gestrickt (s. Seite 7).

In diese Randmaschen werden auch direkt die **Knopflöcher** eingestrickt. Wir empfehlen, sie mit einem Abstand von ca. 3–4 cm zu arbeiten. Das erste Loch wird direkt in der 3. Reihe gestrickt. Ihr strickt das Knopfloch immer am Anfang einer Hinreihe: Strickt die 2 I-Cord-Maschen, strickt dann 2, 2, 2, 2, **3, 3, 3, 3** Randmaschen im Rippenmuster, macht einen Umschlag, strickt die nächsten 2 M re zusammen und strickt normal weiter.

RUMPF

Nach dem Bündchen strickt ihr glatt rechts, mit **Seemannsnoppen**, die in jeder sechsten Reihe gearbeitet werden. Wechselt jetzt auf Nadelstärke 4. Strickt die ersten 4 Reihen nach dem Bündchen wie folgt: Strickt 7, 7, 7, 7, **9, 9, 9, 9** Randmaschen im Rippenmuster mit I-Cord und hängt einen MM auf die Nadel, um die Randmaschen zu markieren. Strickt dann glatt re (d.h. re in der Hinreihe, li in der Rückreihe) weiter, bis nur noch 7, 7, 7, 7, **9, 9, 9, 9** M auf der Nadel liegen. Hängt einen zweiten MM auf die Nadel und strickt die Randmaschen im Rippenmuster mit I-Cord am Ende.

Ab der **fünften Reihe (Hinreihe)** stecht ihr eine Masche in regelmäßigen Abständen 4 Reihen tiefer (später nur noch »tiefer stechen« genannt). Dafür zählt ihr bei der entsprechenden Masche 4 Reihen bzw. Runden nach unten, stecht mit der rechten Nadel wie zum Rechtsstricken in diese M ein und holt sie so nach oben. Die darüberliegenden Maschen löst ihr auf, als würdet ihr sie fallen lassen. Legt die 4 Querfäden aus den aufgelösten Maschen mit zu der hochgeholten Masche auf die Nadel und strickt alle 5 Fäden gemeinsam als eine M re ab. Dazu findet ihr hier ein Video, das diese Technik gut veranschaulicht: https://bit.ly/Seemannsnoppen

Ab der **5. Reihe** strickt ihr also wie folgt:

1. Schritt: Strickt die Randmaschen im Rippenmuster mit I-Cord. *strickt 3 M re. Die nächste M tiefer stechen*. Wiederholt *–* über die ganze Reihe bis zum MM, der die Randmaschen am Ende markiert. Endet mit 3 M re. Strickt die Randmaschen im Rippenmuster mit I-Cord.

2. Schritt: Strickt 5 Reihen glatt rechts und die Randmaschen wie immer im Rippenmuster. Die nächste Reihe wird wie folgt gestrickt:

3. Schritt: Strickt die Randmaschen. Strickt 1 M re, strickt die nächste M tiefer. *Strickt 3 M re. Die nächste M tiefer stechen*. Wiederholt *–* über die ganze Reihe und endet mit 1 M re, hebt den MM ab und strickt die Randmaschen.

4. Schritt: Strickt 5 Reihen glatt rechts.

Wiederholt **Schritte 1–4,** bis der Rumpf (mit dem Bündchen) 15, 17, 19, 22, **25, 30, 35, 38** cm misst. Vergesst nicht, in regelmäßigen Abständen ein Knopfloch einzustricken. Endet in einer Rückreihe ohne ein Noppenmuster unmittelbar danach. Legt den Rumpf zur Seite und strickt die Ärmel.

ÄRMEL

Schlagt 34, 36, 38, 40, **42, 44, 46, 48** M auf das Nadelspiel Nr, 3.5 an. Schließt zur Runde und strickt ein Rippenbündchen (1 M re, 1 M li im Wechsel) über 2,5, 2,5, 3, 3, **3, 3, 3,5, 3,5** cm. Wechselt auf Nadelstärke 4 und strickt eine Runde re. Nehmt dabei gleichmäßig über die Runde verteilt 6, 8, 10, 12, **14, 16, 18, 20** M zu. Jetzt liegen 40, 44, 48, 52, **56, 60, 64, 68** M auf den Nadeln.

Ab hier wird der Ärmel ohne weitere Zunahmen im gleichen Noppenmuster wie im Rumpf gestrickt. Das geht wie folgt:

Strickt zunächst vier Runden glatt re. Beginnt dann mit der ersten Musterrunde:

1. Schritt: strickt 2 M re. Die nächste M tiefer stechen. *strickt 3 M re. Stecht die nächste M tiefer*. Wiederholt *–* über die ganze Runde und endet mit 1 M re.

2. Schritt: Strickt 5 Runden glatt rechts. Die nächste Runde wird wie folgt gestrickt:

3. Schritt: *stecht die nächste M tiefer. Strickt 3 M re.*. Wiederholt *–* über die ganze Runde.

4. Schritt: Strickt 5 Runden glatt rechts.

Wiederholt Schritte 1–4, bis der Ärmel 15, 17, 19, 22, **25, 30, 35, 38** cm misst. Achtet darauf, dass ihr bei dem Ärmel an derselben Stelle im Muster endet wie im Rumpf. Beendet die letzte Runde 2 M vor Ende der Runde und legt diese 2 Maschen und die ersten 3 M der nächsten Runde auf einen Hilfsfaden, insgesamt 5 M. Strickt den zweiten Ärmel genauso.

RAGLANPASSE

Jetzt werden Rumpf und Ärmel zusammen auf eine Nadel gelegt und die Jacke in Reihen mit Raglanabnahmen fertiggestrickt. Dazu wird die erste Reihe so gestrickt:

1. Schritt: Beginnt mit dem Rumpf. Strickt die Randmaschen mit Rippenmuster und I-Cord.

2. Schritt: Strickt 23, 25, 27, 29, **30, 33, 35, 38** M im Muster (erstes Vorderteil). Hängt einen MM auf die Nadel.

3. Schritt: Legt die nächsten 5 M auf einem Hilfsfaden still.

4. Schritt: Nehmt den ersten Ärmel und strickt ihn an den Rumpf an. Die 5 stillgelegten Maschen des Ärmels und die stillgelegten Maschen im Rumpf liegen jetzt nebeneinander unter dem Arm. Das Loch, das hier entsteht, wird später geschlossen. Hängt einen MM auf die Nadel.

5. Schritt: Strickt 51, 55, 59, 63, **69, 75, 79, 85** M im Muster (Rücken). Hängt einen MM auf die Nadel.

6. Schritt: Legt die nächsten 5 M auf einem Hilfsfaden still.

7. Schritt: Nehmt den zweiten Ärmel und strickt ihn an den Rumpf an. Hängt einen MM auf die Nadel.

8. Schritt: Strickt 23, 25, 27, 29, **30, 33, 35, 38** M im Muster (zweites Vorderteil).

9. Schritt: Strickt die Randmaschen mit Rippenmuster und I-Cord.

Jetzt liegen insgesamt 181, 197, 213, 229, **249, 269, 285, 305** M auf der Nadel. Strickt eine Rückreihe li zurück.

Die vier MM zwischen Rumpf und Ärmeln markieren die Stellen, an denen ihr ab der nächsten Hinreihe die Raglanabnahmen arbeitet:

Strickt im Muster bis 3 M vor dem ersten MM zwischen Rumpf und Ärmel. Strickt die nächsten 2 M mit SSK (s. Seite 7) zusammen. Strickt dann 1 M re, hebt den MM ab, strickt die nächste M re und strickt 2 M re zusammen. Strickt dann im Muster über die Ärmelmaschen weiter bis zum nächsten MM. Nehmt auf diese Weise in jeder Hinreihe an allen 4 MM ab, insgesamt 8 M pro Reihe. Die Rückreihen werden wie bisher li gestrickt, ohne Abnahmen. Die Randmaschen werden weiterhin im Rippenmuster, mit I-Cord und Knopflöchern, gestrickt.

Arbeitet diese Abnahmen in insgesamt 15, 16, 18, 19, **21, 23, 25, 27** Hinreihen. Am Ende liegen noch 61, 69, 69, 77, **81, 85, 85, 89** M auf der Nadel.

HALSBÜNDCHEN

Strickt (weiter mit Nadelstärke 4) ein Rippenbündchen wie im Rumpf (1 M re, 1 M li im Wechsel), mit I-Cord-Maschen, insgesamt ca. 2, 2, 2, 2, **2,5, 2,5, 2,5, 3** cm hoch (oder je nach Geschmack). Das letzte Knopfloch wird in der zweiten oder dritten Reihe gearbeitet. Kettet in einer Hinreihe im Rippenmuster ab.

ABSCHLUSS

Vernäht alle Fäden. Schließt die Löcher unter den Armen, indem ihr sie mit dem Maschenstich zusammennäht oder zusammenstrickt, und näht die Knöpfe an. Wascht die Jacke entsprechend der Pflegehinweise auf eurem Garn, zieht sie auf einem trockenen Handtuch in Form und lasst sie liegend trocknen.

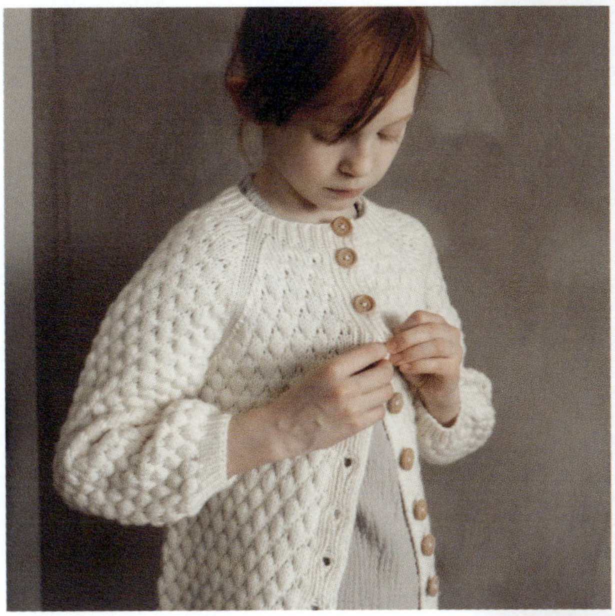

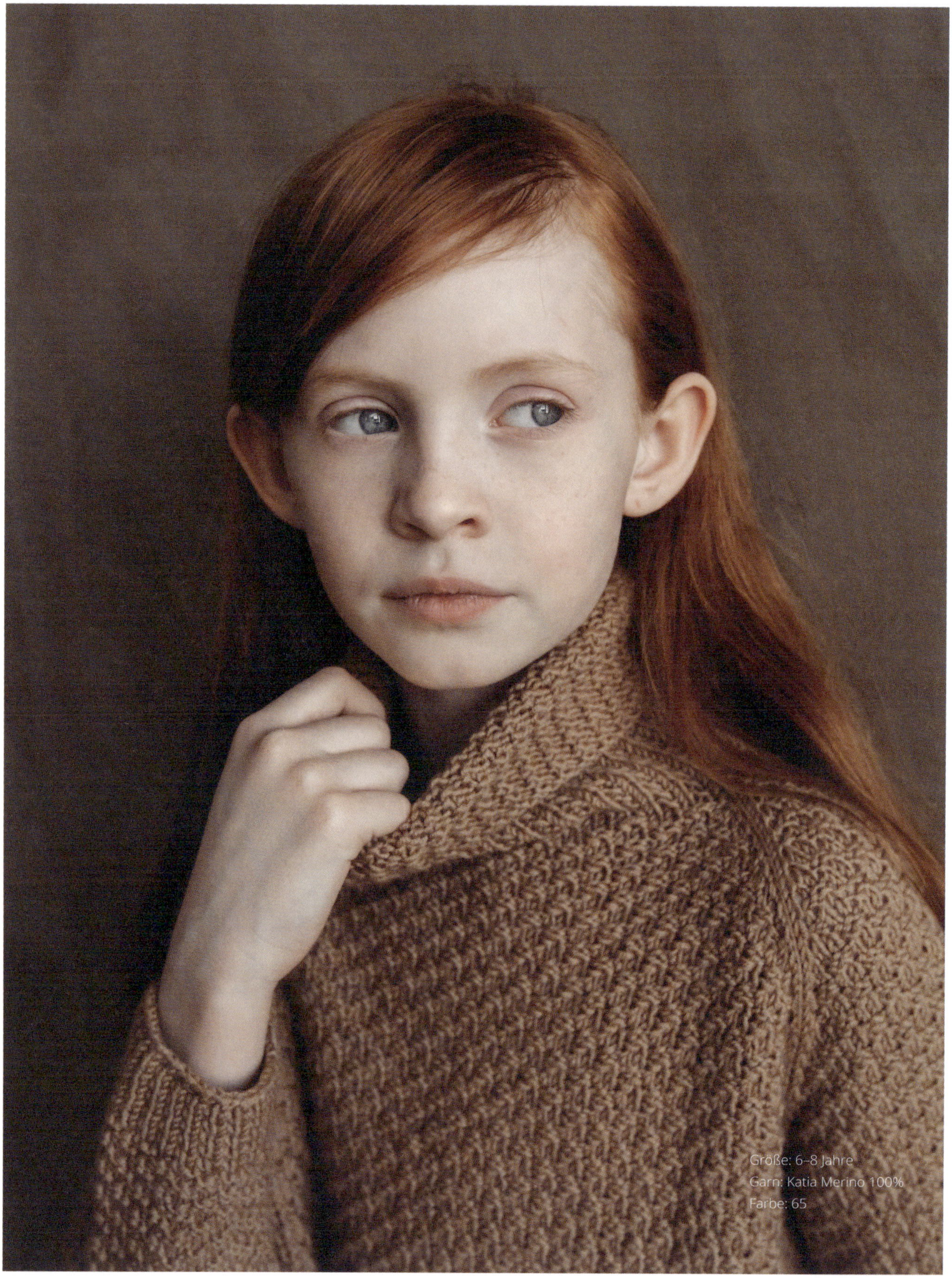

Größe: 6–8 Jahre
Garn: Katia Merino 100%
Farbe: 65

RÖSKVA

Mein erster Hipsterpullover – im positiven Sinne! Das doppelte Perlmuster ist eines meiner Lieblingsmuster, das ich in Zukunft sicher noch oft in meinen Designs verwenden werde – so einfach, schlicht und schön. Der lockere Rollkragen macht den Pullover noch kuscheliger.

GRÖSSENANGABEN UND GARNVERBRAUCH

Größe	Brust-umfang	Ärmel-umfang	Rumpflänge ab Ärmelansatz	Ärmellänge ab Ärmelansatz	Garnverbrauch
6–12 Monate	59 cm	19 cm	20 cm	18 cm	200 g (408 m)
1–2 Jahre	66 cm	21 cm	22 cm	21 cm	250 g (510 m)
2–4 Jahre	70 cm	23 cm	26 cm	24 cm	300 g (612 m)
4–6 Jahre	**77 cm**	**24 cm**	**29 cm**	**28 cm**	**350 g (714 m)**
6–8 Jahre	**84 cm**	**26,5 cm**	**33 cm**	**32 cm**	**400 g (816 m)**
8–10 Jahre	**87 cm**	**28,5 cm**	**37 cm**	**36 cm**	**450 g (918 m)**

Bitte beachtet, dass die angegebenen Garnmengen nur ein Richtwert sind.

Garn
Katia Merino 100% (102 m/50 g), Katia Prime Merino, Lana Grossa Cool Wool big, Lang Merino 120, Drops Merino Extra Fine, oder andere Garne mit derselben Maschenprobe

Maschenprobe
23 Maschen = 10 cm mit Nadelstärke 4

Das braucht ihr:
Rundstricknadel Nr. 4 (40 und 60/80 cm)
Rundstricknadel Nr. 3,5 (60/80 cm), für das untere Bündchen
Nadelspiel Nr. 3,5 und 4
Stopfnadel zum Vernähen der Fäden
Maschenmarkierer
6–8 Knöpfe (optional, nur zur Verzierung)

Der Pullover wird von oben nach unten in Runden gearbeitet. Die Ärmel und die Vorderseite werden im doppelten Perlmuster gestrickt, der Rücken glatt re. Da sich das Perlmuster etwas zusammenzieht, wird der Pullover hinten automatisch etwas länger als vorne. Durch den lockeren Schnitt ist der Pullover auch für kleine Kinder sehr bequem.

ROLLKRAGEN

Schlagt 64, 68, 72, **76, 76, 80** M auf die Rundstricknadel Nr. 4 (40 cm lang) an und schließt zur Runde. Strickt den Rollkragen im gebrochenen Rippenmuster (je 1 Runde glatt re, 1 Runde 1 M re, 1 M li im Wechsel) insgesamt 10, 12, **14, 16, 18** cm lang. Das gebrochene Rippenmuster ergibt auf der Rückseite eine hübsche Knötchenstruktur, die bei umgeklapptem Rollkragen sichtbar wird, und zieht die Maschen nicht so stark zusammen wie ein reguläres Rippenmuster, sodass der Rollkragen locker am Hals liegt.

Falls ihr den Rollkragen lieber weglassen wollt, strickt ihr das Halsbündchen einfach mit derselben Maschenzahl nur 3–4 cm lang.

Strickt zum Schluss noch eine Runde re und nehmt gleichmäßig verteilt 0, 4, 0, **4, 4, 0** M zu. Jetzt liegen 64, 72, 72, **80, 80, 80** M auf der Nadel.

RAGLANBLENDE

Nach dem Bündchen werden die Raglanzunahmen gearbeitet. Die Runde beginnt in der hinteren Mitte. Ab hier strickt ihr das Vorderteil und die Ärmel im **doppelten Perlmuster** (s. Diagramm auf Seite 92) und die Rückseite glatt re. Strickt die **erste Runde** wie folgt:

1. Schritt: Strickt 14, 16, 16, **18, 18, 18** M re (rechtes Rückenteil). Hängt MM1 auf die Nadel.

2. Schritt: Strickt 1 M re, 2 M li, 1 M re (rechte Schulter). Hängt MM2 auf die Nadel.

3. Schritt: Strickt 28, 32, 32, **36, 36, 36** M (Vorderteil) im doppelten Perlmuster (s. Diagramm auf S. 92). Strickt zuerst 1 M re (Raglanmasche), beginnt dann das Perlmuster mit 2 M li und endet wieder mit 1 M re (Raglanmasche). Hängt MM3 auf die Nadel.

4. Schritt: Strickt 1 M re, 2 M li, 1 M re (linke Schulter). Hängt MM4 auf die Nadel.

5. Schritt: Strickt 14, 16, 16, **18, 18, 18** M re (linkes Rückenteil).

Musterdiagramm für das doppelte Perlmuster

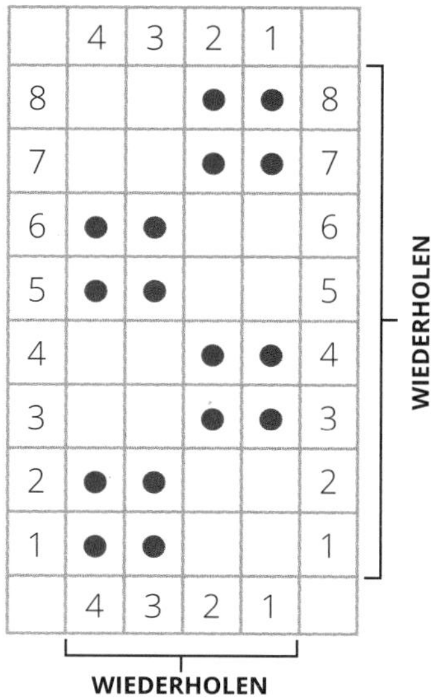

☐ Rechte Maschen

⊡ Linke Maschen

Jetzt habt ihr wieder den Beginn der Runde in der hinteren Mitte erreicht. Markiert ihn ggf. mit einem weiteren MM. Die zwei rechten Maschen beidseitig der 4 MM in der Runde sind die Raglanmaschen, an denen ihr ab der nächsten Runde die Raglanzunahmen arbeitet. Ihr führt das Perlmuster in den Schultern und dem Vorderteil über die gesamte Länge des Pullovers fort und strickt den Rücken glatt re. Die Zunahmen an den Raglanlinien strickt ihr rechts und integriert diese Maschen dann in der nächsten Reihe ins Perlmuster. Achtet darauf, die Raglanmaschen selbst immer re zu stricken.

In der **zweiten Runde** beginnen die Zunahmen:

Strickt bis zur ersten Raglanmasche (1 M vor MM1). Nehmt 1 M mit **M1R** (s. Seite 6) zu, strickt die erste Raglanmasche rechts, hebt den MM ab, strickt die zweite Raglanmasche re und nehmt 1 M mit **M1L** zu. Wiederholt diese Zunahme an den anderen drei MM in der Runde und nehmt so an vier Stellen in der Runde insgesamt 8 M zu.

Strickt die **dritte Runde** ohne Zunahmen. Die Raglanmaschen strickt ihr weiterhin immer re. Die Maschen, die ihr in der vorigen Runde zugenommen habt, werden ab jetzt ins Muster integriert und je nachdem, wo ihr euch befindet, im Perlmuster re oder li gestrickt.

Wiederholt Runden 2 und 3, bis ihr insgesamt 16, 18, 20, **22, 25, 27** Runden mit Zunahmen gestrickt habt. Wechselt auf eine längere Rundstricknadel, wenn die Runden zu lang für 40 cm werden. Jetzt liegen 192, 216, 232, **256, 280, 296** M auf der Nadel.

RUMPF

Jetzt werden die Maschen, die später die Ärmel bilden, auf jeder Seite auf einem Hilfsfaden stillgelegt. Das ist ein Faden in einer Kontrastfarbe, auf den ihr alle Ärmelmaschen auffädelt, um sie zu sichern, während der Rumpf gestrickt wird.

1. Schritt: Strickt die 30, 34, 36, **40, 43, 45** M bis zu MM1 re (rechtes Rückenteil).

2. Schritt: Legt die 36, 40, 44, **48, 54, 58** M zwischen MM1 und MM2 auf einen Hilfsfaden (rechter Ärmel).

3. Schritt: Schlagt 8 neue M an (unter dem rechten Ärmel).

4. Schritt: Strickt die 60, 68, 72, **80, 86, 90** M zwischen MM2 und MM3 weiterhin im doppelten Perlmuster (Vorderteil).

5. Schritt: Legt die 36, 40, 44, **48, 54, 58** M zwischen MM3 und MM4 auf einen Hilfsfaden (linker Ärmel).

6. Schritt: Schlagt 8 neue M an (unter dem linken Ärmel).

7. Schritt: Strickt die 30, 34, 36, **40, 43, 45** M bis zum Ende der Runde re (linkes Rückenteil).

Jetzt liegen insgesamt 136, 152, 160, **176, 188, 196** M auf der Nadel (Vorder- und Rückenteil, plus die 16 neuen M unter den Ärmeln). Die Ärmelmaschen liegen jetzt auf Hilfsfäden.

Strickt jetzt in Runden weiter, bis der Rumpf, ab dem Ärmelansatz, 17, 19, 23, **25, 29, 33** cm misst. Strickt dabei das Vorderteil weiter im Perlmuster, und das Rückenteil weiter glatt re. Messt die Länge auf der Vorderseite, die durch das Perlmuster etwas kürzer ist als die Rückseite. Die 8 M, die ihr auf beiden Seiten unter den Ärmeln neu angeschlagen habt, verteilt ihr auf Vorder- und Rückenteil, d.h. ihr zählt auf beiden Seiten je 4 der Maschen zum Vorderteil und strickt sie im Perlmuster, und zählt je 4 M zum Rückenteil und strickt sie glatt re.

Wenn der Rumpf die gewünschte Länge erreicht hat, strickt ihr eine Runde glatt re (ab hier also ohne Perlmuster) und wechselt dann auf die Rundstricknadel Nr. 3,5. Strickt ein gebrochenes Rippenbündchen wie im Halsbündchen (1 Runde re, 1 Runde 1 M re, 1 M li im Wechsel) über 3, 3, 3, **4, 4, 4** cm und kettet im Muster ab.

ÄRMEL

Jetzt werden die Maschen für den ersten Ärmel, die ihr auf einem Hilfsfaden stillgelegt habt, auf das Nadelspiel (Stärke 4) gelegt. Zusätzlich werden aus den Maschen, die ihr unter dem Arm neu angeschlagen habt, 8 M aufgefasst und zu den restlichen Ärmelmaschen auf die Nadel gelegt. Die Ärmel werden in Runden gestrickt. Die erste Runde beginnt in der Mitte zwischen den neuen Maschen. Jetzt liegen 44, 48, 52, **56, 62, 66** M auf der Nadel.

Strickt den Ärmel im Perlmuster in Runden. Ab hier werden auch die Raglanmaschen, die bisher re gestrickt wurden, als Teil des Ärmels im Perlmuster gestrickt. In den ersten drei Größen (6–12 Monate, 1–2 und 2–4 Jahre) werden die Ärmel gerade gestrickt, mit Abnahmen in der letzten Runde vor dem Bündchen. In den drei großen Größen (4–6, 6–8 und 8–10 Jahre) werden die Ärmelmaschen nach und nach reduziert.

GRÖSSEN 6–12 MONATE, 1–2 UND 2–4 JAHRE:

Strickt den Ärmel im Perlmuster in Runden, bis er ab dem Ärmelansatz 15, 18, 21 cm lang ist. Strickt 1 Runde glatt re und nehmt in dieser Runde gleichmäßig verteilt 6, 8, 10 Maschen ab.

Jetzt liegen 38, 40, 42 M auf der Nadel. Wechselt auf Nadelstärke 3,5 und strickt ein gebrochenes Rippenbündchen wie im Kragen über 3 cm. Kettet im Rippenmuster ab und strickt den zweiten Ärmel genauso.

GRÖSSEN 4–6, 6–8 UND 8–10 JAHRE:

Strickt den Ärmel in Runden mit Perlmuster wie folgt: Strickt die ersten **3, 4, 1,5** cm ohne Abnahme. Nehmt in der nächsten Runde 2 M ab, indem ihr die ersten 2 und die letzten 2 M der Runde zusammenstrickt. Wiederholt diese Abnahme mit **3,5, 3, 3,5** cm Abstand, bis ihr insgesamt **6, 8, 9** Abnahmen gearbeitet habt, oder um **12, 16, 18** M abgenommen habt. Achtet darauf, dass sich das Perlmuster durch die Abnahmen nicht verschiebt.

Jetzt liegen noch **44, 46, 48** M auf der Nadel. Wechselt auf Nadelstärke 3,5 und strickt ein gebrochenes Rippenbündchen wie im Kragen über 3 cm. Kettet im Rippenmuster ab und strickt den zweiten Ärmel genauso.

ABSCHLUSS

Vernäht alle Enden und schließt ggf. die Löcher unter den Armen, wenn vorhanden. Wascht den Pullover entsprechend der Pflegehinweise auf eurem Garn, zieht ihn auf einem trockenen Handtuch in Form und lasst ihn liegend trocknen. Befestigt am Ende noch die Knöpfe auf den Raglanlinien auf der Vorderseite (optional).

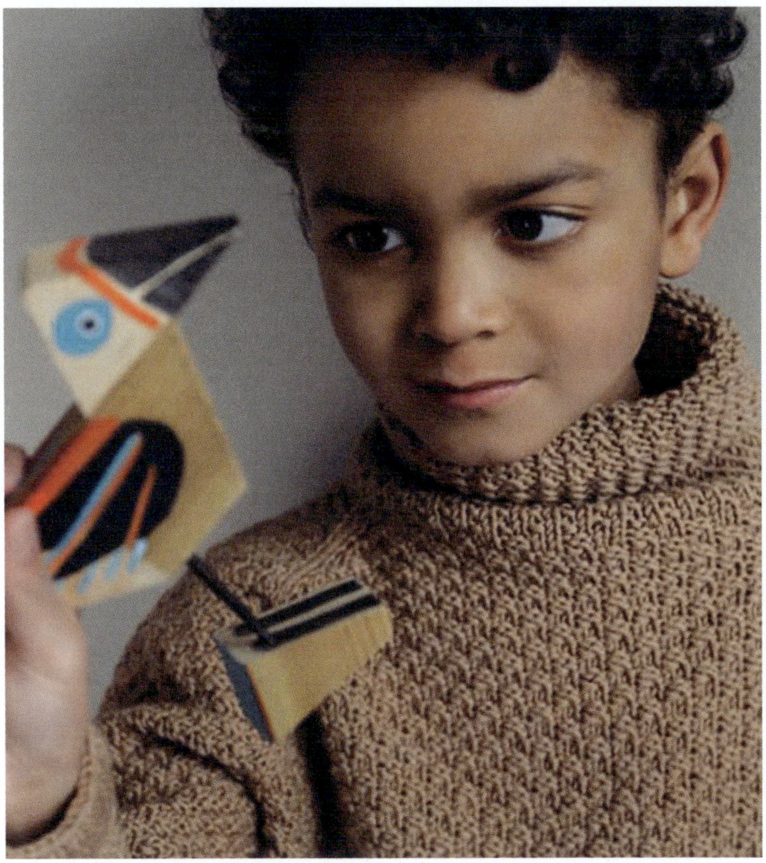

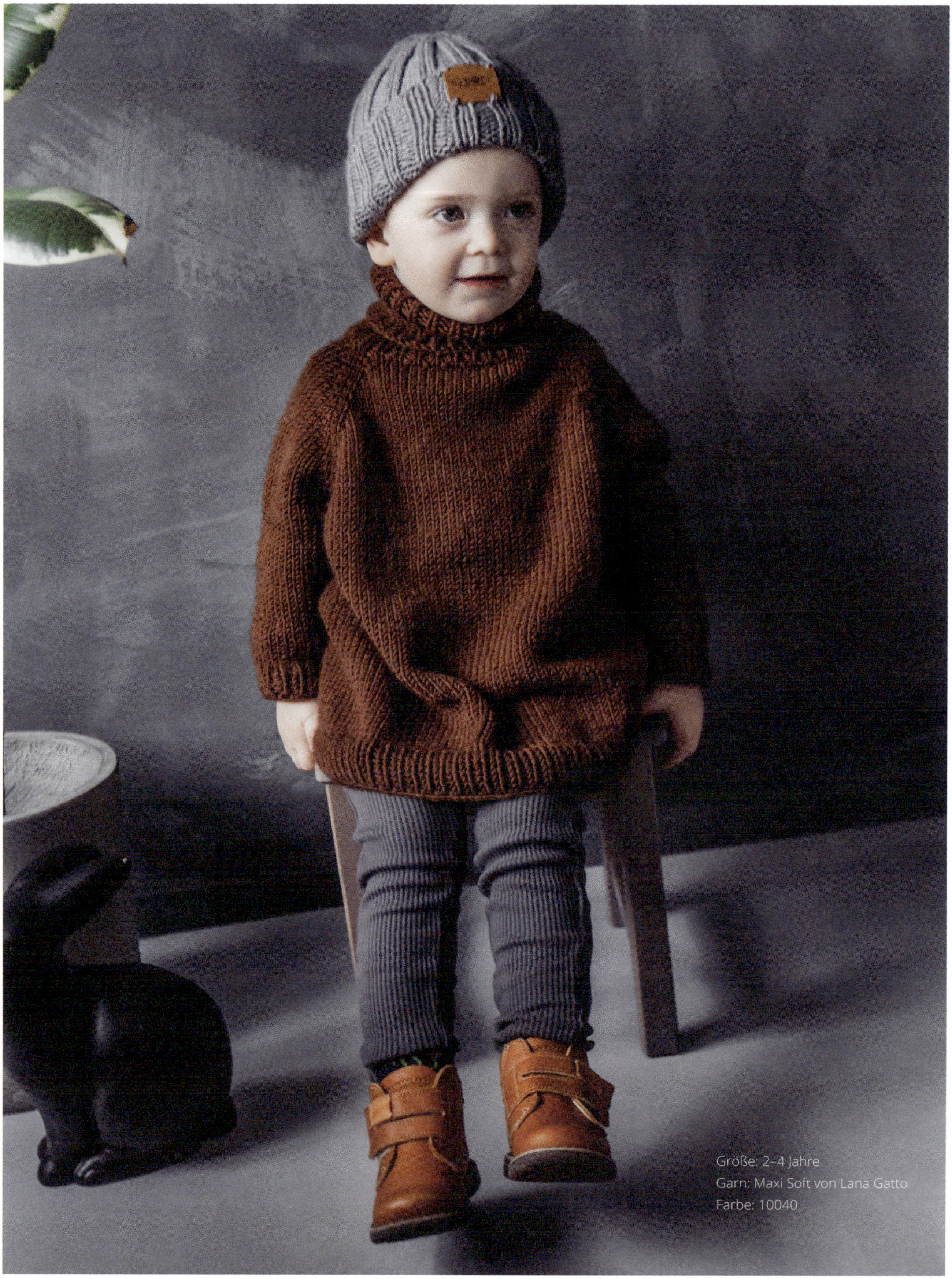

Größe: 2–4 Jahre
Garn: Maxi Soft von Lana Gatto
Farbe: 10040

KARI

Dieser Pullover war unser endgültiger Durchbruch in Island. Einfach gestrickt, schlicht und weit geschnitten, wurde er über Nacht zu unserem beliebtesten Modell, und er hält sich bis heute (mit »Kieselstein«, seinem Pendant für Erwachsene) hartnäckig an der Spitze. Er ist unendlich bequem, selbst die kleinsten Kinder können ihn einfach an- und ausziehen. Der Rollkragen macht ihn noch kuscheliger, ein kurzes Bündchen ist aber genauso gut möglich!!

GRÖSSENANGABEN UND GARNVERBRAUCH

Größe	Brust-umfang	Ärmel-umfang	Rumpflänge ab Ärmelansatz	Ärmellänge ab Ärmelansatz, mit umgeklapptem Bündchen	Garnverbrauch
1–2 Jahre	65 cm	22 cm	25 cm	21,5 cm	250 g (400 m)
2–4 Jahre	70 cm	23 cm	28 cm	23,5 cm	300 g (480 m)
4–6 Jahre	80 cm	24 cm	34 cm	28,5 cm	400 g (640 m)
6–8 Jahre	**90 cm**	**25 cm**	**39 cm**	**35 cm**	**400 g (640 m)**
8–12 Jahre	**100 cm**	**26 cm**	**43 cm**	**41,5 cm**	**500 g (800 m)**

Bitte beachtet, dass die angegebenen Garnmengen nur ein Richtwert sind.

Garn
Katia Merino Tweed (80 m/50 g), Katia Merino Aran, Drops Nepal, Lana Grossa Bingo oder Lang Merino+

Maschenprobe
18 Maschen = 10 cm mit Nadelstärke 5,5

Das braucht ihr:
Rundstricknadel Nr. 5,5 (40, 60 und 80 cm lang)
Nadelspiel Nr. 5,5
Stopfnadel zum Vernähen der Fäden
Maschenmarkierer

Der Pullover wird von oben nach unten in Runden gearbeitet. Wir stricken ihn mit einem Rollkragen – natürlich könnt ihr das Halsbündchen aber auch kürzer stricken.

ROLLKRAGEN

Schlagt 54, 58, 62, **64, 68** M auf die Rundstricknadel Nr. 5,5 (40 cm lang) an und schließt zur Runde. Strickt den Rollkragen im Rippenmuster (1 M re, 1 M li im Wechsel) insgesamt 12, 13, 15, **16, 17** cm lang. Wenn ihr statt eines Rollkragens ein kurzes Rippenbündchen stricken wollt, strickt ihr es mit derselben Maschenzahl nur 5, 5, 5, **6, 6** cm lang (oder nach Geschmack).

RAGLANBLENDE

Nach dem Rollkragen werden die Raglanzunahmen gearbeitet. Diese Zunahmen bilden die Linien, die Rumpf und Schultern voneinander trennen. Die Runde beginnt in der hinteren Mitte. Ab hier wird nur noch glatt re gestrickt.

1. Schritt: Strickt 11, 12, 13, **13, 14** M (rechtes Rückenteil). Hängt MM1 auf die Nadel.

2. Schritt: Strickt 5 M (rechte Schulter). Hängt MM2 auf die Nadel.

3. Schritt: Strickt 22, 24, 26, **27, 29** M (Vorderteil). Hängt MM3 auf die Nadel.

4. Schritt: Strickt 5 M (linke Schulter). Hängt MM4 auf die Nadel.

5. Schritt: Strickt 11, 12, 13, **14, 15** M (linkes Rückenteil).

Jetzt habt ihr wieder den Beginn der Runde in der hinteren Mitte erreicht. Markiert ihn ggf. mit einem weiteren MM. Die vier MM in der Runde markieren die Stellen, an denen ihr ab der nächsten Runde die Raglanzunahmen arbeitet:

1. Schritt: Strickt re bis 1 M vor MM1. Nehmt 1 M mit **M1R** (s. Seite 6) zu.

2. Schritt: Strickt 1 M re, hebt MM1 auf die rechte Nadel, strickt 1 M re. Diese zwei Maschen auf beiden Seiten jedes MM sind eure Raglanmaschen. Nehmt eine M mit **M1L** zu.

3. Schritt: Strickt re bis 1 M vor MM2. M1R.

4. Schritt: Strickt die 2 Raglanmaschen re, M1L.

5. Schritt: Strickt re weiter, bis 1 M vor MM3. M1R.

6. Schritt: Strickt die 2 Raglanmaschen re, M1L.

7. Schritt: Strickt re weiter, bis 1 M vor MM4. M1R.

8. Schritt: Strickt die 2 Raglanmaschen re, M1L. Strickt re bis zum Ende der Runde.

Nehmt auf diese Weise in jeder zweiten Runde zu, bis ihr in insgesamt 16, 17, 18, **21, 24** Runden zugenommen habt. Strickt dazwischen immer eine Runde glatt rechts ohne Zunahmen. Wechselt auf eine längere Rundstricknadel, wenn die Runden zu lang für 40 cm werden. Am Ende der Zunahmen liegen 182, 194, 206, **232, 260** M auf der Nadel. Strickt eine letzte Runde ohne Zunahmen.

RUMPF

Jetzt werden die Maschen, die später die Ärmel bilden, auf jeder Seite auf einem Hilfsfaden stillgelegt. Das ist ein Faden in einer Kontrastfarbe, auf den ihr alle Ärmelmaschen auffädelt, um sie zu sichern, während der Rumpf gestrickt wird. Das geht folgendermaßen:

Schritt 1: Strickt re bis zu MM1 (rechtes Rückenteil).

Schritt 2: Legt 37, 39, 41, **47, 53** M auf einen Hilfsfaden (rechter Ärmel).

Schritt 3: Schlagt 5 neue M an (unter dem rechten Ärmel).

Schritt 4: Strickt re bis zu MM3 (Vorderteil).

Schritt 5: Legt 37, 39, 41, **47, 53** M auf einen Hilfsfaden (linker Ärmel).

Schritt 6: Schlagt 5 neue M an (unter dem linken Ärmel).

Schritt 7: Strickt die Runde zu Ende (linkes Rückenteil).

Jetzt liegen insgesamt 118, 126, 134, **148, 164** M auf der Nadel (Vorder- und Rückenteil, plus die 10 neuen M unter den Ärmeln). Die Ärmelmaschen liegen jetzt auf Hilfsfäden.

Strickt jetzt gerade nach unten, bis der Rumpf, ab dem Ärmelansatz, 21, 24, 30, **34, 38** cm misst. Strickt ein Rippenbündchen (1 M re, 1 M li im Wechsel), 4, 4, 4, **5, 5** cm lang, und kettet im Rippenmuster ab.

ÄRMEL

Jetzt werden die Maschen für den ersten Ärmel, die ihr auf einem Hilfsfaden stillgelegt habt, wieder zurück auf Nadeln gelegt. Zusätzlich werden aus den Maschen, die ihr unter dem Arm neu angeschlagen habt, 5 M aufgefasst und zu den restlichen Ärmelmaschen auf die Nadel gelegt. Die Ärmel werden in Runden gestrickt. Die erste Runde beginnt nun in der Mitte zwischen diesen neuen Maschen. Jetzt liegen 42, 44, 46, **52, 58** M auf der Nadel.

Der Ärmel wird glatt re in Runden gestrickt. Strickt zunächst 2 cm ohne Abnahmen und nehmt dann in der nächsten Runde 2 M ab, indem ihr die ersten 2 und die letzten 2 M dieser Runde zusammenstrickt.

Nehmt auf diese Weise mit 2,5, 3, 3, **3,5, 3,5** cm Abstand ab, bis ihr insgesamt 6, 6, 7, **8, 10** Runden mit Abnahmen gestrickt habt, oder um 12, 12, 14, **16, 20** M abgenommen habt. Strickt jetzt ohne Abnahmen weiter, bis der Ärmel 19, 21, 26, **32, 38** cm lang ist.

Jetzt liegen noch 30, 32, 32, **36, 38** M auf der Nadel. Strickt ein Rippenbündchen (1 m re, 1 m li im Wechsel), insgesamt 5, 5, 5, **6, 7** cm lang. Kettet im Rippenmuster ab. Das Bündchen ist bewusst sehr lange gestrickt und eignet sich gut zum Umschlagen. Dadurch wächst der Pullover länger mit dem Kind mit. Achtet darauf, nicht zu fest abzuketten, damit der Pullover nicht zu eng am Handgelenk anliegt.

Strickt den zweiten Ärmel genauso.

ABSCHLUSS

Vernäht alle Enden und schließt ggf. die Löcher unter den Armen, wenn vorhanden. Wascht den Pullover entsprechend der Pflegehinweise auf eurem Garn, zieht ihn auf einem trockenen Handtuch in Form und lasst ihn liegend trocknen.

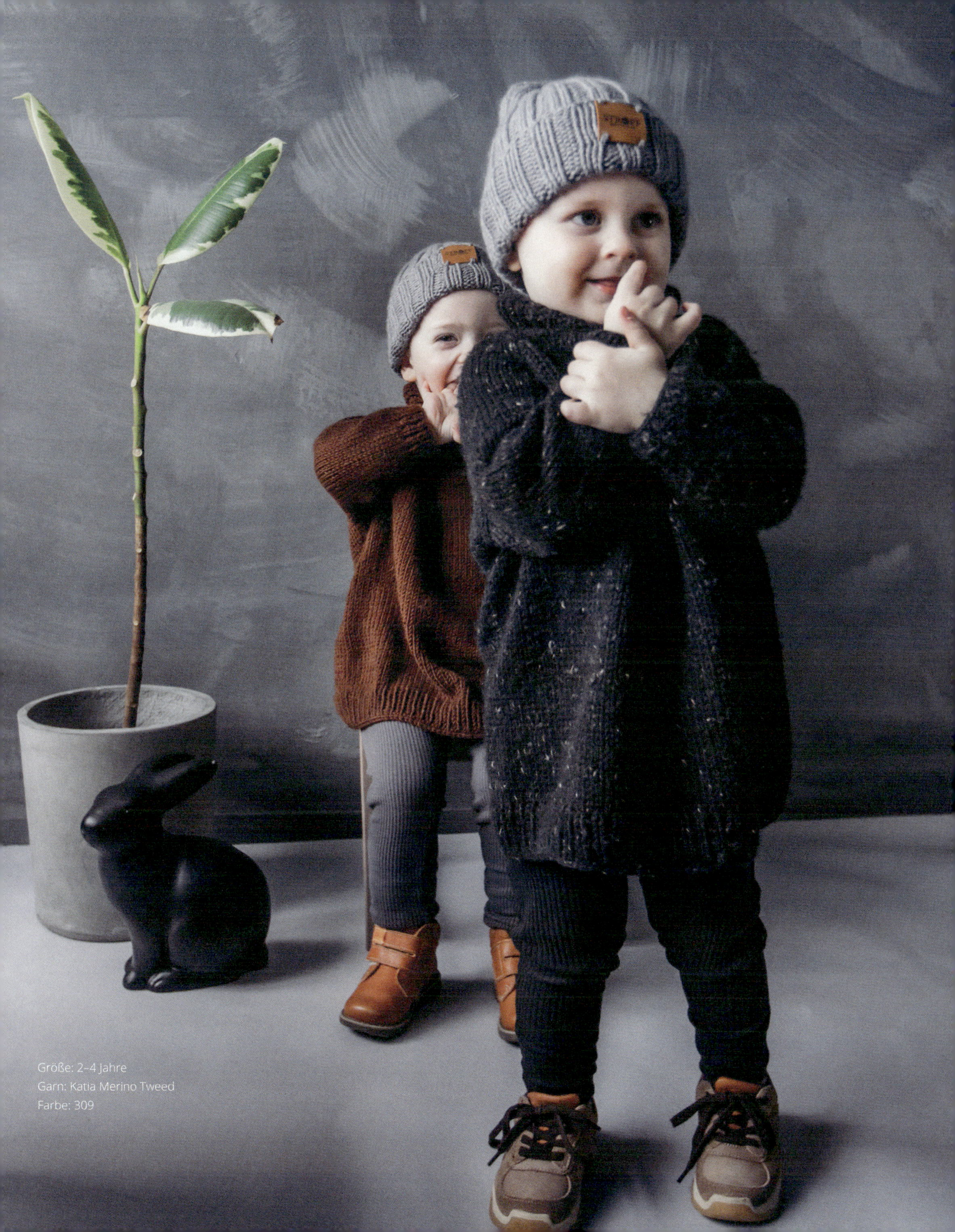

Größe: 2–4 Jahre
Garn: Katia Merino Tweed
Farbe: 309

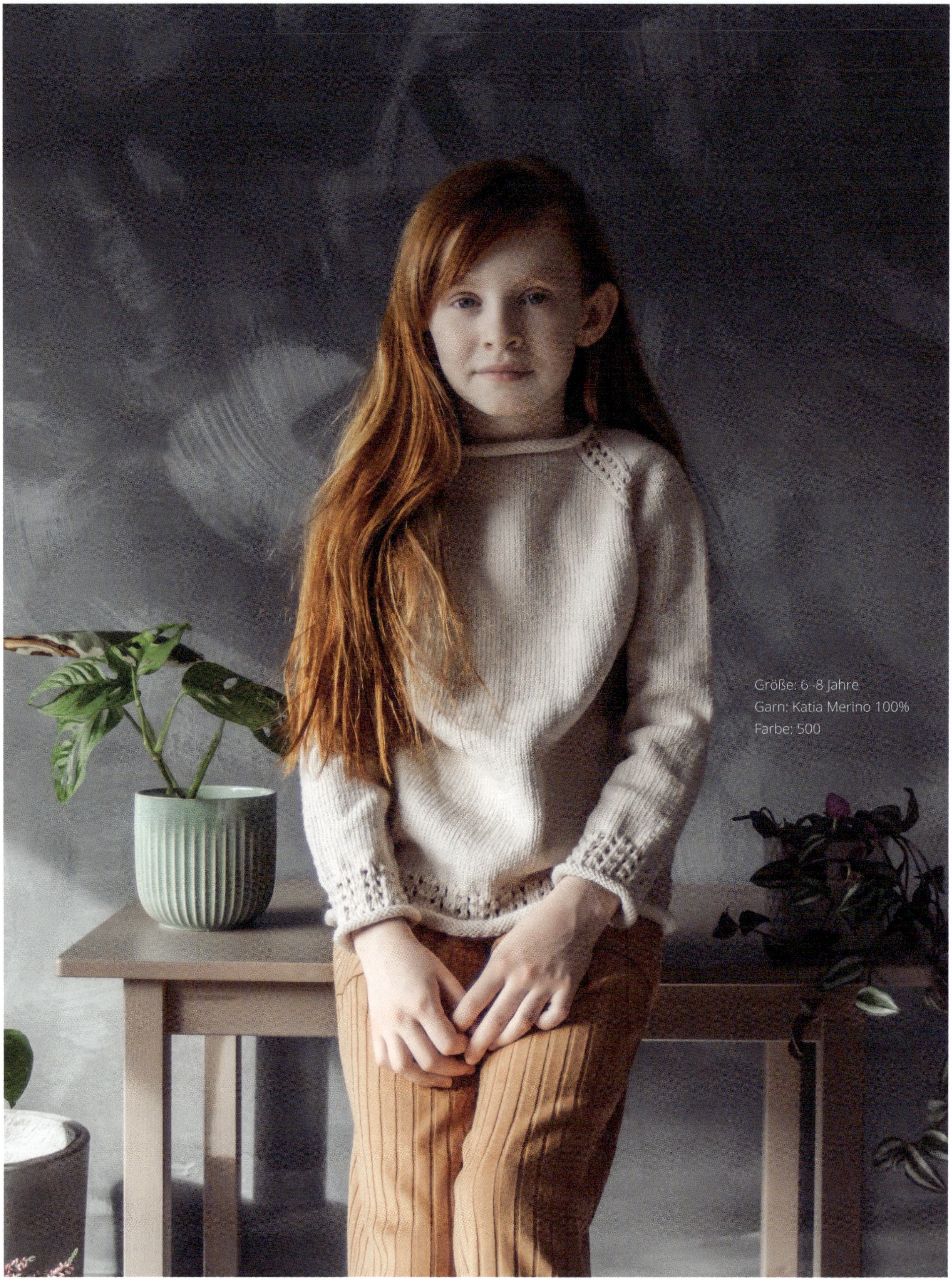

Größe: 6–8 Jahre
Garn: Katia Merino 100%
Farbe: 500

MAISONNE – PULLOVER

Die Idee für diesen Pullover entstand in den Sommerferien auf Kreta. Wie ich es geschafft habe, bei 38 °C hochschwanger in der Sonne zu liegen und zu stricken, weiß ich selbst nicht mehr – aber zum Glück habe ich es geschafft, und so gibt es heute diesen Pullover! Gerade geschnitten, mit Lochmusterdetails und Rollrand, wurde er schnell zum Lieblingsstück.

GRÖSSENANGABEN UND GARNVERBRAUCH

Größe	Brust-umfang	Ärmel-umfang	Rumpflänge ab Ärmelansatz	Ärmellänge ab Ärmelansatz	Garnverbrauch
6–12 Monate	60 cm	19 cm	20 cm	19 cm	200 g (408 m)
1–2 Jahre	66 cm	22 cm	24 cm	24 cm	250 g (510 m)
2–4 Jahre	71 cm	23 cm	28 cm	28 cm	250 g (510 m)
4–6 Jahre	**75 cm**	**24 cm**	**32 cm**	**31 cm**	**300 g (612 m)**
6–8 Jahre	**81 cm**	**26 cm**	**35 cm**	**34 cm**	**300 g (612 m)**
8–10 Jahre	**85 cm**	**28 cm**	**39 cm**	**37 cm**	**350–400 g (714–816 m)**

Bitte beachtet, dass die angegebenen Garnmengen nur ein Richtwert sind.

Garn
Katia Merino 100% (102 m/50 g), Lana Grossa Cool Wool big, Lang Merino 120, Drops Merino extra fine oder andere Garne mit passender Maschenprobe

Maschenprobe
23 Maschen = 10 cm mit Nadelstärke 4

Das braucht ihr:
Rundstricknadel Nr. 4 (40 und 60/80 cm)
Nadelspiel Nr. 4
Stopfnadel zum Vernähen der Fäden
Maschenmarkierer

Dieser Pullover wird von oben nach unten in Runden gearbeitet.

HALSBÜNDCHEN

Schlagt 68, 72, 76, **80, 82, 84** M auf eure Rundstricknadel Nr. 4 (40 cm) an. Schließt zur Runde und strickt das Bündchen glatt re insgesamt 2–3 cm lang, je nachdem, wie stark es sich einrollen soll.

RAGLANPASSE

Nach dem Bündchen werden die Raglanzunahmen gearbeitet. Diese Zunahmen bilden die Linien, die Rumpf und Schultern voneinander trennen. Hier werden die Raglanschrägen mit einem kleinen Lochmuster über 7 M gestrickt.

Die Runde beginnt in der hinteren Mitte. Bitte beachtet, dass die MM hier immer zwischen zwei Maschen auf der Nadel hängen und in jeder Runde mitgenommen werden.

1. Schritt: Strickt 8, 9, 10, **11, 12, 12** M re (rechtes Rückenteil). MM1 platzieren.

2. Schritt: Strickt 7 M im Lochmuster (Reihe 1 im Diagramm auf S. 100). MM2 platzieren.

3. Schritt: Strickt 4 M re (rechte Schulter). MM3 platzieren.

4. Schritt: Strickt 7 M im Lochmuster. MM4 platzieren.

5. Schritt: Strickt 16, 18, 20, **22, 23, 24** M re (Vorderteil). MM5 platzieren.

6. Schritt: Strickt 7 M im Lochmuster. MM6 platzieren.

7. Schritt: Strickt 4 M re (linke Schulter). MM7 platzieren.

8. Schritt: Strickt 7 M im Lochmuster. MM8 platzieren.

9. Schritt: Strickt 8, 9, 10, **11, 11, 12** M re (linkes Rückenteil).

Jetzt habt ihr wieder den Beginn der Runde in der hinteren Mitte erreicht. Markiert ihn ggf. mit einem weiteren MM. Die acht

Muster in den Raglanlinien

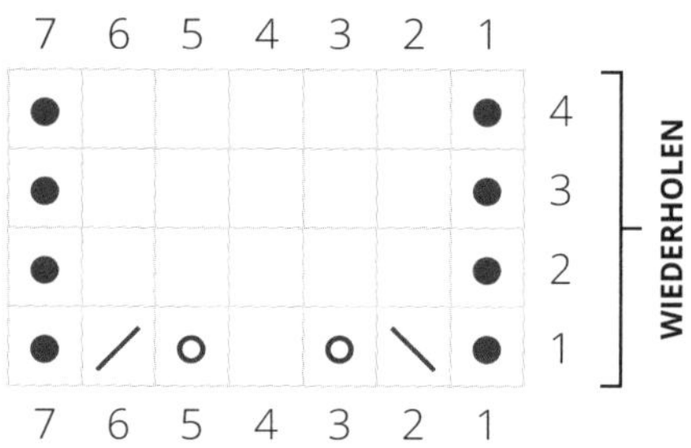

Muster in den Bündchen

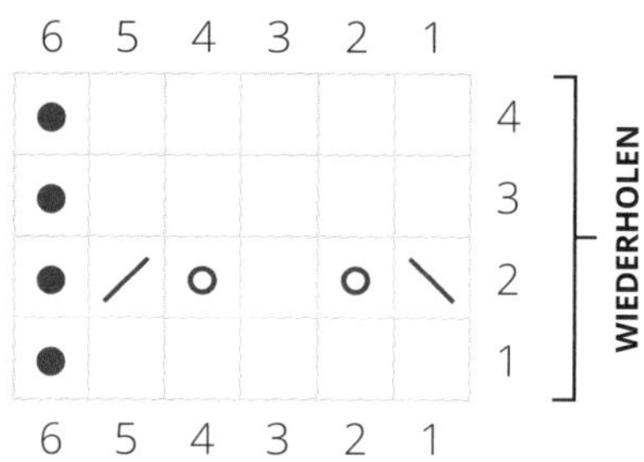

- ☐ rechte Maschen
- ⊡ linke Maschen
- ⧅ 2 M mit SSK zusammenstricken – s. Seite 7
- ⧄ 2 M re zusammenstricken
- ⌼ Umschlag

MM in der Runde markieren die Stellen, an denen ihr ab der nächsten Runde die Raglanzunahmen arbeitet.

Arbeitet ab jetzt in jeder zweiten Runde die Zunahmen an beiden Seiten der 7 Raglanmaschen mit **M1R, M1L** (s. Seite 6): Strickt bis zum ersten MM, **M1R**, MM abheben, Lochmuster stricken (Reihe 2), MM abheben, **M1L**. Wiederholt diese Zunahmen an allen weiteren Raglanlinien in dieser Runde. Strickt dann eine zweite Runde ohne Zunahmen, mit Lochmuster (Reihe 3). Auf diese Weise nehmt ihr in jeder zweite Runde 8 M zu, und es bilden sich die Linien, die Hauptteil und Schultern voneinander trennen.

Arbeitet diese Zunahmen in jeder zweiten Runde, bis ihr insgesamt in 19, 21, 23, **25, 27, 29** Runden zugenommen habt, oder um 152, 168, 184, **200, 216, 232** M. Wechselt auf eine längere Rundstricknadel, wenn die Reihen zu lang für 40 cm werden. Führt dabei das Lochmuster in den Raglanmaschen fort. Am Ende liegen insgesamt 220, 240, 260, **280, 298, 316** M auf der Nadel. Strickt noch drei weitere Runde glatt re ohne Zunahmen, aber mit Lochmuster. Endet in der hinteren Mitte.

RUMPF

Ab hier wird nur noch glatt rechts gestrickt, ohne Zunahmen und ohne Lochmuster. Jetzt werden die Maschen, die später die Ärmel bilden, auf jeder Seite auf einem Hilfsfaden stillgelegt. Das ist ein Faden in einer Kontrastfarbe, auf den ihr alle Ärmelmaschen auffädelt, um sie zu sichern, während der Rumpf gestrickt wird. Das geht folgendermaßen:

1. Schritt: Strickt re bis zu MM2 (rechtes Rückenteil).

2. Schritt: Legt die nächsten 42, 46, 50, **54, 58, 62** M auf einen Hilfsfaden (rechter Ärmel).

3. Schritt: Schlagt 2 neue M an (unter dem rechten Ärmel).

4. Schritt: Strickt re weiter bis zu MM6 (Vorderteil).

5. Schritt: Legt die nächsten 42, 46, 50, **54, 58, 62** M auf einen Hilfsfaden (linker Ärmel).

6. Schritt: Schlagt 2 neue M an (unter dem linken Ärmel).

7. Schritt: Strickt die Runde re fertig (linkes Rückenteil).

Jetzt liegen insgesamt 140, 152, 164, **176, 186, 196** M auf der Nadel (Vorder- und Rückenteil, plus die 4 neuen M unter den Ärmeln). Die Ärmelmaschen liegen jetzt auf Hilfsfäden.

Strickt jetzt gerade nach unten, bis der Rumpf, ab dem Ärmelansatz, 16, 20, 23, **27, 30, 33** cm misst. Nehmt in der letzten Runde gleichmäßig verteilt 2, 2, 2, **2, 0, 4** M ab, damit das Lochmuster im Bündchen aufgeht, und endet mit 138, 150, 162, **174, 186, 192** M.

Strickt jetzt das Bündchen im Lochmuster (s. Diagramm), insgesamt 3, 3, 4, **4, 4, 5** cm lang, und strickt dann noch 3 cm glatt rechts, damit ein Rollbündchen wie oben entsteht. Kettet locker ab.

ÄRMEL

Jetzt werden die Maschen für den ersten Ärmel, die ihr auf einem Hilfsfaden stillgelegt habt, auf ein Nadelspiel Nr. 4 gelegt. Zusätzlich werden aus den Maschen, die ihr unter dem Arm neu angeschlagen habt, 2 M aufgefasst und zu den restlichen Ärmelmaschen auf die Nadel gelegt. Die erste Runde beginnt in der Mitte zwischen diesen neuen Maschen. Jetzt liegen 44, 48, 52, **56, 60, 64** M auf der Nadel (mit den 2 neuen M unter den Armen).

Strickt zunächst 3, 2, 4, **2,5, 2, 4** cm glatt re in Runden. Strickt dann die ersten 2 M und die letzten 2 M der nächsten Runde zusammen. Nehmt auf diese Weise mit 3, 6, 4, **3,5, 4,5, 3,5** cm Abstand insgesamt 4, 3, 5, **7, 6, 8** Mal ab, und reduziert die Maschenzahl so nach und nach um insgesamt 8, 6, 10, **14, 12, 16** M. Am Ende des Ärmels liegen noch 36, 42, 42, **42, 48, 48** M auf der Nadel.

Strickt den Ärmel ohne Abnahmen weiter, bis er ab dem Ärmelansatz 15, 20, 24, **27, 29, 32** cm misst.

Strickt noch eine weitere Runde glatt re und reduziert die Maschenzahl gleichmäßig verteilt um 6 M. Strickt jetzt das Lochmuster wie im Bündchen am Rumpf, insgesamt 3, 3, 3, **4, 4, 4** cm lang. Strickt dann noch 2 cm glatt re, um ein Rollbündchen wie oben am Kragen zu erhalten, und kettet glatt re ab. Achtet darauf, nicht zu fest abzuketten, damit der Pullover nicht zu eng am Handgelenk anliegt.

Strickt den zweiten Ärmel genauso.

ABSCHLUSS

Vernäht alle Enden. Wascht den Pullover entsprechend der Pflegehinweise auf eurem Garn, zieht ihn auf einem trockenen Handtuch in Form und lasst ihn liegend trocknen.

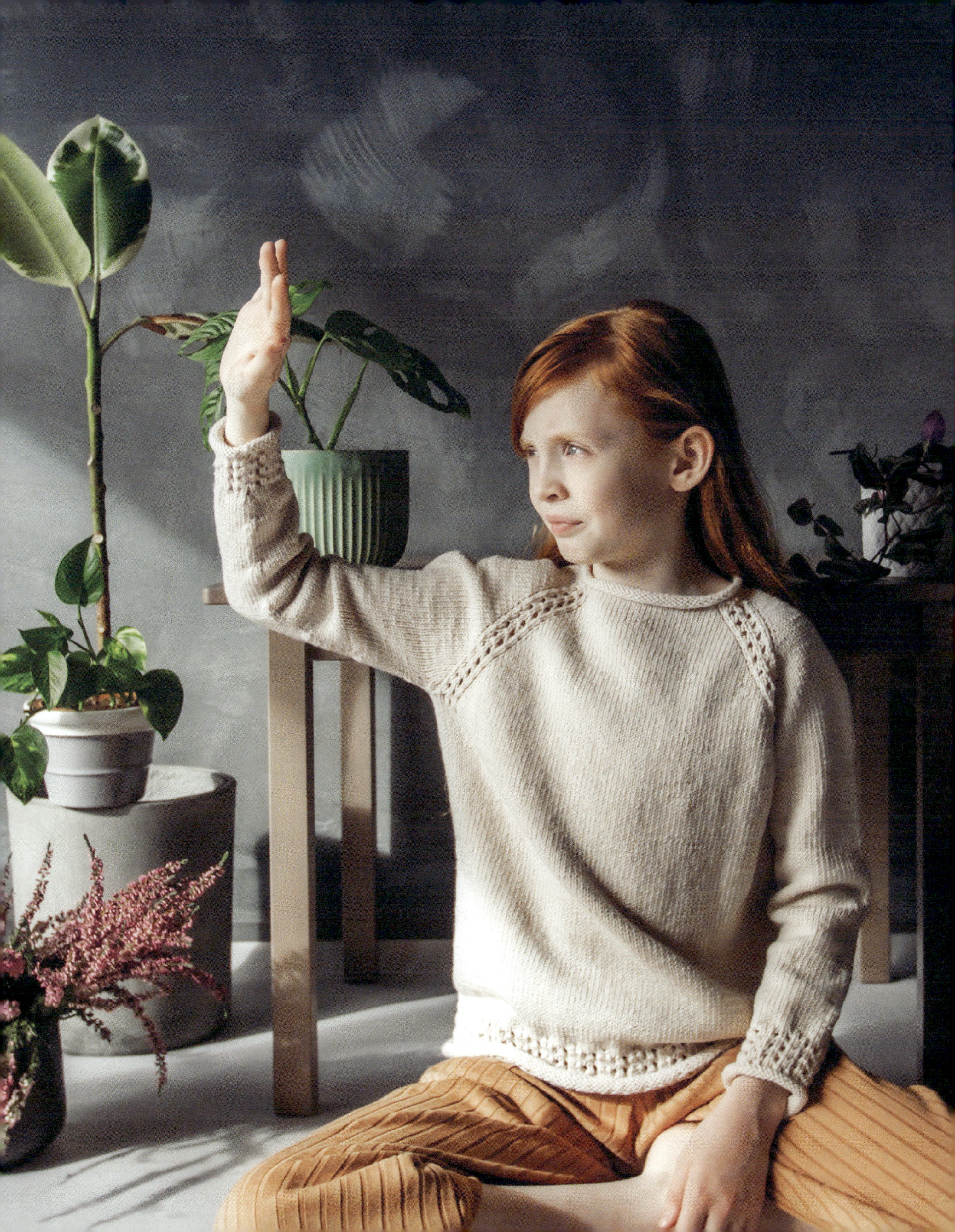

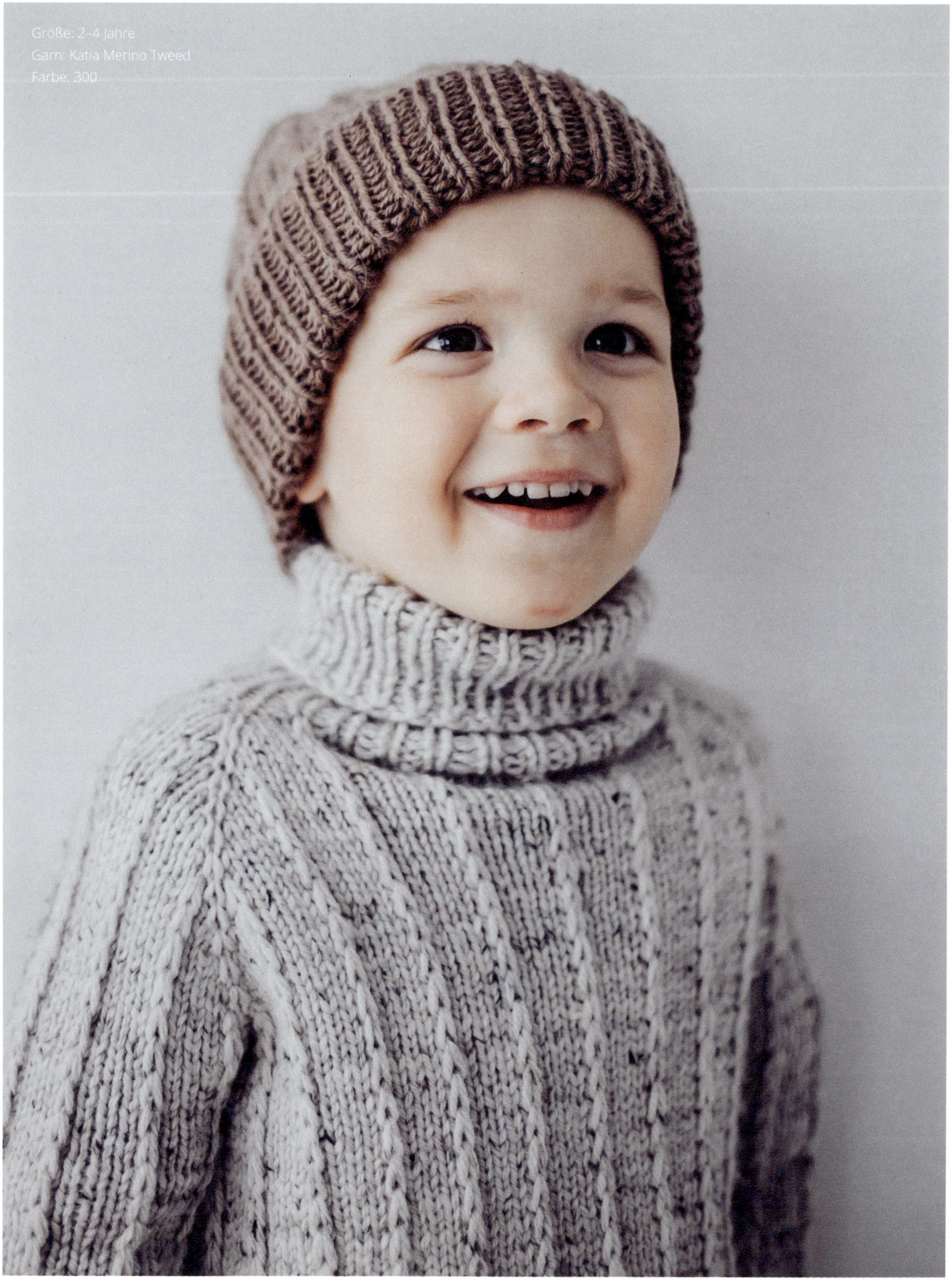
Größe: 2–4 Jahre
Garn: Katia Merino Tweed
Farbe: 300

NACHT FÜR NACHT

Die kleine Version unseres beliebten Pullovers für Erwachsene! Gemütlich, gerade geschnitten und nicht oversize – und viel einfacher als er aussieht: Nachdem ihr die Hebemaschen in der ersten Reihe positioniert habt, strickt sich das Muster quasi von selbst.

GRÖSSENANGABEN UND GARNVERBRAUCH

Größe	Brust-umfang	Ärmel-umfang	Rumpflänge ab Ärmelansatz	Ärmellänge ab Ärmelansatz	Garnverbrauch
6–12 Monate	55 cm	20 cm	19 cm	21 cm	250 g (400 m)
1–2 Jahre	66 cm	22 cm	22 cm	23 cm	300 g (480 m)
2–4 Jahre	72 cm	22 cm	25 cm	28 cm	350 g (560 m)
4–6 Jahre	**78 cm**	**25 cm**	**28 cm**	**30 cm**	**400 g (640 m)**
6–8 Jahre	**84 cm**	**28 cm**	**31 cm**	**32 cm**	**500 g (800 m)**
8–10 Jahre	**90 cm**	**30 cm**	**34 cm**	**36 cm**	**600 g (960 m)**

Bitte beachtet, dass die angegebenen Garnmengen nur ein Richtwert sind.

Garn

Katia Merino Tweed (80 m/50 g), Katia Merino Aran, Katia Merino Sport, Lana Grossa Bingo oder Drops Nepal

Oder ähnliche Garne mit derselben Maschenprobe.

Maschenprobe

18 Maschen = 10 cm im Muster
16 Maschen = 10 cm glatt rechts

Das braucht ihr:

Rundstricknadel Nr. 6 (40 und 60/80 cm)
Rundstricknadel Nr. 5,5 (60/80 cm für das untere Bündchen)
Nadelspiel Nr. 6
Nadelspiel Nr. 5,5 (für die Ärmelbündchen)
Stopfnadel zum Vernähen der Fäden
Maschenmarkierer

Dieser Pullover wird in Runden von oben nach unten mit Raglanzunahmen und einem Muster aus Hebemaschen gearbeitet. Die Musterdiagramme findet ihr am Ende der Anleitung.

ROLLKRAGEN

Schlagt 48, 52, 56, **56, 60, 60** M auf die Rundstricknadel Nr. 6 (40 cm) an. Schließt zur Runde und strickt den Rollkragen im Rippenmuster (je 1 M re, 1 M li im Wechsel), insgesamt 12, 13, 14, **15, 17, 18** cm lang.

RAGLANPASSE

Nach dem Rollkragen werden die Raglanzunahmen gearbeitet. Diese Zunahmen bilden die Linien, die Rumpf und Schultern voneinander trennen.

Die Runde beginnt in der hinteren Mitte. Ab hier wird nur noch glatt re mit dem Hebemaschenmuster (s. Diagramme auf S. 105) gestrickt. Bitte beachtet, dass die MM hier nicht zwischen zwei Maschen auf der Nadel hängen, sondern an vier Stellen in eine bestimmte Masche gesteckt werden.

1. Schritt: Strickt 10, 11, 12, **12, 13, 13** M im Muster (rechtes Rückenteil).

2. Schritt: Strickt 1 M re (Raglanmasche) und steckt einen MM in diese Masche.

3. Schritt: Strickt 3 M mit Muster (rechte Schulter), d.h. 1 re, 1 abheben, 1 re.

4. Schritt: Strickt 1 M re (Raglanmasche) und steckt einen MM in diese Masche.

5. Schritt: Strickt 19, 21, 23, **23, 25, 25** M (Vorderteil) im Muster.

6. Schritt: Strickt 1 M re (Raglanmasche) und steckt einen MM in diese Masche.

7. Schritt: Strickt 3 M mit Muster (linke Schulter), d.h. 1 re, 1 abheben, 1 re.

8. Schritt: Strickt 1 M re (Raglanmasche) und steckt einen MM in diese Masche.

9. Schritt: Strickt 9, 10, 11, **11, 12, 12** M im Muster (linkes Rückenteil).

Jetzt habt ihr wieder den Beginn der Runde in der hinteren Mitte erreicht. Die vier MM in der Runde markieren die Stellen, an denen ihr in der zweiten Runde die Raglanzunahmen arbeitet:

Nehmt jetzt an beiden Seiten der MM mit **M1R, M1L** (s. Seite 6) Maschen zu: Strickt bis zum ersten MM, **M1R**, die Masche mit dem MM re stricken, **M1L**. Wiederholt diese Zunahmen an allen weiteren MM in dieser Runde und strickt dabei das Hebemaschenmuster. Strickt dann die dritte Runde ohne Zunahmen, mit Muster. Auf diese Weise nehmt ihr in jeder zweiten Runde 8 M zu, und es bilden sich die Linien, die Hauptteil und Schultern voneinander trennen.

Arbeitet diese Zunahmen in jeder zweiten Runde, bis ihr insgesamt 14, 16, 17, **20, 22, 24** Runden mit Zunahmen gestrickt habt. Führt dabei das Muster über die gesamte Länge fort. Am Ende liegen 160, 180, 192, **216, 236, 252** M auf der Nadel.

RUMPF

Jetzt werden die Maschen, die später die Ärmel bilden, auf jeder Seite auf einem Hilfsfaden stillgelegt. Das ist ein Faden in einer Kontrastfarbe, auf den ihr alle Ärmelmaschen auffädelt, um sie zu sichern, während der Rumpf gestrickt wird. Das geht folgendermaßen:

1. Schritt: Strickt 24, 29, 30, **33, 36, 38** M (rechtes Rückenteil).

2. Schritt: Legt 33, 33, 37, **43, 47, 51** M auf einen Hilfsfaden (rechter Ärmel).

3. Schritt: Schlagt 3, 3, 6, **5, 4, 5** neue M an (unter dem rechten Ärmel).

4. Schritt: Strickt 47, 57, 59, **65, 71, 75** M (Vorderteil)

5. Schritt: Legt 33, 33, 37, **43, 47, 51** M auf einen Hilfsfaden (linker Ärmel).

6. Schritt: Schlagt 3, 3, 6, **5, 4, 5** neue M an (unter dem linken Ärmel).

7. Schritt: Strickt 23, 28, 29, **32, 35, 37** M (linkes Rückenteil).

Jetzt liegen insgesamt 100, 120, 130, **140, 150, 160** M auf der Nadel (Vorder- und Rückenteil, plus die neuen M unter den Ärmeln). Die Ärmelmaschen liegen jetzt auf Hilfsfäden. Die 4 Raglanmaschen, an denen ihr zugenommen habt, bilden jetzt einen Teil des Musters.

Strickt jetzt im Muster gerade nach unten, bis der Rumpf, ab dem Ärmelansatz, 13, 16, 17, **20, 23, 25** cm misst und endet dabei in Reihe 3 oder 6 des Musters. Wechselt auf die dünnere Rundstricknadel und strickt eine weitere Runde glatt re. Nehmt dabei gleichmäßig über die Runde verteilt 10, 10, 12, **14, 14, 16** M ab. Strickt zum Abschluss ein Rippenbündchen (1 M re, 1 M li im Wechsel), 6, 6, 8, **8, 8, 9** cm lang, und kettet im Muster ab.

ÄRMEL

Jetzt werden die Maschen für den ersten Ärmel, die ihr auf einem Hilfsfaden stillgelegt habt, auf das Nadelspiel Nr. 5,5–6 gelegt. Zusätzlich werden aus den Maschen, die ihr unter dem Arm neu angeschlagen habt, 2, 2, 3, **2, 3, 4** M aufgefasst und zu den restlichen Ärmelmaschen auf die Nadel gelegt. Bitte beachtet, dass ihr hier NICHT dieselbe Anzahl an Maschen aufnehmt, wie ihr unter den Ärmeln angeschlagen habt – das liegt daran, dass das Muster sonst nicht aufgehen würde.

Jetzt liegen 35, 35, 40, **45, 50, 55** M auf der Nadel (mit den neuen M unter den Armen). Strickt den Ärmel jetzt mit dem Muster in Runden, bis er ab dem Ärmelansatz 15, 17, 20, **22, 24, 27** cm misst. Endet dabei in Reihe 3 oder 6 des Musters.

Strickt jetzt noch eine Runde glatt re und reduziert die Maschenzahl gleichmäßig über die Runde verteilt um 5, 3, 6, **7, 10, 13** M. Wechselt dann auf das dünnere Nadelspiel und strickt ein Rippenbündchen (1 m re, 1 m li im Wechsel), insgesamt 6, 6, 8, **8, 8, 9** cm lang. Kettet im Rippenmuster ab und strickt den zweiten Ärmel genauso.

ABSCHLUSS

Vernäht alle Enden. Wascht den Pullover entsprechend der Pflegehinweise auf eurem Garn, zieht ihn auf einem trockenen Handtuch in Form und lasst ihn liegend trocknen.

Durch das Muster wird der Pullover nach der Wäsche einen etwas größeren Umfang haben als vorher. Das wird in der Anleitung berücksichtigt.

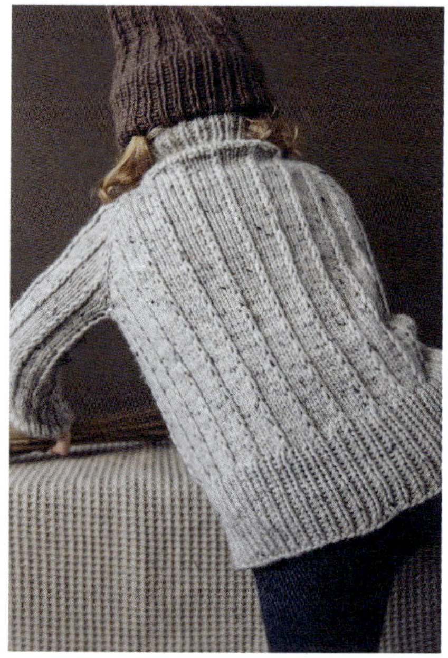

Schultern in allen Größen

	13	12	11	10	9	8	7	6	5	4	3	2	1	
														11
	MR	V					V					V	ML	10
		V					V					V		9
		MR										ML		8
							V							7
			MR				V				ML			6
														5
				MR			V			ML				4
							V							3
					MR				ML					2
							V							1
	13	12	11	10	9	8	7	6	5	4	3	2	1	

↑ **BEGINNT HIER**

- ☐ glatt rechts
- ■ Raglanmasche
- ☐ keine Masche
- [V] 1 Masche ungestrickt, wie zum Linksstricken, mit dem Faden hinter der Arbeit abheben
- [MR] M1R (s. Seite 6)
- [ML] M1L (s. Seite 6)

6–12 Monate – Vorder- und Rückenteil

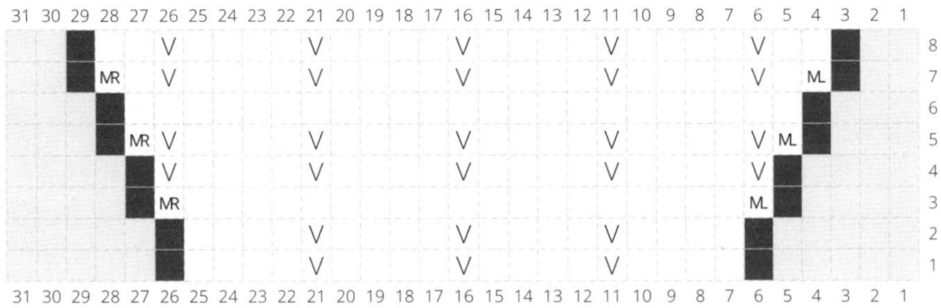

RECHTES RÜCKENTEIL

VORDERTEIL UND LINKES RÜCKENTEIL

1–2 Jahre – Vorder- und Rückenteil

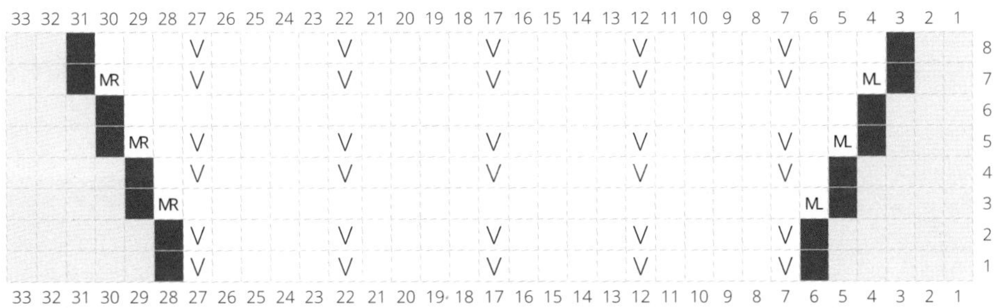

RECHTES RÜCKENTEIL

VORDERTEIL UND LINKES RÜCKENTEIL

2–4 Jahre und 4–6 Jahre – Vorder- und Rückenteil

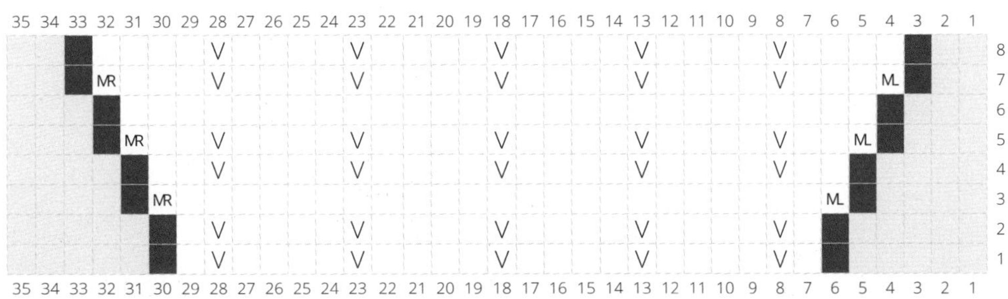

RECHTES RÜCKENTEIL

VORDERTEIL UND LINKES RÜCKENTEIL

6–8 und 8–10 Jahre – Vorder- und Rückenteil

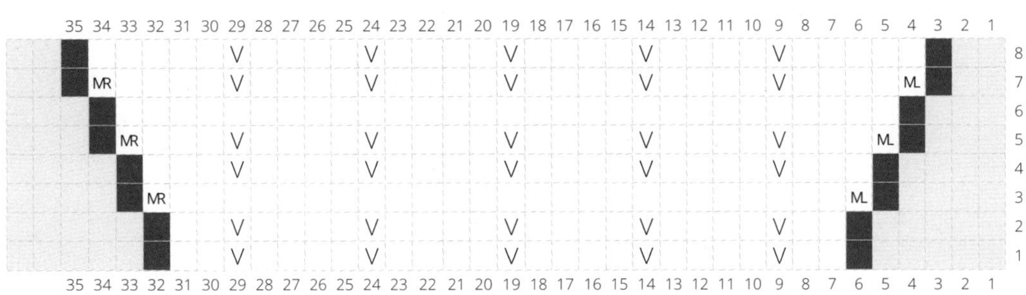

RECHTES RÜCKENTEIL

VORDERTEIL UND LINKES RÜCKENTEIL

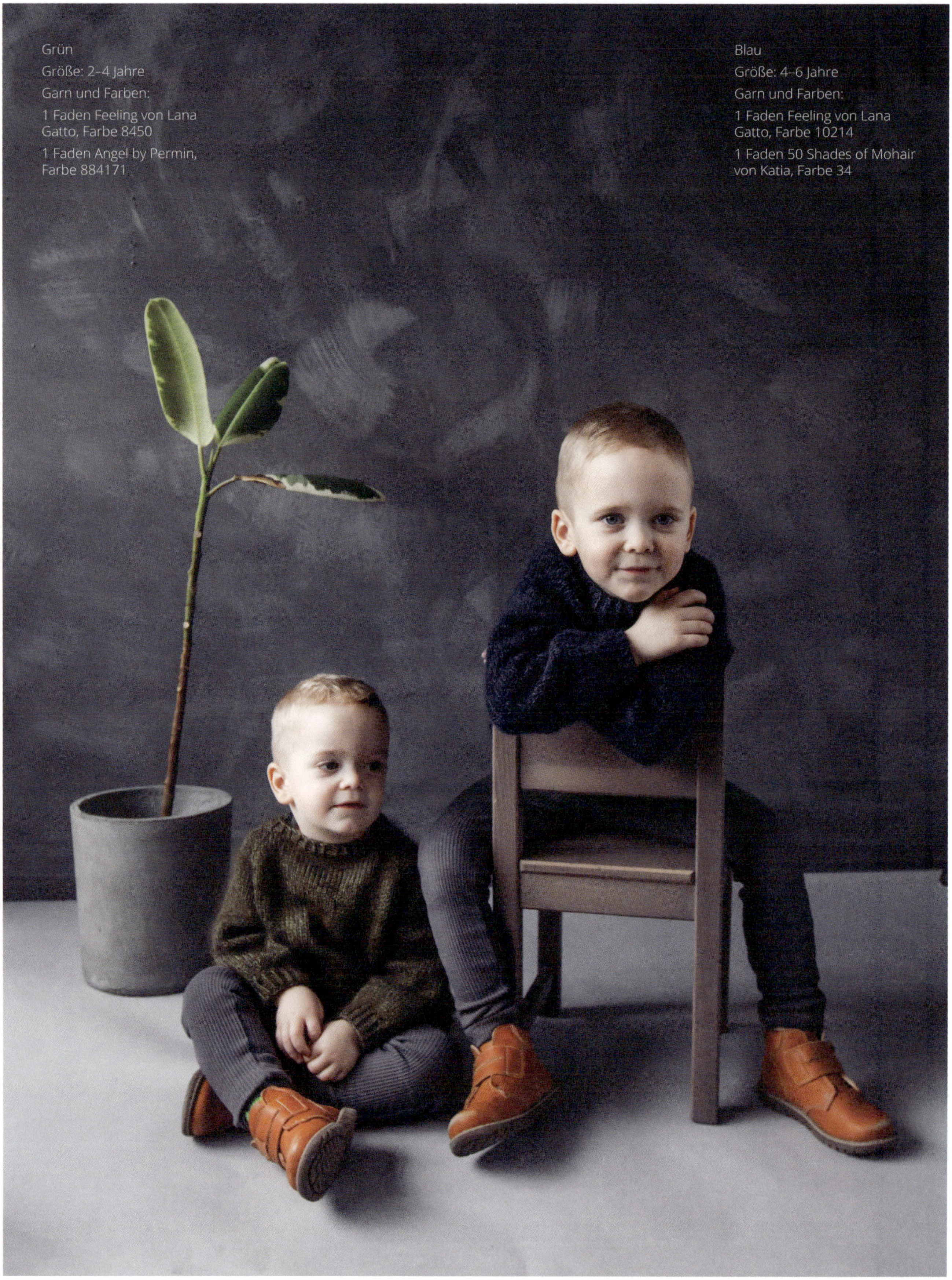

Grün
Größe: 2–4 Jahre
Garn und Farben:
1 Faden Feeling von Lana Gatto, Farbe 8450
1 Faden Angel by Permin, Farbe 884171

Blau
Größe: 4–6 Jahre
Garn und Farben:
1 Faden Feeling von Lana Gatto, Farbe 10214
1 Faden 50 Shades of Mohair von Katia, Farbe 34

STURMTIEF – FÜR KINDER

Klassisch, kuschelig warm und einfach schön: Ein Pullover wie der Herbst. Ganz einfach gestrickt, damit nichts von den unzähligen Kombinationsmöglichkeiten von Wolle und Mohair ablenkt: Grün mit braun, blau mit grau, weiß mit rosa – tobt euch aus!

GRÖSSENANGABEN UND GARNVERBRAUCH

Größe	Brust-umfang	Ärmel-umfang	Rumpflänge ab Ärmelansatz	Ärmellänge ab Ärmelansatz	Garnverbrauch Merino	Garnverbrauch Mohair
6–12 Monate	62 cm	21 cm	18 cm	16 cm	200 g (408 m)	50 g (420 m)
1–2 Jahre	67 cm	22 cm	20 cm	18 cm	200 g (408 m)	50 g (420 m)
2–4 Jahre	69 cm	23 cm	23 cm	20 cm	250 g (510 m)	50 g (420 m)
4–6 Jahre	**73 cm**	**24 cm**	**26 cm**	**23 cm**	**300 g (612 m)**	**50 g (420 m)**
6–8 Jahre	**82 cm**	**28 cm**	**29 cm**	**26 cm**	**350 g (714 m)**	**75 g (630 m)**
8–10 Jahre	**91 cm**	**31 cm**	**33 cm**	**30 cm**	**350 g (714 m)**	**100 g (840 m)**

Bitte beachtet, dass die angegebenen Garnmengen nur ein Richtwert sind.

Garn:
1 Faden Katia Merino 100%, Lana Grossa Cool Wool big oder Lang Merino 120.

+ 1 Faden Mohair, z.B. Angel by Permin (210 m/25 g) oder Lana Grossa Silk Hair

Der Pullover wird mit beiden Fäden gleichzeitig gestrickt.

Maschenprobe:
18 Maschen = 10 cm

Das braucht ihr:
Rundstricknadel Nr. 5 (40 und 60/80 cm lang, für die Bündchen)
Rundstricknadel Nr. 5,5 (40 und 60/80 cm lang)
Nadelspiel Nr. 5,5
Nadelspiel Nr. 5 (für die Ärmelbündchen)
Stopfnadel zum Vernähen der Fäden
Maschenmarkierer

Der Pullover wird glatt rechts von oben nach unten in Runden gearbeitet.

BÜNDCHEN

Schlagt 56, 60, 60, **64, 68, 72** M auf die Rundstricknadel Nr. 5 (40 cm lang) an und schließt zur Runde. Strickt das Halsbündchen im Rippenmuster (1 M re verschränkt, 1 M li im Wechsel) insgesamt 2, 2, 2,5, **2,5, 3, 3** cm lang.

RAGLANBLENDE

Nach dem Bündchen werden die Raglanzunahmen gearbeitet. Diese Zunahmen bilden die Linien, die Rumpf und Schultern voneinander trennen. Die Runde beginnt in der hinteren Mitte. Wechselt jetzt auf Nadelstärke 5,5. Ab hier wird nur noch glatt re gestrickt und ohne verschränkte Maschen. Bitte beachtet, dass die MM hier in eine bestimmte Masche gesteckt werden und nicht zwischen zwei Maschen auf der Nadel hängen.

1. Schritt: Strickt 10, 12, 12, **12, 14, 14** M (rechtes Rückenteil).

2. Schritt: Strickt 1 M re und steckt einen MM in diese M.

3. Schritt: Strickt 5 M (rechte Schulter).

4. Schritt: Strickt 1 M re und steckt einen MM in diese M.

5. Schritt: Strickt 21, 23, 23, **25, 27, 29** M (Vorderteil).

6. Schritt: Strickt 1 M re und steckt einen MM in diese M.

7. Schritt: Strickt 5 M (linke Schulter).

8. Schritt: Strickt 1 M re und steckt einen MM in diese M.

9. Schritt: Strickt 11, 11, 11, **13, 13, 15** M (linkes Rückenteil).

Jetzt habt ihr wieder den Beginn der Runde in der hinteren Mitte erreicht. Markiert ihn ggf. mit einem weiteren MM. Die vier MM in der Runde markieren die Stellen, an denen ihr ab der nächsten Runde die Raglanzunahmen arbeitet:

Strickt bis zur Masche mit dem ersten MM. Nehmt 1 M mit **M1R** (s. Seite 6) zu, strickt die Masche mit dem MM, nehmt 1 M mit **M1L** zu. Wiederholt diese Zunahme an den anderen drei MM in der Runde und nehmt so an vier Stellen in der Runde insgesamt 8 M zu. Strickt dann eine weitere Runde glatt re ohne Zunahmen.

Nehmt auf diese Weise in jeder zweiten Runde insgesamt 15, 16, 17, **18, 21, 24** Mal zu und strickt dazwischen immer eine Runde ohne Zunahmen. Wechselt auf eine längere Rundstricknadel, wenn die Runden zu lang für 40 cm werden. Am Ende der Zunahmen liegen 176, 188, 196, **208, 236, 264** M auf der Nadel.

RUMPF

Jetzt werden die Maschen, die später die Ärmel bilden, auf jeder Seite auf einem Hilfsfaden stillgelegt. Das ist ein Faden in einer Kontrastfarbe, auf den ihr alle Ärmelmaschen auffädelt, um sie zu sichern, während der Rumpf gestrickt wird.

1. Schritt: Strickt 26, 29, 30, **31, 36, 39** M (rechtes Rückenteil).

2. Schritt: Legt 35, 37, 39, **41, 47, 53** M auf einen Hilfsfaden (rechter Ärmel).

3. Schritt: Schlagt 3 neue M an (unter dem rechten Ärmel).

4. Schritt: Strickt 53, 57, 59, **63, 71, 79** M (Vorderteil)

5. Schritt: Legt 35, 37, 39, **41, 47, 53** M auf einen Hilfsfaden (linker Ärmel).

6. Schritt: Schlagt 3 neue M an (unter dem linken Ärmel).

7. Schritt: Strickt 27, 28, 29, **32, 35, 40** M (linkes Rückenteil).

Jetzt liegen insgesamt 112, 120, 124, **132, 148, 164** M auf der Nadel (Vorder- und Rückenteil, plus die 6 neuen M unter den Ärmeln). Die Ärmelmaschen liegen jetzt auf Hilfsfäden.

Strickt jetzt gerade nach unten, bis der Rumpf, ab dem Ärmelansatz, 15,5, 17, 20, **22,5, 25, 29** cm misst. Wechselt dann wieder auf Nadelstärke 5 (60/80 cm), strickt eine weitere Runde glatt re und nehmt dabei gleichmäßig über die Runde verteilt 10 M ab:

Strickt dann ein Rippenbündchen wie im Halsbündchen (1 M re verschränkt, 1 M li im Wechsel), 2,5, 3, 3, **3,5, 4, 4** cm lang, und kettet im Muster ab.

ÄRMEL

Jetzt werden die Maschen für den ersten Ärmel, die ihr auf einem Hilfsfaden stillgelegt habt, wieder zurück auf Nadeln (Stärke 5,5) gelegt. Zusätzlich werden aus den Maschen, die ihr unter dem Arm neu angeschlagen habt, 3 M aufgefasst und zu den restlichen Ärmelmaschen auf die Nadel gelegt. Die Ärmel werden in Runden gestrickt. Damit der Rundenbeginn mittig unter dem Arm liegt, werden die neu aufgefassten Maschen auf Rundenbeginn und -ende verteilt, d.h. es kommen je 2 der Maschen auf die erste und 1 auf die letzte Nadel. Die erste Runde beginnt nun in der Mitte zwischen diesen neuen Maschen. Jetzt liegen 38, 40, 42, **44, 50, 56** M auf der Nadel.

Strickt den Ärmel glatt re in Runden, bis zu einer Länge von 13,5, 15, 17, **19,5, 22, 26** cm (ich empfehle hier, die Armlänge des Empfängers von Achsel zu Handgelenk zu messen, wenn möglich, um die Länge ggf. anzupassen). Wechselt auf Nadelstärke 5, strickt eine weitere Runde glatt re und reduziert die Maschen dabei gleichmäßig verteilt um 8, 8, 8, **8, 12, 16** M.

Jetzt liegen noch 30, 32, 34, **36, 38, 40** M auf der Nadel. Strickt daraus in Bündchen im Rippenmuster wie im Rumpf, insgesamt 2,5, 3, 3, **3,5, 4, 4** cm lang. Kettet im Muster ab. Achtet darauf, nicht zu fest abzuketten, damit der Pullover nicht zu eng am Handgelenk anliegt.

Strickt den zweiten Ärmel genauso.

ABSCHLUSS

Vernäht alle Enden und schließt ggf. die Löcher unter den Armen, wenn vorhanden. Wascht den Pullover entsprechend der Pflegehinweise auf eurem Garn, zieht ihn auf einem trockenen Handtuch in Form und lasst ihn liegend trocknen.

ZUR FARBWAHL

Die Kombination aus Mohair und Wolle lädt wunderbar zum Experimentieren ein. Wenn man beide Fäden im gleichen Farbton wählt, erhält man einen leichten, sehr weichen Pullover mit schöner Struktur.

Ihr könnt aber auch versuchen, verschiedene Farben miteinander zu kombinieren: Der grüne Pullover hier in der Anleitung wurde aus olivgrüner Wolle und nussbraunem Mohair gestrickt. Beide Farben harmonieren wunderbar – das Braun gibt dem Grün mehr Tiefe und liegt wie ein brauner Schatten über dem ganzen Pullover. Der blaue Pullover dagegen wurde aus zwei verschiedenen Blautönen (hell- und dunkelblau) gestrickt, die das Muster sehr lebendig wirken lassen.

PROBIERT ES AUS!

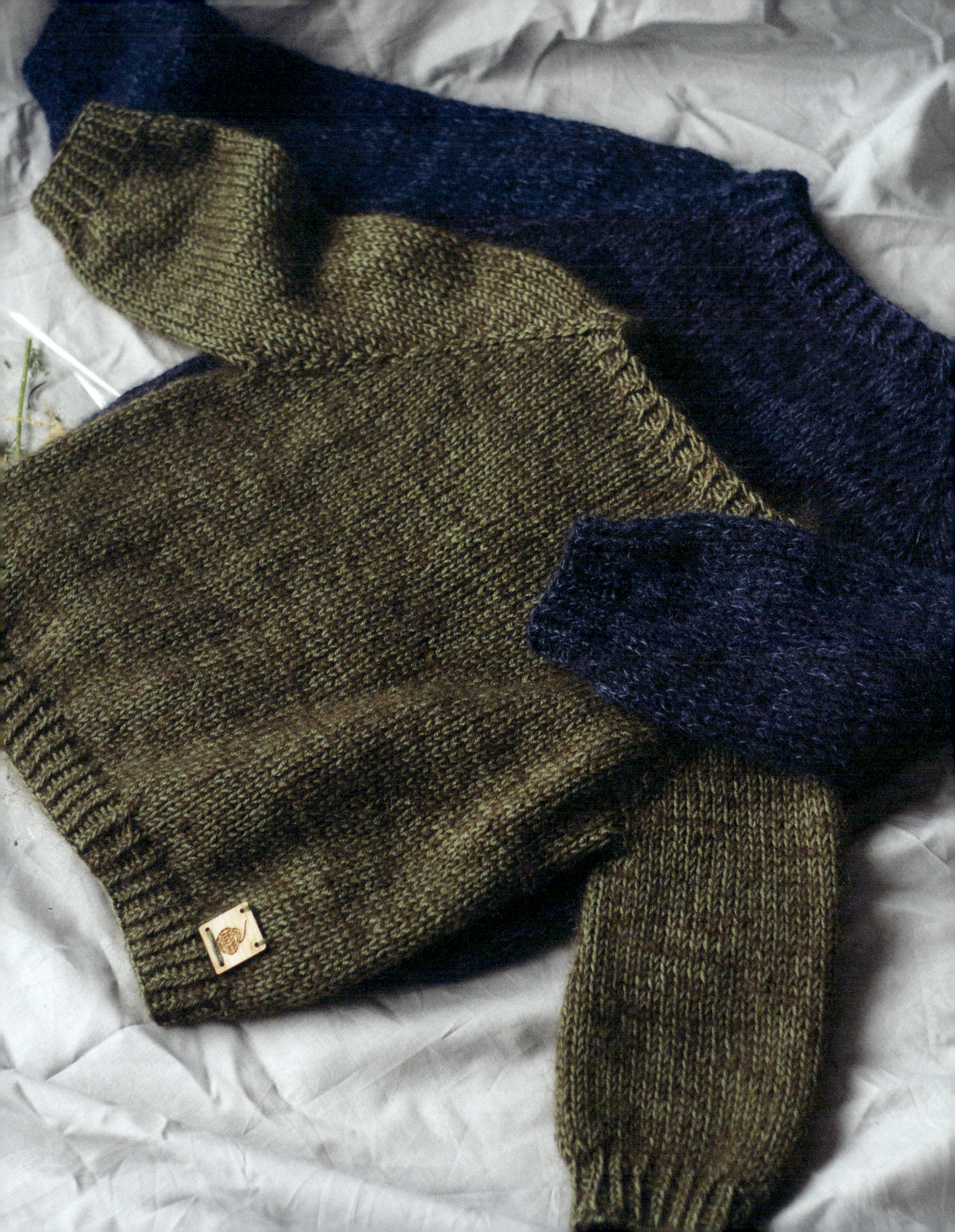

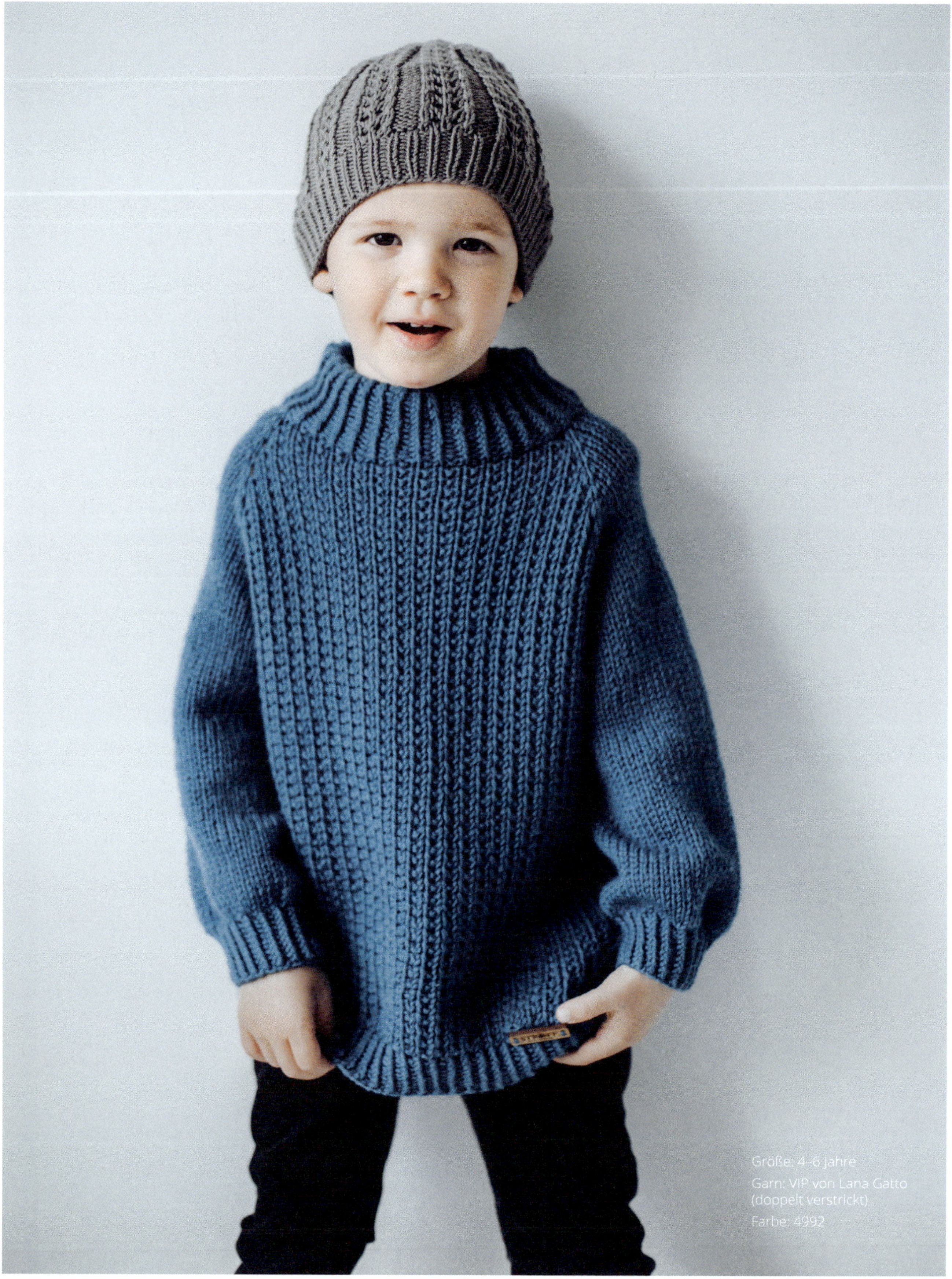

Größe: 4–6 Jahre

Garn: VIP von Lana Gatto (doppelt verstrickt)

Farbe: 4992

GLUT – KINDERPULLOVER

Unser geliebtes (und wunderbar einfaches!) gebrochenes Rippenmuster in der Kinderversion. Glut ist ein weiterer kuscheliger Pullover für aktive Kinder. Der hohe, doppelt gestrickte Kragen hält schön warm, ist aber kein klassischer Rollkragen und sitzt locker am Hals. Mein persönlicher Lieblingspullover im Kindergarten!

GRÖSSENANGABEN UND GARNVERBRAUCH

Größe	Brust-umfang	Ärmel-umfang	Rumpflänge ab Ärmelansatz	Ärmellänge ab Ärmelansatz	Garnverbrauch
6–12 Monate	64 cm	21 cm	20 cm	16 cm	250 g (400 m)
1–2 Jahre	69 cm	22 cm	22 cm	18 cm	300 g (480 m)
2–4 Jahre	73 cm	23 cm	25 cm	20 cm	350 g (560 m)
4–6 Jahre	**78 cm**	**24 cm**	**29 cm**	**24 cm**	**400 g (640 m)**
6–8 Jahre	**84 cm**	**26 cm**	**32 cm**	**28 cm**	**450 g (720 m)**
8–10 Jahre	**89 cm**	**28 cm**	**36 cm**	**32 cm**	**500 g (800 m)**

Bitte beachtet, dass die angegebenen Garnmengen nur ein Richtwert sind.

Garn:
Katia Merino Sport (80 m/50 g), Katia Merino Aran, Katia Merino Tweed, Lana Grossa Bingo oder Drops Nepal

Maschenprobe
18 Maschen = 10 cm mit Nadelstärke 6

Das braucht ihr:
Rundstricknadel Nr. 6 (40 und 60/80 cm lang)
Rundstricknadel Nr. 5,5 (für das untere Bündchen)
Nadelspiel Nr. 6 (für die Ärmel)
Nadelspiel Nr. 5,5 (für die Ärmelbündchen)
Stopfnadel zum Vernähen der Fäden
Maschenmarkierer

Der Pullover wird von oben nach unten in Runden gearbeitet. Auf der Vorderseite wird ein gebrochenes Rippenmuster gestrickt, die Rückseite und die Ärmel werden glatt rechts gestrickt.

HALSBÜNDCHEN

Schlagt 52, 56, 60, **64, 68, 72** M auf die Rundstricknadel Nr. 6 (40 cm lang) an und schließt zur Runde. Strickt das Bündchen im Rippenmuster (1 M re verschränkt, 1 M li im Wechsel) insgesamt 10, 11, 12, **13, 14, 15** cm lang.

Im Anschluss klappt ihr das Bündchen nach innen um und strickt es in der nächsten Reihe direkt fest, damit es umgeklappt fixiert ist (s. Seite 7).

GEBROCHENES RIPPENMUSTER

Das gebrochene Rippenmuster auf der Vorderseite wird wie folgt gestrickt:

1. Reihe: Strickt 1 M re, 1 M li im Wechsel.

2. Reihe: Strickt alle M re.

Wiederholt Reihen 1 und 2 auf der Vorderseite über die ganze Länge des Pullovers.

RAGLANBLENDE

Nach dem Kragen werden die Raglanzunahmen gearbeitet. Diese Zunahmen bilden die Linien, die Rumpf und Schultern voneinander trennen. Die Runde beginnt in der hinteren Mitte. Ab hier wird hinten und in den Schultern glatt re gestrickt und vorne im gebrochenen Rippenmuster. Ihr strickt die rechten Maschen ab hier auch nicht mehr verschränkt.

Die **erste Runde** wird wie folgt gestrickt:

1. Schritt: Strickt 10, 12, 12, **14, 14, 16** M re (rechtes Rückenteil).

2. Schritt: Strickt 1 M re und steckt einen MM in diese Masche.

3. Schritt: Strickt 3 M (rechte Schulter).

4. Schritt: Strickt 1 M re und steckt einen MM in diese Masche.

5. Schritt: Strickt 21, 23, 25, **27, 29, 31** M im gebrochenen Rippenmuster (Vorderteil).

6. Schritt: Strickt 1 M re und steckt einen MM in diese Masche.

7. Schritt: Strickt 3 M re (linke Schulter).

8. Schritt: Strickt 1 M re und steckt einen MM in diese Masche.

9. Schritt: Strickt 11, 11, 13, **13, 15, 15** M re (linkes Rückenteil).

Jetzt habt ihr wieder den Beginn der Runde in der hinteren Mitte erreicht. Markiert ihn ggf. mit einem weiteren MM. Die vier MM in der Runde markieren die Stellen, an denen ihr ab der nächsten Runde die Raglanzunahmen arbeitet:

Strickt bis zur Masche mit dem ersten MM. Nehmt 1 M mit **M1R** (s. Seite 6) zu, strickt die Masche mit dem MM, nehmt 1 M mit **M1L** zu. Wiederholt diese Zunahme an den anderen drei MM in der Runde und nehmt so an vier Stellen in der Runde insgesamt 8 M zu. Strickt dann eine weitere Runde ohne Zunahmen, glatt re im Rückenteil und den Schultern und mit gebrochenem Rippenmuster im Vorderteil.

Nehmt auf diese Weise in jeder zweiten Runde insgesamt 15, 16, 17, **18, 20, 21** Mal zu und strickt dazwischen immer eine ohne Zunahmen. Wechselt auf eine längere Rundstricknadel, wenn die Runden zu lang für 40 cm werden. Wenn ihr unsere Anleitung befolgt habt, strickt ihr jede Runde mit Zunahmen komplett glatt re und jede Runde ohne Zunahmen re–li im Wechsel im Vorderteil. Am Ende der Zunahmen liegen 172, 184, 196, **208, 228, 240** M auf der Nadel.

RUMPF

Jetzt werden die Maschen, die später die Ärmel bilden, auf jeder Seite auf einem Hilfsfaden stillgelegt. Das ist ein Faden in einer Kontrastfarbe, auf den ihr alle Ärmelmaschen auffädelt, um sie zu sichern, während der Rumpf gestrickt wird. Ihr strickt weiterhin das Rückenteil glatt re und das Vorderteil im gebrochenen Rippenmuster.

1. Schritt: Strickt 27, 29, 30, **33, 35, 38** M (Rückenteil).

2. Schritt: Legt 33, 35, 37, **39, 43, 45** M auf einen Hilfsfaden (rechter Ärmel).

3. Schritt: Schlagt 5 neue M an (unter dem rechten Arm).

4. Schritt: Strickt 53, 57, 61, **65, 71, 75** M (Vorderteil)

5. Schritt: Legt 33, 35, 37, **39, 43, 45** M auf einen Hilfsfaden (linker Ärmel).

6. Schritt: Schlagt 5 neue M an (unter dem linken Arm).

7. Schritt: Strickt 26, 28, 31, **32, 36, 37** M (Rückenteil).

Teilt die 5 neuen Maschen unter den Armen auf beiden Seiten so auf, dass 3 Maschen zum Vorderteil gehören und im gebrochenen Rippenmuster weitergestrickt werden, und 2 Maschen wie der Rest des Rückenteils glatt re gestrickt werden.

Jetzt liegen insgesamt 116, 124, 132, **140, 152, 160** M auf der Nadel (Vorder- und Rückenteil, plus die 10 neuen M unter den Ärmeln). Die Ärmelmaschen liegen jetzt auf Hilfsfäden.

Strickt jetzt gerade nach unten, bis der Rumpf, ab dem Ärmelansatz, 17, 19, 22, **25, 28, 32** cm misst. Führt das gebrochene Rippenmuster auf der Vorderseite bis zum Bündchen fort. Beendet den Rumpf so, dass ihr das Vorderteil in der letzten Runde mit Rippenmuster (1 M re, 1 M li im Wechsel) strickt. Wechselt auf Nadelstärke 5,5, strickt eine Runde re und strickt dann ein Rippenbündchen wie im Halsbündchen (1 M re verschränkt, 1 M li im Wechsel), 3, 3, 3, **4, 4, 4** cm lang, und kettet im Muster ab.

ÄRMEL

Jetzt werden die Maschen für den ersten Ärmel, die ihr auf einem Hilfsfaden stillgelegt habt, wieder zurück auf Nadeln gelegt. Zusätzlich werden aus den Maschen, die ihr unter dem Arm neu angeschlagen habt, 5 M aufgefasst und zu den restlichen Ärmelmaschen auf die Nadel gelegt. Die Ärmel werden in Runden gestrickt. Die erste Runde beginnt nun in der Mitte zwischen diesen neuen Maschen. Jetzt liegen 38, 40, 42, **44, 48, 50** M auf der Nadel.

Strickt den Ärmel glatt re in Runden, bis zu einer Länge von 13, 15, 17, **20, 24, 28** cm (ich empfehle hier, die Armlänge des Empfängers von Achsel zu Handgelenk zu messen, wenn möglich, um die Länge ggf. anzupassen). Wechselt auf Nadelstärke 5,5, strickt eine weitere Runde glatt re und reduziert die Maschen dabei gleichmäßig verteilt um 10, 10, 8, **8, 10, 10** M. Jetzt liegen noch 28, 30, 34, **36, 38, 40** M auf der Nadel. Strickt daraus in Bündchen im Rippenmuster wie im Rumpf, insgesamt 3, 3, 3, **4, 4, 4** cm lang. Kettet im Muster ab. Achtet darauf, nicht zu fest abzuketten, damit der Pullover nicht zu eng am Handgelenk anliegt.

Strickt den zweiten Ärmel genauso.

ABSCHLUSS

Vernäht alle Enden. Wascht den Pullover entsprechend der Pflegehinweise auf eurem Garn, zieht ihn auf einem trockenen Handtuch in Form und lasst ihn liegend trocknen.

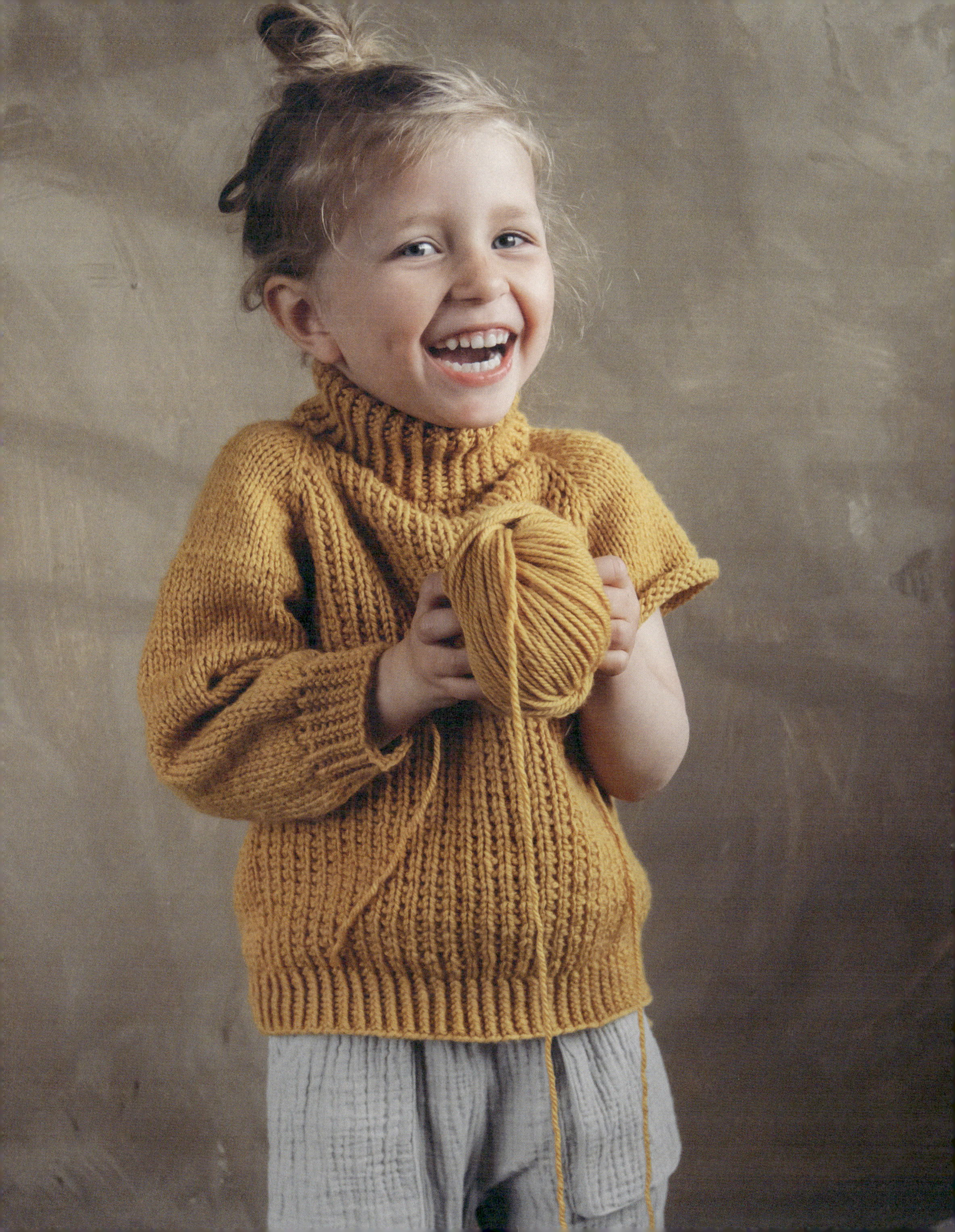

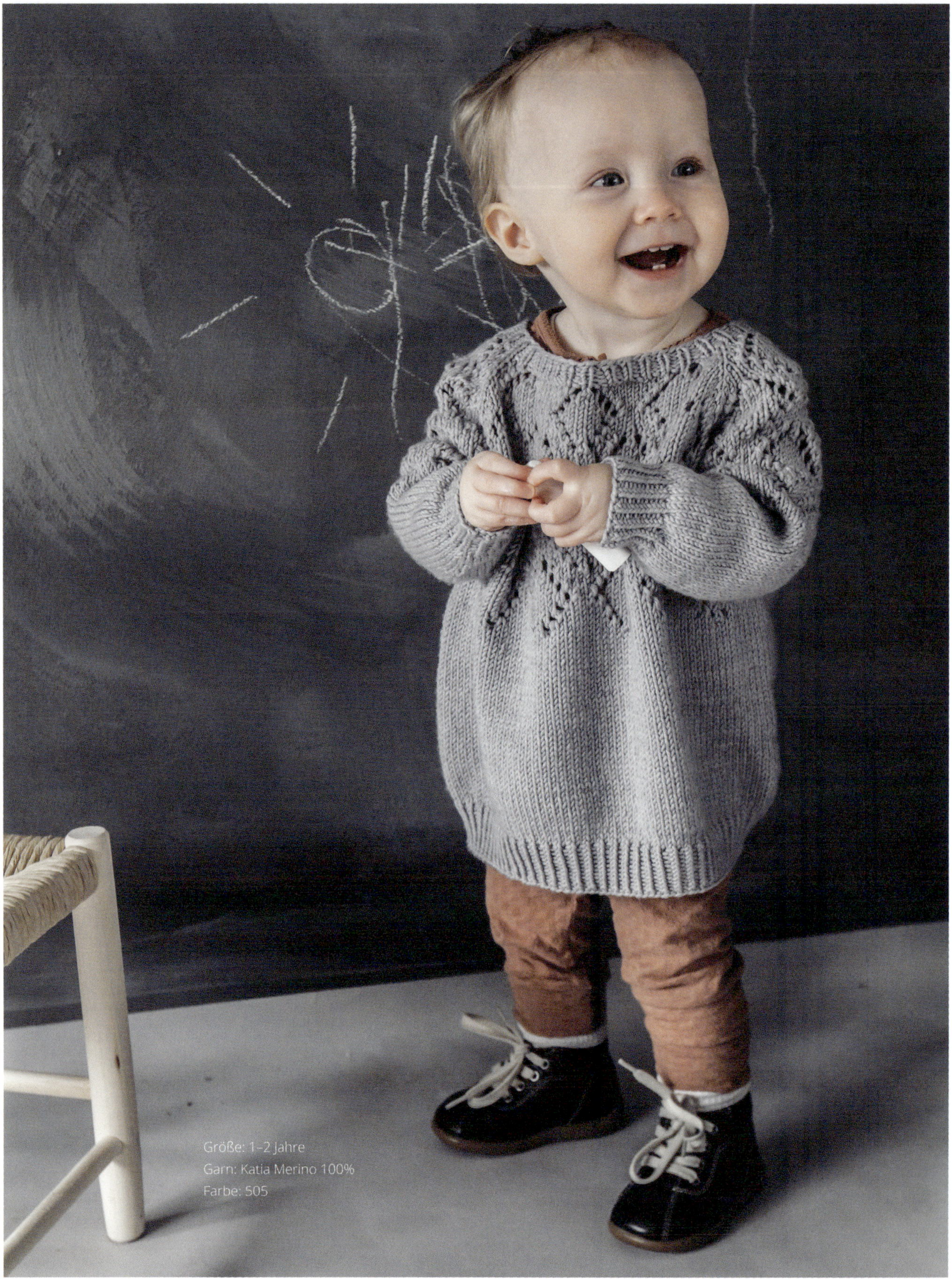

Größe: 1–2 Jahre
Garn: Katia Merino 100%
Farbe: 505

EVA – KINDERPULLOVER

Der Damenpullover und der Cardigan in unserer Eva–Kollektion waren kaum erschienen, schon kamen die Anfragen zu einem passenden Kinderpullover. Eva für Kinder wird, anders als die großen Teile, ohne Mohair gestrickt. Das Lochmuster wird dadurch schärfer und klarer. Wir stricken den Pullover aus Merinowolle – gerade hier könnten Baumwollmischungen aber auch gut passen!

GRÖSSENANGABEN UND GARNVERBRAUCH

Größe	Brust-umfang	Ärmel-umfang	Rumpflänge ab Ärmelansatz	Ärmellänge ab Ärmelansatz	Garnverbrauch
1–2 Jahre	66 cm	21 cm	22 cm	19 cm	200 g (408 m)
2–4 Jahre	71 cm	24 cm	25 cm	24 cm	250 g (510 m)
4–6 Jahre	74 cm	26 cm	28 cm	26 cm	300 g (612 m)
6–8 Jahre	78 cm	27 cm	30 cm	29 cm	350 g (714 m)
8–10 Jahre	**83 cm**	**28,5 cm**	**32 cm**	**34 cm**	**400 g (816 m)**
10–12 Jahre	**87 cm**	**32 cm**	**34 cm**	**38 cm**	**450 g (918 m)**
12–14 Jahre	**90 cm**	**34 cm**	**36 cm**	**42 cm**	**500 g (1020 m)**

Bitte beachtet, dass die angegebenen Garnmengen nur ein Richtwert sind.

Garn:
Katia Merino 100% (102 m/50 g), Lana Gatto Feeling, Lang Merino 120, Drops Merino extra fine, Drops Cotton Merino oder Lana Grossa Cool Wool big

Maschenprobe
23 Maschen = 10 cm mit Nadelstärke 4 glatt rechts

Das braucht ihr:
Rundstricknadel Nr. 4 (40, 60/80 cm lang)
Rundstricknadel Nr. 3,5 (60/80 cm lang)
Nadelspiel Nr. 4
Nadelspiel Nr. 3,5
Stopfnadel zum Vernähen der Fäden
Maschenmarkierer

Der Pullover wird glatt rechts von oben nach unten in Runden gearbeitet. Die Raglanpasse wird mit einem Lochmuster gestrickt. Die Musterdiagramme für das Lochmuster findet ihr am Ende der Anleitung.

BÜNDCHEN

Schlagt 68, 72, 72, 76, **76, 80, 80** M auf die Rundstricknadel Nr. 4 (40 cm lang) an und schließt zur Runde. Strickt das Halsbündchen im Rippenmuster (1 M re verschränkt, 1 M li im Wechsel) insgesamt 3, 3, 3, 3, **3,5, 3,5, 4** cm lang.

RAGLANBLENDE

Nach dem Bündchen werden die Raglanzunahmen gearbeitet. Ab hier wird nur noch glatt re gestrickt, mit Lochmuster (s. Diagramm – die erste Reihe im Lochmuster wird einfach glatt re gestrickt).

Strickt eine Runde glatt re (**Reihe 1** im Musterdiagramm). Nehmt dabei gleichmäßig über die Runde verteilt 12, 8, 8, 4, **4, 0, 0** M zu. Jetzt liegen in allen Größen 80 M auf der Nadel.

In der **zweiten Runde** markiert ihr die Stellen für die Raglanzunahmen mit MM und strickt dabei die **2. Reihe** des Musterdiagramms im Lochmuster.

1. Schritt: Strickt 16 M im Lochmuster laut Diagramm (rechtes Rückenteil).

2. Schritt: Hängt MM1 auf die Nadel, strickt 1 M re (die Raglanmasche) und hängt dann MM2 auf die Nadel.

3. Schritt: Strickt 7 M im Lochmuster laut Diagramm (rechte Schulter) und hängt MM3 auf die Nadel.

4. Schritt: Strickt 1 M re (die Raglanmasche) und hängt dann MM4 auf die Nadel.

5. Schritt: Strickt 31 M im Lochmuster laut Diagramm (Vorderteil).

6. Schritt: Hängt MM5 auf die Nadel, strickt 1 M re (die Raglanmasche) und hängt dann MM6 auf die Nadel.

7. Schritt: Strickt 7 M im Lochmuster laut Diagramm (linke Schulter).

8. Schritt: Hängt MM7 auf die Nadel, strickt 1 M re (die Raglanmasche) und hängt dann MM8 auf die Nadel.

9. Schritt: Strickt 15 M im Lochmuster laut Diagramm (linkes Rückenteil).

Jetzt habt ihr wieder den Beginn der Runde in der hinteren Mitte erreicht. Markiert ihn ggf. mit einem weiteren MM.

Die acht MM in der Runde markieren die Stellen, an denen ihr ab der **dritten Runde** die Raglanzunahmen arbeitet:

Strickt glatt re (**Reihe 3** im Musterdiagramm) bis zu MM1, der die erste Raglanmasche markiert. Nehmt 1 M mit **M1R** (s. Seite 6) zu, hebt MM1 ab, strickt die Raglanmasche re, hebt MM2 ab, nehmt 1 M mit **M1L** zu. Wiederholt diese Zunahme an den anderen drei Raglanmaschen in der Runde und nehmt so an vier Stellen in der Runde insgesamt 8 M zu.

Strickt die **vierte Runde** im Lochmuster (**4. Reihe** im Diagramm) ohne Zunahmen.

Wiederholt **Runden 3 und 4**, bis ihr in insgesamt 19, 22, 24, 26, **28, 30, 32** Runden zugenommen habt. Strickt dabei das Lochmuster laut Diagramm weiter. Wechselt auf eine längere Rundstricknadel, wenn die Reihen zu lang für 40 cm werden. Am Ende der Zunahmen liegen 232, 256, 272, 288, **304, 320, 336** M auf der Nadel. In den Größen 4–6 und 10–12 Jahre ist auch das Lochmuster an dieser Stelle beendet. In den anderen Größen habt ihr das Lochmuster noch nicht ganz beendet, sondern befindet euch an der Linie im Musterdiagramm. Hier endet die Raglanpasse. Der Teil des Lochmusters, der sich im Diagramm oberhalb der Linie befindet, wird in diesen Größen fertiggestrickt, wenn Rumpf und Ärmel getrennt gestrickt werden.

RUMPF

Wenn ihr alle Zunahmen gearbeitet habt, werden die Maschen, die später die Ärmel bilden, auf jeder Seite auf einem Hilfsfaden stillgelegt. In den Größen 4–6 und 10–12 Jahre habt ihr das Lochmuster bereits beendet und strickt ab hier nur noch glatt re. In allen anderen Größen beendet ihr die Rauten, die ihr in der Raglanpasse begonnen habt. Ihr befolgt das Diagramm, bis die angefangenen Rauten beendet sind, arbeitet aber keine weiteren Raglanzunahmen mehr und beginnt keine neuen Rauten.

1. Schritt: Strickt laut Musterdiagramm bis MM2 (rechtes Rückenteil).

2. Schritt: Legt die 45, 51, 55, 59, **63, 67, 71** M zwischen MM2 und MM3 auf einen Hilfsfaden (rechter Ärmel).

3. Schritt: Schlagt 5, 5, 5, 5, **7, 7, 7** neue M an (unter dem rechten Ärmel).

4. Schritt: Strickt laut Musterdiagramm bis MM6 (Vorderteil).

5. Schritt: Legt 45, 51, 55, 59, **63, 67, 71** M zwischen MM6 und MM7 auf einen Hilfsfaden (linker Ärmel).

6. Schritt: 5, 5, 5, 5, **7, 7, 7** neue M an (unter dem linken Ärmel).

7. Schritt: Strickt die Runde laut Musterdiagramm fertig (linkes Rückenteil).

Jetzt liegen insgesamt 152, 164, 172, 180, **192, 200, 208** M auf der Nadel (Vorder- und Rückenteil, plus die neuen M unter den Ärmeln). Die Ärmelmaschen liegen jetzt auf Hilfsfäden.

Strickt glatt re in Runden weiter und beendet dabei in allen Größen außer 4–6 und 10–12 Jahre in den ersten Runden noch die Rauten. Die neu aufgefassten Maschen unter den Armen werden nicht ins Muster integriert, sondern immer nur re gestrickt. Strickt nach dem Muster glatt re in Runden weiter, bis der Rumpf, ab dem Ärmelansatz, 18, 21, 24, 26, **28, 29, 31** cm lang ist (oder individuell nach Geschmack und Größe des Kindes).

Wechselt dann auf Nadelstärke 3,5 und strickt eine weitere Runde glatt re. Strickt dann ein Rippenbündchen wie im Hals (1 M re verschränkt, 1 M li im Wechsel) über 4, 4, 4, 4, **4, 5, 5** cm und kettet im Rippenmuster ab.

ÄRMEL

Jetzt werden die Maschen für den ersten Ärmel, die ihr auf einem Hilfsfaden stillgelegt habt, wieder zurück auf Nadeln (Nadelspiel oder Rundstricknadel, Stärke 4) gelegt. Zusätzlich werden aus den Maschen, die ihr unter dem Arm neu angeschlagen habt, 5, 5, 5, 5, **7, 7, 7** M aufgefasst und zu den restlichen Ärmelmaschen auf die Nadel gelegt. Die Ärmel werden in Runden gestrickt. Die Runde beginnt nun in der Mitte zwischen diesen neuen Maschen. Jetzt liegen 50, 56, 60, 64, **70, 74, 78** M auf der Nadel.

Die Ärmel werden wie der Rumpf glatt re in Runden gestrickt. Auch hier muss das Lochmuster in allen Größen außer 4–6 und 12–14 Jahre fertiggestrickt werden. Die neuen Maschen unter den Armen werden wie im Rumpf nicht in das Muster integriert, sondern nur re gestrickt.

Strickt zunächst 1, 2, 1, 4, **2, 1,5, 4** cm in Runden. Nehmt in der nächsten Runde 2 M ab, indem ihr die ersten 2 und die letzten 2 M der Runde zusammenstrickt. Wiederholt diese Abnahme mit 3, 3, 3, 3, **3, 3,5, 3** cm Abstand, bis ihr insgesamt 5, 6, 7, 7, **9, 9, 11** Abnahmen gearbeitet habt, und nehmt so 10, 12, 14, 14, **18, 18, 22** M ab. Am Ende liegen 40, 44, 46, 50, **52, 56, 56** M auf der Nadel.

Strickt weiter, bis der Ärmel 16, 20, 22, 25, **29, 33, 37** cm lang ist. Wechselt auf das Nadelspiel Nr. 3,5, strickt eine weitere Runde glatt re und nehmt in dieser Runde gleichmäßig verteilt 8, 10, 12, 12, **14, 18, 18** M ab. Jetzt liegen noch 32, 34, 34, 38, **38, 38, 38** M auf der Nadel. Strickt damit ein Rippenbündchen (1 M re verschränkt, 1 M li), insgesamt 3, 4, 4, 4, **5, 5, 5** cm lang, und kettet im Rippenmuster ab. Strickt den zweiten Ärmel genauso.

ABSCHLUSS

Vernäht alle Enden und schließt ggf. die Löcher unter den Armen, wenn vorhanden. Wascht den Pullover entsprechend der Pflegehinweise auf eurem Garn, zieht ihn auf einem trockenen Handtuch in Form und lasst ihn liegend trocknen.

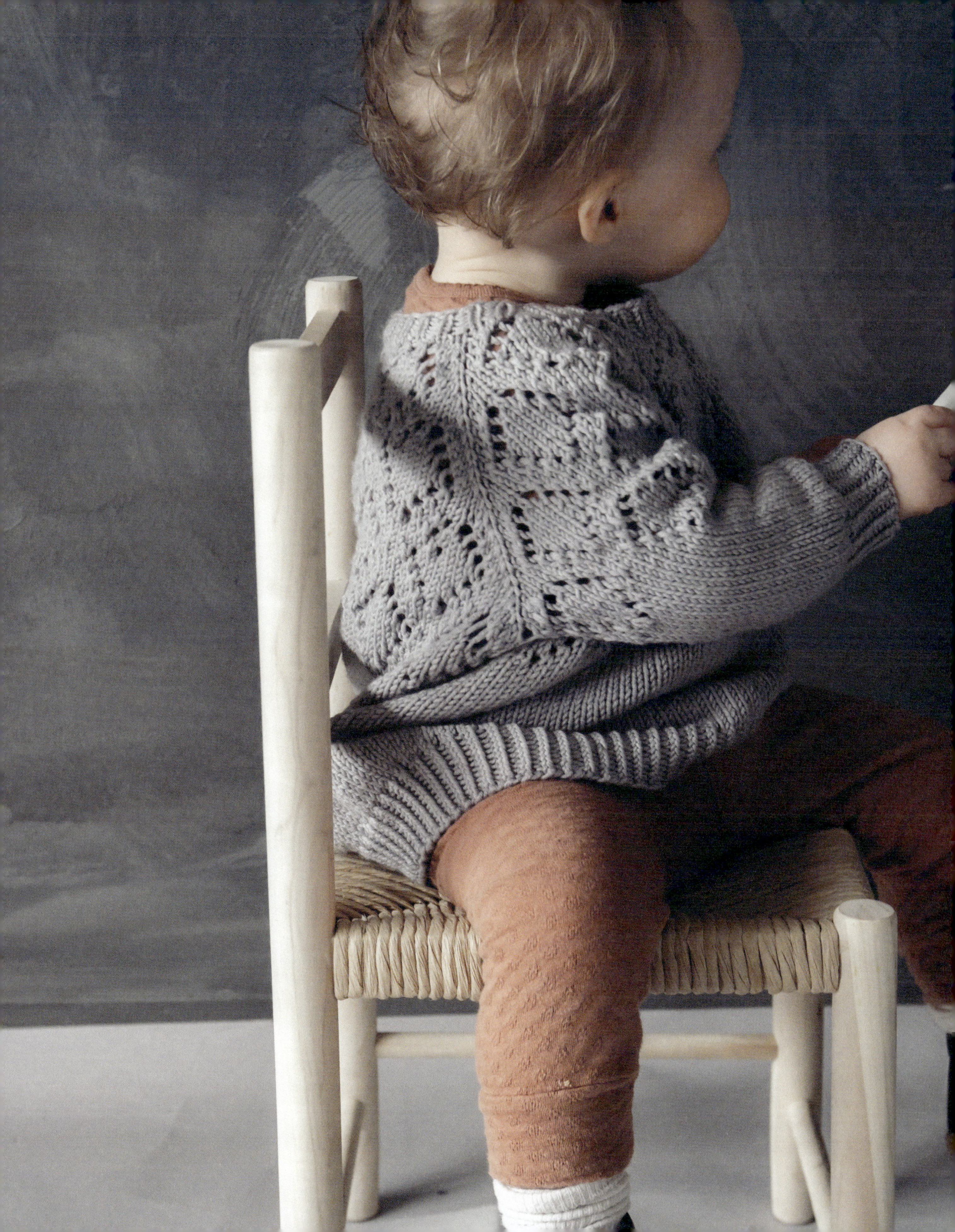

Vorder- und Rückenteil

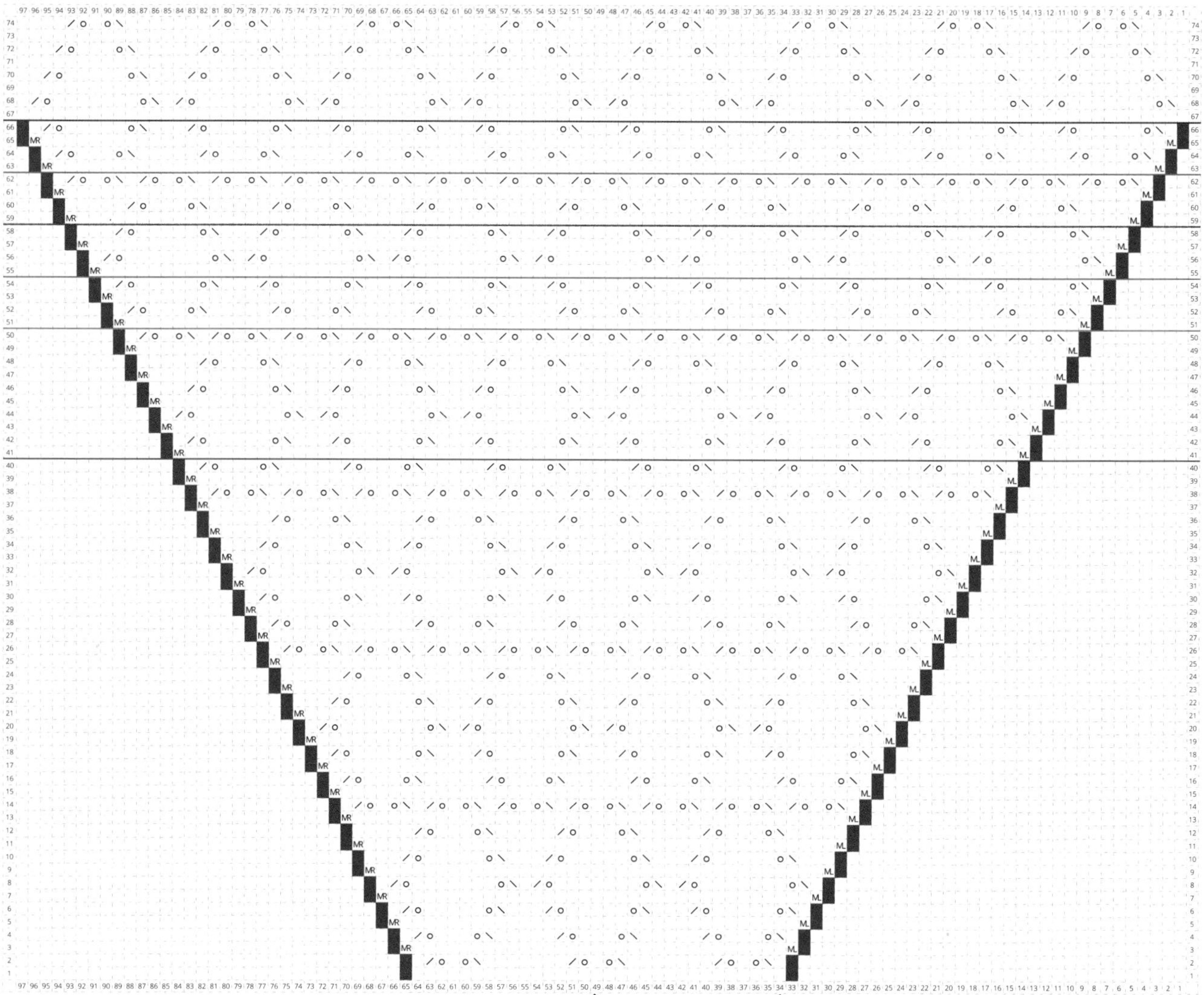

Diese Diagramme gelten für alle Größen. Je nach Größe beendet ihr das Diagramm an einer anderen Stelle:

1–2 Jahre: Strickt bis zur roten Linie (Reihe 40). Strickt Rumpf und Ärmel dann getrennt, ohne Raglanzunahmen, bis Reihe 50 weiter.

2–4 Jahre: Strickt bis zur gelben Linie (Reihe 46). Strickt Rumpf und Ärmel dann getrennt, ohne Raglanzunahmen, bis Reihe 50 weiter.

4–6 Jahre: Strickt bis zur blauen Linie (Reihe 50). Hier ist das Lochmuster in dieser Größe abgeschlossen.

6–8 Jahre: Strickt bis zur grünen Linie (Reihe 54). Strickt Rumpf und Ärmel dann getrennt, ohne Raglanzunahmen, bis Reihe 62 weiter.

8–10 Jahre: Strickt bis zur braunen Linie (Reihe 58). Strickt Rumpf und Ärmel dann getrennt, ohne Raglanzunahmen, bis Reihe 62 weiter.

10–12 Jahre: Strickt bis zur orangenen Linie (Reihe 62). Hier ist das Lochmuster in dieser Größe abgeschlossen.

12–14 Jahre: Strickt bis zur violetten Linie (Reihe 66). Strickt Rumpf und Ärmel dann getrennt, ohne Raglanzunahmen, bis Reihe 74 weiter.

Ihr beendet das Lochmuster in allen Größen in Rumpf und Ärmeln getrennt, nachdem ihr die Ärmel abgeteilt habt. Strickt im Muster (aber ohne Raglanzunahmen!) weiter, bis ihr die letzten Rauten, die ihr in der Raglanpasse begonnen habt, beendet habt, aber **beginnt keine neuen mehr** (vgl. Reihe 74). Strickt dann glatt re weiter.

Ärmel

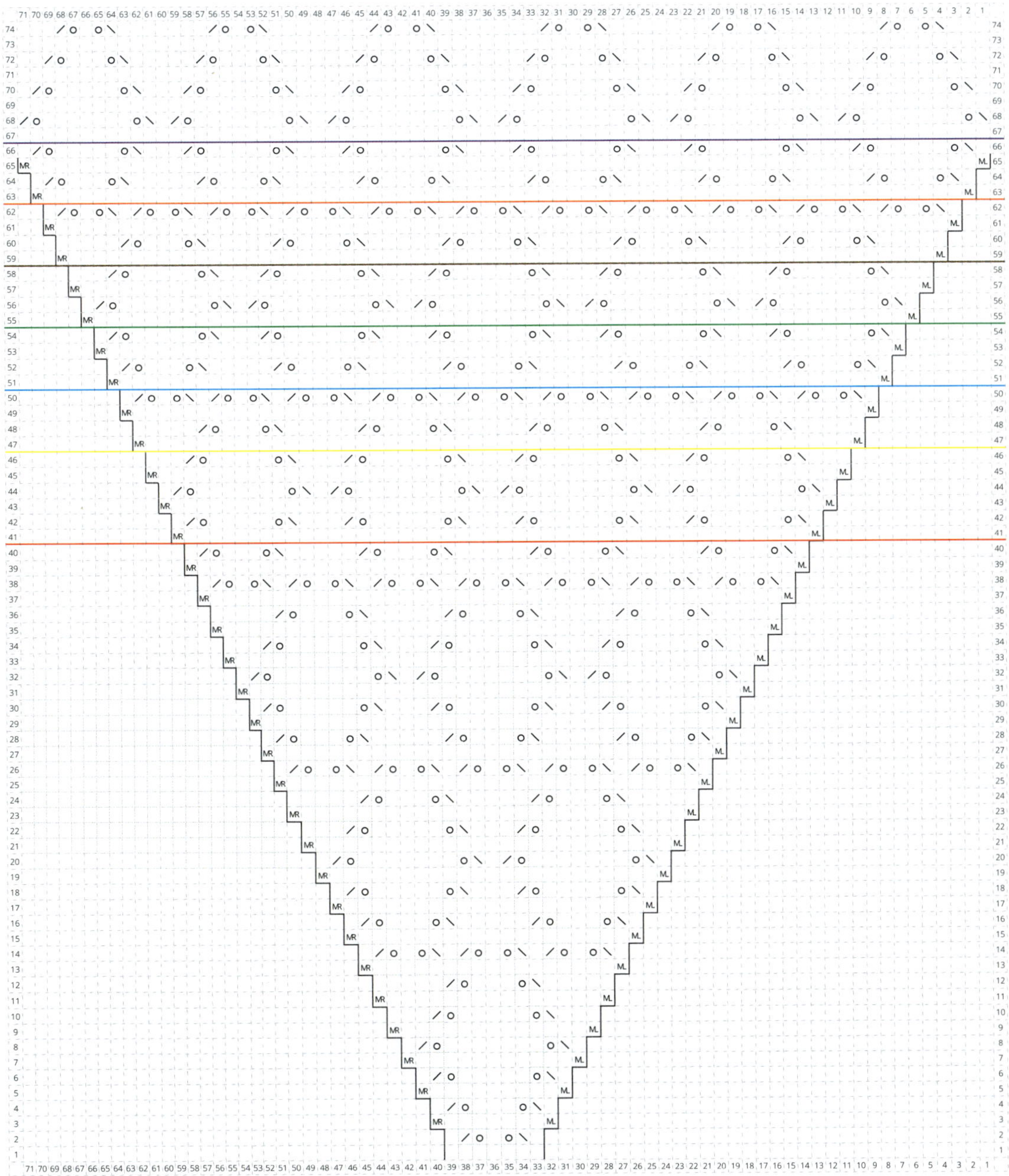

BEGINNT HIER

ZEICHENERKLÄRUNG

☐ glatt rechts

■ Raglanmasche

⧅ 2 M mit SSK zusammenstricken – s. Seite 7

⧄ 2 M re zusammenstricken

ⓞ Umschlag

ML M1L (s. Seite 6)

MR M1R (s. Seite 6)

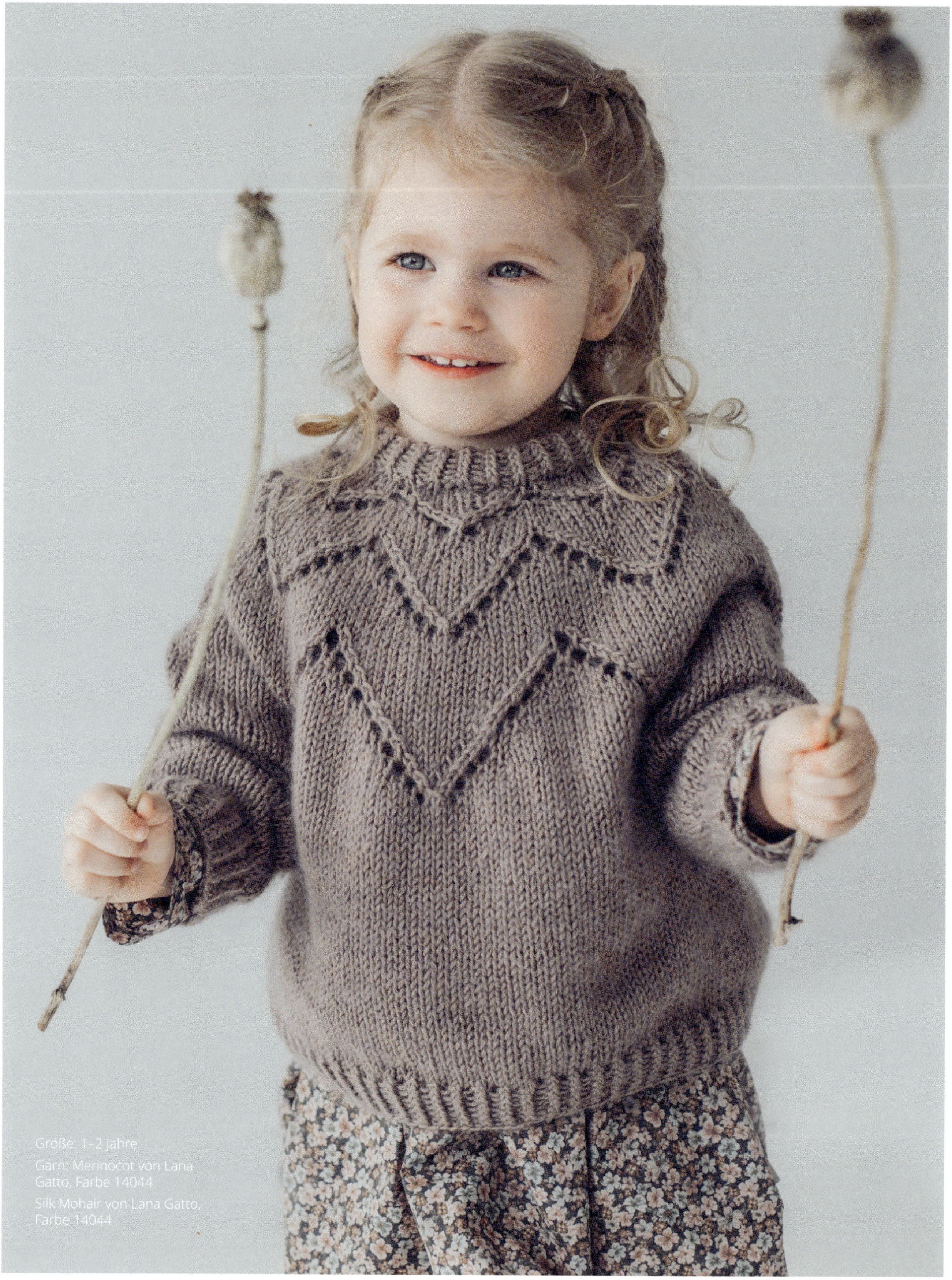

Größe: 1–2 Jahre
Garn: Merinocot von Lana Gatto, Farbe 14044
Silk Mohair von Lana Gatto, Farbe 14044

FEDER – KINDERPULLOVER

Der Kinderpullover aus unserer Feder-Kollektion. Wenn ihr das Lochmuster erfolgreich hinter euch gebracht habt, geht der Rest ganz schnell. Das weiche Mohair veredelt dieses Lieblingsstück – und denkt doch darüber nach, auch noch einen Glitzerfaden mitzustricken!

GRÖSSENANGABEN UND GARNVERBRAUCH

Größe	Brust-umfang	Ärmel-umfang	Rumpflänge ab Ärmelansatz	Ärmellänge ab Ärmelansatz	Garnverbrauch Merino	Garnverbrauch Mohair
1–2 Jahre	66 cm	23 cm	17,5 cm	18 cm	200 g (408 m)	50 g (420 m)
2–4 Jahre	70 cm	24 cm	19,5 cm	20 cm	250 g (510 m)	50 g (420 m)
4–6 Jahre	75 cm	25 cm	24 cm	23 cm	250 g (510 m)	50 g (420 m)
6–8 Jahre	**80 cm**	**27,5 cm**	**27 cm**	**27 cm**	**300 g (612 m)**	**75 g (630 m)**
8–10 Jahre	**90 cm**	**30 cm**	**31 cm**	**30 cm**	**300 g (612 m)**	**100 g (840 m)**
10–12 Jahre	**97 cm**	**32,5 cm**	**35 cm**	**35 cm**	**350 g (714 m)**	**100 g (840 m)**

Bitte beachtet, dass die angegebenen Garnmengen nur ein Richtwert sind.

Garn:
1 Faden Katia Merino 100% (102 m/50 g), Lana Grossa Cool Wool big, Lang Merino 120 oder Drops Merino extra fine

+ 1 Faden Mohair, z.B. Angel by Permin (210 m/25 g), Lana Grossa Silkhair oder Drops Kid Silk Mohair

Der Pullover wird zweifädig gestrickt.

Maschenprobe:
18 Maschen = 10 cm mit Nadelstärke 5,5

Das braucht ihr:
Rundstricknadel Nr. 5,5 (40 und 60/80 cm)
Rundstricknadel Nr. 5 (60/80 cm, für das untere Bündchen)
Nadelspiel Nr. 5 und 5,5
Stopfnadel zum Vernähen
Maschenmarkierer

Dieser Pullover wird in Runden von oben nach unten gestrickt. Die Zunahmen in der Rundpasse werden in in das Lochmuster integriert. Dann werden Ärmel und Rumpf glatt rechts in Runden gestrickt.

HALSBÜNDCHEN

Schlagt 52, 54, 56, **58, 60, 64** M auf die Rundstricknadel Nr. 5,5 (40 cm) an. Schließt zur Runde und strickt ein Rippenbündchen (1 M re verschränkt, 1 M li im Wechsel) über 5, 5, 5, **6, 6, 6** cm.

Im Anschluss klappt ihr das Bündchen nach innen um und strickt es in der nächsten Runde direkt fest, damit es umgeklappt fixiert ist (s. Seite 7)

Strickt noch eine weitere Runde glatt re und nehmt dabei gleichmäßig verteilt 4, 2, 8, **6, 12, 16** M zu. Jetzt liegen 56, 56, 64, **64, 72, 80** M auf der Nadel.

RUNDPASSE

Jetzt strickt ihr die Rundpasse glatt re mit Lochmuster. Die Runde beginnt in der hinteren Mitte. Markiert euch den Rundenwechsel mit einem MM, den ihr auf die Nadel hängt.

Strickt zuerst **das Muster laut Musterdiagramm 1** am Ende der Anleitung.

An manchen Stellen muss direkt über einem Umschlag eine Masche zugenommen werden. Ich lege mir den Umschlag an der Stelle doppelt auf die Nadel und stricke ihn einmal verschränkt ab, um eine Masche zuzunehmen, und dann noch einmal normal, damit das Loch für das Lochmuster entsteht.

VERSCHIEBEN DES RUNDENBEGINNS

An drei Stellen des Lochmusters muss der Rundenbeginn um eine Masche verschoben werden. Dafür strickt ihr die Runde davor normal fertig, nehmt den MM, der den Rundenwechsel markiert, ab, strickt eine weitere Masche (= bisher die erste Masche der nächsten Runde) re und hängt den MM wieder auf die Nadel. Jetzt beginnt die Runde eine Masche weiter. Diese Stellen sind im Diagramm markiert.

Wenn ihr Muster 1 abgeschlossen habt, habt ihr 28, 28, 32, **32, 36, 40** M zugenommen. Jetzt liegen 84, 84, 96, **96, 108, 120** M auf der Nadel. Strickt jetzt 0, 1, 1, **2, 3, 4** Runden glatt rechts. Strickt dann **das Muster laut Musterdiagramm 2**.

Wenn ihr Muster 2 abgeschlossen habt, habt ihr 42, 42, 48, **48, 54, 60** M zugenommen. Jetzt liegen 126, 126, 144, **144, 162, 180** M auf der Nadel. Strickt jetzt 0, 1, 1, **2, 3, 4** Runden glatt rechts. Strickt dann **das Muster laut Musterdiagramm 3**.

Wenn ihr Muster 3 abgeschlossen habt, habt ihr 56, 70, 64, **80, 90, 80** M zugenommen. Jetzt liegen 182, 196, 208, **224, 252, 260** M auf der Nadel. Strickt noch 0, 0, 1, **2, 3, 2** Runden glatt re.

Größe 10–12 Jahre: Strickt in dieser Größe noch eine Runde re und nehmt gleichmäßig verteilt 10 M zu. Damit sich das Muster nicht verschiebt, empfehlen wir, bei jeder Spitze des Lochmusters eine Masche zuzunehmen. Jetzt liegen in dieser Größe 270 M auf der Nadel. Strickt noch eine weitere Runde re.

Geht jetzt in allen Größen weiter zum Kapitel »Rumpf«.

RUMPF

Jetzt werden die Maschen, die später die Ärmel bilden, auf jeder Seite auf einem Hilfsfaden stillgelegt:

1. Schritt: Strickt 25, 28, 30, **32, 36, 39** M re (rechtes Rückenteil).

2. Schritt: Legt 37, 39, 41, **45, 49, 53** M auf einen Hilfsfaden (rechter Ärmel).

3. Schritt: Schlagt 5 neue M an (unter dem linken Ärmel).

4. Schritt: Strickt 54, 59, 63, **67, 77, 82** M (Vorderteil)

5. Schritt: Legt 37, 39, 41, **45, 49, 53** M auf einen Hilfsfaden (linker Ärmel).

6. Schritt: Schlagt 5 neue M an (unter dem linken Ärmel).

7. Schritt: Strickt 29, 31, 33, **35, 41, 43** M (linkes Rückenteil) – da sich der Rundenbeginn mehrfach verschoben hat, hat die linke Hälfte des Rückenteils mehr Maschen als die rechte.

Jetzt liegen insgesamt 118, 128, 136, **144, 164, 174** M auf der Nadel (Vorder- und Rückenteil, plus die 10 neuen M unter den Ärmeln). Die Ärmelmaschen liegen jetzt auf Hilfsfäden.

Strickt jetzt gerade nach unten, bis der Rumpf, ab dem Ärmelansatz, 15, 17, 21, **24, 27, 31** cm misst. Wechselt auf Nadelstärke 5, strickt eine zusätzliche Runde re und strickt ein Rippenbündchen dann wie im Halsbündchen (1 M re verschränkt, 1 M li), 2,5, 2,5, 3, **3, 4, 4** cm lang. Kettet im Rippenmuster ab.

ÄRMEL

Jetzt werden die Maschen für den ersten Ärmel, die ihr auf einem Hilfsfaden stillgelegt habt, wieder zurück auf Nadeln (Nr. 5,5) gelegt. Zusätzlich werden aus den 5 Maschen, die ihr unter dem Arm neu angeschlagen habt, 5 M aufgefasst und zu den restlichen Ärmelmaschen auf die Nadel gelegt. Die erste Runde beginnt in der Mitte zwischen diesen neuen Maschen. Jetzt liegen 42, 44, 46, **50, 54, 58** M auf der Nadel.

Strickt den Ärmel glatt re in Runden. Strickt zunächst 3, 1, 3, **4, 1,5, 3** cm ohne Abnahmen und nehmt dann in der nächsten Runde 2 M ab, indem ihr die ersten 2 und die letzten 2 M der Runde zusammenstrickt. Wiederholt diese Abnahme mit 4, 4, 4, **3, 3,5, 3,5** cm Abstand, bis ihr insgesamt 3, 4, 4, **6, 7, 8** Abnahmen gearbeitet und um 6, 8, 8, **12, 14, 16** M abgenommen habt. Strickt ohne Abnahmen weiter, bis der Ärmel, ab den Ärmelansatz, 15, 17, 20, **23, 26, 31** cm lang ist. Wechselt auf Nadelstärke 5, strickt eine weitere Runde glatt re und nehmt dabei gleichmäßig verteilt 4 M ab.

Jetzt liegen 32, 32, 34, **34, 36, 38** M auf der Nadel. Strickt ein Rippenbündchen (1 M re verschränkt, 1 M li im Wechsel) über 3, 3, 3, **4, 4, 4** cm. Kettet im Rippenmuster ab und strickt den zweiten Ärmel genauso.

ABSCHLUSS

Vernäht alle Enden und schließt ggf. die Löcher unter den Armen, wenn vorhanden. Wascht den Pullover entsprechend der Pflegehinweise auf eurem Garn, zieht ihn auf einem trockenen Handtuch in Form und lasst ihn liegend trocknen. Das Lochmuster glättet sich in der Wäsche.

Zeichenerklärung

- ☐ rechte Maschen
- M 1 M mit M1R zunehmen (s. Seite 6)
- ⧵ 2 M mit SSK zusammenstricken (s. Seite 7)
- / 2 M zusammenstricken
- ⋀ 1 M abheben, die nächsten 2 M zusammenstricken, die ungestrickte M darüberziehen
- O Umschlag
- ∞ 1 M abheben, die nächsten 2 M re stricken, die ungestrickte M darüberziehen
- ■ Keine Masche (Platzhalter)

Musterdiagramm 1 – alle Größen

Strickt zunächst Maschen 1–3, wiederholt dann Maschen 4–15 über die gesamte Runde und endet mit Maschen 16–24.
In Runde 3 des Diagramms verschiebt sich der Rundenanfang um eine Masche (s. Seite 121).

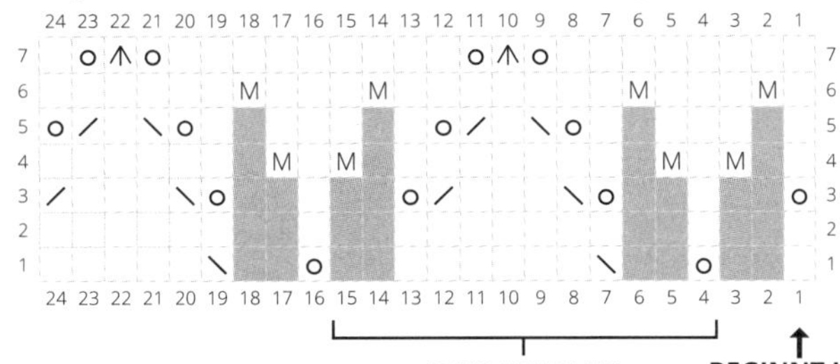

Musterdiagramm 2 – alle Größen

In Runde 7 des Diagramms verschiebt sich der Rundenanfang um eine Masche (s. Seite 121).

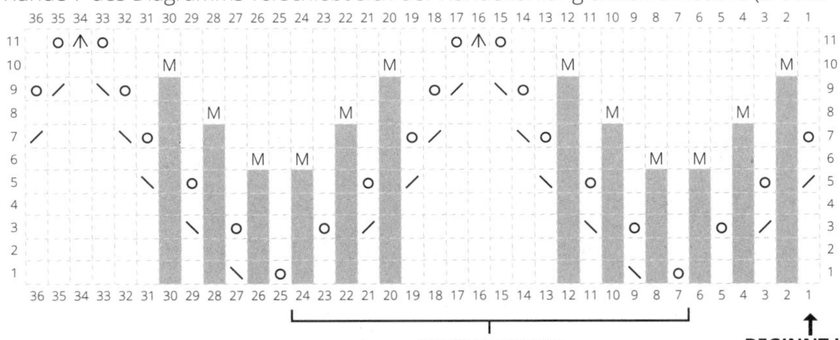

Musterdiagramm 3

Achtung: Für Muster 3 gibt es zwei verschiedene Diagramme, wählt das richtige Diagramm für eure Größe aus.
In Runde 13 des Diagramms verschiebt sich der Rundenanfang um eine Masche (s. Seite 121).
Achtet auf die mittleren Maschen zwischen den Umschlägen in Runde 17, die anders gestrickt werden als in Muster 1 und 2.

GRÖSSEN 1–2, 4–6 UND 10–12 JAHRE:

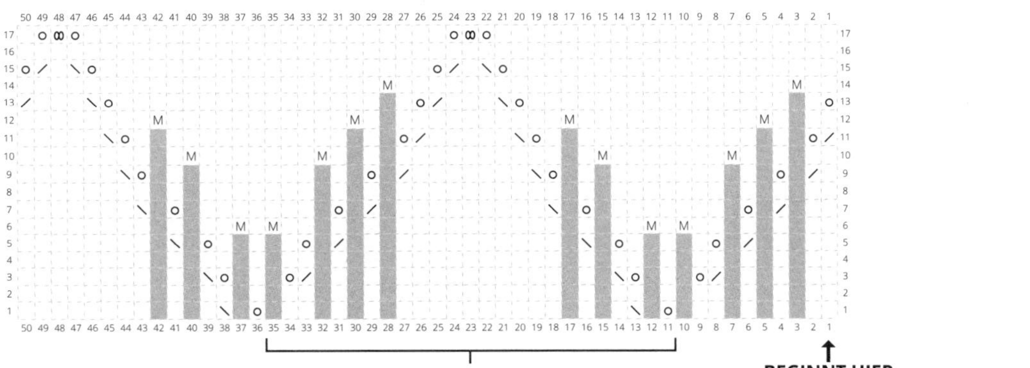

GRÖSSEN 2–4, 6–8 UND 8–10 JAHRE:

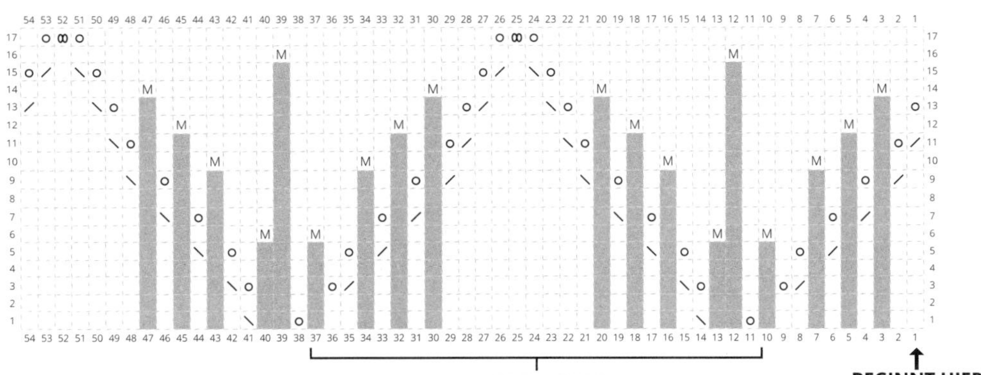

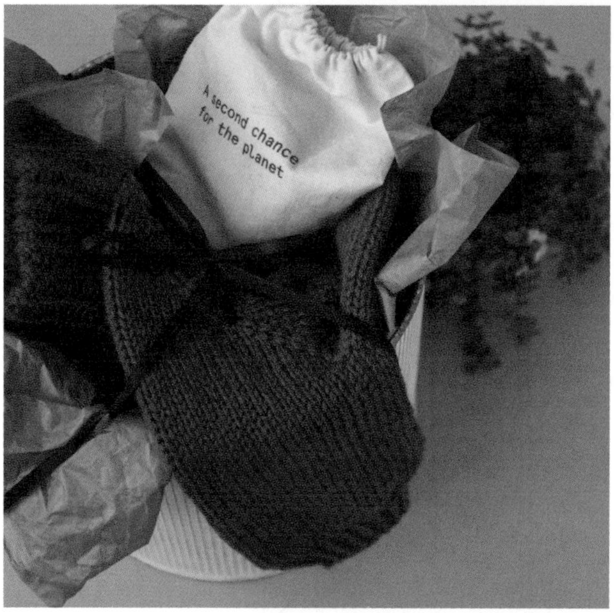
A second chance
for the planet

HOSEN, MÜTZEN, SOCKEN UND HANDSCHUHE

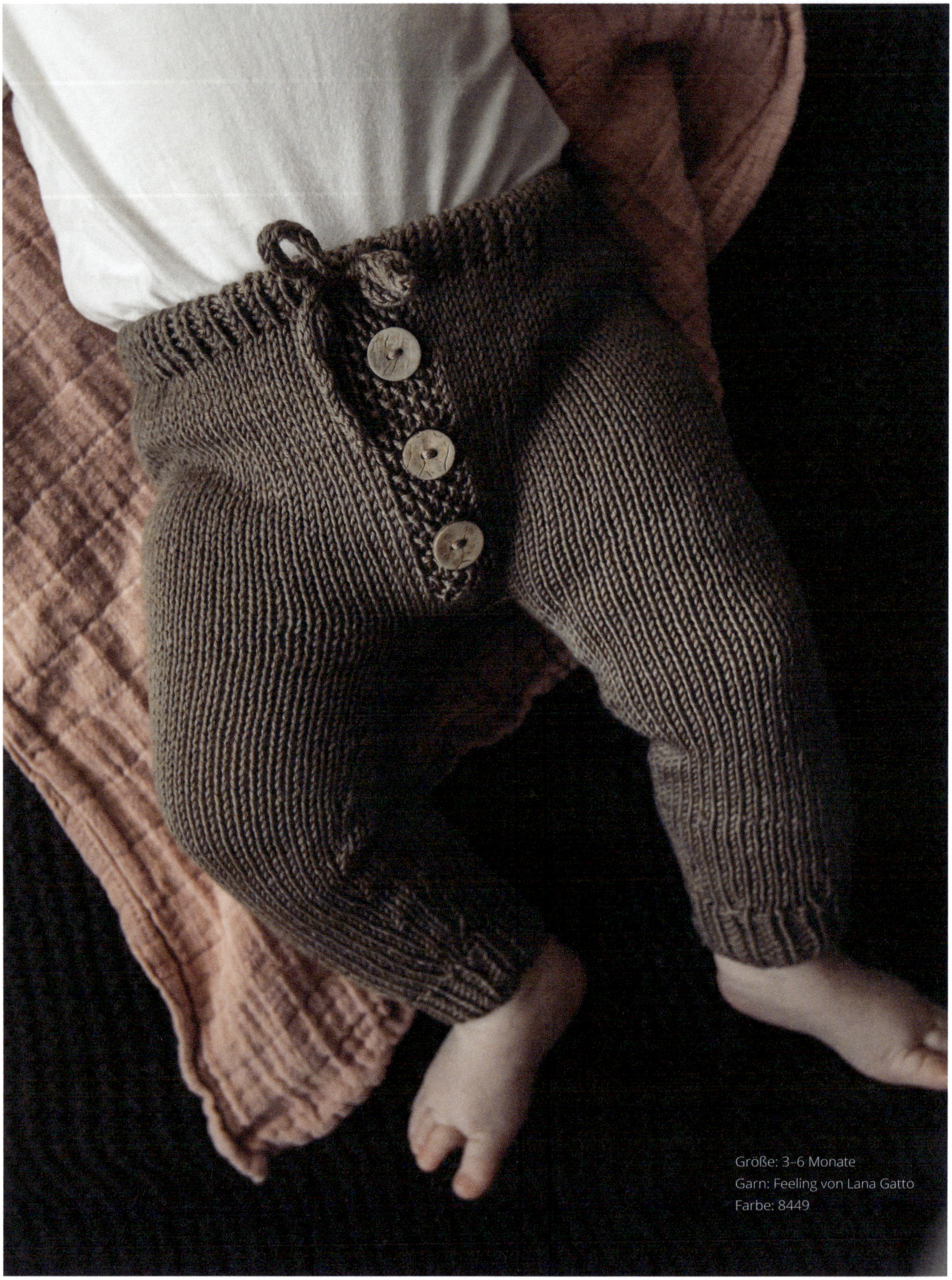

Größe: 3–6 Monate
Garn: Feeling von Lana Gatto
Farbe: 8449

PERLE

Diese Hose soll in erster Linie bequem sein, entweder als warme Lage unter der Regenkleidung oder einfach so als Kuschelhose daheim oder im Kindergarten. Da ich meine Anleitungen immer möglichst einfach halten will, habe ich hier eine unechte Knopfleiste eingebaut – sie ist ganz einfach gestrickt, tut aber so viel für die Optik!

GRÖSSENANGABEN UND GARNVERBRAUCH

Größe	Umfang	Umfang Hosenbeine	Beinlänge	Garnverbrauch
0–3 Monate	40 cm	18 cm	17 cm	100 g (204 m)
0–6 Monate	45 cm	21 cm	19 cm	100 g (204 m)
6–12 Monate	52,5 cm	23 cm	22 cm	150 g (306 m)
12–18 Monate	55 cm	24 cm	25 cm	200 g (408 m)
18–24 Monate	**55 cm**	**25 cm**	**27 cm**	**200 g (408 m)**
2–3 Jahre	**60 cm**	**26,5 cm**	**31 cm**	**200 g (408 m)**
3–4 Jahre	**62,5 cm**	**28 cm**	**35 cm**	**250 g (510 m)**

Bitte beachtet, dass die angegebenen Garnmengen nur ein Richtwert sind.

Garn

Katia Merino 100% (102 m/50 g), Lana Grossa Cool Wool big, Lang Merino 120 oder Drops Merino extra fine

Oder ähnliche Garne mit passender Maschenprobe

Maschenprobe

23 Maschen = 10 cm mit Nadelstärke 4

Das braucht ihr:

Rundstricknadel Nr. 4 (40 cm lang)
Nadelspiel Nr. 4
Stopfnadel zum Vernähen der Fäden
Maschenmarkierer
2–3 Knöpfe

Diese Hose wird von unten nach oben in Runden gestrickt. Zuerst werden die Hosenbeine einzeln gestrickt, dann werden sie auf einer Nadel vereint und die Hose wird in einem Stück fertiggestrickt. Verkürzte Reihen auf der Rückseite schaffen genug Platz für eine Windel.

HOSENBEINE

Schagt mit eurer Hauptfarbe 26, 28, 32, 36, **36, 40, 42** M auf das Nadelspiel Nr. 4 an. Schließt zur Runde und strickt ein Bündchen im Rippenmuster (1 M re, 1 M li im Wechsel), insgesamt 3, 3, 3,5, 4, **4, 5, 5** cm lang. Strickt jetzt eine Runde glatt re und nehmt dabei gleichmäßig über die Runde verteilt 4, 8, 4, 6, **6, 8, 6** M zu. Jetzt liegen 30, 36, 36, 42, **42, 48, 48** M auf der Nadel. Strickt ab hier glatt re weiter. Wenn ihr die Hose mit dem kleinen Strukturmuster stricken wollt (s. Bild auf Seite 129), strickt ihr das Muster ab hier laut Diagramm auf Seite 128.

Arbeitet gleichzeitig direkt ab der ersten Runde nach dem Bündchen regelmäßige Zunahmen, indem ihr nach der ersten und vor der letzten M dieser Runde je eine M zunehmt. Arbeitet diese Zunahmen über das ganze Hosenbein mit 2, 2, 2, 2, **2, 3, 3** cm Abstand, insgesamt 7, 7, 10, 8, **9, 8, 10** Mal, und nehmt so 14, 14, 20, 16, **18, 16, 20** M zu. Achtet dabei darauf, dass sich das Muster nicht verschiebt. Strickt das Hosenbein, bis es insgesamt, mit dem Bündchen, 17, 19, 22, 25, **27, 31, 35** cm lang ist. Am Ende liegen 44, 50, 56, 58, **60, 64, 68** M auf der Nadel. Legt die Maschen auf eine 40 cm lange Rundstricknadel, legt das Stück zur Seite und strickt das zweite Hosenbein genauso.

Musterdiagramm für die Knopfleiste

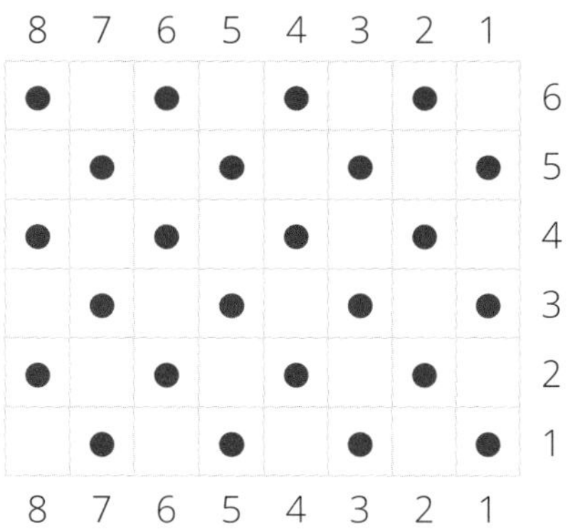

☐ rechte Maschen

⊡ linke Maschen

Musterdiagramm für die Hose

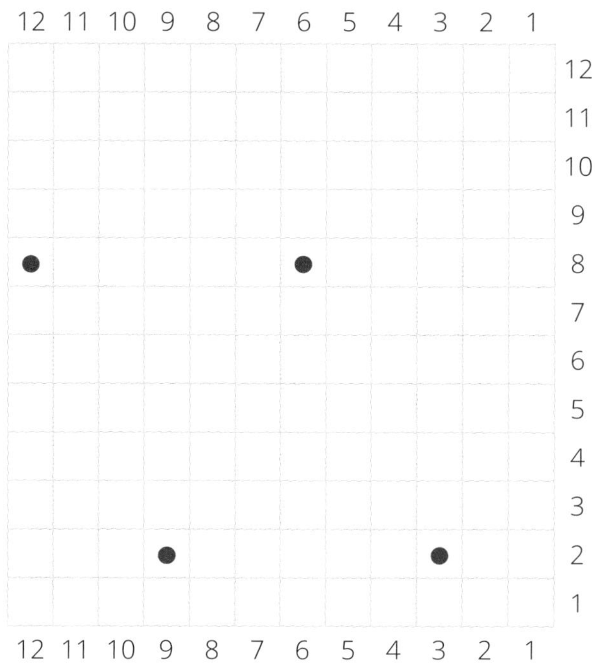

Beginnt das Muster am zweiten Hosenbein an derselben Stelle wie beim ersten und spiegelt es, damit es aufgeht, wenn ihr beide Beine oben auf derselben Nadel vereint.

RUMPFTEIL

Wenn beide Hosenbeine fertig sind, werden sie auf der Rundstricknadel (40 cm) vereint. Besonders bei den kleinen Größen kann es ggf. einfacher sein, die ersten Runden noch auf dem Nadelspiel zu stricken, und erst später auf die Rundstricknadel zu wechseln. Das erste Bein liegt bereits auf der Nadel. Schlagt direkt im Anschluss an dieses Hosenbein 4, 6, 6, 6, **6, 8, 8** neue M an und strickt dann das zweite Bein an. Schlagt noch einmal 4, 6, 6, 6, **6, 8, 8** neue M an und schließt das Stück dann zur Runde. Jetzt liegen beide Hosenbeine auf der Nadel, mit beidseitig 4–8 neuen Maschen im Schritt, insgesamt 96, 112, 124, 128, **132, 144, 152** M.

Beginnt die Runde jetzt hinten, in der Mitte der dort neu angeschlagenen Maschen (markiert euch die Stelle mit einem MM). Strickt jetzt glatt re in Runden und führt das Muster aus den Hosenbeinen fort, bis der Rumpf ab der Stelle, wo ihr die beiden Hosenbeine vereint habt, 2–3 cm lang ist. Ab hier strickt ihr vorne ein kleines Perlmuster ein: Findet die vordere Mitte (wieder in der Mitte der dort neu angeschlagenen Maschen) und markiert dort einen Abschnitt von 6, 6, 8, 8, **8, 8, 8** M (je 3–4 M beidseitig der Mitte). Strickt diese Maschen ab hier im Perlmuster (s. Diagramm), bis zum oberen Bündchen. Strickt den Rumpf so weiter, bis er insgesamt 9, 11, 12, 13, **14, 15, 16** cm lang ist.

VERKÜRZTE REIHEN

Jetzt arbeitet ihr bei Bedarf einige verkürzte Reihen (s. Seite 7), die die Hose hinten etwas höher werden lassen als vorne und mehr Platz für einen dicken Windelpopo schaffen. Wenn das Kind keine Windel mehr trägt, könnt ihr diese verkürzten Reihen auch weglassen. Wenn ihr die Hose bisher im Muster gestrickt habt, beendet ihr das Muster an dieser Stelle und strickt nur noch glatt re weiter.

Beginnt wieder in der hinteren Mitte.

1. Reihe (Hinreihe): Strickt 14, 18, 21, 22, **23, 26, 28** M re und wendet die Arbeit (wendet immer mit einer Wendemasche, s. Seite 7).

2. Reihe (Rückreihe): Strickt 28, 36, 42, 44, **46, 51, 55** M li und wendet die Arbeit.

3. Reihe (Hinreihe): Strickt 32, 40, 46, 48, **50, 56, 60** M re und wendet die Arbeit.

4. Reihe (Rückreihe): Strickt 36, 44, 50, 52, **54, 60, 64** M li und wendet die Arbeit.

5. Reihe (Hinreihe): Strickt 40, 48, 54, 56, **58, 64, 68** M re und wendet die Arbeit.

6. Reihe (Rückreihe): Strickt 44, 52, 58, 60, **62, 68, 72** M li und wendet die Arbeit.

Ab jetzt strickt ihr wieder in Runden über alle Maschen. Strickt noch eine ganze Runde glatt re, endet in der hinteren Mitte und strickt dann das Bündchen.

OBERES BÜNDCHEN

Strickt jetzt ein Rippenbündchen wie an den Hosenbeinen (1 M re, 1 M li im Wechsel), insgesamt 4, 4, 6, 6, **6, 6, 8** cm lang. Nach 1, 1, 1,5, 1,5, **1,5, 1,5, 2** cm strickt ihr vorne zwei Löcher ein, durch die ihr am Ende eine Kordel zum Binden ziehen könnt. Findet dafür die vordere Mitte. Strickt in der nächsten Runde bis 3 M vor der Mitte, strickt 2 M zusammen, macht

1 Umschlag, strickt 2 M im Rippenmuster (die 2 M li und rechts der Mitte), macht 1 Umschlag, strickt 2 M zusammen, und strickt im Rippenmuster weiter. Strickt die Umschläge in der nächsten Runde re ab, damit sich dort Löcher bilden.

Wenn das Bündchen die gewünschte Länge erreicht hat, kettet ihr es ab und strickt es im selben Schritt direkt umgeklappt fest (s. auch Seite 7): Klappt das Bündchen nach innen um und nehmt für jede M auf der Nadel die entsprechende M vom unteren Ende des Bündchens auf. Strickt sie zusammen ab, wiederholt diese Schritte für die zweite M und kettet die erste M ab, indem ihr sie über die zweite zieht. Auf diese Weise wird das Bündchen Masche für Masche umgeklappt fixiert und ihr kettet die Arbeit gleichzeitig ab.

Falls ihr ein Gummiband in das Bündchen einziehen wollt (s. unten), strickt ihr die letzten Maschen nicht mit der unteren Kante des Bündchens zusammen, sondern kettet sie offen ab. Dadurch entsteht an dieser Stelle ein kleines Loch, durch das ihr das Gummiband einziehen und bei Bedarf auch später ersetzen könnt.

KORDEL ZUM BINDEN
Strickt jetzt noch eine I-Cord-Kordel zum Binden: Schlagt 3 M auf eine Nadel aus dem Nadelspiel Nr. 4 an. *3 M re stricken, Arbeit NICHT wenden, sondern die Maschen wieder zurück an die andere Nadelspitze schieben*. *–* wiederholen, bis das Band 60, 65, 65, 70, **75, 80, 85** cm lang ist.

Bei älteren Kindern könnt ihr auch ein Gummiband in die Hose einziehen, sie hält dann besser, und die Kordel als Dekoration trotzdem nehmen, oder die Löcher im Bündchen weglassen und nur einen Gummizug einziehen.

ABSCHLUSS
Vernäht alle Fäden und schließt das Loch im Schritt. Wascht die Hose anhand der Angaben des Wollherstellers, zieht sie auf einem trockenen Handtuch in Form und lasst sie liegend trocknen. Wenn die Hose trocken ist, näht ihr vorne noch die Knöpfe an.

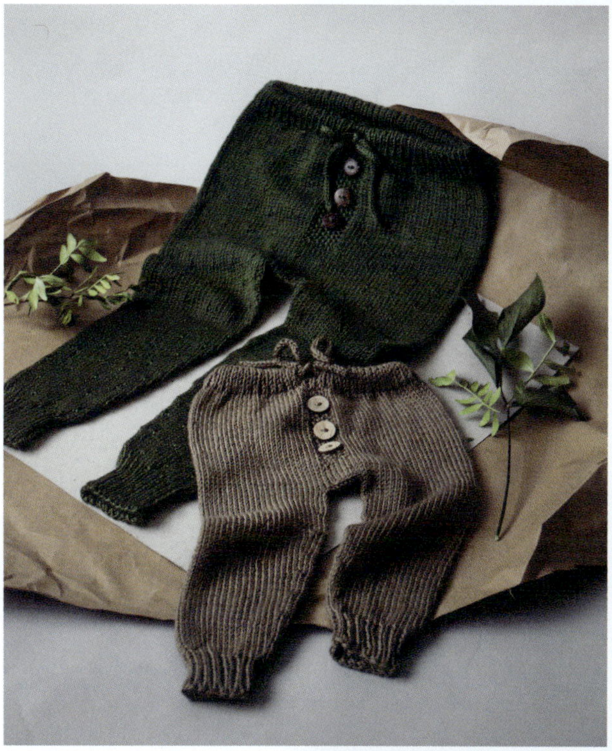

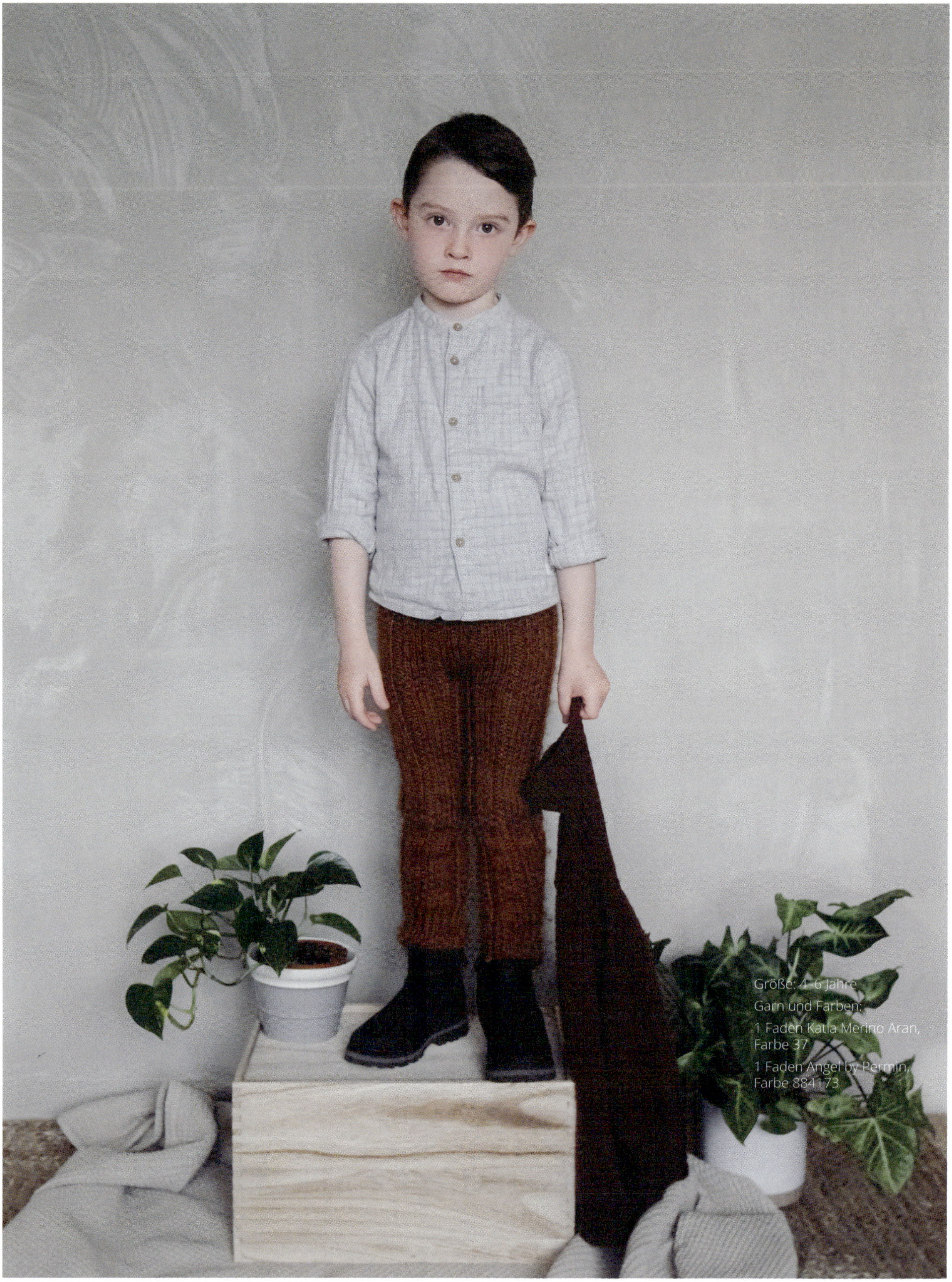

Größe: 4–6 Jahre

Garn und Farben:

1 Faden Katia Merino Aran, Farbe 37

1 Faden Angel by Permin, Farbe 884173

RETRO

Diese klassische Kinderhose wird durchgehend im einfachen Rippenmuster gestrickt. Ganz ohne verkürzte Reihen, Zwickel oder Abnahmen ist sie perfekt für Anfänger geeignet, und belohnt euch trotzdem mit einem hübschen und praktischen Kleidungsstück, das lange passen wird.

GRÖSSENANGABEN UND GARNVERBRAUCH

Größe	Umfang	Beinumfang	Beinlänge	Garnverbrauch Aran	Garnverbrauch Mohair
1–2 Jahre	37,5 cm	19 cm	31 cm	200 g (310 m)	25 g (210 m)
2–4 Jahre	37,5 cm	19 cm	35 cm	200 g (310 m)	25 g (210 m)
4–6 Jahre	**45 cm**	**22,5 cm**	**38 cm**	**200 g (310 m)**	25 g (210 m)
6–8 Jahre	**45 cm**	**22,5 cm**	**42 cm**	**300 g (465 m)**	50 g (420 m)
8–10 Jahre	**52,5 cm**	**26,5 cm**	**45 cm**	**300 g (465 m)**	50 g (420 m)

Bitte beachtet, dass die angegebenen Garnmengen nur ein Richtwert sind.

Garn
1 Faden Katia Merino Aran (155 m/50 g), Katia Merino Sport, Lang Merino+ oder Lana Grossa Bingo

+ 1 Faden Mohair, z.B. Angel by Permin (210 m/25 g), Lana Grossa Silkhair oder Drops Kid Silk Mohair

Maschenprobe
16 Maschen = 10 cm mit Nadelstärke 6

Das braucht ihr:
Rundstricknadel Nr. 6 (40 und 60 cm)
Nadelspiel Nr. 4,5 und 6
Stopfnadel zum Vernähen der Fäden
Maschenmarkierer
Gummiband fürs Bündchen

Diese Hose wird von oben nach unten in Runden gestrickt. Die Hose ist durch das Rippenmuster sehr dehnbar und passt sich gut an die Beine an, eignet sich also gut als warme Lage unter Regenkleidung, oder einfach so über der normalen Hose. Die unteren Bündchen sind sehr lang gehalten, damit man sie anfangs umklappen kann und die Hose so länger passt.

Schlagt 60, 60, **72, 72, 84** M auf die Rundstricknadel Nr. 6 an. Markiert euch den Rundenbeginn (die hintere Mitte) mit einem MM. Schließt zur Runde und strickt das Bündchen bis zu einer Länge von 8, 8, **8, 10, 10** cm im Muster: Strickt 2 M re, 2 M li, *4 M re, 2 M li*. Wiederholt *–* bis 2 M vor Ende der Runde, strickt 2 M re.

Strickt das Bündchen in der nächsten Runde umgeklappt fest (s. Seite 7), damit sich ein Tunnelzug bildet.

Strickt dann im selben Muster wie im Bündchen weiter, bis die Hose 26, 27, **28, 30, 32** cm lang ist.

HOSENBEINE

Ihr teilt die Maschen jetzt in zwei Hälften auf und strickt daraus die Hosenbeine. Strickt die ersten 30, 30, **36, 36, 42** M (rechtes Hosenbein) auf der Rundstricknadel. Strickt dann die nächsten 30, 30, **36, 36, 42** M (linkes Hosenbein) auf das Nadelspiel Nr. 6 oder eine kurze Rundstricknadel. Lasst die Maschen des rechten Hosenbeins auf der Rundstricknadel liegen und strickt zunächst das linke Hosenbein.

Jetzt liegen für das linke Hosenbein 30, 30, **36, 36, 42** M auf der Nadel. Schließt zur Runde und strickt das Hosenbein im Rippenmuster wie bisher, bis es ab dem Schritt 28, 31, **34, 37, 40** cm lang ist.

Wechselt auf Nadelstärke 4,5 und strickt eine Runde re. Strickt jetzt ein Rippenbündchen (1 M re, 1 M li im Wechsel) über 6, 8, **8, 10, 10** cm und kettet dann lose ab. Strickt das rechte Hosenbein genauso.

KORDEL (OPTIONAL)

Strickt jetzt noch eine I-Cord-Kordel zum Binden: Schlagt 3 M auf eine Nadel aus dem Nadelspiel Nr. 4,5 an. *3 M re stricken, Arbeit NICHT wenden, sondern die Maschen wieder zurück an die andere Nadelspitze schieben*. *–* wiederholen, bis das Band 60, 65, 70, **75, 80, 85** cm lang ist. Die Kordel könnt ihr am Ende durch den Tunnelzug im Bündchen ziehen.

ABSCHLUSS

Vernäht alle Fäden. Wascht die Hose anhand der Angaben des Wollherstellers, zieht sie auf einem trockenen Handtuch in Form und lasst sie trocknen. Zieht dann ein Gummiband ins obere Bündchen ein.

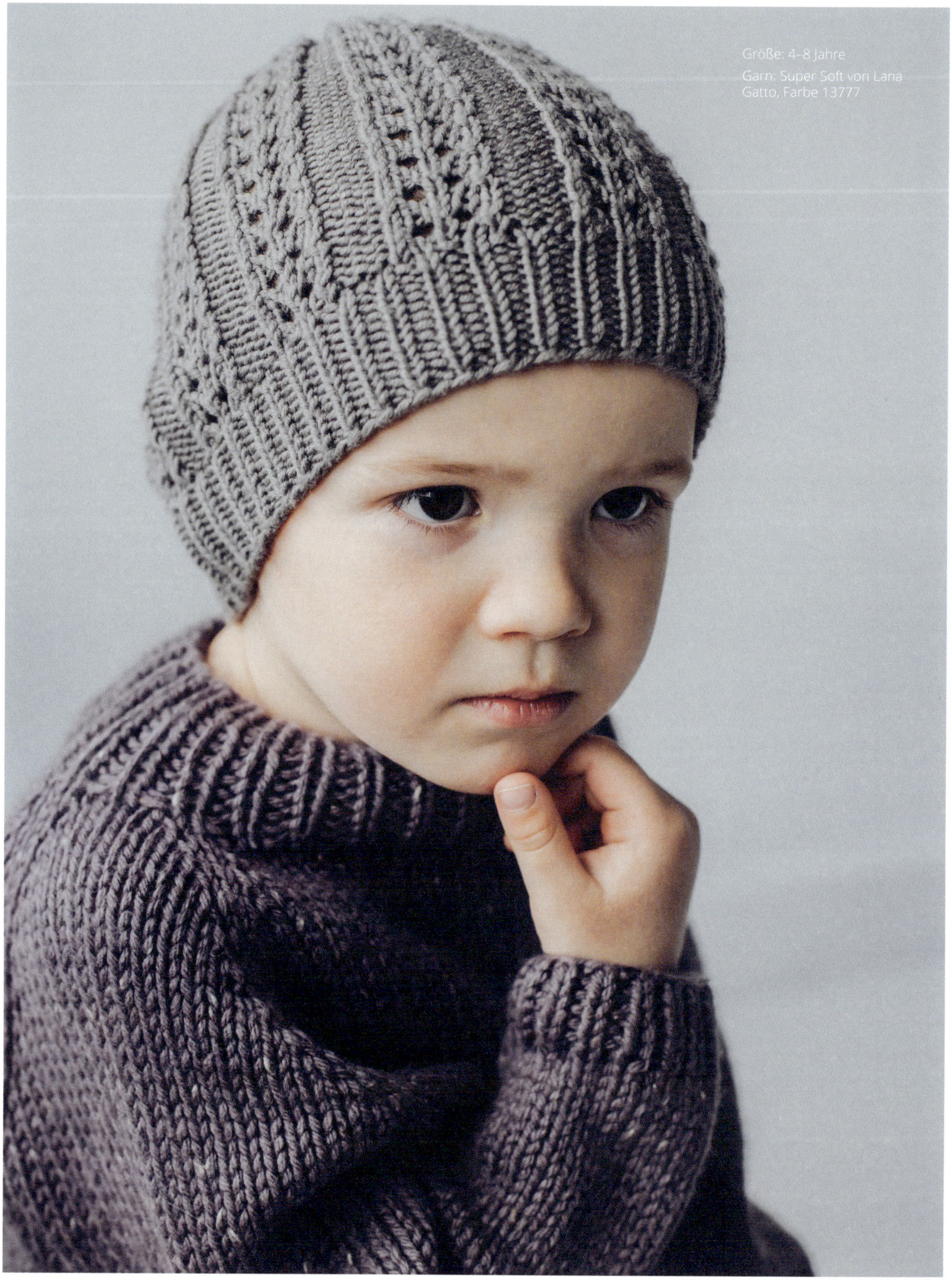
Größe: 4–8 Jahre
Garn: Super Soft von Lana Gatto, Farbe 13777

VERA

Ich empfehle diese Mütze allen, die ihr erstes Lochmuster ausprobieren wollen. Vera ist eine unserer älteren Anleitungen, aber heute so beliebt wie damals. Sie passt wunderbar zu den Teilen aus der Kollektion Maisonne, da sie im selben Lochmuster gestrickt wird.

GRÖSSENANGABEN UND GARNVERBRAUCH

Größe	Umfang	Garnverbrauch Merino	Garnverbrauch Mohair
0–3 Monate	33 cm	50 g	25 g
3–6 Monate	35 cm	50 g	25 g
6–12 Monate	38 cm	50 g	25 g
1–2 Jahre	**40 cm**	**100 g**	**25 g**
2–4 Jahre	**42 cm**	**100 g**	**25 g**
4–8 Jahre	**43 cm**	**100 g**	**25 g**

Bitte beachtet, dass die angegebenen Garnmengen nur ein Richtwert sind.

Garn

Katia Merino 100% (102 m/50 g), Lana Grossa Cool Wool big, Drops Merino Extra fine oder Lang Merino 120, jeweils einfädig verstrickt

Alternativ: Katia Merino Baby (165 m/ 50 g) + 1 Faden Mohair, z.B. Angel by Permin (210 m/25 g), zweifädig verstrickt. Die benötigte Wollmenge bleibt gleich

Maschenprobe

22 Maschen = 10 cm mit Nadelstärke 4,5

Das braucht ihr:

Rundstricknadel Nr. 4,5 (40 cm lang)
Nadelspiel Nr. 4,5
Stopfnadel zum Vernähen der Fäden
Maschenmarkierer

Die Mütze wird in Runden von unten nach oben mit einem einfachen Lochmuster gestrickt. In den kleinen Größen werden zum Schluss noch Ohrenklappen und Kordeln zum Binden angestrickt.

Schlagt 66, 72, 76, **80, 84, 88** M auf das Nadelspiel oder die Rundstricknadel Nr. 4,5 an. Schließt zur Runde und strickt das Rippenbündchen (1 M re, 1 M li im Wechsel) über 6, 6, 6, **8, 10, 12** Runden. Strickt eine Runde glatt re und nehmt dabei gleichmäßig verteilt 6, 8, 4, **8, 4, 8** M zu. Jetzt habt ihr 72, 80, 80, **88, 88, 96** Maschen auf der Nadel.

Strickt jetzt das Muster laut Musterdiagramm, bis die Mütze insgesamt 10, 11, 13, **16, 18, 21** cm lang ist.

Musterdiagramm

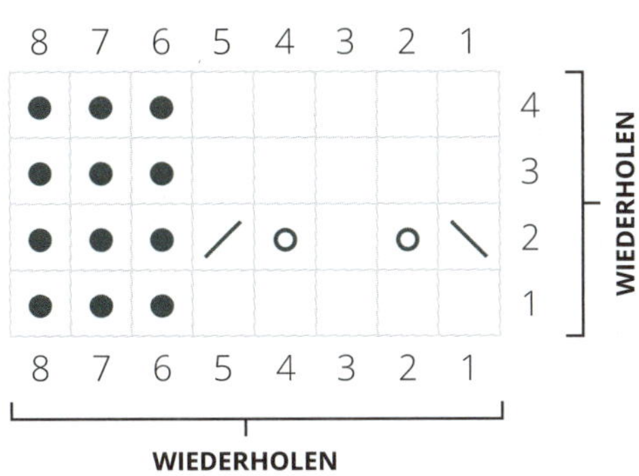

☐ rechte Maschen

⊡ linke Maschen

⧅ 2 M mit SSK zusammenstricken – s. Seite 7

⧄ 2 M re zusammenstricken

◻ Umschlag

MUSTER IN TEXTFORM

Runde 1: *5 M re, 3 M li*. Wiederholt *–* über die ganze Runde.

Runde 2: *SSK, 1 Umschlag, 1 M re, 1 Umschlag, 2 M re zusammen, 3 M li*. Wiederholt *–* über die ganze Runde.

Runde 3: *5 M re, 3 M li*. Wiederholt *–* über die ganze Runde.

Runde 4: *5 M re, 3 M li*. Wiederholt *–* über die ganze Runde.

ABNAHMEN

Jetzt beginnen die Abnahmen. Wechselt auf das Nadelspiel, wenn die Runden zu klein für die Rundstricknadel werden.

Schritt 1: Strickt über die gesamte Runde in den li gestrickten Abschnitten 2 M li zusammen.

Schritt 2: Strickt 2 Runden ohne Abnahmen im Muster. Jetzt liegen nur noch 2 linke Maschen zwischen den Lochmusterabschnitten.

Schritt 3: Strickt über die gesamte Runde in den li gestrickten Abschnitten 2 M li zusammen.

Schritt 4: Strickt 2 Runden ohne Abnahmen im Muster. Jetzt liegt noch noch 1 linke Masche zwischen den Lochmusterabschnitten.

Schritt 5: Strickt über die gesamte Runde immer 2 M re zusammen, reduziert die Maschenzahl also um die Hälfte. Ab hier strickt ihr nicht mehr im Muster.

Schritt 6: Strickt 1 Runde re.

Schneidet den Faden ab, fädelt das Ende durch die restlichen Maschen auf der Nadel und schließt so die Mütze.

OHRENKLAPPEN UND KORDEL

Bitte beachten: In den größten Größen (2–4 und 4–8 Jahre) sind keine Ohrenklappen und keine Kordel vorgesehen. Wenn ihr die kleineren Größen auch ohne Ohrenklappen und Kordel stricken wollt, solltet ihr die Mütze in diesen Größen ca. 1–2 cm länger stricken, damit sie nicht zu kurz wird.

Die Ohrenklappen und die Kordeln werden mit zwei Nadeln aus dem Nadelspiel Nr. 4,5 gestrickt. Messt ab der hinteren Mitte ca. 2–2,5 cm in jede Richtung ab (oder ca. 4–5 cm zwischen den Ohrenklappen). Fasst mit einer Nadel ab dieser Stelle 12, **12, 14, 16** M der Anschlagkante auf.

Strickt 4 Reihen kraus rechts hin und her (d.h. nur rechte Maschen in Hin- und Rückreihe). Ihr strickt die zwei letzten M in jeder Reihe nicht ab, sondern hebt sie mit dem Faden vor der Arbeit ab. In der nächsten Reihe werden diese Maschen am Anfang der Reihe wieder re gestrickt. Dadurch entsteht eine hübsche I-Cord-Kante.

Fünfte Reihe (Hinreihe): Hier beginnt die Abnahme. Strickt 2 M re, 2 M re zusammen, strickt weiter re bis 4 M vor Ende der Reihe. Strickt 2 M re zusammen, hebt die letzten 2 M ungestrickt ab (I-Cord). Wendet die Arbeit und strickt die Rückreihe re, ohne Abnahme. Wiederholt diese Abnahme stets auf der Vorderseite, d.h. in jeder zweiten Reihe, bis nur noch 3 M auf der Nadel liegen.

Aus diesen Maschen wird die Kordel gestrickt: *3 M re stricken, Arbeit NICHT wenden, sondern die Maschen wieder zurück an die andere Nadelspitze schieben*. *–* wiederholen, bis das Band 18, **22, 22, 24** cm lang ist.

Kettet das Band ab, wenn es die gewünschte Länge erreicht hat, und strickt die zweite Ohrenklappe mit Band genauso.

FERTIGSTELLEN

Spült die Mütze vorsichtig in kaltem Wasser aus (beachtet die Pflegehinweise des Wollherstellers – besonders Mohair ist empfindlich), ggf. leicht schleudern und auf einem trockenen Handtuch in Form ziehen und trocknen lassen.

Befestigt auf Wunsch noch einen Pompon.

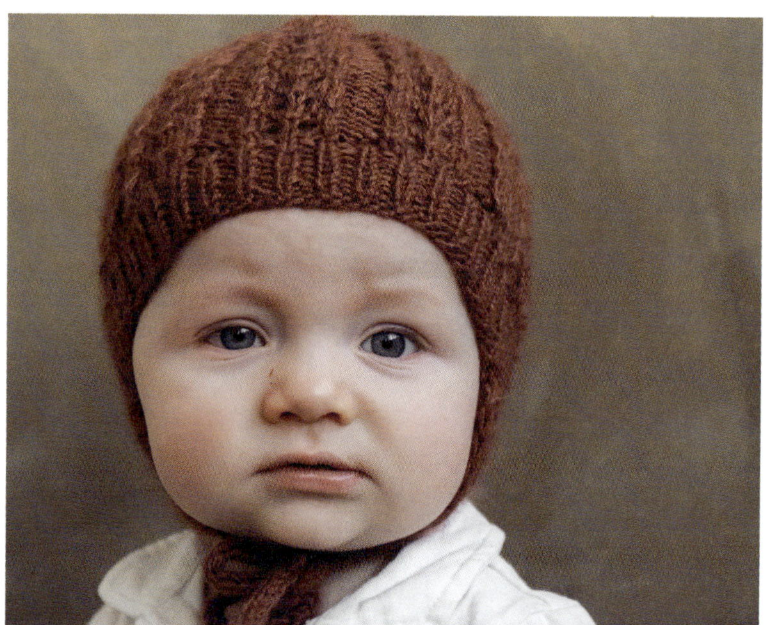

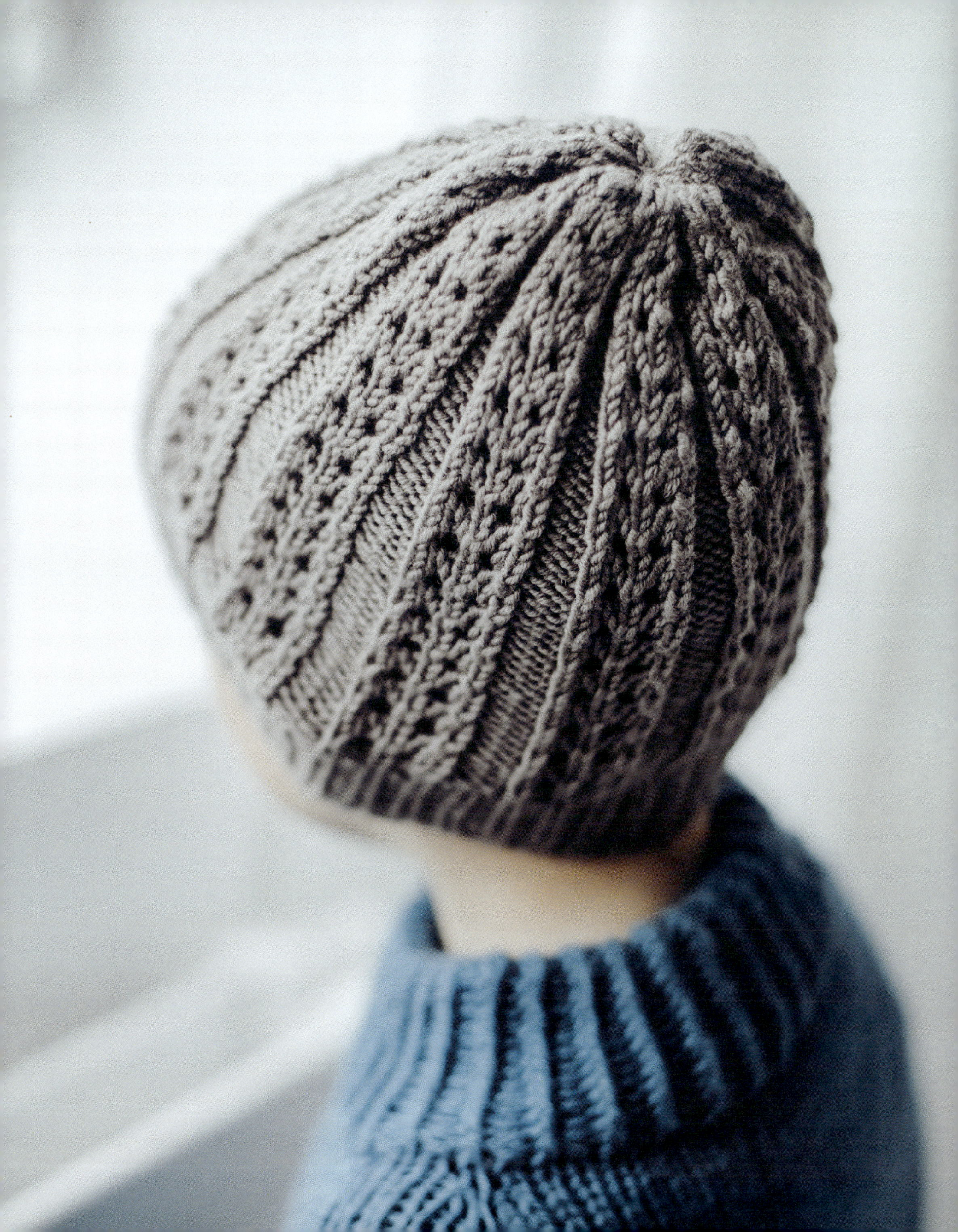

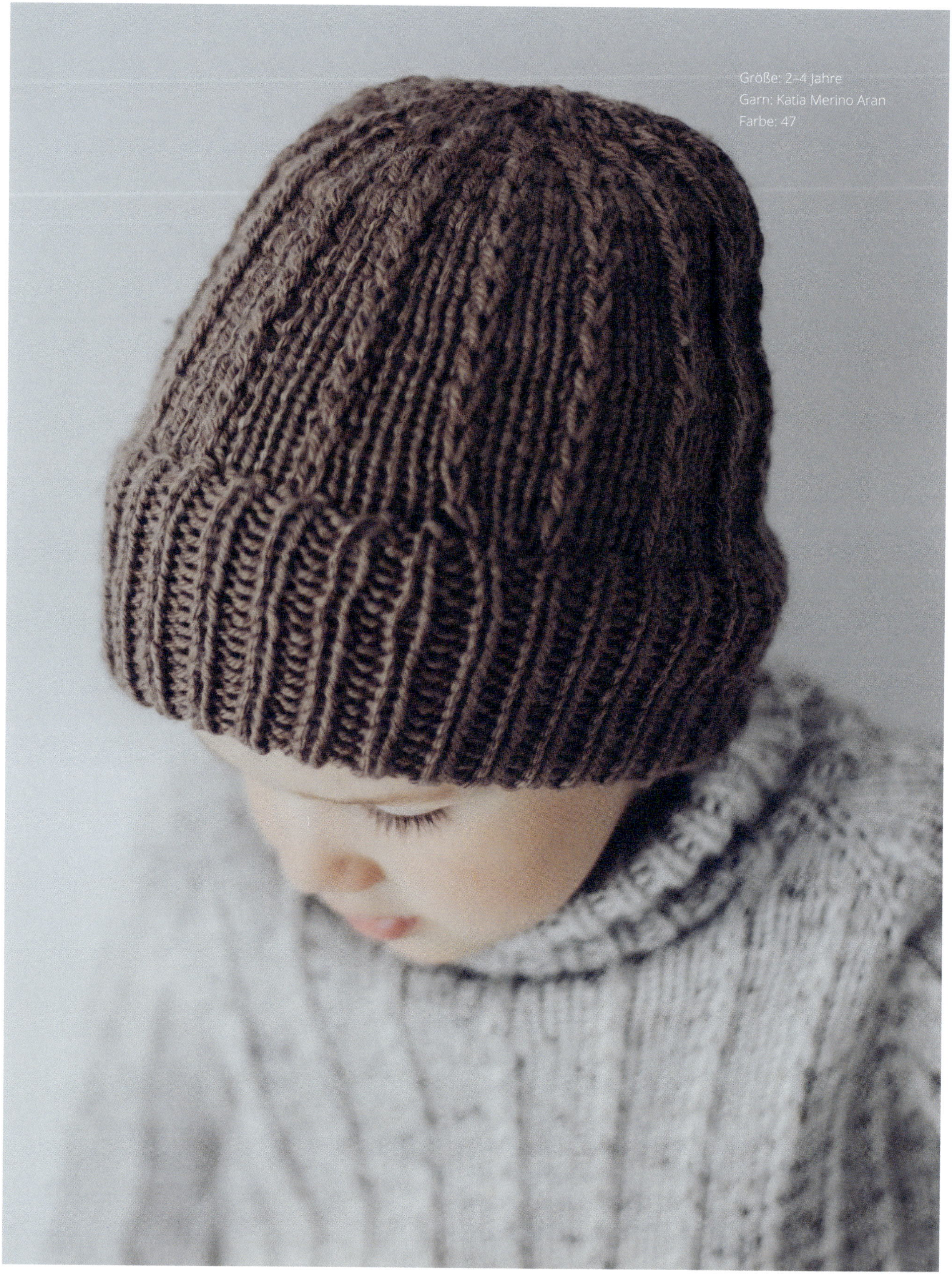
Größe: 2–4 Jahre
Garn: Katia Merino Aran
Farbe: 47

NACHT FÜR NACHT

Diese Mütze haben wir passend zum Nacht für Nacht-Pullover entworfen – und sie wurde sofort zum Lieblingsstück! Das extralange, doppelte Bündchen hält große und kleine Ohren kuschelig warm, die Hebemaschen im oberen Teil geben der Mütze das gewisse Etwas.

GRÖSSENANGABEN UND GARNVERBRAUCH

Größe	Umfang	Garnverbrauch
6–12 Monate	35 cm	100 g (160 m)
1–2 Jahre	37 cm	100 g (160 m)
2–4 Jahre	37 cm	100 g (160 m)
4–8 Jahre	40 cm	100 g (160 m)
8–12 Jahre	**42 cm**	**100 g (160 m)**
S/M – Erwachsene	**44 cm**	**150 g (240 m)**
M/L – Erwachsene	**46 cm**	**150 g (240 m)**

Bitte beachtet, dass die angegebenen Garnmengen nur ein Richtwert sind.

Garn

Merino Sport (80 m/50 g), Merino Aran oder Merino Tweed von Katia, Lana Grossa Bingo oder Drops Nepal

Oder ähnliche Garne mit passender Maschenprobe

Maschenprobe

18 Maschen = 10 cm mit Nadelstärke 6 im Muster; 16 Maschen glatt rechts gestrickt

Das braucht ihr:

Rundstricknadel Nr. 6 (40 cm)
Nadelspiel Nr. 6
Stopfnadel zum Vernähen der Fäden
Maschenmarkierer

BÜNDCHEN

Schlagt 64, 68, 68, 72, **76, 80, 84** M auf die Rundstricknadel Nr. 6 (40 cm) an. Schließt zur Runde und strickt ein Rippenbündchen (1 M re, 1 M li im Wechsel), insgesamt 12, 14, 16, 18, **18, 18, 20** cm lang.

Jetzt klappt ihr das Bündchen einmal um und strickt die Anschlagskante in der nächsten Runde direkt fest (s. Seite 7).

HAUPTTEIL

Strickt jetzt das Muster laut Diagramm, bis die Mütze, mit umgeklapptem Bündchen, 14, 16, 19, 20, **21, 22, 26** cm misst.

ABNAHMEN

Jetzt beginnen die Abnahmen. Wenn die Runden zu kurz für die Rundstricknadel werden, wechselt ihr auf das Nadelspiel.

1. Schritt: Strickt über die ganze Runde verteilt in allen glatt re gestrickten Abschnitten zwischen den Hebemaschen jeweils die 2. und 3. Masche re zusammen.

2. Schritt: Strickt 2 Runden ohne Abnahmen, im Muster.

3. Schritt: Strickt über die Runde verteilt in den glatt re gestrickten Abschnitten zwischen den Hebemaschen immer zwei M re zusammen.

4. Schritt: Strickt 3 Runden ohne Abnahmen, mit Muster.

5. Schritt: Strickt über die gesamte Runde immer 2 M re zusammen und reduziert die Maschenzahl so um die Hälfte. Ab dieser Runde strickt keine Hebemaschen mehr.

6. Schritt: Strickt 1 Runde glatt re.

7. Schritt: Strickt wieder über die gesamte Runde immer 2 M re zusammen.

8. Schritt: Schneidet den Faden ab und zieht das Ende durch alle Maschen auf der Nadel. Zieht ihn gut an und schließt so die Mütze.

8	7	6	5	4	3	2	1	
								6
			V				V	5
			V				V	4
								3
			V				V	2
			V				V	1
8	7	6	5	4	3	2	1	

WIEDERHOLEN (Reihen 1–6)

☐ rechte Maschen

V 1 Masche ungestrickt, wie zum Linksstricken, mit dem Faden hinter der Arbeit abheben

ABSCHLUSS

Vernäht alle Fadenenden. Wascht die Mütze entsprechend der Angaben des Wollherstellers, zieht sie auf einem trockenen Handtuch in Form und lasst sie trocknen.

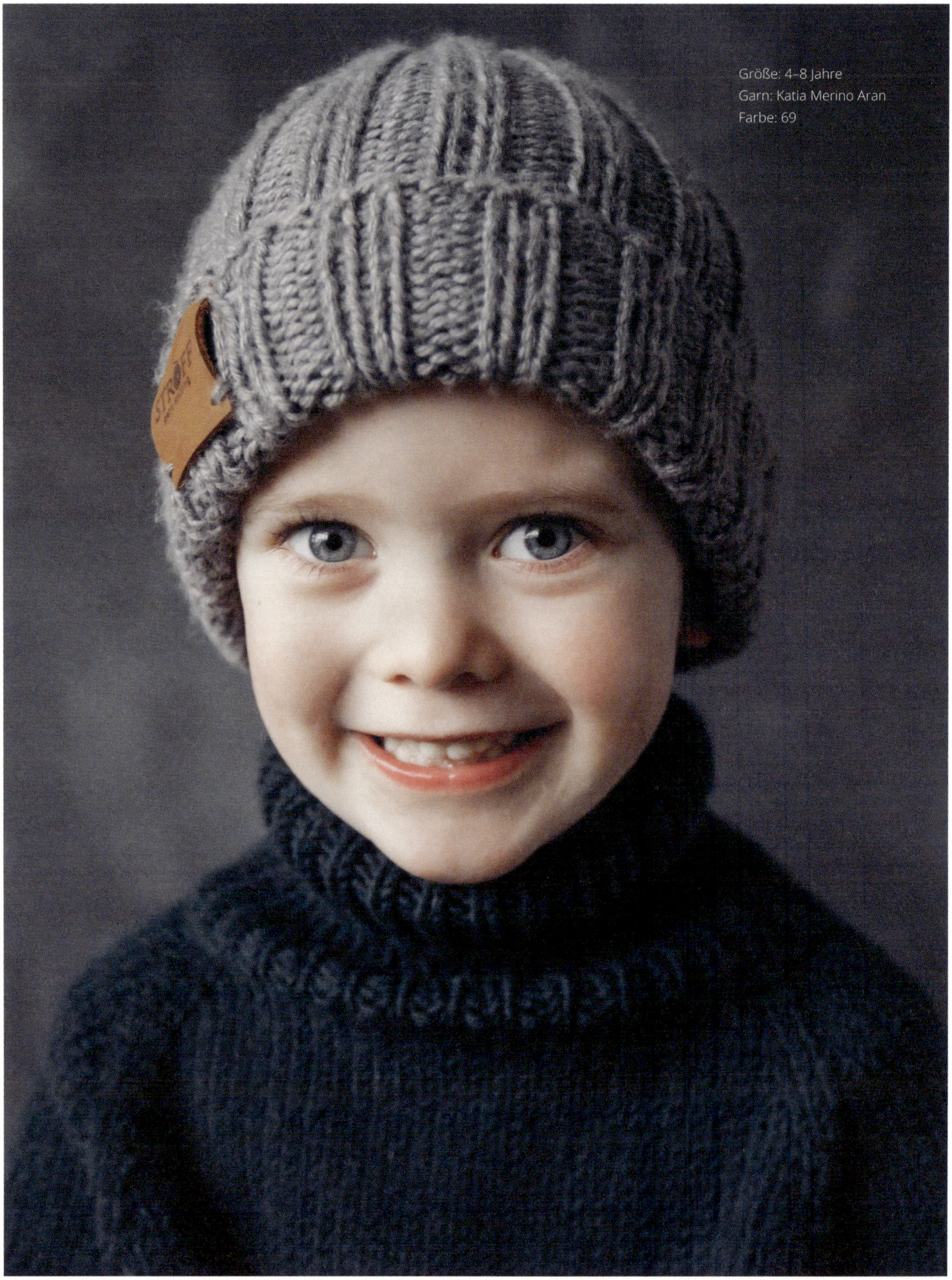

Größe: 4–8 Jahre
Garn: Katia Merino Aran
Farbe: 69

KLASSIKER

Diese klassische Mütze ist so einfach wie praktisch: Sie wird durchgehend im Rippenmuster gestrickt und ist so elastisch, dass sie sich an jeden Kopf anschmiegt. Hier habt ihr ein perfektes Anfängerstück, an dem die Empfänger lange Freude haben!

GRÖSSENANGABEN UND GARNVERBRAUCH

Größe	Umfang	Garnverbrauch
1–4 Jahre	36 cm	100 g (160 m)
4–8 Jahre	38 cm	100 g (160 m)
8–12 Jahre	**40 cm**	**100 g (160 m)**
Erwachsene	**42 cm**	**100 g (160 m)**

Bitte beachtet, dass die angegebenen Garnmengen nur ein Richtwert sind.

Diese Maße sind der Umfang der fertigen Mütze, nicht der Kopfumfang. Die Mütze ist durch das Rippenmuster äußerst dehnbar und passt sich perfekt an die Kopfform an.

Garn

Merino Sport (80 m/50 g), Merino Aran oder Merino Tweed von Katia, Lana Grossa Bingo oder Drops Nepal

oder ein anderes Garn mit passender Maschenprobe

Maschenprobe

20 Maschen = 10 cm mit Nadelstärke 5

Das braucht ihr:

Rundstricknadel Nr. 5, 40 cm
Nadelspiel Nr. 5
Stopfnadel zum Vernähen der Fäden
Maschenmarkierer
1–2 Pompons (optional)

Die Mütze wird im Rippenmuster (2 M re, 2 M li) von unten nach oben und in Runden gearbeitet. Die Runde beginnt in der hinteren Mitte.

HAUPTTEIL

Schlagt 72, 76, **80, 84** M auf die Rundstricknadel Nr. 5 (40 cm) an. Schließt zur Runde und strickt ein Rippenmuster (2 M re, 2 M li im Wechsel), insgesamt 26, 27, **28, 30** cm lang.

ABNAHMEN

Jetzt beginnen die Abnahmen. Wenn die Runden zu kurz für die Rundstricknadel werden, wechselt ihr auf das Nadelspiel.

1. Runde: *Strickt 2 M re, strickt 2 M li zusammen*, wiederholt *–* über die gesamte Runde.

2. und 3. Runde: *Strickt 2 M re, 1 M li*, wiederholt *–* über die gesamte Runde.

4. Runde: *Strickt 2 M re zusammen, strickt 1 M li*, wiederholt *–* über die gesamte Runde.

5. Runde: Strickt über die gesamte Runde 1 M re, 1 M li im Wechsel.

6. Runde: Strickt über die gesamte Runde immer 2 M re zusammen.

7. Runde: Strickt alle M re.

8. Runde: Strickt über die gesamte Runde immer 2 M re zusammen.

Zum Schluss liegen noch 10–16 M auf der Nadel. Schneidet den Faden ab, fädelt ihn durch die übrigen Maschen und schließt so die Mütze.

ABSCHLUSS

Vernäht alle Fadenenden. Wascht die Mütze entsprechend der Angaben des Wollherstellers, zieht sie auf einem trockenen Handtuch in Form und lasst sie trocknen. Befestigt danach auf Wunsch noch einen oder zwei Pompons.

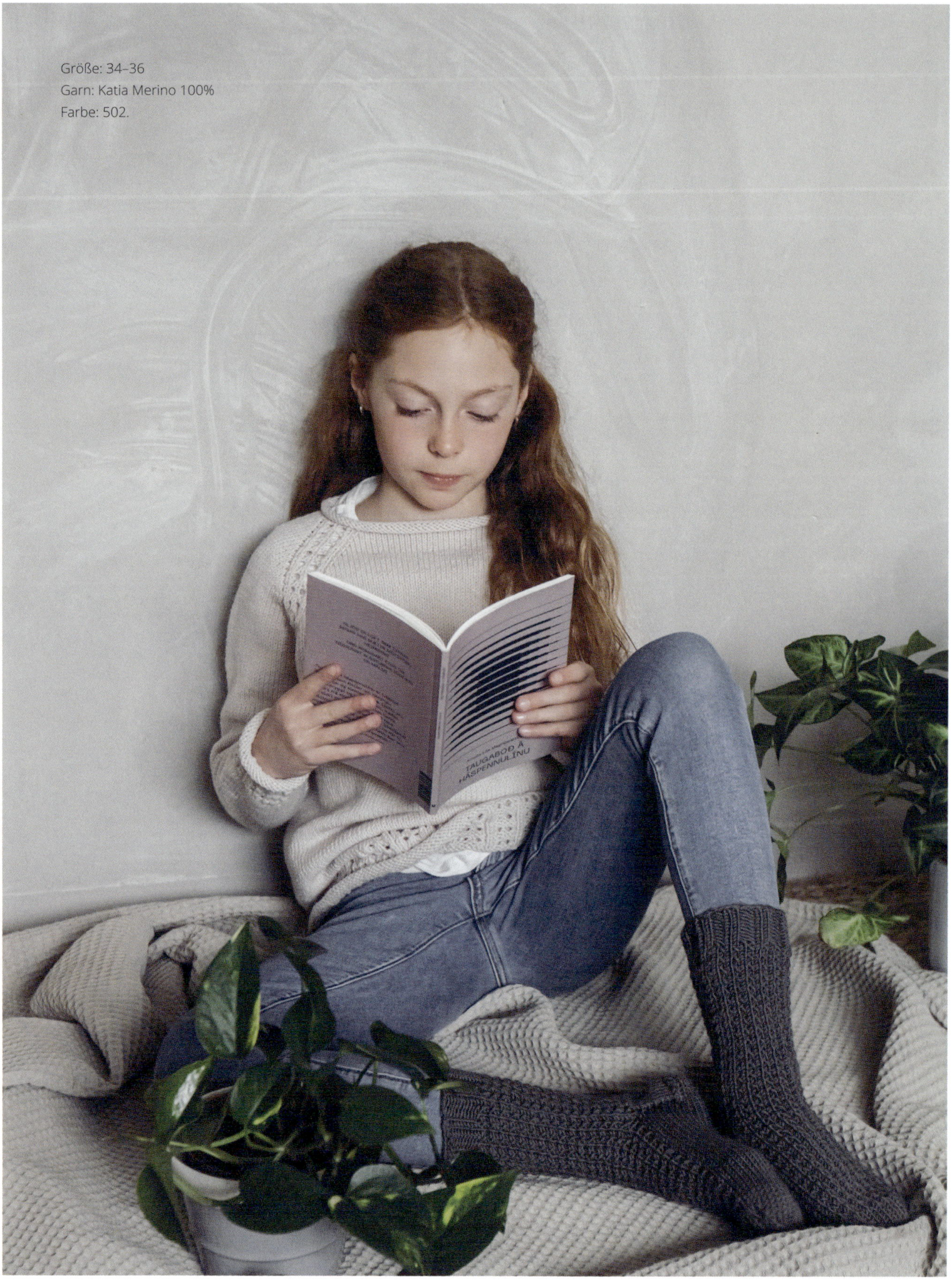

Größe: 34–36
Garn: Katia Merino 100%
Farbe: 502.

GLUT - SET

Dicke Socken und Handschuhe mit feinem Strukturmuster: Bei diesen Stücken könnt ihr eure Wollreste aufbrauchen oder neue Farbkombinationen testen und erhaltet nebenbei schöne Mitbringsel für Freunde und Familie!

Socken

GRÖSSENANGABEN UND GARNVERBRAUCH:

Größe (Schuhgröße)	Umfang an den Knöcheln	Umfang am Spann	Garnverbrauch
34–36	18 cm	18 cm	100 g (204 m)
37–39	19,5 cm	19,5 cm	100 g (204 m)
40–42	**20,5 cm**	**20,5 cm**	**100 g (204 m)**
43–46	**20,5 cm**	**20,5 cm**	**150 g (306 m)**

Wenn ihr die Socken mehrfarbig strickt, benötigt ihr in allen Größen pro Farbe 50 g.

Garn
Katia Merino 100%

Maschenprobe
23 M = 10 cm mit Nadelstärke 4

Das braucht ihr:
Nadelspiel Nr. 4
Stopfnadel zum Vernähen der Fäden

Die Socken werden in Runden von oben nach unten mit einer klassischen Käppchenferse gearbeitet. Der Schaft und die Fußoberseite werden im gebrochenen Rippenmuster gestrickt.

SCHAFT

Schlagt 40, 44, **44, 48** M auf das Nadelspiel Nr. 4 an. Verteilt die Maschen wie folgt auf drei Nadeln:

1. Nadel: 10, 11, **11, 12** M

2. Nadel: 10, 11, **11, 12** M

3. Nadel: 20, 22, **22, 24** M

Die Maschen auf den ersten zwei Nadeln bilden hier die Vorderseite und später die Fußoberseite, die Maschen auf der dritten Nadel bilden die Rückseite und später die Ferse und die Sohle.

Schließt zur Runde und strickt ein Rippenbündchen (2 M re, 2 M li im Wechsel) über 3, 3, **3,5, 3,5** cm. Strickt jetzt das gebrochene Rippenmuster (s. Diagramm auf S. 143), bis das Stück ab dem Maschenanschlag insgesamt 15, 16, **18,5, 18,5** cm lang ist. Endet wenn möglich in Reihe 1 des Musters.

FERSE

Strickt jetzt die Fersenwand nur mit den Maschen der dritten Nadel in Hin- und Rückreihen. Wendet jetzt also die Arbeit und strickt die Maschen der dritten Nadel als Rückreihe.

1. Reihe (Rückreihe): Hebt 1 M ungestrickt wie zum Linksstricken, mit dem Faden vor der Arbeit, ab. Strickt die Reihe li zu Ende.

2. Reihe (Hinreihe): Hebt 1 M ungestrickt wie zum Rechtsstricken, mit dem Faden hinter der Arbeit, ab. Strickt die Reihe re zu Ende.

Wiederholt Reihen 1 und 2, bis ihr insgesamt 11, 13, **13, 15** Reihen gearbeitet habt.

KÄPPCHEN

Jetzt bilden wir durch Abnahmen das Fersenkäppchen. Dafür teilen wir die 20, 22, **22, 24** M der Fersenwand auf der dritten Nadel noch einmal in drei Teile auf.

6, 7, **7, 8** M – rechte Seite des Käppchens

8, 8, **8, 8** M – Mitte

6, 7, **7, 8** M – linke Seite des Käppchens

Die Abnahmen werden wie folgt gestrickt:

1. Reihe (Hinreihe): Strickt 14, 15, **15, 16** M re. Wendet die Arbeit.

2. Reihe (Rückreihe): Hebt die erste M ungestrickt, wie zum Linksstricken, mit dem Faden vor der Arbeit ab. Strickt 7 M li und wendet die Arbeit.

3. Reihe (Hinreihe): Hebt die erste M ungestrickt, wie zum Rechtsstricken, mit dem Faden hinter der Arbeit ab. Strickt bis 1 M vor der letzten Wendestelle. Hebt die

Wendemasche ab, strickt die nächste M re und zieht die Wendemasche über diese M. Wendet die Arbeit.

4. Reihe (Rückreihe): Hebt die erste M ungestrickt, wie zum Linksstricken, mit dem Faden vor der Arbeit ab. Strickt weiter bis 1 M vor der letzten Wendestelle und strickt die nächsten 2 M li zusammen. Wendet die Arbeit.

Wiederholt Reihen 3 und 4, bis nur noch 8 M auf der Nadel liegen. Endet mit einer Rückreihe.

ZWICKEL

Jetzt fasst ihr an den Seiten der Fersenwand neue Maschen auf, um das Stück wieder zur Runde zu schließen:

1. Schritt: Strickt die 8 M des Käppchens re.

2. Schritt: Fasst an der Seite der Fersenwand 6, 7, **7, 8** M aus den Randmaschen auf und strickt sie re. Falls ihr an dieser Stelle mehr Maschen aufnehmen müsst, um Löcher zu vermeiden, achtet darauf, die Maschen in der nächsten Runde wieder zu reduzieren, damit ihr die richtige Maschenzahl erhaltet.

3. Schritt: Strickt jetzt die 20, 22, **22, 24** M, die auf Nadel 1 und 2 stillgelegt waren, im Muster.

4. Schritt: Fasst an der anderen Seite der Fersenwand 6, 7, **7, 8** M aus den Randmaschen auf und strickt sie re.

Strickt jetzt wieder über alle Maschen in Runden weiter, bis der Fuß ab dem Zwickel 14, 15,5, **17, 18** cm lang ist. Die obere Hälfte der Maschen (Nadeln 1 und 2) wird laut Diagramm im Muster gestrickt, die untere Hälfte (Nadel 3) glatt re.

ABNAHMEN

Wenn die Socke die richtige Länge erreicht hat, beginnen die Abnahmen. Ab jetzt wird nur noch glatt re gestrickt, ohne Muster.

In der ersten Runde nehmt ihr Maschen ab:

1. Nadel: Strickt 1 M re. Strickt 2 M mit SSK zusammen und strickt alle weiteren M re.

2. Nadel: Strickt re bis 3 M vor Ende der Nadel, strickt die nächsten 2 M re zusammen und strickt die letzte M re.

3. Nadel: Strickt 1 M re, strickt 2 M mit SSK zusammen, strickt re bis 3 M vor Ende der Nadel, strickt die nächsten 2 M re zusammen, strickt die letzte M re.

Die zweite Runde strickt ihr glatt re ohne Abnahmen.

Strickt noch einmal eine Runde mit und eine Runde ohne Abnahmen. Strickt danach jede Runde mit Abnahmen, bis ihr nur noch 6–8 M auf der Nadel habt.

Schneidet den Faden ab, zieht das Ende durch die restlichen Maschen und schließt so die Socke. Strickt die zweite Socke genauso.

ABSCHLUSS

Vernäht alle Enden und wascht die Socken entsprechend der Angaben des Garnherstellers. Kleine Stücke wie diese kann man auch einfach unter kaltem Wasser ausspülen, leicht auswringen und in Form gelegt trocknen lassen.

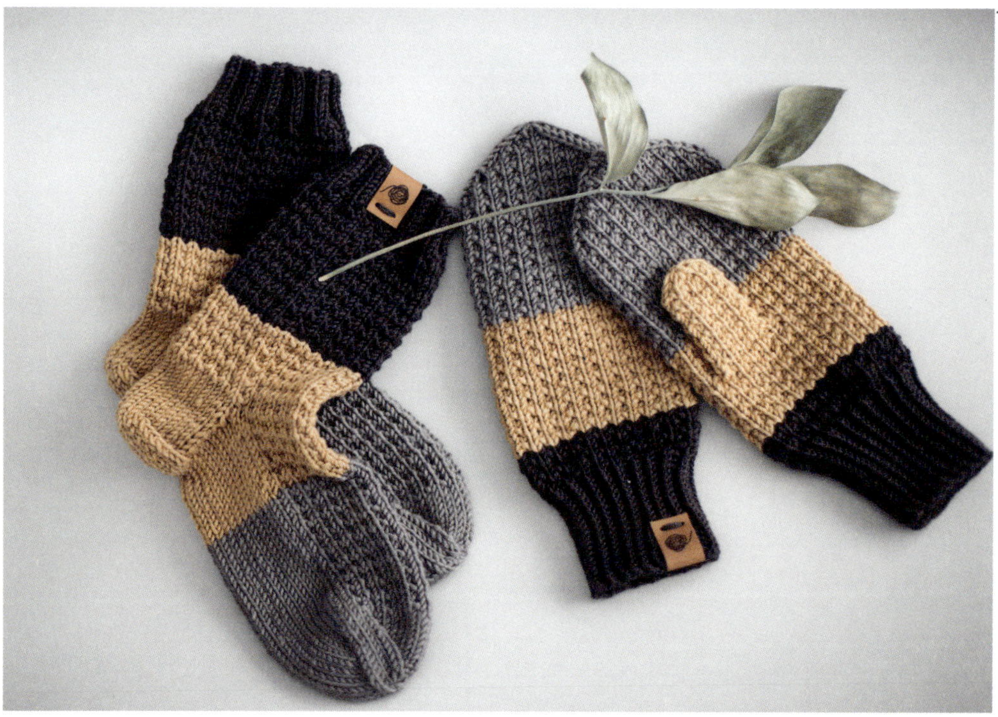

Handschuhe

GRÖSSENANGABEN UND GARNVERBRAUCH

Größe	Umfang am Handrücken	Umfang am Handgelenk	Garnverbrauch
XS	17 cm	14 cm	100 g (204 m)
S	18 cm	15 cm	100 g (204 m)
M	**19 cm**	**16 cm**	**100 g (204 m)**
L	**20 cm**	**17 cm**	**150 g (306 m)**

Wenn ihr die Handschuhe mehrfarbig strickt, benötigt ihr in allen Größen pro Farbe 50 g.

Garn
Katia Merino 100%

Maschenprobe
25 M = 10 cm mit Nadelstärke 3,5

Das braucht ihr:
Nadelspiel Nr. 3,5
Stopfnadel zum Vernähen der Fäden

Diese Handschuhe werden im gebrochenen Rippenmuster in Runden gestrickt.

BÜNDCHEN

Schlagt mit Farbe 1 34, 38, **42, 44** M auf das Nadelspiel Nr. 3,5 an. Schließt zur Runde und strickt ein Rippenbündchen (1 M re verschränkt, 1 M li im Wechsel), insgesamt 6, 7, **7, 8** cm lang.

HAUPTTEIL

Strickt eine weitere Runde glatt re und nehmt dabei gleichmäßig über die Runde verteilt 8, 6, **4, 6** M zu. Jetzt liegen 42, 44, **46, 50** M auf der Nadel. Teilt die Maschen dann in der nächsten Runde wie folgt auf drei Nadeln auf:

1. Nadel: 10, 11, **11, 12** Maschen (Handrücken)

2. Nadel: 11, 11, **12, 13** Maschen (Handrücken)

3. Nadel: 21, 22, **23, 25** Maschen (Handfläche)

Strickt jetzt das gebrochene Rippenmuster laut Diagramm (s. unten). Nach 1, 1, **1,5, 2** cm (endet mit Reihe 1 im Muster) wechselt ihr die Farbe und strickt jetzt mit Farbe 2 weiter, bis der Handschuh ab der ersten Runde nach dem Bündchen 5, 5, 6, **6, 7** cm misst.

Gebrochenes Rippenmuster

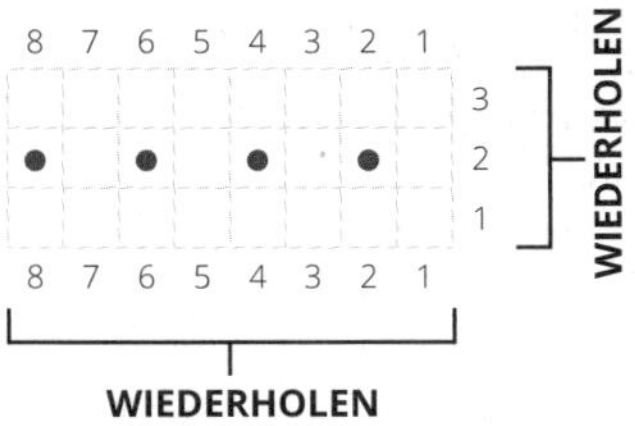

☐ rechte Maschen

⊡ linke Maschen

DAUMENVORBEREITUNG

Jetzt strickt ihr einen Hilfsfaden für den Daumen ein. Das macht ihr bei Nadel 3:

Linker Handschuh: Strickt die Maschen auf Nadel 1 + 2 im Muster. Strickt die ersten 3 M der dritten Nadel im Muster und strickt die nächsten 7, 8, **8, 9** M mit einem Hilfsfaden re. Schiebt diese Maschen wieder zurück auf die linke Nadel und strickt sie noch einmal mit dem Hauptfaden im Muster. Strickt die Runde im Muster fertig.

Rechter Handschuh: Strickt die Maschen auf Nadel 1 + 2 im Muster. Strickt die Maschen auf Nadel 3 im Muster, bis 10, 11, **11, 12** M vor Ende der Runde. Strickt die nächsten 7, 8, **8, 9** M mit einem Hilfsfaden re, legt sie zurück auf die linke Nadel und strickt sie noch einmal mit dem Hauptfaden im Muster. Strickt die letzten 3 M im Muster.

Strickt jetzt im Muster weiter, bis der Handschuh ab der ersten Runde im Muster 7,5, 8, **8,5, 9** cm lang ist. Wechselt die Farbe und strickt mit Farbe 3 weiter, bis der Handschuh ab der ersten Runde im Muster 15, 16, **17, 18** cm lang ist.

ABNAHMEN

Jetzt nehmt ihr an den Seiten des Handschuhs wie folgt ab:

1. RUNDE:

1. Nadel: Strickt die ersten 2 M mit SSK zusammen. Strickt im Muster weiter.

2. Nadel: Strickt im Muster bis 2 M vor Ende der Nadel. Strickt 2 M re zusammen.

3. Nadel: Strickt die ersten 2 M mit SSK zusammen, strickt im Muster bis 2 M vor Ende der Nadel, strickt die letzten 2 M re zusammen.

2. RUNDE:

Strickt das Muster ohne Abnahmen (achtet darauf, durch die Abnahmen in der Runde davor nicht im Muster zu verrutschen).

Wiederholt Runden 1 und 2, bis nur noch insgesamt 8–10 M auf den Nadeln liegen. Schneidet den Faden ab, fädelt das Ende durch diese Maschen und schließt so den Handschuh.

Strickt den zweiten Handschuh genauso.

DAUMEN

Entfernt den Hilfsfaden und legt die offenen Maschen auf beiden Seiten auf zwei Nadeln (NS 3,5). Nehmt auf jeder Seite noch je 1 M extra auf, damit das Daumenloch etwas breiter wird und sich keine Löcher an den Seiten bilden. Strickt eine Runde glatt re und strickt dabei die zusätzlich aufgenommenen Maschen wieder mit den Maschen daneben zusammen. Jetzt habt ihr 14, 16, **16, 18** M auf der Nadel. Strickt das gebrochene Rippenmuster in Runden, bis der Daumen 5,5, 6, **6, 6,5** cm lang ist. Strickt dann über die ganze Runde immer 2 M re zusammen. Schneidet den Faden ab, zieht ihn durch diese Maschen und schließt so den Daumen. Strickt den zweiten Daumen genauso.

ABSCHLUSS

Vernäht alle Fäden. Wascht die Handschuhe anhand der Angaben des Wollherstellers, zieht sie auf einem trockenen Handtuch in Form und lasst sie trocknen.

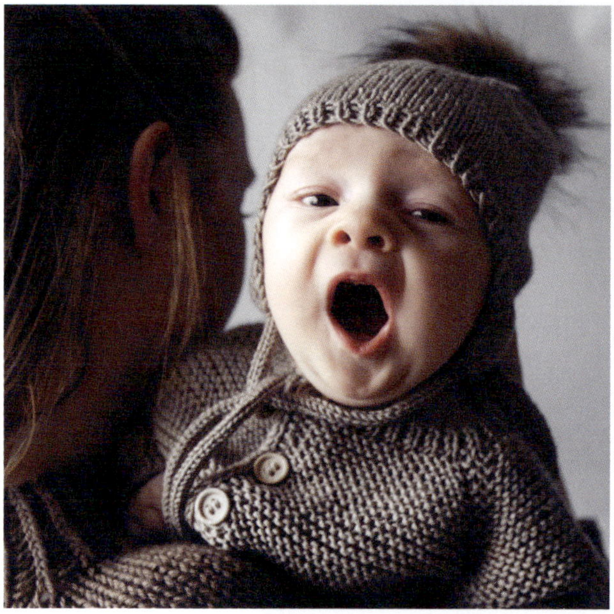

BABYSETS

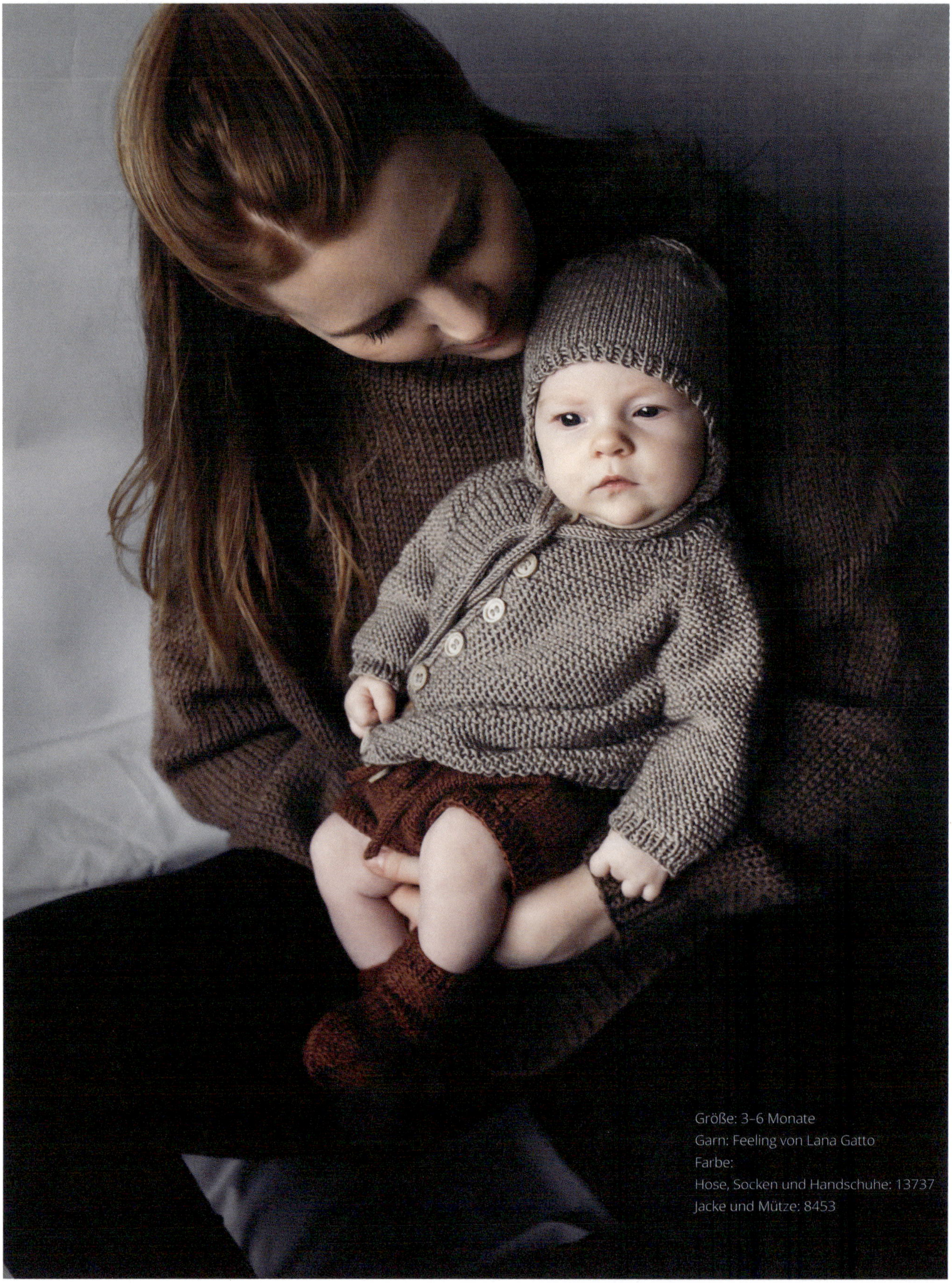

Größe: 3–6 Monate
Garn: Feeling von Lana Gatto
Farbe:
Hose, Socken und Handschuhe: 13737
Jacke und Mütze: 8453

ARI – BABYSET

Dieses Set vereint alle unsere Grundsätze: Ganz schlicht, ohne jeglichen Schnickschnack, aber doch mit liebevollen Details. Ari ist das ideale Babyset für Anfänger, da es fast nur aus rechten Maschen gestrickt wird.

Jacke

GRÖSSENANGABEN UND GARNVERBRAUCH

Größe	Brust-umfang	Ärmel-umfang	Rumpflänge ab Ärmelansatz	Ärmellänge ab Ärmelansatz	Garnverbrauch
0–3 Monate	55 cm	17,5 cm	15 cm	12 cm	100–150 g (204–306 m)
3–6 Monate	60 cm	19 cm	17 cm	15 cm	150 g (306 m)
6–12 Monate	66 cm	21 cm	20 cm	18 cm	200 g (408 m)
1–2 Jahre	**70cm**	**22 cm**	**23 cm**	**20 cm**	**250 g (510 m)**
2–4 Jahre	**75 cm**	**23,5 cm**	**26 cm**	**23 cm**	**250–300 g (510–612 m)**
4–6 Jahre	**79 cm**	**24,5 cm**	**28 cm**	**26 cm**	**300–350 g (612–714 m)**

Bitte beachtet, dass die angegebenen Garnmengen nur ein Richtwert sind.

Garn
Katia Merino 100% (102 m/50 g), Lana Grossa Cool Wool big, Lang Merino 120 oder Drops Merino extra fine

Maschenprobe
23 Maschen = 10 cm mit Nadelstärke 4

Das braucht ihr:
Rundstricknadel Nr. 4 (60 cm)
Nadelspiel Nr. 4
Stopfnadel zum Vernähen der Fäden
Maschenmarkierer
Knöpfe (15–18 mm Durchmesser)

Diese Jacke wird kraus rechts von oben nach unten und in Hin- und Rückreihen gestrickt, mit integrierter Knopfleiste und I-Cord-Abschlüssen.

HALSBÜNDCHEN

Schlagt 68, 74, 80, **86, 90, 94** M auf die Rundstricknadel Nr. 4 an. Strickt das Bündchen im Rippenmuster (1 M re und 1 M li im Wechsel) insgesamt 2, 2, 2, **4, 4, 4** Reihen lang, und beachtet dabei die **Randmaschen**, die **I-Cord-Kante** und das erste **Knopfloch** (siehe die nächsten zwei Absätze). Die erste Reihe, die ihr strickt, ist eine Hinreihe.

Die ersten 6, 7, 8, **8, 8, 8** und die letzten 6, 7, 8, **8, 8, 8** M des Bündchens sind **Randmaschen**, die später die Knopfleiste bilden. Sie werden über die gesamte Länge der Jacke, schon ab dem Halsbündchen, kraus rechts gestrickt, wie der Rest der Jacke. Markiert euch die Randmaschen am besten mit Maschenmarkierern. Die ersten 2 und die letzten 2 Randmaschen jeder Reihe werden als **I-Cord-Kante** gestrickt, die einen schönen und geraden Abschluss bildet. Hier wird sie so gearbeitet, dass die letzten 2 M in jeder Reihe mit dem Faden vor der Arbeit ungestrickt abgehoben werden. Am Beginn der Reihe werden diese Maschen wie immer re gestrickt.

In diese Randmaschen werden auch direkt die **Knopflöcher** eingestrickt. Wir empfehlen, sie mit einem Abstand von ca. 14–16 Reihen, oder nach Geschmack und Knopfgröße, zu arbeiten. Das erste Loch wird direkt in der zweiten Hinreihe gestrickt. Hier strickt ihr die Knopflöcher immer am Anfang einer Hinreihe: Strickt 3, 4, 4, **4, 4, 4** M, 1 Umschlag, strickt 2 M re zusammen, strickt normal weiter.

RAGLANBLENDE

Ab hier wird nur noch kraus re gestrickt, d.h. re in Hin- und Rückreihe. Jetzt werden die Stellen markiert, an denen ihr in jeder zweiten Reihe zunehmen werdet.

1. Schritt: Strickt die 6, 7, 8, **8, 8, 8** Randmaschen (RM) re.

2. Schritt: Strickt 10, 10, 11, **13, 14, 15** M re (linkes Vorderteil). MM1 platzieren.

3. Schritt: Strickt 6, 6, 6, **6, 6, 6** M re (linkes Schulterstück). MM2 platzieren.

4. Schritt: Strickt 24, 28, 30, **32, 34, 36** M re (Rückenteil). MM3 platzieren.

5. Schritt: Strickt 6, 6, 6, **6, 6, 6** M re (rechtes Schulterstück). MM4 platzieren.

6. Schritt: Strickt 10, 10, 11, **13, 14, 15** M re (rechtes Vorderteil).

7. Schritt: Strickt die 6, 7, 8, **8, 8, 8** Randmaschen (RM) re und denkt dabei an die I-Cord-Kante.

Damit habt ihr wieder das Ende der Reihe erreicht und die 4 MM, die die Raglanmaschen markieren, an den richtigen Stellen angebracht.

Strickt eine Rückreihe re zurück.

Ab der nächsten Reihe (3. Reihe) nehmt ihr in jeder Hinreihe beidseitig der MM mit **M1R, M1L** (s. Seite 6) zu: Strickt bis 1 M vor MM1, nehmt 1 M mit **M1R** zu, strickt die nächste Masche (die erste Raglanmasche) re, hebt den MM von der linken auf die rechte Nadel, strickt 1 M re (die zweite Raglanmasche), **M1L**, strickt dann re weiter. Wiederholt diese Zunahmen an MM2–4 und nehmt in dieser Reihe so insgesamt 8 M zu. Die Rückreihen strickt ihr immer ohne Zunahmen re zurück, mit Randmaschen und I-Cord-Kante.

Nehmt auf diese Weise in jeder Hinreihe 8 M zu, bis ihr insgesamt 15, 16, 18, **19, 21, 22** Reihen mit Zunahmen gearbeitet habt und 120, 128, 144, **152, 168, 176** M zugenommen habt. Am Ende der Zunahmen liegen insgesamt 188, 202, 224, **238, 258, 270** M auf der Nadel. Strickt jetzt noch 3 weitere Reihen (Rückreihe, Hinreihe, Rückreihe) ohne Zunahmen.

RUMPF

Jetzt werden die Maschen, die später die Ärmel bilden, beidseitig auf einem Hilfsfaden stillgelegt. Das ist ein Faden in einer Kontrastfarbe, auf dem ihr die Ärmelmaschen sichert, während ihr den Rumpf strickt.

1. Schritt: Strickt die Randmaschen re.

2. Schritt: Strickt re bis zu MM1 (linkes Vorderteil).

3. Schritt: Legt 36, 38, 42, **44, 48, 50** M auf einen Hilfsfaden (linker Ärmel).

4. Schritt: Schlagt 6 neue M unter dem linken Ärmel an.

5. Schritt: Strickt re bis zu MM3 (Rückenteil).

6. Schritt: Legt 36, 38, 42, **44, 48, 50** M auf einen Hilfsfaden (rechter Ärmel).

7. Schritt: Schlagt 6 neue M unter dem rechten Ärmel an.

8. Schritt: Strickt re bis zu den Randmaschen (rechtes Vorderteil).

9. Schritt: Strickt die Randmaschen.

Jetzt habt ihr wieder das Ende der Reihe erreicht und habt insgesamt 128, 138, 152, **162, 174, 182** M auf der Nadel (mit den neuen M unter den Ärmeln). Die Ärmelmaschen liegen auf Hilfsfäden.

Strickt jetzt den Rumpf weiter, bis er ab dem Ärmelansatz 14, 16, 18, **21, 24, 27** cm misst. Strickt das Bündchen im Rippenmuster (1 M re, 1 M li im Wechsel) 4, 4, 4, **6, 6, 6** Reihen lang, strickt dabei aber die Randmaschen weiter kraus re mit I-Cord. Kettet im Muster ab.

ÄRMEL

Jetzt werden die Maschen für den ersten Ärmel, die ihr auf einem Hilfsfaden stillgelegt habt, auf das Nadelspiel gelegt. Zusätzlich werden aus den Maschen, die ihr unter dem Arm neu angeschlagen habt, 6 M aufgefasst und zu den restlichen Ärmelmaschen auf die Nadel gelegt. Die Ärmel werden in Runden gestrickt. Die erste Runde beginnt in der Mitte zwischen den neuen Maschen. Jetzt liegen 42, 44, 48, **50, 54, 56** M auf der Nadel.

Strickt den Ärmel kraus rechts in Runden, d.h. immer eine Runde re, eine Runde li im Wechsel. Alternativ könnt ihr ihn auch wie im Rumpf nur re in Reihen stricken und dann am Unterarm zusammennähen – das ist unter Umständen einfacher, ergibt aber eine deutlich sichtbare Naht.

Beim Ärmel habt ihr zwei Möglichkeiten, um die Maschen auf dem Weg nach unten zu reduzieren: Entweder strickt ihr den Ärmel ohne Abnahmen gerade nach unten und nehmt in der letzten Runde gleichmäßig verteilt 12, 14, 17, **18, 21, 24** M ab, sodass er nur am Handgelenk enger wird. Das empfehlen wir besonders in den kleinen Größen.

Alternativ nehmt ihr in regelmäßigen Abständen je 2 M pro Reihe ab, damit der Ärmel nach und nach schmaler wird. Das gibt in den größeren Größen eine bessere Passform – wie ihr euch entscheidet, ist am Ende aber vor allem Geschmackssache.

Für die regelmäßigen Abnahmen strickt ihr zunächst 3, 2, 3, **2, 3, 1,5** cm ohne Abnahmen. Strickt dann die ersten 2 und die letzten 2 Maschen der Runde zusammen und nehmt so 2 M ab. Wiederholt diese Abnahmen mit 1,5, 2, 2, **2, 2, 2,5** cm Abstand, insgesamt 6, 6, 7, **8, 9, 9** Mal, sodass ihr nach und nach insgesamt 12, 12, 14, **16, 18, 18** M abnehmt.

Strickt den Ärmel bis zu einer Länge von 12, 14, 17, **18, 21, 24** cm. Am Ende der Abnahmen liegen noch 30, 32, 34, **34, 36, 38** M auf der Nadel. Wechselt jetzt auf Nadelstärke 3 und strickt das Bündchen (1 m re, 1 m li im Wechsel), insgesamt 2, 2, 4, **4, 6, 6** Runden lang. Kettet im Rippenmuster ab. Achtet darauf, nicht zu fest abzuketten, damit der Pullover nicht zu eng am Handgelenk anliegt. Strickt den zweiten Ärmel genauso.

ABSCHLUSS

Alle Enden gut vernähen und ggf. die Löcher unter den Armen schließen, wenn vorhanden. Wascht die Jacke entsprechend der Pflegehinweise auf eurem Garn, zieht sie auf einem trockenen Handtuch in Form und lasst sie liegend trocknen. Durch das kraus rechts gestrickte Muster wird die Jacke in der Wäsche etwas länger. Das wird in der Anleitung berücksichtigt.

Mütze

GRÖSSENANGABEN UND GARNVERBRAUCH

Größe	Umfang	Garnverbrauch
0–3 Monate	31 cm	25 g (51 m)
3–6 Monate	34 cm	35 g (72 m)
6–9 Monate	38 cm	40 g (82 m)
9–12 Monate	**42 cm**	**50 g (102 m)**
12–18 Monate	**45 cm**	**70 g (143 m)**
18–24 Monate	**47 cm**	**80 g (184 m)**

Bitte beachtet, dass die angegebenen Garnmengen nur ein Richtwert sind.

Garn

Katia Merino 100% (102 m/50 g), Lana Grossa Cool Wool big, Lang Merino 120 oder Drops Merino extra fine

Maschenprobe

23 Maschen = 10 cm mit Nadelstärke 4

Das braucht ihr:

Rundstricknadel Nr. 4 (40 cm)
Nadelspiel Nr. 3 und 4
Stopfnadel zum Vernähen der Fäden
Maschenmarkierer
Pompon (optional)

Die Mütze wird von unten nach oben und in Runden gearbeitet. Zuerst werden die beiden Bänder und die Ohrenklappen gestrickt, dann wird die Arbeit zur Runde geschlossen und nach oben weitergestrickt.

BÄNDER UND OHRENKLAPPEN

Beginnt mit dem ersten Band. Schlagt 3 M auf eine Nadel aus dem Nadelspiel Nr. 3 an und strickt daraus eine I-Cord-Kordel: 3 M re stricken, Arbeit NICHT wenden, sondern die Maschen wieder zurück an die andere Nadelspitze schieben*. *–* wiederholen, bis das Band 20–25 cm misst.

Wechselt jetzt auf das Nadelspiel Nr. 4 und strickt das Ohr. Hier wird an beiden Seiten eine I-Cord-Kante gearbeitet, die den Abschluss schöner und ordentlicher macht (s. Seite 7).

1. Reihe (Hinreihe): Jetzt liegen 3 M auf der Nadel. Strickt 1 M re, nehmt eine M aus dem Querfaden mit **M1L** (s. Seite 6) auf, strickt 1 M re, nehmt eine M aus dem Querfaden mit **M1R** auf. Hebt die letzte M ungestrickt mit dem Faden vor der Arbeit ab.

2. Reihe (Rückreihe): Strickt 1 M re, und strickt dann li bis 2 M vor Ende der Reihe. Hebt die letzten 2 M ungestrickt mit dem Faden vor der Arbeit ab.

3. Reihe: Strickt 2 M re, M1L, strickt re bis 2 M vor Ende der Reihe, M1R, hebt die letzten 2 M ungestrickt mit dem Faden vor der Arbeit ab.

4. Reihe: Strickt 2 M re, strickt li bis 2 M vor Ende der Reihe, hebt die letzten 2 M ungestrickt mit dem Faden vor der Arbeit ab.

Wiederholt Reihen 3 und 4, bis 19, 19, 21, **21, 23, 23** M auf der Nadel liegen. Endet in einer Rückreihe und strickt in dieser Reihe alle M li und hebt keine Maschen mehr ab, strickt also kein I-Cord mehr. Schlagt jetzt am Ende der Reihe 10, 12, 12, **14, 14, 14** neue Maschen an (Hinterkopf) und legt das Stück zur Seite.

Strickt das zweite Ohr genauso, schlagt hier am Ende aber 24, 30, 34, **40, 44, 48** M an (Vorderseite).

Jetzt verbindet ihr beide Stücke und schließt sie zur Runde. Strickt zuerst das erste Stück (mit den Maschen für den Hinterkopf) auf eine Rundstricknadel Nr. 4 (40 cm). Beginnt dabei mit den neu angeschlagenen Maschen, strickt diese im Rippenmuster (1 M re, 1 M li im Wechsel) und strickt dann die 19, 19, 21, **21, 23, 23** Maschen, die das Ohr bilden, re. Strickt dann das zweite Stück an: Strickt wieder zuerst die neu angeschlagenen Maschen im Rippenmuster und strickt dann die 19, 19, 21, **21, 23, 23** M, die das andere Ohr bilden, re. Jetzt habt ihr alle Maschen auf einer Nadel vereint. Schließt zur Runde und strickt eine zweite Reihe wie die erste, d.h. die Ohrenmaschen re und alle anderen Maschen im Rippenmuster. Ab hier legt ihr den Rundenbeginn in die hintere Mitte zwischen den Ohrenklappen.

Jetzt liegen 72, 80, 88, **96, 104, 108** M auf der Nadel. Strickt glatt re über alle Maschen, bis die Mütze auf der Vorder- oder Rückseite (d.h. ohne Ohren) 8, 9, 10, **10, 11, 12** cm lang ist.

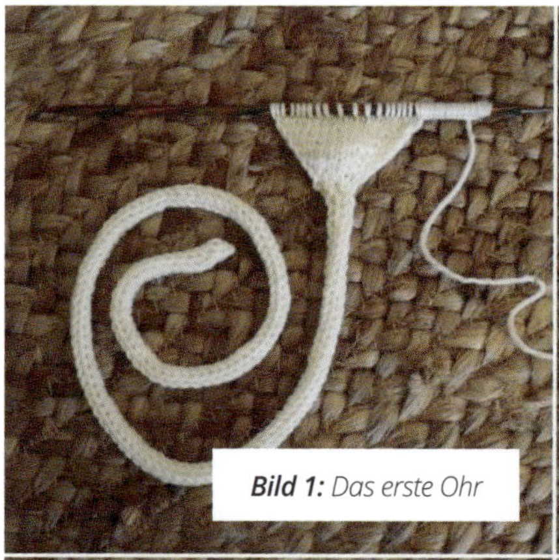

Bild 1: *Das erste Ohr*

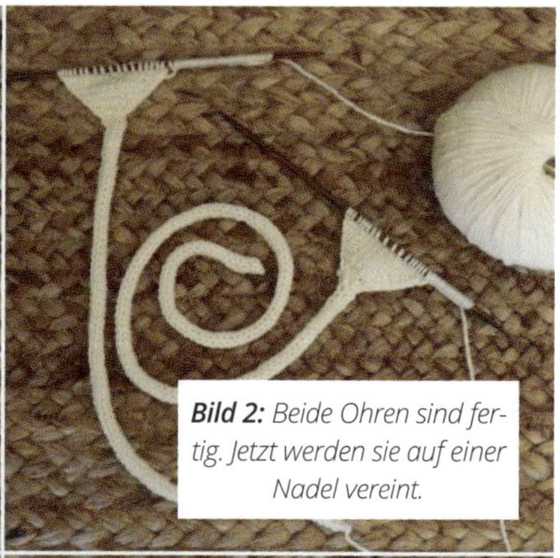

Bild 2: *Beide Ohren sind fertig. Jetzt werden sie auf einer Nadel vereint.*

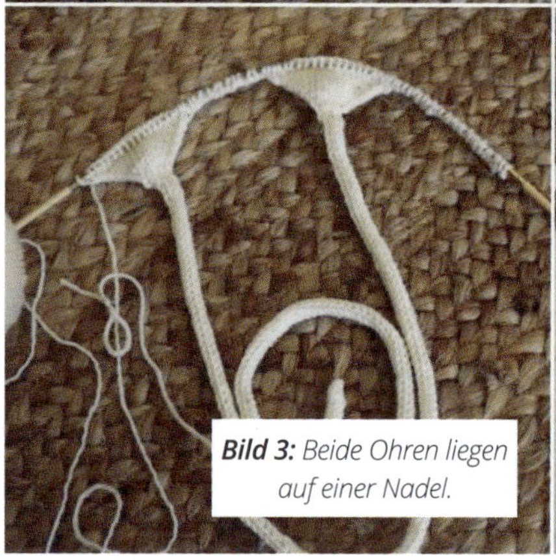

Bild 3: *Beide Ohren liegen auf einer Nadel.*

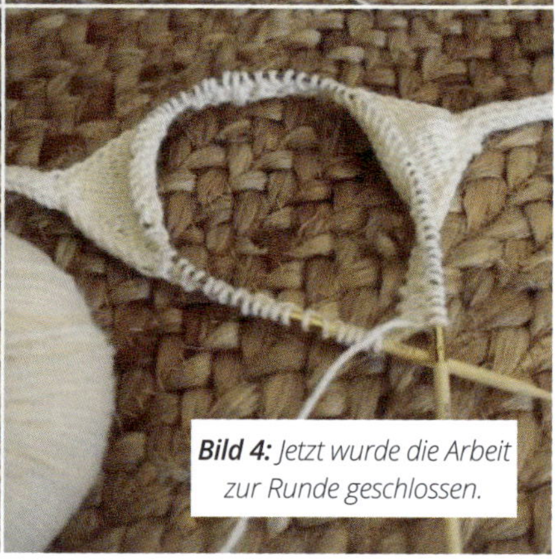

Bild 4: *Jetzt wurde die Arbeit zur Runde geschlossen.*

ABNAHMEN

Jetzt beginnen die Abnahmen. Die Runde beginnt weiterhin in der hinteren Mitte. Strickt alle Maschen re.

1. Schritt: Strickt 8, 9, 10, **11, 12, 13** M.

2. Schritt: Strickt 1 M und steckt einen MM in diese M.

3. Schritt: Strickt 17, 19, 21, **23, 25, 26** M.

4. Schritt: Strickt 1 M und steckt einen MM in diese M.

5. Schritt: Strickt 17, 19, 21, **23, 25, 26** M.

6. Schritt: Strickt 1 M und steckt einen MM in diese M.

7. Schritt: Strickt 17, 19, 21, **23, 25, 26** M.

8. Schritt: Strickt 1 M und steckt einen MM in diese M.

9. Schritt: Strickt 9, 10, 11, **12, 13, 13** M.

Jetzt habt ihr wieder das Ende der Runde erreicht und 4 MM in vier Maschen gesteckt. Ab der nächsten Reihe wird beidseitig dieser Maschen mit MM abgenommen: Strickt bis 2 M vor der Masche mit dem MM, strickt diese 2 M mit SSK (s. Seite 7) zusammen, strickt die M mit dem MM, strickt die nächsten 2 M re zusammen. Wiederholt diese Abnahmen an den drei weiteren MM in der Runde und nehmt so in dieser Runde 8 Maschen ab. Strickt dann eine zweite Runde glatt re, ohne Abnahmen.

Wiederholt diese zwei Runden, eine mit und eine ohne Abnahmen im Wechsel, bis nur noch 8–12 M auf der Nadel liegen. Wechselt auf das Nadelspiel, wenn die Runden zu kurz für die Rundstricknadel werden. Schneidet dann den Faden ab, zieht ihn durch die übrigen Maschen und schließt so die Mütze.

ABSCHLUSS

Vernäht alle Fadenenden. Wascht die Mütze entsprechend der Angaben des Wollherstellers, zieht sie auf einem trockenen Handtuch in Form und lasst sie trocknen. Befestigt danach auf Wunsch noch einen Pompon.

Hose

GRÖSSENANGABEN UND GARNVERBRAUCH

Größe	Umfang	Garnverbrauch
0–3 Monate	40 cm	50 g (102 m)
3–6 Monate	43 cm	70 g (143 m)
6–9 Monate	47 cm	90 g (184 m)
9–12 Monate	**51 cm**	**90 g (184 m)**
12–18 Monate	**53 cm**	**100 g (204 m)**
18–24 Monate	**55 cm**	**100 g (204 m)**

Bitte beachtet, dass die angegebenen Garnmengen nur ein Richtwert sind.

Garn

Katia Merino 100% (102 m/50 g), Lana Grossa Cool Wool big, Lang Merino 120 oder Drops Merino extra fine

Maschenprobe

23 Maschen = 10 cm mit Nadelstärke 4.

Das braucht ihr:

Rundstricknadel Nr. 4 (40 cm)
Nadelspiel Nr. 3 und Nr. 4
Stopfnadel zum Vernähen der Fäden
Maschenmarkierer
2–3 Knöpfe (15–18 mm Durchmesser)

Diese Hose wird von oben nach unten in Runden gestrickt.

BÜNDCHEN

Schlagt 96, 112, 116, **124, 128, 132** M auf die Rundstricknadel Nr. 4 an. Schließt zur Runde und strickt ein Rippenbündchen (1 M re, 1 M li), 3, 3,5, 4,5, **4,5, 4,5, 5** cm lang. Die Runde beginnt in der hinteren Mitte, markiert das am besten mit einem MM.

Jetzt werden die zwei Löcher gearbeitet, durch die ihr am Ende die Kordel zieht. Markiert euch die vordere Mitte und strickt die nächste Runde, weiter im Rippenmuster, bis 3 M vor der Mitte. Macht einen Umschlag, strickt die nächsten 2 M zusammen, strickt 2 M, macht einen Umschlag und strickt 2 M zusammen. Strickt die Runde im Rippenmuster zu Ende. Strickt dann das Rippenbündchen weiter in Runden, bis es ab dem Maschenanschlag 4, 5, 6, **6, 6, 7** cm lang ist.

Wenn das Bündchen die gewünschte Länge erreicht hat, wird es umgeklappt. Die Anschlagskante wird in der nächsten Reihe direkt umgeklappt festgestrickt, damit sich ein Tunnelzug für die Kordel bildet. Nehmt dafür für jede Masche, die ihr strickt, auch die entsprechende Masche aus der Anschlagskante mit auf und strickt beide zusammen als eine Masche re ab (s. Seite 7).

VERKÜRZTE REIHEN UND RUMPF

Jetzt arbeitet ihr einige verkürzte Reihen (s. Seite 7), die mehr Platz für eine dicke Windel schaffen.

Die Runde beginnt wieder in der hinteren Mitte. Strickt 18, 22, 23, **23, 24, 25** M re und wendet mit einer Wendemasche. Strickt 36, 44, 46, **46, 48, 50** M li zurück und wendet mit einer Wendemasche. Strickt wieder eine Hinreihe re, und zwar eine M weiter als die erste Wendestelle, und wendet mit einer Wendemasche. Strickt li zurück, wieder eine M weiter als die erste Wendestelle auf der anderen Seite, und wendet mit einer Wendemasche. Strickt auf diese Weise insgesamt 8 Reihen (4 Hinreihen, 4 Rückreihen) mit Wendemaschen und strickt dabei immer 1 M weiter als die vorherige Wendemasche.

Strickt dann wieder glatt re in Runden über alle Maschen. Auf der Vorderseite strickt ihr dabei einige Maschen li, um eine Knopfleiste zu imitieren: Findet direkt in der ersten Runde nach den verkürzten Reihen die vordere Mitte und markiert dort einen Abschnitt aus 5, 5, 5, **7, 7, 7** M. Strickt diese Maschen 4, 5, 6, **6, 7, 8** cm lang immer links und danach wie den Rest der Hose re.

Strickt auf diese Weise glatt re in Runden, bis die Hose ab (nicht mit) dem Bündchen 11, 13, 14, **15, 16, 17** cm lang ist. Messt die Länge am besten auf der Vorderseite, wo keine verkürzten Reihen liegen.

HOSENBEINE

Wenn der Rumpf die gewünschte Länge erreicht hat, strickt ihr die kurzen Hosenbeine. Beginnt dabei 3, 3, 3, **4, 4, 4** M vor Ende der Runde in der hinteren Mitte.

Kettet die nächsten 6, 6, 6, **8, 8, 8** M ab (je 3, 3, 3, **4, 4, 4** M vor und nach dem Rundenwechsel). Strickt dann 42, 50, 52, **54, 56, 58** M re (rechtes Hosenbein) und kettet die nächsten 6, 6, 6, **8, 8, 8** M ab. Lasst die Maschen für das rechte Hosenbein auf der Rundstricknadel liegen und strickt jetzt die nächsten 42, 50, 52, **54, 56, 58** M (linkes Hosenbein) auf das Nadelspiel Nr. 4.

Schließt die Maschen des linken Hosenbeins zur Runde, strickt zwei Runden glatt re und dann 4, 5, 5, **5, 6, 6** Runden im Rippenmuster (1 M re, 1 M li im Wechsel). Kettet im Rippenmuster ab und strickt das zweite Hosenbein genauso.

KORDEL

Strickt jetzt noch eine I-Cord-Kordel zum Binden: Schlagt 3 M auf eine Nadel aus dem Nadelspiel Nr. 3 an. *3 M re stricken, Arbeit NICHT wenden, sondern die Maschen wieder zurück an die andere Nadelspitze schieben*. *–* wiederholen, bis das Band 60, 65, 70, **75, 80, 85** cm lang ist.

ABSCHLUSS

Vernäht alle Fäden und schließt das Loch zwischen den Hosenbeinen. Wascht die Hose anhand der Angaben des Wollherstellers, zieht sie auf einem trockenen Handtuch in Form und lasst sie trocknen. Wenn die Hose getrocknet ist, befestigt ihr vorne die Knöpfe. Zieht zum Schluss das Band ein.

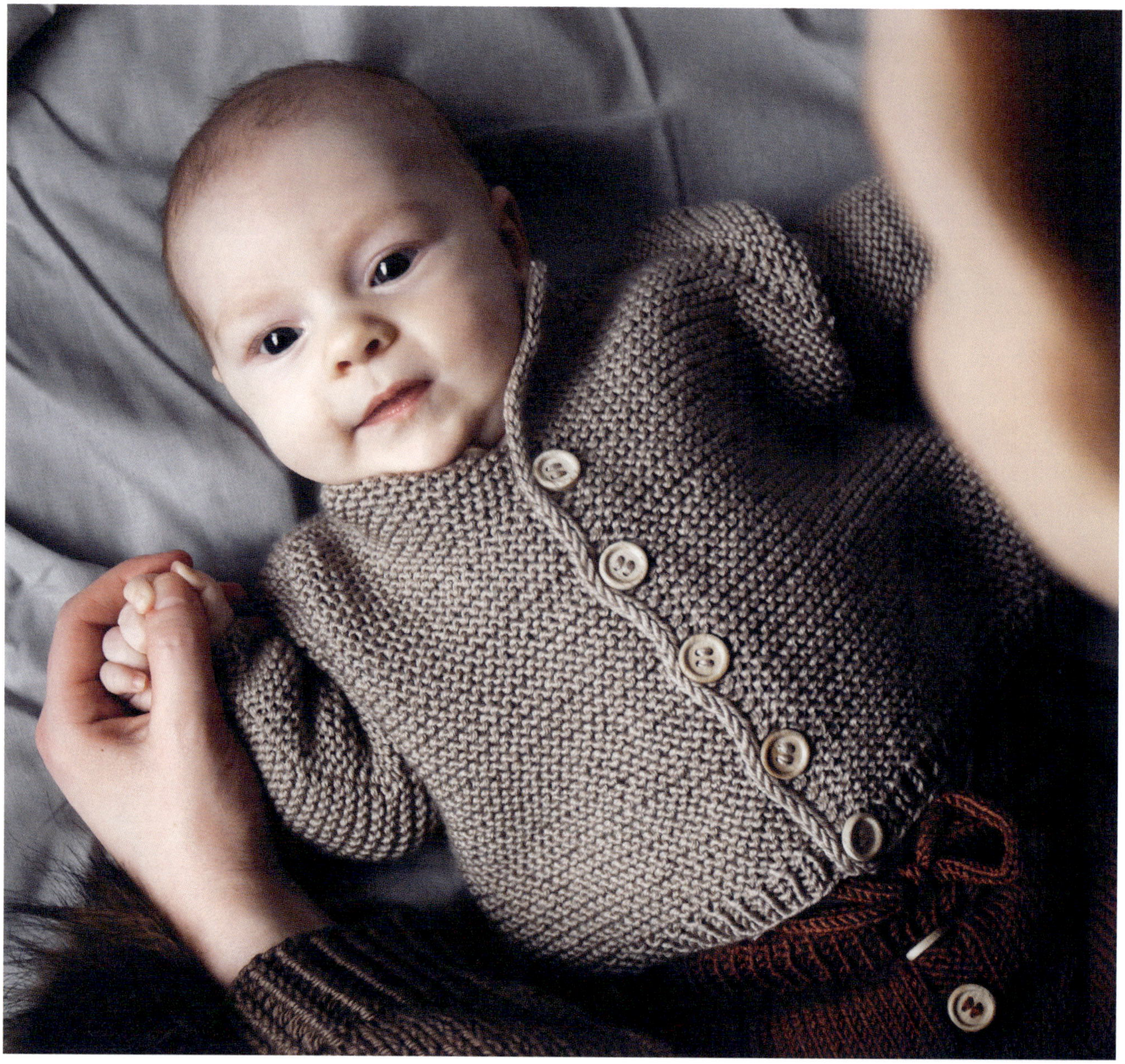

Socken

GRÖSSENANGABEN UND GARNVERBRAUCH

Größe	Umfang	Garnverbrauch
0–6 Monate	12 cm	50 g (102 m)
6–12 Monate	14 cm	50 g (102 m)
12–18 Monate	**15 cm**	**50 g (102 m)**
18–24 Monate	**15 cm**	**50 g (102 m)**

Bitte beachtet, dass die angegebenen Garnmengen nur ein Richtwert sind.

Garn

Katia Merino 100% (102 m/50 g), Lana Grossa Cool Wool big, Lang Merino 120 oder Drops Merino extra fine

Maschenprobe

23 Maschen = 10 cm mit Nadelstärke 4

Das braucht ihr:

Nadelspiel Nr. 4

Nadelspiel Nr. 3 (für das Bündchen um die Knöchel)

Stopfnadel zum Vernähen der Fäden

Die Socken werden von oben nach unten gestrickt, zunächst in Reihen, dann in Runden. Die Ferse wird mit einem Hilfsfaden vorbereitet und nachträglich eingestrickt.

Der obere Teil der Socke (das Bündchen und der Schaft) wird in Reihen gestrickt. Das liegt daran, dass kraus rechts in Reihen einfacher geht als in Runden. Die offene Kante wird am Ende zusammengenäht. Wenn ihr euch diesen Schritt sparen wollt, könnt ihr die Socke aber auch von Anfang an in Runden stricken. Strickt dafür im kraus re gestrickten Teil immer 1 Runde re und 1 Runde li im Wechsel.

Schlagt 32, 36, **40, 40** M auf das Nadelspiel Nr. 4 an. Strickt 2, 2, **2, 4** Reihen im Rippenmuster (1 M re, 1 M li im Wechsel) und strickt dann kraus re weiter, d.h. re in der Hinreihe und in der Rückreihe, bis das Stück insgesamt, mit dem Bündchen, 4, 5, **6, 8** cm misst.

Wechselt jetzt auf Nadelstärke 3 und schließt zur Runde. Strickt eine Runde glatt re und reduziert die Maschenanzahl dabei gleichmäßig über die Runde verteilt um 4 M. Jetzt liegen 28, 32, **36, 36** M auf den Nadeln. Strickt damit ein zweites Rippenbündchen (1 M re, 1 M li im Wechsel), insgesamt 2, 2, **3, 4** cm lang.

Wechselt jetzt wieder auf Nadelstärke 4 und strickt 2, 2, **4, 4** Runden re. Strickt jetzt einen Hilfsfaden für die Ferse ein: Strickt die ersten 14, 16, **18, 18** M (Fußoberseite) normal wie bisher. Strickt die nächsten 14, 16, **18, 18** M jetzt auf einen Hilfsfaden, d.h. ein Stück Wolle in einer ähnlichen Stärke, aber in einer Kontrastfarbe. Strickt diese Maschen dann noch einmal mit dem normalen Arbeitsfaden, damit der Hilfsfaden fest eingestrickt ist. Strickt dann glatt re weiter, bis die Socke ab (nicht mit) dem unteren Bündchen 5, 6, **7, 8** cm lang ist. Beginnt jetzt mit den Abnahmen für die Zehen.

ABNAHMEN

Die Abahmen werden an den Seiten der Socke gearbeitet: Teilt die Maschen so auf, dass die ersten 14, 16, **18, 18** M (Fußoberseite) auf einer Nadel liegen und die anderen 14, 16, **18, 18** M (Sohle) auf zwei weiteren Nadel verteilt sind. Strickt jetzt die Abnahmen wie folgt:

Nadel 1 (Fußoberseite): Strickt 1 M re, strickt 2 M mit SSK (s. Seite 7) zusammen, strickt bis 3 M vor Ende der Nadel, strickt 2 M re zusammen, strickt 1 M re.

Nadeln 2 + 3 (Sohle): Strickt 1 M re, strickt 2 M mit SSK zusammen, strickt bis 3 M vor Ende von Nadel 3, strickt 2 M re zusammen, strickt 1 M re.

Wiederholt diese Abnahmen in jeder Runde, bis nur noch insgesamt 6–8 M auf den Nadeln liegen. Schneidet den Faden ab, zieht ihn durch diese übrigen Maschen und schließt so die Socke.

FERSE

Legt die Maschen, die ihr mit einem Hilfsfaden gestrickt habt, auf zwei Nadeln aus dem Nadelspiel Nr. 4, je eine über und unter dem Faden. Ich sichere gerne alle Maschen auf den Nadeln, bevor ich den Faden entferne, damit keine Masche verloren geht. Nehmt an jeder Seite noch eine weitere Masche auf, damit sich keine Löcher am Rand bilden. Diese vier Maschen werden in der ersten Runde mit der jeweils nächsten Masche zusammengestrickt, damit sich wieder die ursprüngliche Maschenzahl ergibt. Jetzt habt ihr also 14, 16, **18, 18** M pro Nadel, insgesamt 28, 32, **36, 36** M. Strickt 2 Runden glatt re ohne Abnahmen. Ab der dritten Runde strickt ihr dieselben seitlichen Abnahmen wie an den Zehen, nur dass ihr sie zunächst nur in jeder zweiten Runde arbeitet und dazwischen immer eine Runde glatt re strickt. Wenn ihr die Maschen um die Hälfte reduziert habt und insgesamt 14, 16, **18, 18** M auf den Nadeln habt, strickt ihr die Abnahmen in jeder Runde, bis nur noch insgesamt 8–12 M auf den Nadeln liegen. Schneidet den Faden ab, zieht ihn durch die übrigen Maschen und schließt so die Ferse.

Da diese Technik zwar sehr einfach ist, aber kompliziert klingt, gibt es dazu auch ein Video, das sie anschaulich erklärt: https://bit.ly/stroff-ferse

Strickt die zweite Socke genauso.

ABSCHLUSS

Vernäht alle Fadenenden. Wascht die Socken entsprechend der Angaben des Wollherstellers, zieht sie auf einem trockenen Handtuch in Form und lasst sie trocknen.

Handschuhe

GRÖSSENANGABEN UND GARNVERBRAUCH

Größe	Umfang	Garnverbrauch
0–6 Monate	12 cm	50 g (102 m)
6–12 Monate	14 cm	50 g (102 m)

Bitte beachtet, dass die angegebenen Garnmengen nur ein Richtwert sind.

Garn

Katia Merino 100% (102 m/50 g), Lana Grossa Cool Wool big, Lang Merino 120 oder Drops Merino extra fine

Maschenprobe

23 Maschen = 10 cm mit Nadelstärke 4

Das braucht ihr:

Nadelspiel Nr. 4
Stopfnadel zum Vernähen der Fäden

Diese Handschuhe sind für die Kleinsten gedacht und haben deshalb keinen Daumen. Sie werden kraus re gestrickt, zuerst in Reihen, dann in Runden.

Schlagt 32, 36 M auf eine Nadel aus dem Nadelspiel Nr. 4 an. Strickt mit zwei Nadeln kraus rechts hin und her (d.h. nur rechte Maschen in Hin- und Rückreihen), bis das Stück 5, 6 cm lang ist. Endet mit einer Hinreihe.

Schließt jetzt zur Runde, strickt 1 Runde li (damit das Muster nicht unterbrochen wird) und nehmt gleichmäßig verteilt 4 M ab. Strickt jetzt ein Rippenbündchen (1 M re, 1 M li im Wechsel) über 1,5, 2 cm.

Strickt nach dem Bündchen kraus re weiter in Runden (d.h. jetzt 1 Runde re, 1 Runde li im Wechsel), bis das Stück ab (nicht mit) dem Rippenbündchen 5, 6 cm misst.

ABNAHMEN

Verteilt die Maschen gleichmäßig auf 4 Nadeln (7, 8 M pro Nadel) und nehmt in der nächsten re gestrickten Runde an den Seiten des Handschuhs ab:

Nadeln 1 + 2: 1 M re, 2 M re zusammenstricken, 8, 10 M re, 2 re zusammenstricken, 1 M re.

Nadeln 3 + 4: 1 M re, 2 M re zusammenstricken, 8, 10 M re, 2 re zusammenstricken, 1 M re.

Wiederholt diese Abnahmen in allen re gestrickten Runden, bis nur noch 8 M auf den Nadeln liegen. Strickt dazwischen die li gestrickten Runden ohne Abnahmen. Schneidet den Faden ab, zieht ihn durch die 8 übrigen Maschen und schließt so den Handschuh. Strickt den zweiten Handschuh genauso.

ABSCHLUSS

Näht die offenen Seiten der Handschuhe zu und vernäht alle losen Fäden. Wascht die Handschuhe entsprechend der Angaben des Wollherstellers und lasst sie auf einem Handtuch liegend trocknen.

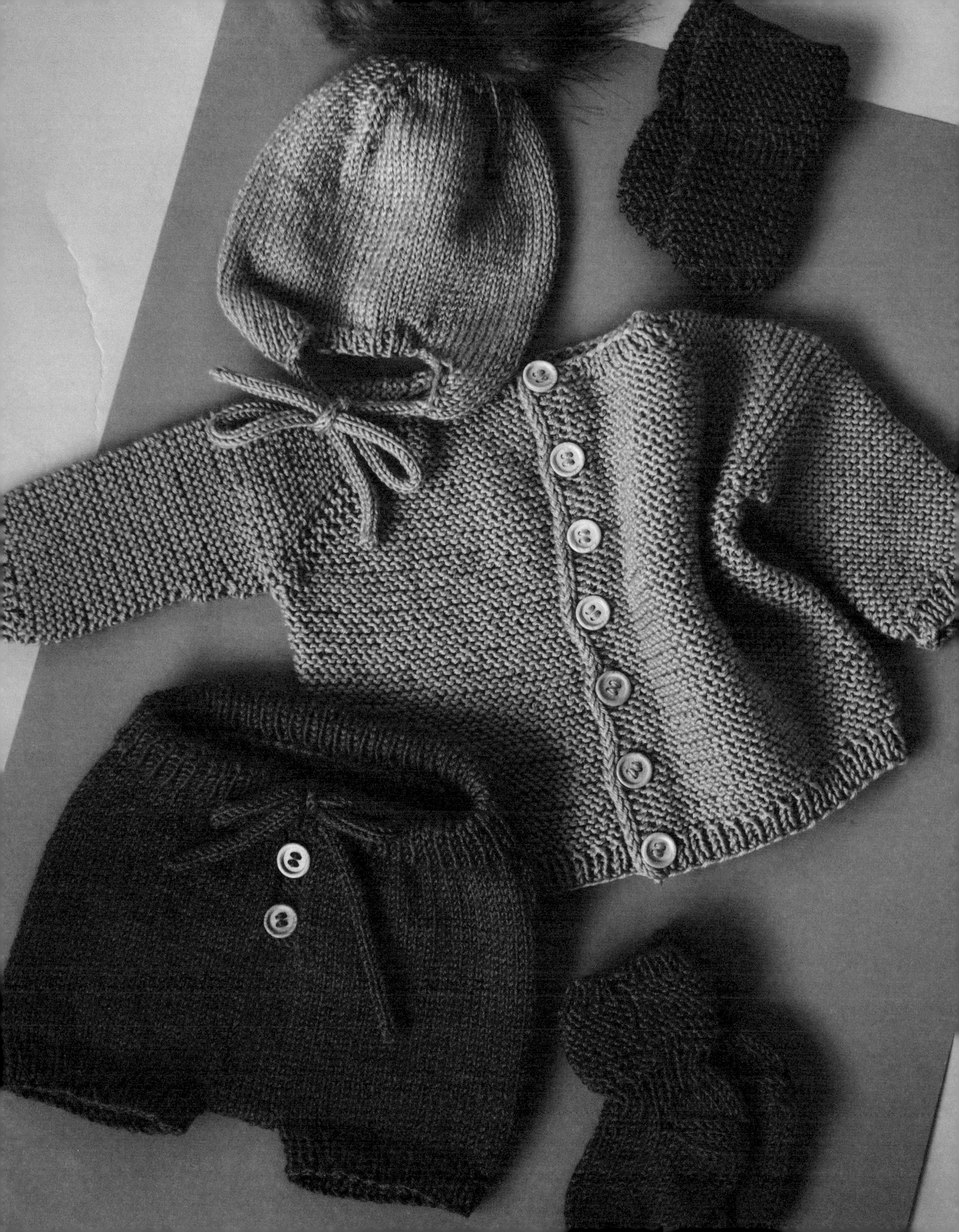

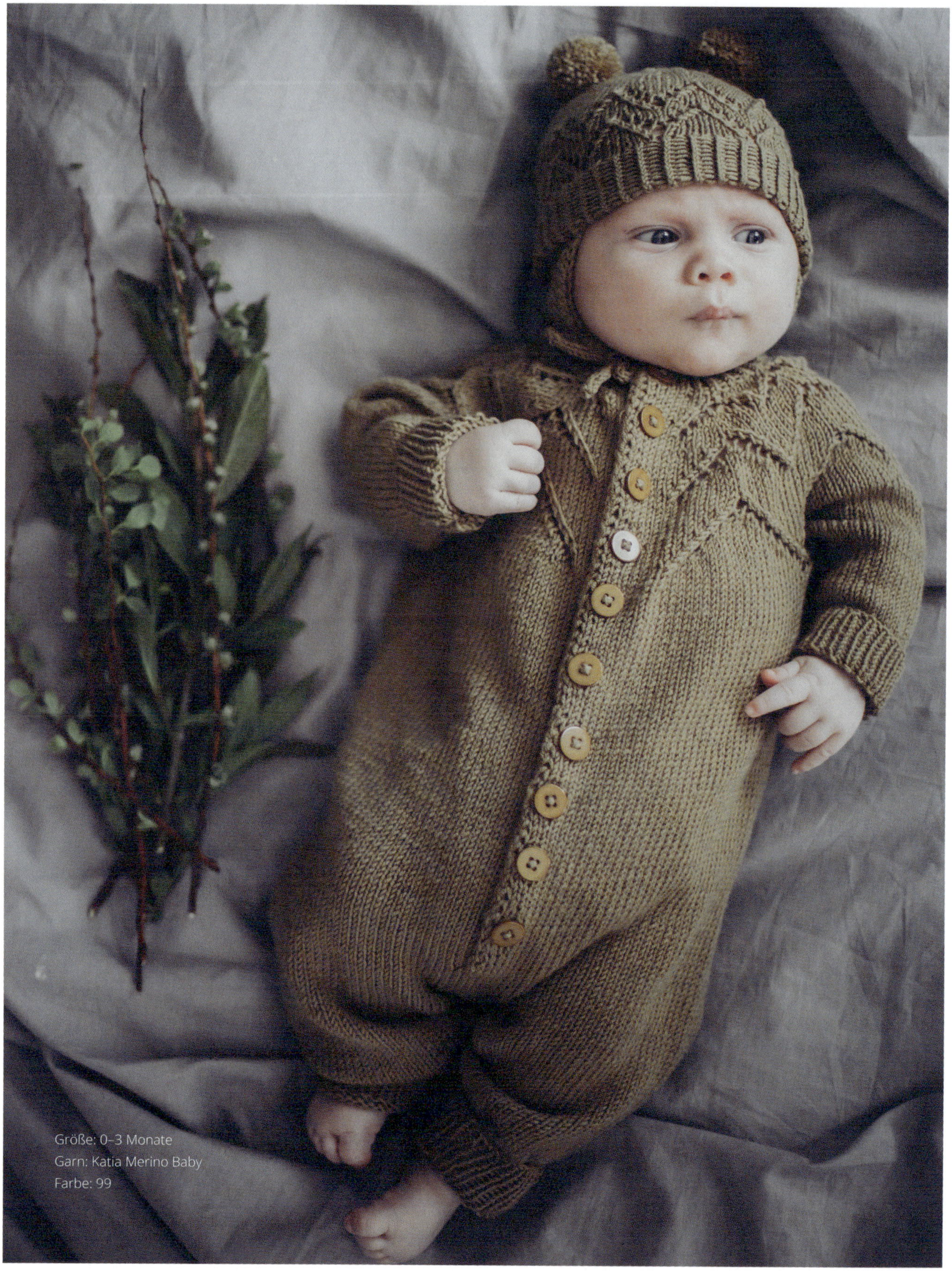
Größe: 0–3 Monate
Garn: Katia Merino Baby
Farbe: 99

FEDER – BABYSET

Natürlich muss es unsere Feder auch für Babys geben! Holt eure beste Babywolle raus und strickt dieses Schmuckstück für frischgebackene Eltern, der Aufwand wird sich lohnen.

Overall

GRÖSSENANGABEN UND GARNVERBRAUCH

Größe	Brustumfang	Ärmelumfang	Länge vom Ärmelansatz zur Beinöffnung	Ärmellänge ab Ärmelansatz	Beinumfang	Beinlänge ab Beinöffnung	Garnverbrauch
0–3 Monate	47,5 cm	16 cm	22 cm	15 cm	23,5 cm	17 cm	150 g (495 m)
3–6 Monate	52 cm	18 cm	25 cm	17 cm	24,5 cm	20 cm	200 g (660 m)
6–12 Monate	57,5 cm	19 cm	27 cm	19 cm	26,5 cm	26 cm	300 g (990 m)
1–2 Jahre	**63 cm**	**22 cm**	**33 cm**	**23 cm**	**28 cm**	**32 cm**	**350 g (1150 m)**
2–4 Jahre	**70 cm**	**23,5 cm**	**37 cm**	**27 cm**	**32 cm**	**36 cm**	**400 g (1320 m)**

Bitte beachtet, dass die angegebenen Garnmengen nur ein Richtwert sind.

Garn

Katia Merino Baby (165 m/50 g), Lana Grossa Cool Wool, Lang Bebe oder Drops Baby Merino

Oder ähnliche Garne mit derselben Maschenprobe

Maschenprobe

26 Maschen = 10 cm mit Nadelstärke 3,5 glatt rechts

Das braucht ihr:

Rundstricknadel Nr. 3,5 (60 und 80 cm)
Nadelspiel Nr. 3,5
Stopfnadel zum Vernähen der Fäden
Maschenmarker
Knöpfe (6–10 Stück oder je nach Geschmack und Größe)

Der Anzug wird in Reihen von oben nach unten gestrickt, mit Lochmuster und Zunahmen in der Rundpasse. Kurz vor der Beinöffnung wird er zur Runde geschlossen. Beine und Ärmel werden dann in Runden gestrickt. Die Knopfleiste wird hier nicht nachträglich angestrickt, sondern direkt mitgestrickt.

Lest euch die Anleitung gut durch, bevor ihr beginnt – besonders in den ersten Reihen müssen mehrere Dinge gleichzeitig beachtet werden.

HALSBÜNDCHEN

Schlagt 67, 69, 75, **81, 87** M auf die Rundstricknadel Nr. 3,5 an. Strickt ein Bündchen im Rippenmuster (1 M re verschränkt, 1 M li im Wechsel) in Reihen, insgesamt 2, 2, 2, **2,5, 2,5** cm lang, und beachtet dabei die **Randmaschen**, die **I-Cord-Kante** und das erste **Knopfloch** (s. die nächsten beiden Absätze). Die erste gestrickte Reihe ist eine Hinreihe. Endet mit einer Rückreihe.

Die ersten 7 und die letzten 7 M des Bündchens sind **Randmaschen**, die später die Knopfleiste bilden. Sie werden ab der ersten Reihe des Bündchens über die gesamte Länge des Overalls glatt rechts (nicht verschränkt!) gestrickt, d.h. re in der Hinreihe und li in der Rückreihe. Zusätzlich wird an beiden Seiten eine **I-Cord-Kante** (s. Seite 7) gestrickt, die einen schönen und geraden Abschluss bildet. Hier wird sie so gearbeitet, dass die letzten 2 M in jeder Reihe (Hin- und Rückreihe) mit dem Faden vor der Arbeit ungestrickt abgehoben werden. Die 2 ersten M in jeder Reihe werden immer re gestrickt. Diese 2 I-Cord-Maschen sind Teil der 7

Randmaschen – ihr strickt also immer 2 I-Cord-Maschen re und dann die nächsten 5 Randmaschen re in der Hinreihe und li in der Rückreihe.

In diese Randmaschen werden auch direkt die **Knopflöcher** eingestrickt. Wir empfehlen, sie mit einem Abstand von ca. 3–4 cm (oder nach Geschmack und der Anzahl der Knöpfe) zu arbeiten. Das erste Loch wird in der 3. Reihe (im Bündchen) gestrickt. Ihr strickt sie immer am Anfang einer Hinreihe: Strickt 4 M re (2 I-Cord-Maschen und 2 Randmaschen), 1 Umschlag, strickt 2 M re zusammen, strickt re weiter.

RUNDPASSE

Ab hier strickt ihr glatt re weiter, d.h. re in der Hinreihe und li in der Rückreihe. Strickt 1 Hinreihe re und nehmt dabei gleichmäßig verteilt insgesamt 10, 8, 2, **4, 6** M zu, aber nicht dort, wo die Randmaschen sind. Strickt diese Zunahmen am besten verschränkt aus dem Querfaden mit **M1R** oder **M1L** (s. Seite 6), damit sich keine Löcher bilden. Strickt die Rückreihe li. Markiert die 7 Randmaschen auf beiden Seiten mit einem MM, damit ihr bei den Zunahmen nicht den Überblick verliert, und denkt immer daran, die Knopflöcher in regelmäßigen Abständen einzustricken. Jetzt habt ihr 77, 77, 77, **85, 93** M auf der Nadel und beginnt mit dem Lochmuster.

Strickt jetzt das Muster laut **Diagramm 1**. Die Musterdiagramme findet ihr am Ende der Anleitung. Beachtet, dass die Randmaschen nicht im Diagramm dargestellt sind. Für einen besseren Überblick empfehlen wir, nach jeder Wiederholung im Musterdiagramm einen MM auf die Nadel zu hängen. So könnt ihr sichergehen, dass ihr nicht im Muster verrutscht.

Wenn ihr Muster 1 abgeschlossen habt, liegen 111, 111, 111, **123, 135** M auf der Nadel.

Strickt jetzt 1, 1, 3, **5, 5** Reihen glatt re und geht dann weiter zum Muster in **Diagramm 2**. Achtet darauf, das richtige Diagramm für eure Größe auszuwählen.

Wenn ihr Muster 2 beendet habt, liegen 145, 145, 161, **179, 197** M auf der Nadel.

Strickt wieder 1, 1, 3, **5, 5** Reihen glatt re und geht dann weiter zum Muster in **Diagramm 3**. Achtet darauf, das richtige Diagramm für eure Größe auszuwählen.

Wenn ihr Muster 3 abgeschlossen habt, liegen 202, 218, 234, **261, 288** M auf der Nadel.

Strickt nach Muster 3 eine Rückreihe li zurück und nehmt in dieser Reihe noch einmal gleichmäßig verteilt 0, 2, 2, **3, 2** M zu. Jetzt liegen 202, 220, 236, **264, 290** M auf der Nadel.

Geht jetzt weiter zum Kapitel »Rumpf«, bis auf **Größe 2–4 Jahre**: Hier strickt ihr noch einmal 4 Reihen glatt re, und geht dann weiter zum Kapitel »Rumpf«.

RUMPF

Jetzt legt ihr die Maschen, aus denen später die Ärmel entstehen, auf beiden Seiten still. Das geschieht in der nächsten Hinreihe:

1. Schritt: Strickt die Randmaschen.

2. Schritt: Strickt 26, 28, 30, **35, 40** M re (linkes Vorderteil). Ab dieser Reihe wird (bis auf die RM) nur noch glatt re gestrickt, das Lochmuster ist hier in allen Größen beendet.

3. Schritt: Legt 39, 43, 47, **51, 55** M auf einem Hilfsfaden still (linker Ärmel).

4. Schritt: Schlagt 5 neue M an (für zusätzlichen Platz unter dem Ärmel).

5. Schritt: Strickt 58, 64, 68, **78, 86** M re (Rückenteil).

6. Schritt: Legt 39, 43, 47, **51, 55** M auf einem Hilfsfaden still (rechter Ärmel).

7. Schritt: Schlagt 5 neue M an (für zusätzlichen Platz unter dem Ärmel).

8. Schritt: Strickt 26, 28, 30, **35, 40** M re (rechtes Vorderteil).

9. Schritt: Strickt die Randmaschen.

Jetzt liegen insgesamt 134, 144, 152, **172, 190** M auf der Nadel (mit den Randmaschen und den 10 neuen M unter den Armen). Diese Maschen bilden den Rumpf, die Ärmelmaschen liegen auf beiden Seiten auf Hilfsfäden. Strickt jetzt glatt re weiter, bis der Rumpf ab dem Ärmelansatz 19, 21, 23, **28, 32** cm lang ist. Strickt wie immer die I-Cord-Maschen und denkt an die Knopflöcher. Endet mit einer Rückreihe.

Jetzt wird die Arbeit zur Runde geschlossen. Damit die Knopfleisten überlappend fixiert werden, macht ihr das wie folgt:

Kettet die ersten 8 M (die 7 Randmaschen mit Knopflöchern und eine M des Hauptteils) ab. Strickt die Reihe normal zu Ende. Ihr strickt danach keine Rückreihe mehr zurück, sondern schließt das Stück jetzt zur Runde. Strickt eine Runde glatt re. Wenn ihr am Ende dieser Runde wieder die letzte Masche vor den Randmaschen (die Seite ohne Knopflöcher) erreicht habt, die noch auf der Nadel liegen, empfehle ich euch, die Abkettkante der oberen Knopfleiste mit den Randmaschen der unteren Leiste zusammenzustricken, indem ihr für jede Randmasche auf der Nadel auch die entsprechende Masche der Abkettkante aufnehmt und gemeinsam abstrickt. Achtet darauf, dass die Randmaschen mit den Knopflöchern oben liegen. Somit liegen die zwei Kanten glatt aufeinander und können zusammengeknöpft werden. Wenn ihr euch das nicht zutraut, könnt ihr die obere Kante auch lose hängen lassen und am Ende sauber auf die untere Kante nähen.

Jetzt liegen 126, 136, 144, **164, 182** M auf der Nadel. Ab hier wird glatt re in Runden gestrickt. Ich empfehle euch, die vordere Mitte mit einem MM zu markieren. Strickt weiter, bis der Rumpf ab dem Ärmelansatz 22, 25, 27, **33, 37** cm misst. Beendet die letzte Runde 2, 2, 2, **4, 5** M vor dem Rundenwechsel in der vorderen Mitte.

Teilt die Maschen jetzt für die beiden Beine auf:

1. Schritt: Kettet 3, 4, 4, **8, 9** M ab (die vordere Mitte).

2. Schritt: Strickt 60, 64, 68, **74, 82** M (linkes Bein).

3. Schritt: Kettet 3, 4, 4, **8, 9** M ab (die hintere Mitte).

4. Schritt: Strickt 60, 64, 68, **74, 82** M (rechtes Bein).

Jetzt habt ihr wieder den Beginn der Runde erreicht. Legt die Maschen für das linke Bein jetzt auf einen Hilfsfaden oder eine zweite Rundstricknadel und strickt das rechte Bein mit einem Nadelspiel oder einer kurzen Rundstricknadel.

BEINE

Ihr habt jetzt 60, 64, 68, **74, 82** M auf der Nadel. Schließt zur Runde und strickt eine Runde glatt re.

Strickt das Bein jetzt glatt re in Runden und nehmt in regelmäßigen Abständen 2 Maschen pro Runde ab, indem ihr die ersten 2 M und die letzten 2 M einer Runde zusammenstrickt.

Strickt dafür zunächst 1,5, 2, 2, **2,5, 4** cm ohne Abnahmen in Runden und nehmt dann in der nächsten Runde 2 M ab. Arbeitet diese Abnahmen insgesamt 11, 13, 14, **15, 17** Mal mit 1, 1, 1,5, **1,5, 1,5** cm Abstand und nehmt so insgesamt 22, 26, 28, **30, 34** M ab. Strickt das Bein ohne Abnahmen weiter bis zu einer Länge von 14, 17, 23, **28, 32** cm. Jetzt liegen 38, 38, 40, **44, 48** M auf der Nadel. Strickt zum Schluss noch ein Rippenbündchen (1 M re verschränkt, 1 M li im Wechsel), 3, 3, 3, **4, 4** cm lang, und kettet locker im Muster ab. Strickt das zweite Bein genauso.

ÄRMEL

Jetzt werden die Maschen für den ersten Ärmel, die ihr auf einem Hilfsfaden stillgelegt habt, auf das Nadelspiel Nr. 3,5 gelegt. Zusätzlich werden aus den 5 Maschen, die ihr unter dem Arm neu angeschlagen habt, 5 neue M aufgefasst und zu den restlichen Ärmelmaschen auf die Nadel gelegt. Die erste Runde beginnt in der Mitte zwischen diesen neuen Maschen. Jetzt liegen 44, 48, 52, **56, 60** M auf der Nadel.

Strickt die ersten 1,5, 4, 1, **2, 3** cm glatt re in Runden ohne Abnahmen und nehmt dann wie bei den Beinen in regelmäßigen Abständen 2 M pro Runde ab, indem ihr die ersten 2 und die letzten 2 M einer Runde zusammenstrickt. Arbeitet diese Abnahmen 3, 5, 5, **6, 6** Mal im Abstand von 3,5, 2, 3, **3, 3,5** cm Abstand und nehmt damit 6, 10, 10, **12, 12** M ab. Strickt den Ärmel in Runden, bis er 12, 14, 16, **20, 24** cm lang ist. Jetzt liegen 38, 38, 42, **44, 48** M auf den Nadeln. Strickt noch eine Runde glatt re und nehmt dabei gleichmäßig verteilt 4 M ab. Am Ende liegen noch 34, 34, 38, **40, 44** M auf den Nadeln. Strickt ein Rippenmuster wie in den Beinen, 3 cm lang, und kettet locker im Rippenmuster ab. Strickt den zweiten Ärmel genauso.

ABSCHLUSS

Vernäht alle losen Fäden, schließt die Löcher unter den Armen, wenn vorhanden, und näht die Lücke zwischen den Beinen zu. Falls ihr die Kante mit den Knopflöchern nicht direkt fixiert habt, näht ihr sie jetzt noch fest. Wascht den Anzug gemäß der Angaben des Wollherstellers, zieht ihn auf einem trockenen Handtuch in Form und lasst ihn trocknen. Befestigt zum Schluss die Knöpfe.

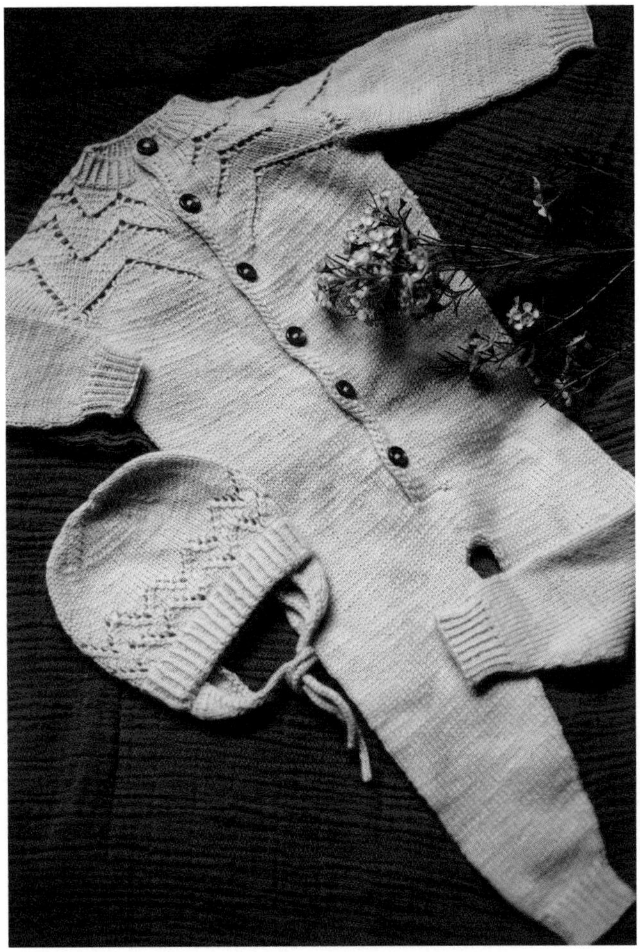

Zeichenerklärung

- ☐ rechts in der Hinreihe, links in der Rückreihe
- [M] 1 M mit M1R zunehmen (s. Seite 6)
- [\] 2 M mit SSK zusammenstricken (s. Seite 7)
- [/] 2 M zusammenstricken
- [Λ] 1 M abheben, die nächsten 2 M zusammenstricken, die ungestrickte M darüberziehen
- [O] Umschlag
- [OO] 1 M abheben, die nächsten 2 M re stricken, die ungestrickte M darüberziehen
- [grau] Keine Masche (Platzhalter)

Musterdiagramm 1 – alle Größen

Strickt zunächst Maschen 1–6, wiederholt dann Maschen 7–18 über die gesamte Reihe und endet mit Maschen 19–25.

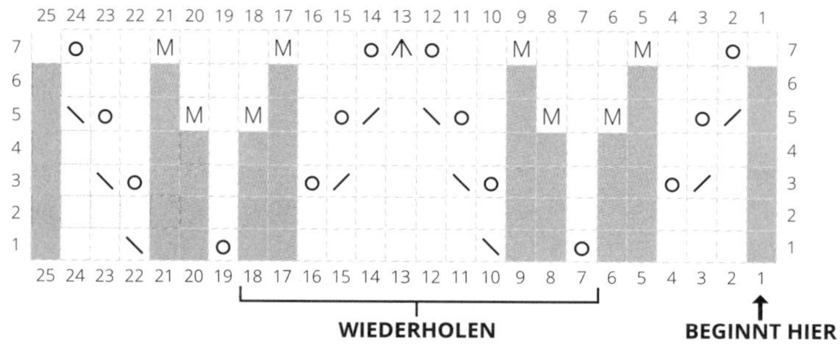

Musterdiagramm 2 – 0–3 und 3–6 Monate

Strickt zunächst Maschen 1–9, wiederholt dann Maschen 10–25 über die gesamte Reihe und endet mit Maschen 26–35.

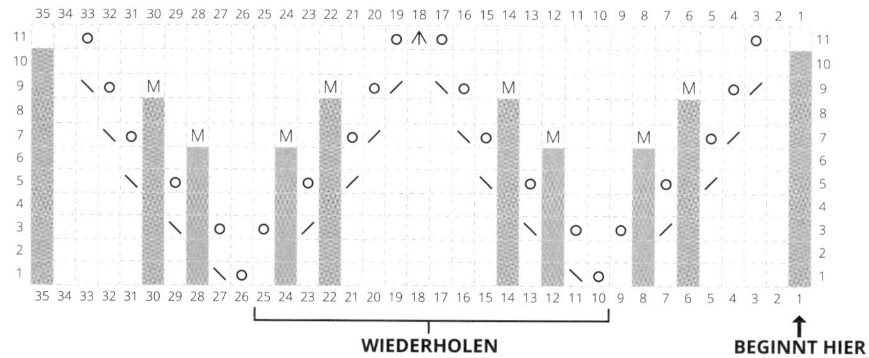

Musterdiagramm 2 – 6–12 Monate, 1–2 Jahre und 2–4 Jahre

Strickt zunächst Maschen 1–10, wiederholt dann Maschen 11–28 über die gesamte Reihe und endet mit Maschen 29–39.

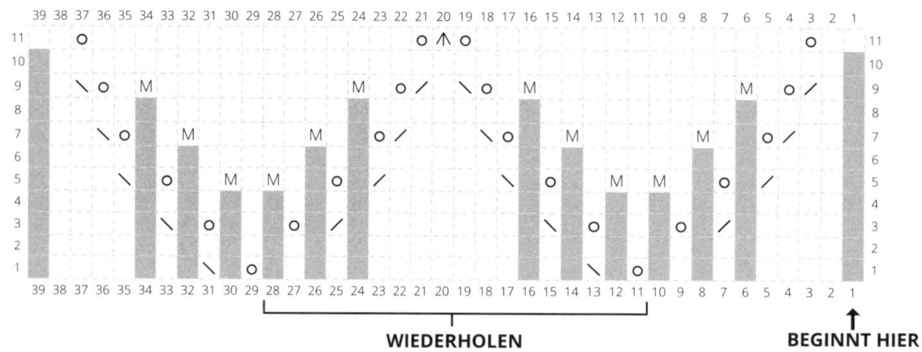

Musterdiagramm 3 - 0-3 Monate

Strickt zunächst Maschen 1–13, wiederholt dann Maschen 14–35 über die gesamte Reihe und endet mit Maschen 36–49. Achtet auf die mittleren Maschen zwischen den Umschlägen in Reihe 15, die anders gestrickt werden als in Muster 1 und 2.

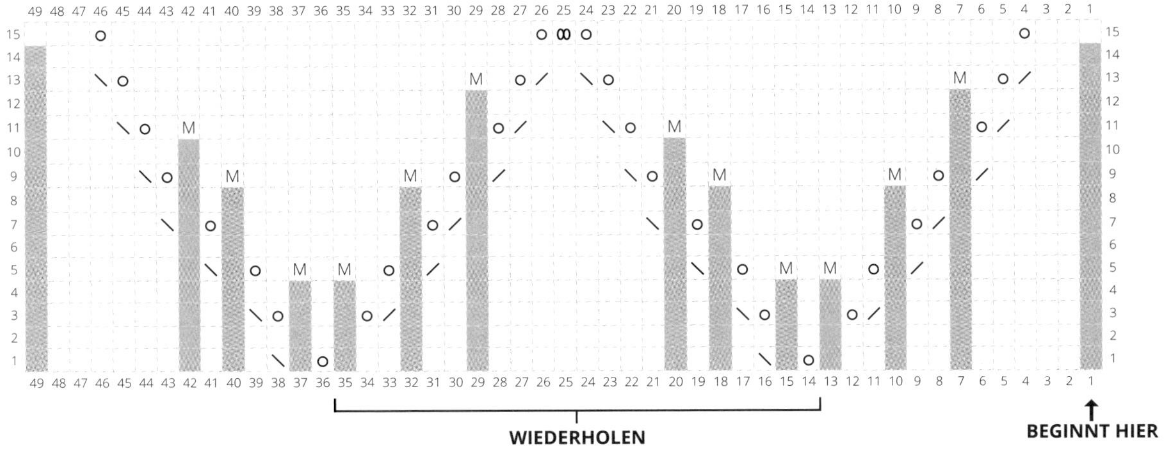

Musterdiagramm 3 - 3-6 Monate

Strickt zunächst Maschen 1–14, wiederholt dann Maschen 15–38 über die gesamte Reihe und endet mit Maschen 39–53. Achtet auf die mittleren Maschen zwischen den Umschlägen in Reihe 15, die anders gestrickt werden als in Muster 1 und 2.

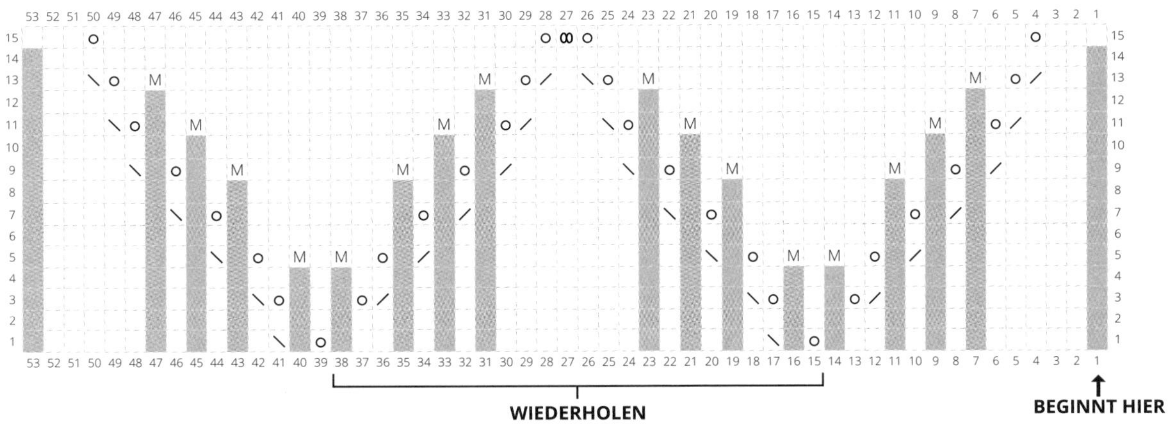

Musterdiagramm 3 - 6-12 Monate, 1-2 und 2-4 Jahre

Strickt zunächst Maschen 1–15, wiederholt dann Maschen 16–41 über die gesamte Reihe und endet mit Maschen 42–57. Achtet auf die mittleren Maschen zwischen den Umschlägen in Reihe 17, die anders gestrickt werden als in Muster 1 und 2.

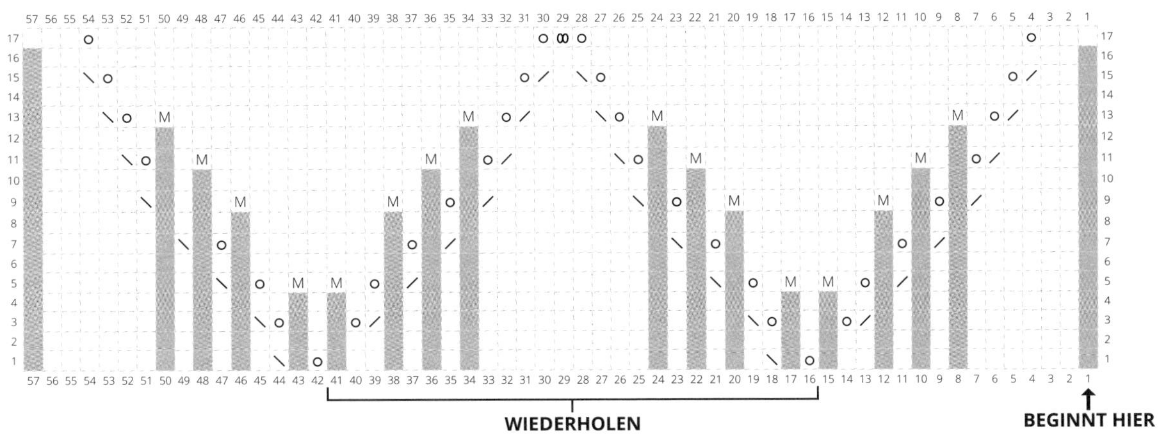

Mütze

GRÖSSENANGABEN UND GARNVERBRAUCH

Größe	Umfang	Garnverbrauch
0–3 Monate	27,5 cm	50 g (165 m)
3–6 Monate	29 cm	50 g (165 m)
6–12 Monate	**32,5 cm**	**50 g (165 m)**
1–2 Jahre	**35,5 cm**	**100 g (330 m)**

Bitte beachtet, dass sich diese Maße auf die fertige Mütze beziehen, ***nicht*** *auf den tatsächlichen Kopfumfang. Die Mütze ist sehr dehnbar und wird deshalb deutlich kleiner gestrickt, als der Kopfumfang des Kindes beträgt..*

Garn

Katia Merino Baby (165 m/50 g), Lana Grossa Cool Wool, Lang Bebe oder Drops Baby Merino

Oder ähnliche Garne mit passender Maschenprobe.

Maschenprobe

26 Maschen = 10 cm mit Nadelstärke 3,5

Das braucht ihr:

Rundstricknadel Nr. 3,5 (40 cm)
Nadelspiel Nr. 3,5
Stopfnadel zum Vernähen der Fäden
Maschenmarkierer
1–2 Pompons, nach Geschmack

Die Mütze wird von unten nach oben und in Runden gearbeitet. Die Runde beginnt in der hinteren Mitte.

BÜNDCHEN

Schlagt 72, 76, **84, 92** M auf die Rundstricknadel Nr. 3,5 (40 cm) an. Schließt zur Runde und strickt ein Rippenbündchen (1 M re verschränkt, 1 M li im Wechsel), insgesamt 6, 6, **7, 8** cm lang.

Im Anschluss klappt ihr das Bündchen nach innen um und strickt es in der nächsten Runde direkt fest, damit es umgeklappt fixiert ist (s. Seite 7).

Strickt jetzt eine Runde glatt re (ab hier strickt ihr die rechten Maschen nicht mehr verschränkt), und nehmt dabei gleichmäßig über die Runde verteilt 0, 4, **4, 4** M zu. Jetzt liegen 72, 80, **88, 96** M auf der Nadel. Strickt jetzt das Musterdiagramm auf Seite 163 zweimal. Strickt dann glatt re weiter, bis die Mütze, mit dem umgeklappten Bündchen, 8, 10, **11, 12** cm lang ist.

ABNAHMEN

Jetzt beginnen die Abnahmen. Die Maschenmarkierer werden im nächsten Schritt zwischen zwei M auf die Nadel gehängt. Wenn die Runden zu kurz für die Rundstricknadel werden, wechselt ihr auf das Nadelspiel.

1. RUNDE:

1. Schritt: Platziert MM1. Strickt 18, 20, **22, 24** M re.

2. Schritt: Platziert MM2. Strickt 18, 20, **22, 24** M re.

3. Schritt: Platziert MM3. Strickt 18, 20, **22, 24** M re.

4. Schritt: Platziert MM4. Strickt 18, 20, **22, 24** M re.

2. RUNDE:

1. Schritt: Strickt 1 M re, strickt 2 M re zusammen. Strickt glatt re weiter bis 3 M vor MM2.

2. Schritt: Strickt 2 M mit SSK zusammen, strickt 2 M re, strickt 2 M re zusammen, strickt bis 3 M vor MM3.

3. Schritt: Strickt 2 M mit SSK zusammen, strickt 2 M re, strickt 2 M re zusammen, strickt bis 3 M vor MM4.

4. Schritt: Strickt 2 M mit SSK zusammen, strickt 2 M re, strickt 2 M re zusammen, strickt bis 3 M vor MM1.

5. Schritt: Strickt 2 M mit SSK zusammen, strickt 1 M re.

3. RUNDE:

Strickt glatt re ohne Abnahmen.

Wiederholt Runden 2 und 3, bis nur noch 16 M auf den Nadeln liegen. Schneidet den Faden ab und zieht das Ende durch alle übrigen Maschen, um die Mütze zu schließen.

OHREN

Messt von der hinteren Mitte ausgehend ca. 2, 2, **2,5, 2,5** cm in jede Richtung ab und beginnt dort das Ohr (so liegen ca. 4, 4, **5, 5** cm zwischen den Ohren). Nehmt aus dem Bündchen 19, 21, **21, 23** M auf. Am besten findet ihr zuerst die Kante, an der die Mütze umgeklappt ist, und geht von dort ausgehend an der Innenseite 2–3 Reihen nach oben und beginnt die Ohrenklappe dort. Beginnt in einer Hinreihe und strickt 5 Reihen glatt re (re in der Hinreihe, li in der Rückreihe). Auf beiden Seiten strickt ihr eine I-Cord-Kante, die den Abschluss schöner und stabiler macht. Strickt dafür die ersten 2 M in jeder Hin- und Rückreihe re und hebt die letzten 2 M ungestrickt, mit dem Faden vor der Arbeit, ab (s. Seite 7).

In der nächsten Hinreihe beginnen die Abnahmen: Strickt 2 M re, strickt 2 M re zusammen, strickt bis 4 M vor Ende der Reihe, strickt 2 M re zusammen, hebt die letzten 2 M mit dem Faden vor der Arbeit ab (I-Cord). Strickt eine Rückreihe mit I-Cord zurück. Wiederholt diese 2 Reihen, bis nur noch 5 M auf der Nadel liegen. Endet mit einer Rückreihe und strickt dann in der nächsten Hinreihe 2 M re zusammen, 1 M re und 2 M re zusammen.

Jetzt habt ihr 3 M auf der Nadel. Strickt daraus die I-Cord-Kordel. Strickt dann das zweite Ohr genauso.

KORDEL

Aus den letzten 3 Maschen wird eine I-Cord-Kordel gestrickt: *3 M re stricken, Arbeit NICHT wenden, sondern die Maschen wieder zurück an die andere Nadelspitze schieben*. *–* wiederholen, bis das Band 20–25 cm lang ist. Schneidet am Ende den Faden ab und zieht ihn durch die 3 M, um die Kordel zu beenden.

ABSCHLUSS

Vernäht alle Fadenenden. Wascht die Mütze entsprechend der Angaben des Wollherstellers, zieht sie auf einem trockenen Handtuch in Form und lasst sie trocknen. Befestigt danach auf Wunsch noch ein oder zwei Pompons.

Musterdiagramm

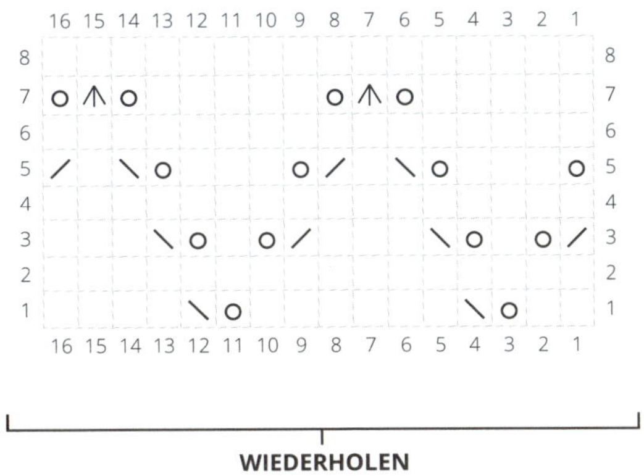

rechte Maschen

2 M mit SSK zusammenstricken (s. Seite 7)

2 M zusammenstricken

1 M ungestrickt abheben, die nächsten 2 M zusammenstricken, die ungestrickte M darüberziehen

Umschlag

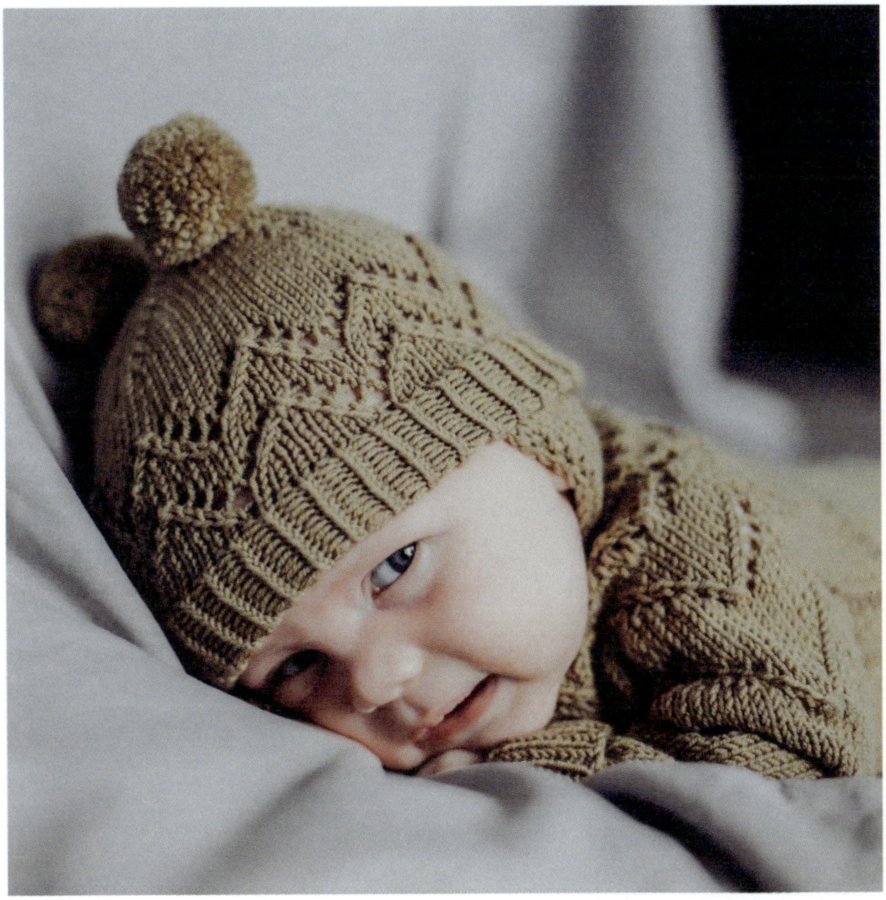

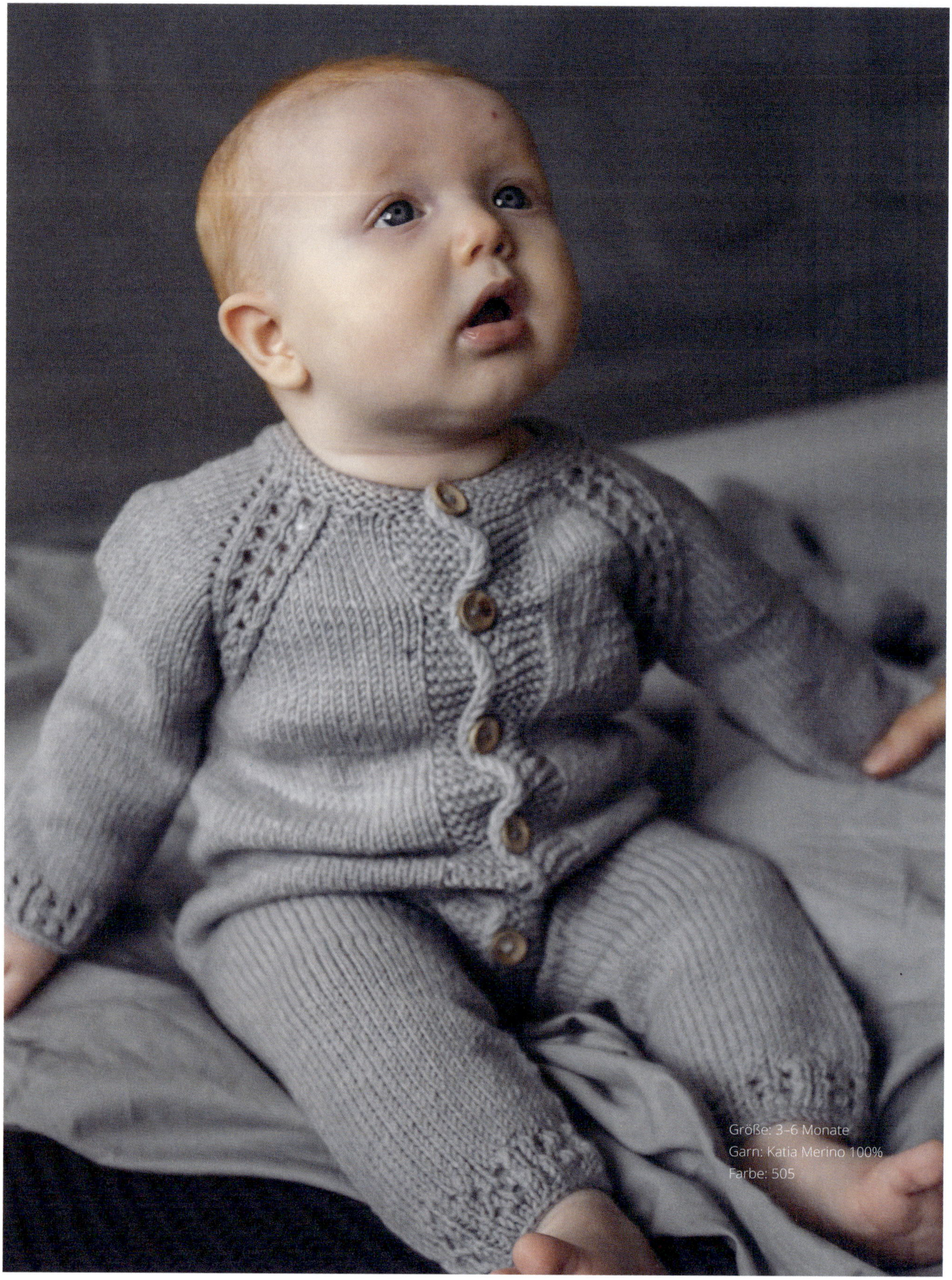
Größe: 3–6 Monate
Garn: Katia Merino 100%
Farbe: 505

MAISONNE – BABYSET

Der Overall passend zum Kinderpullover, wieder mit dem feinen Lochmuster in den Raglanschrägen. Dieses Modell wächst lange mit – wir stricken die Beine und die Ärmel extra etwas länger, damit unsere Kleinsten lange Freude daran haben.

Overall

GRÖSSENANGABEN UND GARNVERBRAUCH

Größe	Brust-umfang	Ärmel-umfang	Umfang Hosenbeine	Rumpflänge von Ärmelansatz bis Schritt	Ärmellänge ab Ärmelan-satz	Beinlänge, ab dem Schritt	Garnverbrauch
0–3 Monate	47 cm	17 cm	20 cm	22 cm	16 cm	17,5 cm	200 g (408 m)
3–6 Monate	52 cm	19 cm	25 cm	25 cm	19 cm	20 cm	250 g (510 m)
6–12 Monate	56 cm	20 cm	27 cm	27 cm	22 cm	26 cm	350 g (714 m)
1–2 Jahre	**63 cm**	**22 cm**	**30 cm**	**33 cm**	**25 cm**	**32 cm**	**450 g (918 m)**
2–4 Jahre	**70 cm**	**25 cm**	**33,5 cm**	**37 cm**	**28 cm**	**36 cm**	**500 g (1020 m)**

Bitte beachtet, dass die angegebenen Garnmengen nur ein Richtwert sind.

Garn
Katia Merino 100% (102 m/50 g), Lana Grossa Cool Wool big, Lang Merino 120 oder Drops Merino extra fine

Maschenprobe
23 Maschen = 10 cm mit Nadelstärke 4

Das braucht ihr:
Rundstricknadel Nr. 4 (60 cm für Größen 1, 2 und 3 und 80 cm für Größen 4 und 5)
Nadelspiel Nr. 4
Nadelspiel Nr. 3,5
Stopfnadel zum Vernähen der Fäden
Maschenmarkierer
Knöpfe

Der Anzug wird in Reihen von oben nach unten gestrickt. Kurz vor der Beinöffnung wird er zur Runde geschlossen. Beine und Ärmel werden dann in Runden gestrickt. Die Knopfleiste wird hier nicht nachträglich angestrickt, sondern direkt mitgestrickt.

Lest euch die Anleitung gut durch, bevor ihr beginnt – besonders in den ersten Reihen müssen mehrere Dinge gleichzeitig beachtet werden.

HALSBÜNDCHEN

Schlagt 68, 74, 78, **86, 90** M auf die Rundstricknadel Nr. 4 an. Die ersten 6, 8, 8, **10, 10** und die letzten 6, 8, 8, **10, 10** M bilden als **Randmaschen (RM)** die Knopfleiste. Strickt in Reihen kraus rechts (d.h. re in Hin- und Rückreihen), insgesamt 2, 2, 2, **3, 3** cm lang. Die erste gestrickte Reihe ist eine Hinreihe. Beachtet dabei die **I-Cord-Kante** und das erste **Knopfloch** (s. die nächsten zwei Absätze).

An beiden Enden der Reihen wird direkt ab der ersten Reihe eine **I-Cord-Kante** gearbeitet, die einen schönen und festen Abschluss für die Knopfleisten bildet. Strickt dafür in jeder Reihe (Hin- und Rückreihe) die letzten 2 Maschen nicht, sondern hebt sie mit dem Faden vor der Nadel ab. In der nächsten Reihe werden diese zwei Maschen dann als erste zwei Maschen der Reihe normal re gestrickt.

Musterdiagramm – Raglanlinien

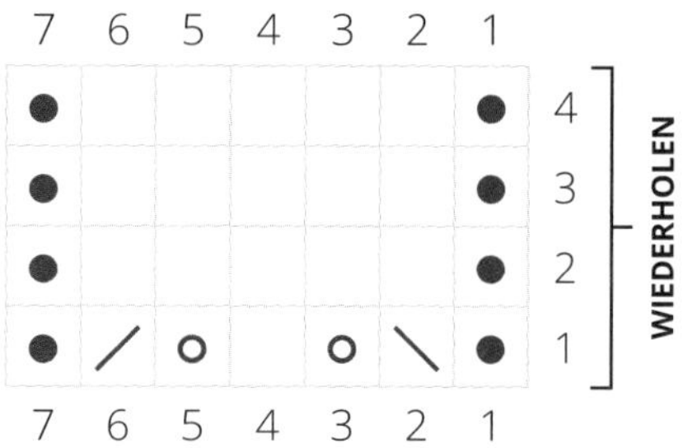

LOCHMUSTER IN DEN RAGLANLINIEN

Das Lochmuster wird direkt ab der ersten Reihe der Raglanpasse an den vier Raglanlinien zwischen den MM gearbeitet.

1. Reihe (Hinreihe): 1 M li, SSK, Umschlag, 1 M re, Umschlag, 2 M re zusammen, 1 M li.

2. Reihe (Rückreihe): 1 M re, 5 M li, 1 M re.

3. Reihe (Hinreihe): 1 M li, 5 M re, 1 M li.

4. Reihe (Rückreihe): 1 M re, 5 M li, 1 M re.

Wiederholt dieses 4 Reihen in den Abschnitten zwischen den MM über die gesamte Raglanpasse.

Musterdiagramm – Bündchen

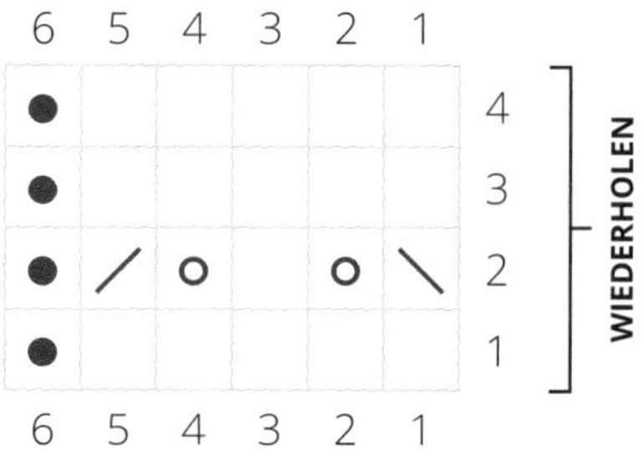

BÜNDCHENMUSTER AN ÄRMELN UND BEINEN

1. Runde: Strickt *5 M re, 1 M li* über die ganze Runde.

2. Runde: *SSK, Umschlag, 1 M re, Umschlag, 2 M re zusammen, 1 M li*.

3. Runde: *5 M re, 1 M li* über die ganze Runde.

4. Runde: *5 M re, 1 M li* über die ganze Runde.

Wiederholt Runden 1–4, bis das Bündchen die gewünschte Länge erreicht hat, und kettet dann locker und elastisch ab.

☐ Rechts in der Hinreihe, links in der Rückreihe

⊡ Links in der Hinreihe, rechts in der Rückreihe

⧅ 2 M mit SSK zusammenstricken – s. Seite 7

⧄ 2 M re zusammenstricken

◻ Umschlag

KNOPFLÖCHER

Da die Knopfleiste direkt mitgestrickt wird, dürft ihr nicht vergessen, in regelmäßigen Abständen die Knopflöcher einzustricken. Wir empfehlen, die Knopflöcher immer mit ca. 8–10 Krausrippen Abstand zu arbeiten (je nach Geschmack und Anzahl der Knöpfe). Das erste Knopfloch wird noch im Halsbündchen in Reihe 5 gearbeitet. Dieses und alle weiteren Knopflöcher werden am Anfang einer Hinreihe gestrickt, indem ihr 4, 4, 4, **5, 5** M re strickt, einen Umschlag macht und dann 2 M zusammenstrickt.

RAGLANPASSE

Nach dem Bündchen kommt die Raglanpasse. Die vier Raglanlinien, die durch regelmäßige Zunahmen an beiden Seiten entstehen und die Ärmel vom Rumpf trennen, werden hier über 7 Maschen mit einem Lochmuster gestrickt. Ab hier strickt ihr glatt re (d.h. re in der Hinreihe, li in der Rückreihe), mit kraus re gestrickten Randmaschen und Lochmuster in den Raglanlinien.

ERSTE REIHE (HINREIHE):

1. Schritt: Strickt 6, 8, 8, **10, 10** Randmaschen (RM) kraus rechts. Markiert euch die Randmaschen ggf. mit einem MM.

2. Schritt: Strickt 4, 3, 4, **3, 4** M re (linkes Vorderteil). Hängt MM1 auf die Nadel.

3. Schritt: Strickt 7 M mit Lochmuster (erste Reihe im Lochmuster). Hängt MM2 auf die Nadel.

4. Schritt: Strickt 4, 6, 6, **8, 8** M re (linkes Schulterstück). Hängt MM3 auf die Nadel.

5. Schritt: Strickt 7 M mit Lochmuster (erste Reihe im Lochmuster). Hängt MM4 auf die Nadel.

6. Schritt: Strickt 12, 12, 14, **16, 18** M re (Rückenteil). Hängt MM5 auf die Nadel.

7. Schritt: Strickt 7 M mit Lochmuster (erste Reihe im Lochmuster). Hängt MM6 auf die Nadel.

8. Schritt: Strickt 4, 6, 6, **8, 8** M re (rechtes Schulterstück). Hängt MM7 auf die Nadel.

9. Schritt: Strickt 7 M mit Lochmuster (erste Reihe im Lochmuster). Hängt MM8 auf die Nadel.

10. Schritt: Strickt 4, 3, 4, **3, 4** M re (rechtes Vorderteil).

11. Schritt: Strickt 6, 8, 8, **10, 10** Randmaschen (RM) kraus rechts.

Jetzt habt ihr das Ende der Reihe erreicht. Strickt zurück, die RM wie immer kraus rechts, und alle anderen Maschen so, wie sie erscheinen – re auf re und li auf li.

DIE NÄCHSTE (HIN-)REIHE GEHT SO:

Strickt zum zweiten MM (vor dem Lochmuster). **M1R** (s. Seite 6), MM abheben, strickt das Lochmuster (3. Reihe im Muster), MM abheben, **M1L**. Damit habt ihr rechts und links des Lochmusters je 1 M zugenommen. Strickt bis zum Ende der Reihe und wiederholt dabei diese Zunahmen an den MM vor und nach jedem Lochmuster, sodass ihr in dieser Reihe insgesamt 8 M zunehmt. Strickt dabei weiterhin das Lochmuster und die Randmaschen wie gehabt.

Strickt in der Rückreihe wieder alle M, wie sie erscheinen. Die RM werden wie immer kraus re gestrickt.

Auf diese Weise nehmt ihr in jeder Hinreihe 8 M zu, bis ihr insgesamt 15, 17, 18, **20, 23** Reihen mit Zunahmen gearbeitet habt. Damit habt ihr insgesamt 120, 136, 144, **160, 184** M zugenommen und habt jetzt 188, 210, 222, **246, 274** M auf der Nadel. Strickt zum Schluss noch drei Reihen (1 Rückreihe, 1 Hinreihe, 1 Rückreihe) ohne Zunahmen, aber mit Lochmuster.

RUMPF

Wenn ihr alle Raglanzunahmen gearbeitet habt, legt ihr die Maschen, aus denen später die Ärmel entstehen, auf beiden Seiten still. Das geschieht in der nächsten Hinreihe:

1. Schritt: Strickt 6, 8, 8, **10, 10** RM kraus rechts.

2. Schritt: Strickt 24, 26, 28, **30, 33** M re (linkes Vorderteil). Ab dieser Reihe wird (bis auf die RM) nur noch glatt re gestrickt, das Lochmuster ist hier beendet.

3. Schritt: Legt 38, 42, 44, **48, 54** M auf einem Hilfsfaden still (linker Ärmel).

4. Schritt: Schlagt 2 neue M an (für zusätzlichen Platz unter dem Ärmel).

5. Schritt: Strickt 52, 58, 62, **70, 78** M re, ohne Lochmuster (Rückenteil).

6. Schritt: Legt 38, 42, 44, **48, 54** M auf einem Hilfsfaden still (rechter Ärmel).

7. Schritt: Schlagt 2 neue M an (für zusätzlichen Platz unter dem Ärmel).

8. Schritt: Strickt 24, 26, 28, **30, 33** M re, ohne Lochmuster (rechtes Vorderteil).

9. Schritt: Strickt 6, 8, 8, **10, 10** RM kraus rechts.

Jetzt liegen insgesamt 116, 130, 138, **154, 168** M auf der Nadel (mit den Randmaschen und den 4 neuen M unter den Armen). Diese Maschen bilden den Rumpf, die Ärmelmaschen liegen auf beiden Seiten auf Hilfsfäden. Strickt jetzt glatt re weiter, bis der Rumpf ab dem Ärmelansatz 19, 21, 23, **28, 32** cm lang ist. Strickt wie immer die RM kraus und denkt an die Knopflöcher. Endet mit einer Rückreihe.

Jetzt wird die Arbeit zur Runde geschlossen. Damit die Knopfleisten gut überlappend fixiert werden, macht ihr das wie folgt:

Kettet die ersten 6, 8, 8, **10, 10** M (die Randmaschen mit den Knopflöchern) ab. Strickt die Reihe normal zu Ende. Hier schließt ihr das Stück zur Runde. Strickt eine Runde glatt re. Wenn ihr am Ende dieser Runde wieder die Randmaschen (ohne Knopflöcher) erreicht habt, die noch auf der Nadel liegen, empfehle ich euch, die Abkettkante der oberen Knopfleiste mit den Randmaschen der unteren Leiste zusammenzustricken, indem ihr für jede Randmasche auf der Nadel auch die entsprechende Masche der Abkettkante aufnehmt und gemeinsam abstrickt. Somit

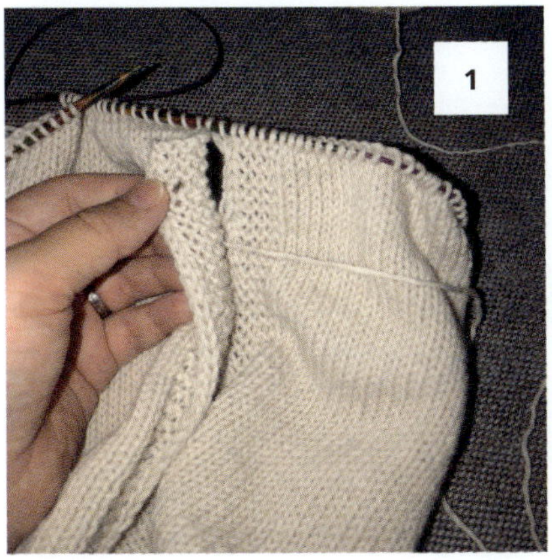

Die obere Knopfleiste wurden abgekettet, das Stück ist zur Runde geschlossen.

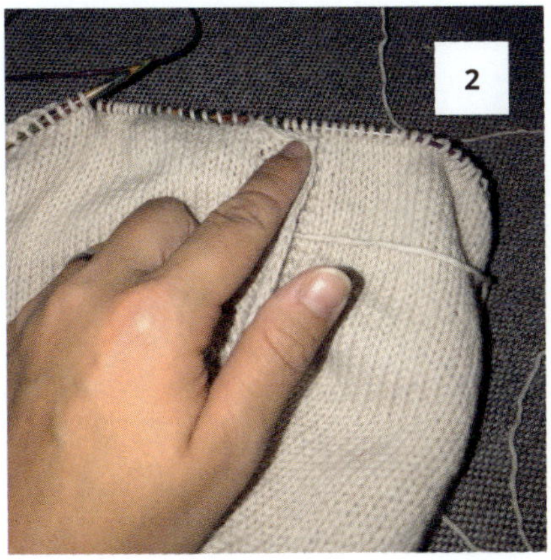

Strickt die Runde re, bis ihr die Randmaschen erreicht habt.

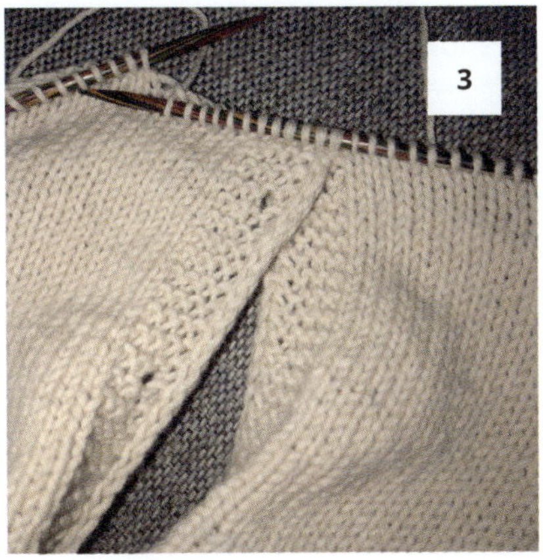

Jetzt wurde die obere Knopfleiste auf die untere gelegt und festgestrickt.

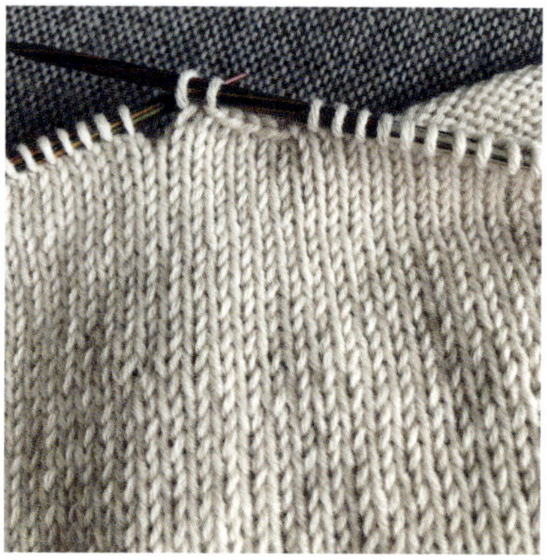

Hier wurden die Maschen im Schritt abgekettet.

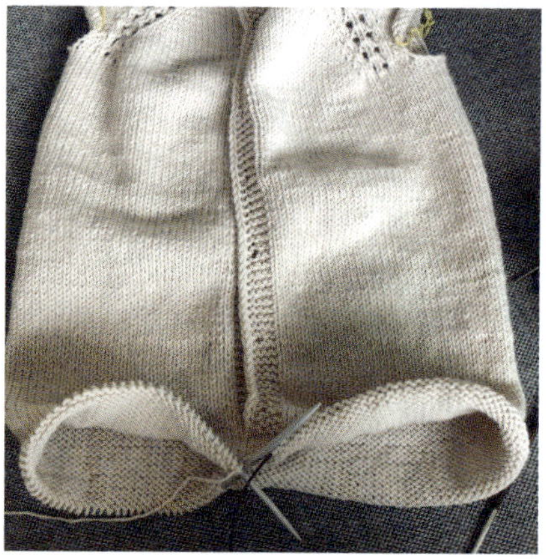

Die Beinmaschen sind aufgeteilt.

liegen die zwei Kanten glatt aufeinander und können zusammengeknöpft werden. Wenn ihr euch das noch nicht zutraut, könnt ihr die obere Kante auch lose hängen lassen und am Ende sauber auf die untere Kante nähen.

Jetzt liegen 110, 122, 130, **144, 158** M auf der Nadel. Ab hier wird glatt re weitergestrickt, auch die ehemaligen Randmaschen, die in der vorderen Mitte des Anzugs liegen. Markiert die vordere Mitte mit einem MM. Strickt weiter, bis der Rumpf ab dem Ärmelansatz 22, 25, 27, **33, 37** cm misst. Beendet die Reihe 1, 2, 2, **3, 3** M vor der hinteren Mitte.

Teilt die Maschen jetzt für die beiden Beine auf:

1. Schritt: Kettet 2, 4, 4, **6, 6** M ab (die hintere Mitte).

2. Schritt: Strickt 53, 57, 61, **66, 73** M (erstes Bein).

3. Schritt: Kettet 2, 4, 4, **6, 6** M ab (die vordere Mitte).

4. Schritt: Strickt die nächsten 53, 57, 61, **66, 73** M (zweites Bein) auf ein Nadelspiel oder eine kurze Rundstricknadel.

Jetzt habt ihr wieder den Beginn der Runde erreicht. Legt die Maschen für das erste Bein auf einen Hilfsfaden oder eine zweite Rundstricknadel und strickt das zweite Bein.

BEINE

Die Beine in diesem Anzug sind recht lang, damit der Anzug länger passt. Anfangs könnt ihr die Beine einfach umschlagen.

Ihr habt jetzt 53, 57, 61, **66, 73** M auf der Nadel. Schließt zur Runde und strickt eine Runde glatt re. In der zweiten Runde nehmt ihr 1, 1, 1, **0, 1** M ab, damit ihr eine gerade Maschenzahl erhaltet.

Strickt das Bein glatt re in Runden, bis es 14,5, 17, 23, **29, 33** cm lang ist. Gleichzeitig reduziert ihr nach und nach die Maschen: Strickt zuerst alle 3, 4, 3, **2, 2** cm die ersten 2 und die letzten 2 Maschen einer Runde zusammen, insgesamt 2, 2, 3, **5, 7** Mal. Danach arbeitet ihr diese Abnahmen alle 1,5, 1,8, 2,5, **4,5, 4** cm, insgesamt 6, 5, 6, **4, 5** Mal.

Wenn ihr die gewünschte Beinlänge erreicht habt, nehmt ihr noch einmal 6 M gleichmäßig über die letzte Runde verteilt ab. Damit habt ihr 30, 36, 36, **42, 42** M auf der Nadel. Strickt jetzt das Bündchen mit einem kleinen Lochmuster (s. Diagramm auf S. 166), insgesamt 2,5, 3, 3, **3, 3** cm lang. Kettet locker und elastisch ab und strickt das zweite Bein genauso.

ÄRMEL

Jetzt werden die Maschen für den ersten Ärmel, die ihr auf einem Hilfsfaden stillgelegt habt, wieder zurück auf Nadeln gelegt. Zusätzlich werden aus den Maschen, die ihr unter dem Arm neu angeschlagen habt, 2 Maschen aufgefasst und zu den restlichen Ärmelmaschen auf die Nadel gelegt. Die Ärmel werden in Runden gestrickt. Die erste Runde beginnt in der Mitte zwischen den neuen Maschen. Jetzt liegen insgesamt 40, 44, 46, **50, 56** M auf der Nadel.

Strickt 2 cm glatt re in Runden und beginnt dann die Abnahmen wie bei den Beinen, indem ihr die ersten 2 und die letzten 2 M einer Runde zusammenstrickt. Diese Abnahmen arbeitet ihr alle 3,5, 6,5, 5,3, **3,5, 4** cm, insgesamt 3, 2, 3, 5, 5, Mal. Strickt den Ärmel, bis er ab dem Ansatz 13,5, 16,5, 19, **22, 25** cm misst. Strickt eine weitere Runde und nehmt dabei gleichmäßig verteilt 4 M ab. Jetzt liegen 30, 36, 36, **36, 42** M auf der Nadel. Strickt das Bündchen mit demselben Lochmuster wie an den Beinen (s. Diagramm auf S. 166) und kettet locker und elastisch ab. Strickt den zweiten Ärmel genauso.

Wie die Beine sind auch die Ärmel in diesem Overall recht lang, damit er länger passt.

ABSCHLUSS

Vernäht alle losen Fäden, schließt die Löcher unter den Armen, wenn vorhanden, und näht die Lücke zwischen den Beinen zu. Falls ihr die Kante mit den Knopflöchern nicht direkt fixiert habt, näht ihr sie jetzt noch fest. Wascht den Overall gemäß der Angaben des Wollherstellers, zieht ihn auf einem trockenen Handtuch in Form und lasst ihn trocknen. Befestigt zum Schluss die Knöpfe.

Mütze

GRÖSSENANGABEN UND GARNVERBRAUCH

Größe	Umfang	Garnverbrauch
0–3 Monate	33 cm	50 g (102 m)
3–6 Monate	36 cm	50 g (102 m)
6–12 Monate	39 cm	50 g (102 m)
1–2 Jahre	**41 cm**	**100 g (204 m)**
2–4 Jahre	**44 cm**	**100 g (204 m)**

Bitte beachtet, dass die angegebenen Garnmengen nur ein Richtwert sind.

Garn

Katia Merino 100% (102 m/50 g), Lana Grossa Cool Wool big, Lang Merino 120 oder Drops Merino extra fine

Maschenprobe

23 Maschen = 10 cm mit Nadelstärke 4

Das braucht ihr:

Rundstricknadel Nr. 4 (40 cm lang)
Nadelspiel Nr. 4
Stopfnadel zum Vernähen der Fäden
Maschenmarkierer
1–2 Pompons, nach Geschmack

Diese Mütze wird in Runden von unten nach oben gestrickt. Die Angaben zu Zu- und Abnahmen sind bewusst sehr ausführlich beschrieben, damit auch Anfänger diesem Muster gut folgen können.

BÜNDCHEN

Schlagt 74, 80, **86, 92, 98** M auf die Rundstricknadel Nr. 4 (40 cm) an. Strickt zuerst 6 Reihen kraus re (re in der Hinreihe und Rückreihe) und schließt dann zur Runde. Ab hier wird glatt re mit Lochmuster gestrickt. Strickt eine Runde re und nehmt gleichmäßig verteilt 4 M zu. Jetzt liegen 78, 84, **90, 96, 102** M auf der Nadel.

HAUPTTEIL

In der nächsten Runde werden die MM platziert, die euch die Stellen für die Zu- und Abnahmen markieren. Gleichzeitig strickt ihr ab hier schon die erste Runde des Lochmusters laut Diagramm.

1. Schritt: Strickt 1 M re und steckt einen MM in diese Masche.

2. Schritt: Strickt 9, 10, 11, **12, 13** M re und hängt dann einen MM auf die Nadel.

3. Schritt: Strickt 7 M im Lochmuster (s. unten) und hängt dann einen MM auf die Nadel.

4. Schritt: Strickt 9, 10, 11, **12, 13** M re.

5. Schritt: Strickt 1 M re und steckt einen MM in diese Masche.

6. Schritt: Strickt 9, 10, 11, **12, 13** M re und hängt dann einen MM auf die Nadel.

7. Schritt: Strickt 7 M im Lochmuster und hängt dann einen MM auf die Nadel.

8. Schritt: Strickt 9, 10, 11, **12, 13** M re.

9. Schritt: Strickt 1 M re und steckt einen MM in diese Masche.

10. Schritt: Strickt 9, 10, 11, **12, 13** M re und hängt dann einen MM auf die Nadel.

11. Schritt: Strickt 7 M re im Lochmuster und hängt dann einen MM auf die Nadel.

12. Schritt: Strickt 9, 10, 11, **12, 13** M re.

Jetzt habt ihr das Ende der Runde erreicht und alle MM auf der Nadel und in den Maschen platziert. Die Runde beginnt und endet in der hinteren Mitte.

Musterdiagramm

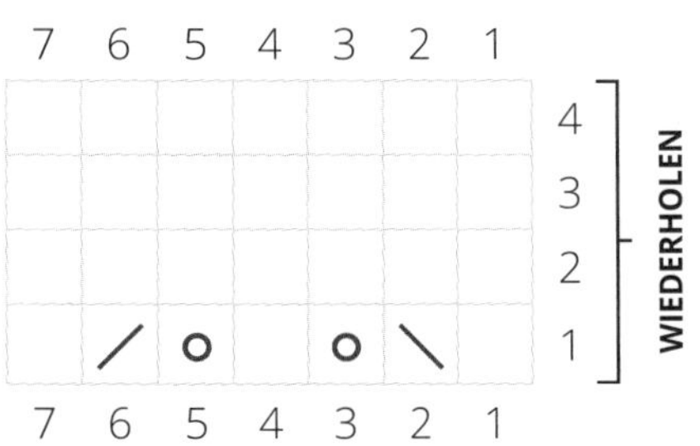

☐ Rechts in der Hinreihe, links in der Rückreihe

⧅ 2 M mit SSK zusammenstricken – s. Seite 7

⧄ 2 M re zusammenstricken

⊡ Umschlag

LOCHMUSTER

Das Muster wird über 7 M an drei Stellen zwischen den MM gestrickt.

1. Runde: Strickt 1 M re, SSK, Umschlag, 1 M re, Umschlag, 2 M zusammen, 1 M re.

2. Runde: Strickt 7 M re.

3. Runde: Strickt 7 M re.

4. Runde: Strickt 7 M re.

Wiederholt Runden 1–4 an den entsprechenden Stellen über die gesamte Mütze.

Die MM, die direkt in den Maschen stecken, bleiben in dieser Position fest. Dort arbeitet ihr an beiden Seiten Zunahmen. Die MM, die auf der Nadel hängen, grenzen das Lochmuster ab. An diesen Stellen strickt ihr Maschen zusammen. Das geht so:

RUNDE A:

1. Schritt: Strickt 1 M re. Nehmt dann eine M verschränkt aus dem Querfaden zu (M1L – s. Seite 6). Strickt weiter bis 2 M vor dem nächsten MM.

2. Schritt: Strickt 2 M mit SSK zusammen (s. Seite 7). Hebt den MM ab, strickt das Lochmuster über 7 M, hebt den MM ab. Strickt 2 M re zusammen.

3. Schritt: Strickt weiter bis zum nächsten MM, der in der Masche steckt. Nehmt davor eine M mit **M1R** (s. Seite 6) zu, strickt die M mit dem MM re, nehmt eine zweite M mit **M1L** zu. Strickt weiter bis 2 M vor dem nächsten MM, der auf der Nadel hängt.

4. Schritt: Strickt 2 M mit SSK zusammen. Hebt den MM ab, strickt das Lochmuster über 7 M, hebt den MM ab. Strickt 2 M re zusammen.

5. Schritt: Strickt weiter bis zum nächsten MM, der in der Masche steckt. Nehmt davor eine M mit M1R zu, strickt die M mit dem MM re, nehmt eine zweite M mit M1L zu. Strickt weiter bis 2 M vor dem nächsten MM, der auf der Nadel hängt.

6. Schritt: Strickt 2 M mit SSK zusammen. Hebt den MM ab, strickt das Lochmuster über 7 M, hebt den MM ab. Strickt 2 M re zusammen.

7. Schritt: Strickt bis zum Ende der Runde. Nehmt nach der letzten M eine M mit M1R zu.

RUNDE B:

Strickt die Runde glatt re, mit Lochmuster, aber ohne Zu- und Abnahmen.

Wiederholt **Runden A und B**, bis die Mütze, mit dem Bündchen, 10, 12, 13, 14, 16 cm misst.

ABNAHMEN

Wenn ihr die gewünschte Länge erreicht habt, strickt ihr weiter im Lochmuster. Ab hier strickt ihr keine Zunahmen mehr, sondern nur noch Abnahmen (an denselben Stellen wie bisher in Runde A). Diese Abnahmen macht ihr jetzt in jeder Runde. Dadurch verringert sich pro Runde die Anzahl der Maschen. Strickt auf diese Weise weiter, bis nur noch 24 M auf der Nadel liegen. Strickt jetzt eine Runde glatt re (ohne Lochmuster) und strickt dabei über die ganze Runde immer 2 M zusammen. Jetzt habt ihr noch 12 M auf der Nadel. Schneidet den Faden ab, zieht das Ende durch alle 12 Maschen und schließt so die Mütze.

BÄNDER

Nehmt an jeder Seite an den Ohrenklappen der Mütze je drei M aus der Anschlagskante auf. Aus diesen Maschen werden die Bänder gestrickt: *3 M re stricken, Arbeit NICHT wenden, sondern die Maschen wieder zurück an die andere Nadelspitze schieben*. *–* wiederholen, bis das Band 20–25 cm lang ist. Schneidet den Faden ab, zieht das Ende durch die 3 Maschen und strickt das zweite Band genauso.

ABSCHLUSS

Vernäht alle Fäden und näht die hintere offene Kante der Mütze zusammen. Wascht sie anhand der Angaben des Wollherstellers, zieht sie auf einem trockenen Handtuch in Form und lasst sie trocknen.

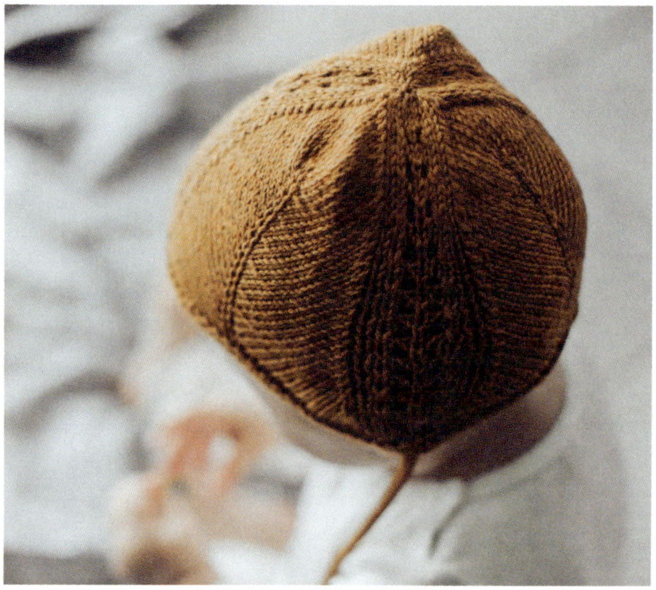

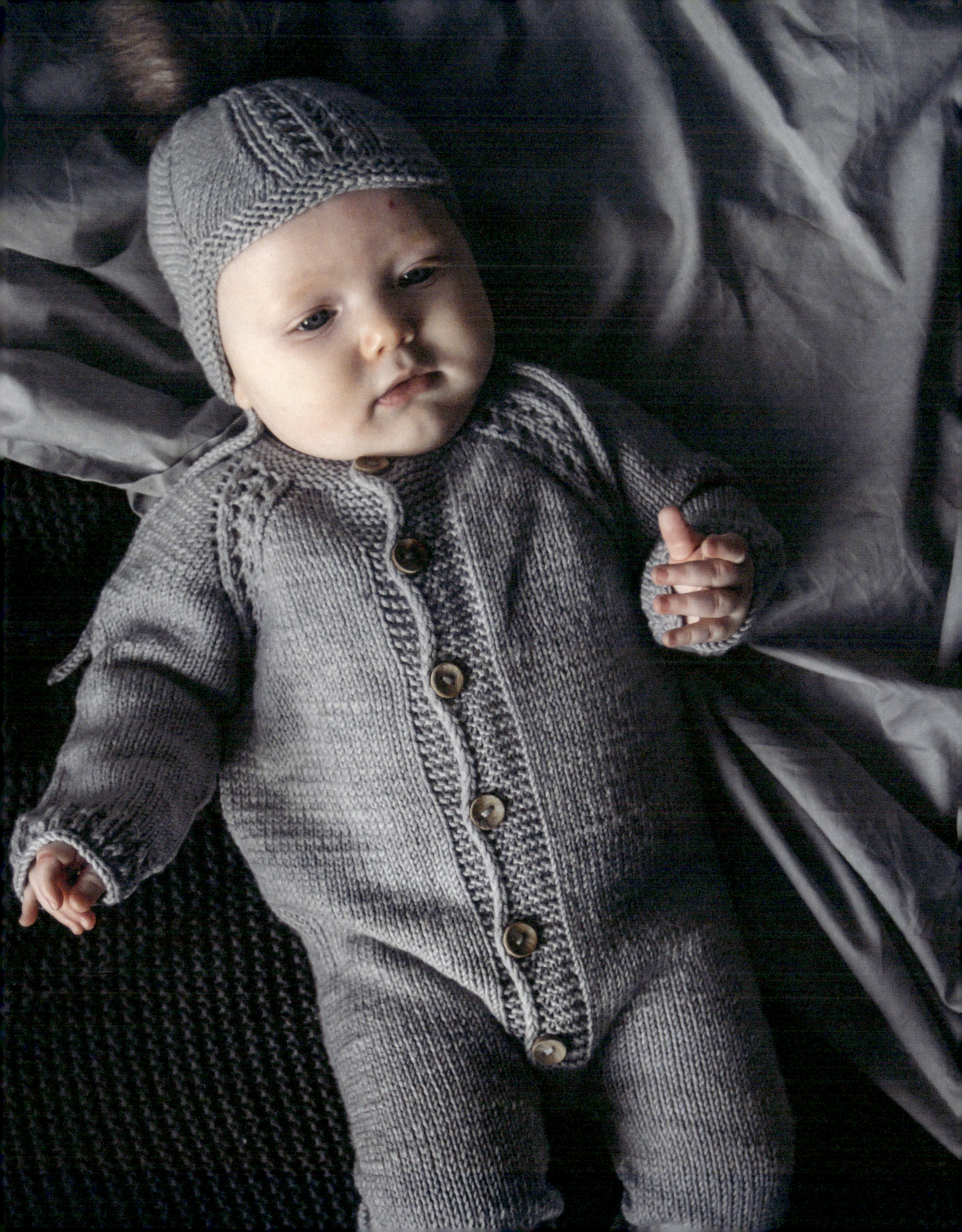

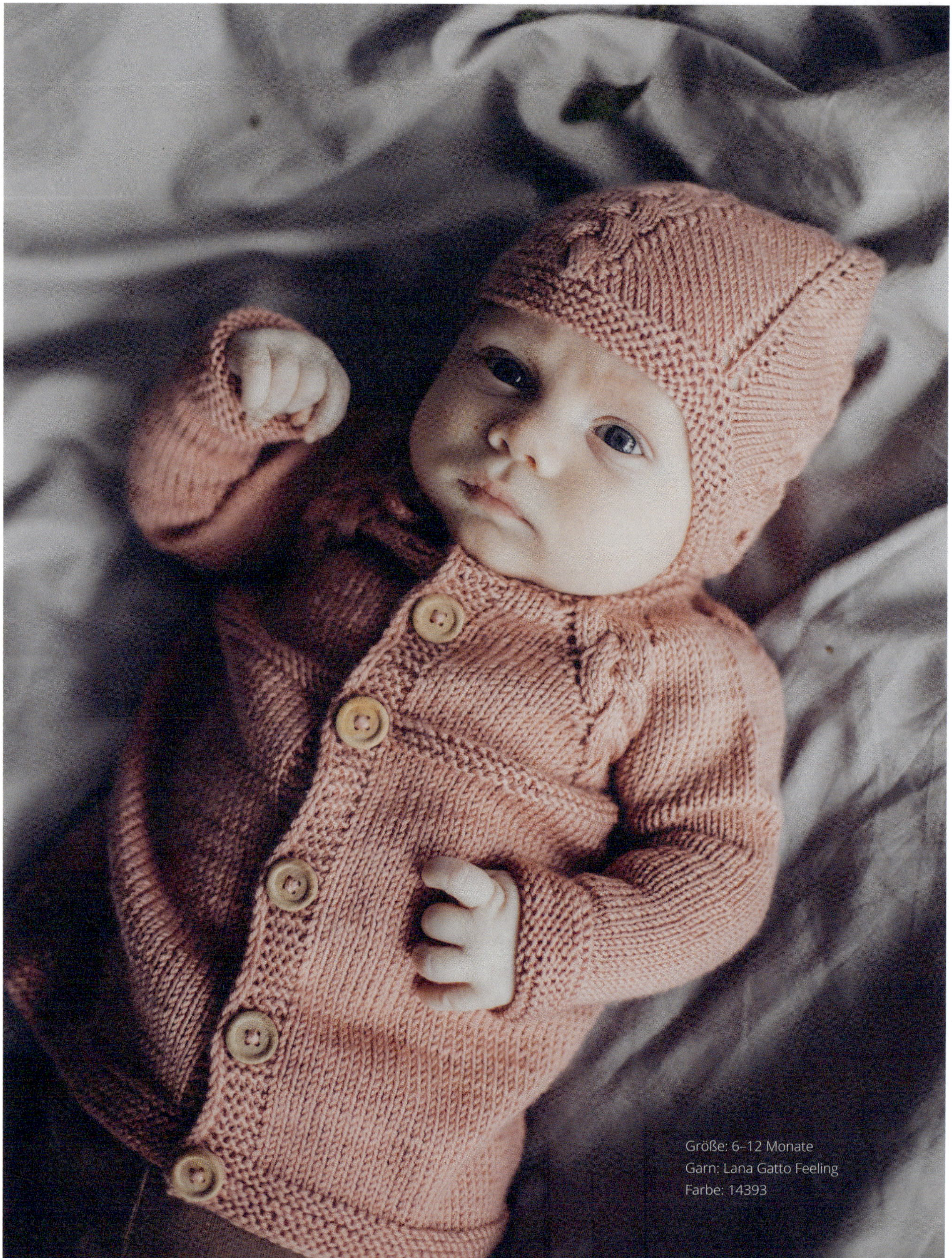

Größe: 6–12 Monate
Garn: Lana Gatto Feeling
Farbe: 14393

MYRRA – BABYSET

Myrra ist eine Jacke für zarte Frühlingstage und Feste im Garten, für Kinder bis 10 Jahre. Kombiniert mit der passenden Mütze Jökla und den Socken und Handschuhen Esjar und Eldar wird daraus aber auch ein zauberhaftes Babyset.

Myrra – Jacke

GRÖSSENANGABEN UND GARNVERBRAUCH

Größe	Brust-umfang	Ärmel-umfang	Rumpflänge ab Ärmelansatz	Ärmellänge ab Ärmelansatz	Garnverbrauch
6–12 Monate	56,5 cm	16 cm	23 cm	19 cm	200 g (408 m)
1–2 Jahre	60 cm	18,5 cm	26 cm	21 cm	250 g (510 m)
2–4 Jahre	65 cm	20 cm	30 cm	24 cm	350 g (714 m)
4–6 Jahre	**67,5 cm**	**21,5 cm**	**34 cm**	**28 cm**	**400 g (816 m)**
6–8 Jahre	**70 cm**	**23,5 cm**	**38 cm**	**33 cm**	**450 g (918 m)**
8–10 Jahre	**73 cm**	**26 cm**	**42 cm**	**38 cm**	**550 g (1224 m)**

Bitte beachtet, dass die angegebenen Garnmengen nur ein Richtwert sind.

Garn
Katia Merino 100% (102 m/50 g), Lana Gatto Feeling, Lang Merino 120, Drops Merino extra fine, Drops Cotton Merino oder Lana Grossa Cool Wool big

Maschenprobe
24 Maschen = 10 cm mit Nadelstärke 4 glatt rechts

Das braucht ihr:
Rundstricknadel Nr. 4 (60/80 cm lang)
Nadelspiel Nr. 4
Zopfnadel
Stopfnadel zum Vernähen der Fäden
Maschenmarkierer
Knöpfe (15–18 mm)

Diese Jacke wird glatt rechts von oben nach unten in Reihen gestrickt. Die Ärmel werden in Runden gestrickt. Die Knopfleisten werden direkt mitgestrickt und müssen nicht nachträglich angestrickt werden. In der Raglanpasse werden zwischen den Raglanzunahmen vier Zöpfe gestrickt.

HALSBÜNDCHEN

Schlagt 78, 86, 88, **92, 94, 98** M auf die Rundstricknadel Nr. 4 (60/80 cm) an. Strickt ein Bündchen kraus re (d.h. nur rechte Maschen in Hin- und Rückreihen) insgesamt 2, 2, 2, **2, 2,5, 2,5** cm lang, und beachtet dabei die **Randmaschen**, die **I-Cord-Kante** und das erste **Knopfloch** (siehe die nächsten zwei Absätze). Die erste Reihe, die ihr strickt, ist eine Hinreihe.

Die ersten 6, 8, 8, **8, 8, 8** und die letzten 6, 8, 8, **8, 8, 8** M des Bündchens sind **Randmaschen**, die später die Knopfleiste bilden. Sie werden über die gesamte Länge der Jacke wie das Halsbündchen kraus rechts gestrickt. Die letzten 2 M in jeder Reihe (= die letzten 2 Randmaschen) werden mit dem Faden vor der Arbeit ungestrickt abgehoben. Dadurch entsteht eine **I-Cord-Kante**, die einen sauberen und stabilen Abschluss bildet.

In diese Randmaschen werden auch direkt die **Knopflöcher** eingestrickt. Wir empfehlen, sie mit einem Abstand von ca. 6–8 Krausrippen (12–16 Reihen), oder nach Geschmack und Knopfgröße, zu arbeiten. Das erste Loch wird direkt in Reihe 3 im Halsbündchen gestrickt. Hier strickt ihr die Knopflöcher immer am Anfang einer Hinreihe. Strickt 4, 5, 5, **5, 5, 5** M, macht einen Umschlag, strickt 2 M re zusammen, strickt normal weiter. In der nächsten

Rückreihe strickt ihr den Umschlag so ab, dass sich ein Loch bildet.

RAGLANBLENDE

Ab hier wird nur noch glatt re gestrickt, d.h. re in der Hinreihe, li in der Rückreihe. Die Randmaschen strickt ihr weiterhin kraus rechts mit I-Cord. Jetzt werden die Stellen markiert, an denen ihr in jeder zweiten Reihe zunehmen werdet. Die MM werden hier immer zwischen 2 Maschen auf die Nadel gehängt und nicht direkt in den Maschen angebracht.

Die **erste Reihe** strickt ihr wie folgt:

1. Schritt: Strickt die Randmaschen. Hängt einen MM auf die Nadel.

2. Schritt: Strickt 3, 4, 4, **5, 6, 7** M rechts (linkes Vorderteil). Hängt einen MM auf die Nadel.

3. Schritt: Strickt 9 M re (Zopfmaschen). Hängt einen MM auf die Nadel.

4. Schritt: Strickt 9 M re (linkes Schulterstück). Hängt einen MM auf die Nadel.

5. Schritt: Strickt 9 M re (Zopfmaschen). Hängt einen MM auf die Nadel.

6. Schritt: Strickt 6, 8, 10, **12, 12, 14** M re (Rückenteil). Hängt einen MM auf die Nadel.

7. Schritt: Strickt 9 M re (Zopfmaschen). Hängt einen MM auf die Nadel.

8. Schritt: Strickt 9 M re (rechtes Schulterstück). Hängt einen MM auf die Nadel.

9. Schritt: Strickt 9 M re (Zopfmaschen). Hängt einen MM auf die Nadel.

10. Schritt: Strickt 3, 4, 4, **5, 6, 7** M re (rechtes Vorderteil). Hängt einen MM auf die Nadel.

11. Schritt: Strickt die Randmaschen.

Damit habt ihr wieder das Ende der Reihe erreicht und die 10 MM an den richtigen Stellen angebracht.

Strickt eine **Rückreihe (2. Reihe)** li zurück, mit Randmaschen und I-Cord wie gehabt.

In der 3. Reihe (Hinreihe) beginnen die Zunahmen: Strickt die Randmaschen und das linke Vorderteil re, macht einen Umschlag und hebt den MM ab. Jetzt werden die 9 Zopfmaschen zum ersten Mal verzopft (s. Musterdiagramm unten). Hebt dann den nächsten MM ab und macht einen Umschlag. Strickt weiter bis zum nächsten MM und wiederholt diese Zunahmen und das Zopfmuster an den anderen Zopfmaschen in dieser Reihe, sodass ihr in dieser Reihe insgesamt 8 M zunehmt.

Wiederholt Reihen 2 und 3, bis ihr in 15, 16, 18, **20, 22, 24** Hinreihen zugenommen habt, und verzopft dabei die Zopfmaschen in jeder 4. Reihe (d.h. in jeder zweiten Hinreihe). Die Umschläge strickt ihr in den Rückreihen li, sodass sich ein Lochmuster bildet. Strickt die Randmaschen weiter kraus re mit I-Cord und denkt an die Knopflöcher. Am Ende der Zunahmen liegen 198, 214, 232, **252, 270, 290** M auf der Nadel. Strickt als letzte Reihe noch eine Rückreihe.

RUMPF

Jetzt werden die Maschen, die später die Ärmel bilden, beidseitig auf einem Hilfsfaden stillgelegt. Das ist ein Faden in einer Kontrastfarbe, auf dem ihr die Ärmelmaschen sichert, während ihr den Rumpf strickt.

1. Schritt: Strickt die Randmaschen.

2. Schritt: Strickt die nächsten 30, 31, 34, **37, 39, 41** M (das linke Vorderteil und die Zopfmaschen) re.

3. Schritt: Legt die nächsten 32, 36, 40, **44, 48, 54** M auf einen Hilfsfaden (linker Ärmel).

4. Schritt: Schlagt 6, 8, 8, **8, 8, 8** neue M unter dem linken Ärmel an.

5. Schritt: Strickt die nächsten 62, 64, 68, **74, 80, 84** M re (das Rückenteil und die Zopfmaschen).

6. Schritt: Legt die nächsten 32, 36, 40, **44, 48, 54** M auf einen Hilfsfaden (rechter Ärmel).

7. Schritt: Schlagt 6, 8, 8, **8, 8, 8** neue M unter dem rechten Ärmel an.

Musterdiagramm für das Zopfmuster

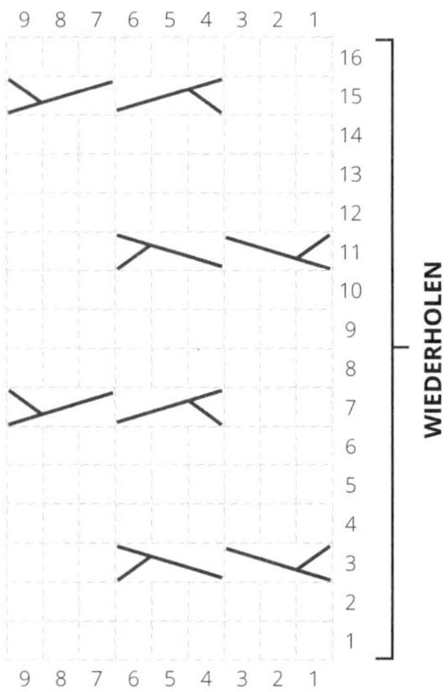

Rechts in der Hinreihe, li in der Rückreihe

Legt 3 M auf die Zopfnadel vor die Arbeit, strickt 3 M re, strickt die M von der Zopfnadel re

Legt 3 M auf die Zopfnadel hinter die Arbeit, strickt 3 M re, strickt die M von der Zopfnadel re

8. Schritt: Strickt 30, 31, 34, **37, 39, 41** M (die Zopfmaschen und das re Vorderteil).

9. Schritt: Strickt die Randmaschen.

Jetzt habt ihr wieder das Ende der Reihe erreicht und habt insgesamt 146, 158, 168, **180, 190, 198** M auf der Nadel (mit den neuen M unter den Ärmeln). Die Ärmelmaschen liegen auf Hilfsfäden.

Strickt jetzt 6 Reihen (3 Krausrippen) kraus re, d.h. nur re in Hin- und Rückreihe.

Strickt danach glatt re (re in der Hinreihe, li in der Rückreihe) weiter, bis die Jacke ab dem Ärmelansatz 20, 23, 27, **31, 34, 38** cm misst. Strickt die Randmaschen wie immer kraus re. Endet mit einer Rückreihe. Strickt zum Abschluss das Bündchen kraus re mit I-Cord wie im Halsbündchen, 3, 3, 3, **3, 4, 4** cm lang. Kettet locker ab ab.

ÄRMEL

Jetzt werden die Maschen für den ersten Ärmel, die ihr auf einem Hilfsfaden stillgelegt habt, auf das Nadelspiel Nr. 4 gelegt. Zusätzlich werden aus den Maschen, die ihr unter dem Arm neu angeschlagen habt, 6, 8, 8, **8, 8, 8** M aufgefasst und zu den Ärmelmaschen auf die Nadel gelegt. Die erste Runde beginnt in der Mitte zwischen diesen neuen Maschen. Jetzt liegen 38, 44, 48, **52, 56, 62** M auf der Nadel.

Strickt zunächst 2 cm glatt rechts und nehmt dann in der nächsten Runde 2 M ab, indem ihr die ersten 2 M und die letzten 2 M der Runde zusammenstrickt. Arbeitet diese Abnahmen insgesamt 4, 5, 6, **7, 8, 10** Mal mit 3, 3, 3, **3, 3,5, 3** cm Abstand und nehmt so insgesamt 8, 10, 12, **14, 16, 20** M ab. Jetzt liegen 30, 34, 36, **38, 40, 42** M auf der Nadel. Strickt den Ärmel ohne Abnahmen weiter bis zu einer Länge von 16, 18, 21, **25, 30, 35** cm.

Strickt jetzt das Bündchen kraus re (d.h. eine Runde li, eine Runde re im Wechsel) 3 cm lang. Kettet locker ab und strickt den zweiten Ärmel genauso.

ABSCHLUSS

Vernäht alle Enden und befestigt die Knöpfe. Wascht die Jacke entsprechend der Pflegehinweise auf eurem Garn, zieht sie auf einem trockenen Handtuch in Form und lasst sie liegend trocknen.

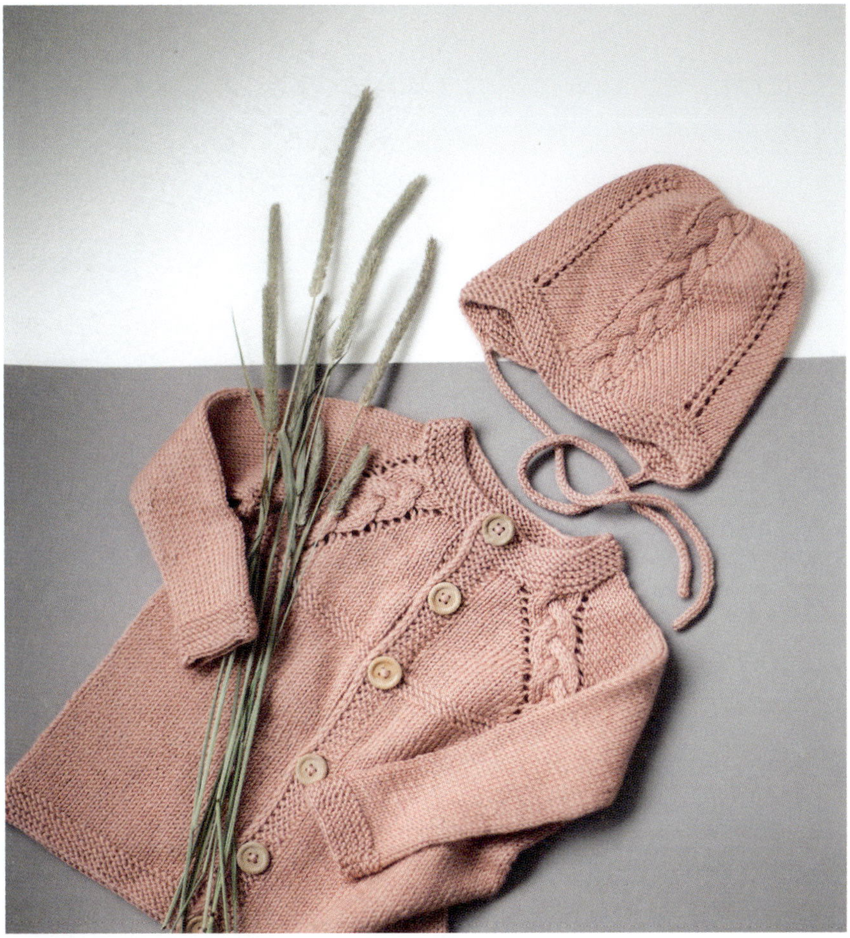

Jökla – Mütze

GRÖSSENANGABEN UND GARNVERBRAUCH

Größe	Umfang	Garnverbrauch
0–6 Monate	35 cm	50 g (102 m)
6–12 Monate	38 cm	100 g (204 m)
12–18 Monate	40 cm	100 g (204 m)
18–24 Monate	**41 cm**	**100 g (204 m)**
2–3 Jahre	**42 cm**	**100 g (204 m)**
3–4 Jahre	**43 cm**	**150 g (306 m)**

Bitte beachtet, dass die angegebenen Garnmengen nur ein Richtwert sind.

Garn
Katia Merino 100% (102 m/50 g), Lana Gatto Feeling, Lang Merino 120, Drops Merino extra fine, Drops Cotton Merino oder Lana Grossa Cool Wool big

Maschenprobe
24 Maschen = 10 cm mit Nadelstärke 4 glatt rechts

Das braucht ihr:
Rundstricknadel Nr. 4 (40 cm lang)
Nadelspiel Nr. 4
Zopfnadel
Stopfnadel zum Vernähen der Fäden
Maschenmarkierer

Die Mütze wird von unten nach oben und in Runden gearbeitet. Die Form entsteht durch regelmäßige Zu- und Abnahmen. Vorne und an beiden Seiten wird ein Zopfmuster gestrickt. Die Runde beginnt in der hinteren Mitte.

BÜNDCHEN

Schlagt 80, 92, 98, **104, 110, 116** M auf die Rundstricknadel Nr. 4 (40 cm), alternativ auf das Nadelspiel Nr. 4, an. Schließt zur Runde und strickt ein Bündchen kraus re (d.h. eine Runde re, eine Runde li im Wechsel), insgesamt 2, 2, 2, **2,5, 3, 3** cm lang. Strickt dann eine Runde re und nehmt dabei gleichmäßig über die Runde verteilt 10 M zu. Jetzt liegen 90, 102, 108, **114, 120, 126** M auf der Nadel.

HAUPTTEIL

Ab jetzt strickt ihr nur noch re weiter, mit Zopfmuster an drei Stellen, und beginnt gleichzeitig, regelmäßige Zu- und Abnahmen zu stricken. Die Stellen für die Abnahmen werden durch MM markiert, die ihr zwischen zwei Maschen auf die Nadel hängt. Zwischen den MM liegen jeweils 9 Maschen, aus denen ihr das Zopfmuster strickt.

Beginnt die **erste Runde** in der hinteren Mitte:

1. Schritt: Strickt 1 M re und hängt einen MM direkt in diese M, 1 Umschlag.

2. Schritt: Strickt 8, 10, 11, **12, 13, 14** M re, SSK (s. Seite 7). MM platzieren.

3. Schritt: Strickt 9 M re (diese 9 M werden ab der 3. Runde in jeder 4. Runde verzopft), MM platzieren.

4. Schritt: Strickt 2 M re zusammen, strickt 8, 10, 11, **12, 13, 14** M re, 1 Umschlag.

Wiederholt Schritte 1–4 bis zum Ende der Runde. Denkt daran, die Runde mit einem Umschlag zu beenden. Ihr habt jetzt an 12 Stellen in der Runde zu- und abgenommen. Die Maschenzahl hat sich dabei nicht verändert.

Strickt die **zweite Runde** glatt re, ohne Zu- und Abnahmen. Die Umschläge aus der ersten Runde werden wie immer rechts abgestrickt, damit sich Löcher bilden.

Wiederholt Runden 1 und 2, bis ihr insgesamt 30, 34, 38, **44, 52, 58** Runden gestrickt habt (d.h. ihr nehmt in 15, 17, 19, **22, 26, 29** Runden zu und ab). Strickt dabei das Zopfmuster laut Diagramm, d.h. ihr verzopft in jeder 4. Runde (oder in jeder zweiten Runde mit Zu- und Abnahmen) die 9 Maschen zwischen den MM. Beginnt dann mit den Abnahmen.

ABNAHMEN

Jetzt beginnen die Abnahmen. Wenn die Runden zu kurz für die Rundstricknadel werden, wechselt ihr auf das Nadelspiel.

Strickt die Mütze weiterhin im selben Muster, nehmt aber keine M mehr zu. Ihr arbeitet die Abnahmen an 6 Stellen in der Runde weiter wie bisher, ab jetzt aber in jeder Runde, nicht mehr in jeder zweiten, und macht keine Umschläge mehr. So nehmt ihr in jeder Runde 6 M ab und die Abstände zwischen den Zöpfen verringern sich.

Strickt die Abnahmen auf diese Weise, bis ihr nur noch 33 M auf den Nadeln habt. Strickt ab hier immer 2 M zusammen und strickt 2 M re im Wechsel, bis ihr ca. 12 Maschen übrig habt. Schneidet den Faden ab, zieht ihn durch diese übrigen Maschen und schließt so die Mütze.

BÄNDER

Nehmt an jeder Seite an den Ohrenklappen der Mütze je drei M aus der Anschlagskante auf. Aus diesen Maschen werden die Bänder gestrickt: *3 M re stricken, Arbeit NICHT wenden, sondern die Maschen wieder zurück an die andere Nadelspitze schieben*. *–* wiederholen, bis das Band 20–25 cm lang ist. Schneidet den Faden ab, zieht das Ende durch die 3 Maschen und strickt das zweite Band genauso.

Wir möchten darauf hinweisen, dass die Designer nicht für die richtige Verwendung der Kordeln haften. Es wird empfohlen, die Bänder nicht länger als notwendig zu stricken, nur so, dass man sie gerade unter dem Kopf des Kindes zusammenbinden kann. Sicherheitsexperten raten vom Gebrauch von Bändern an Mützen ab, da sie ein gewisses Unfallrisiko bergen. Es ist also eure Entscheidung, liebe StrickerInnen, ob ihr sie an die Mütze strickt oder nicht.

ABSCHLUSS

Vernäht alle Fadenenden. Wascht die Mütze entsprechend der Angaben des Wollherstellers, zieht sie auf einem trockenen Handtuch in Form und lasst sie trocknen. Die Mütze sieht beim Stricken recht verzogen und unordentlich aus, glättet sich aber in der Wäsche. Befestigt danach auf Wunsch noch einen Pompon.

Musterdiagramm für das Zopfmuster

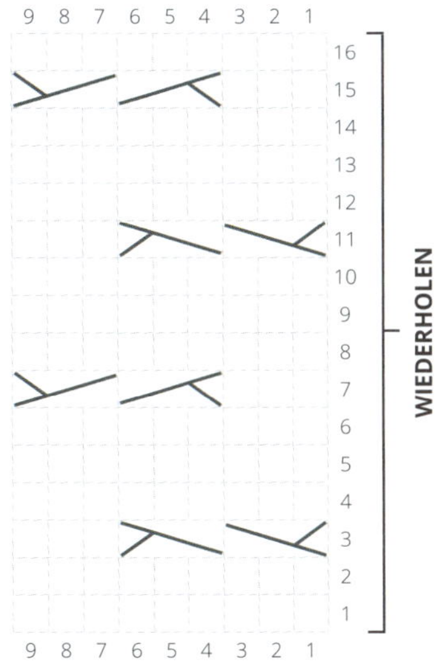

Rechts in der Hinreihe, li in der Rückreihe

Legt 3 M auf die Zopfnadel vor die Arbeit, strickt 3 M re, strickt die M von der Zopfnadel re

Legt 3 M auf die Zopfnadel hinter die Arbeit, strickt 3 M re, strickt die M von der Zopfnadel re

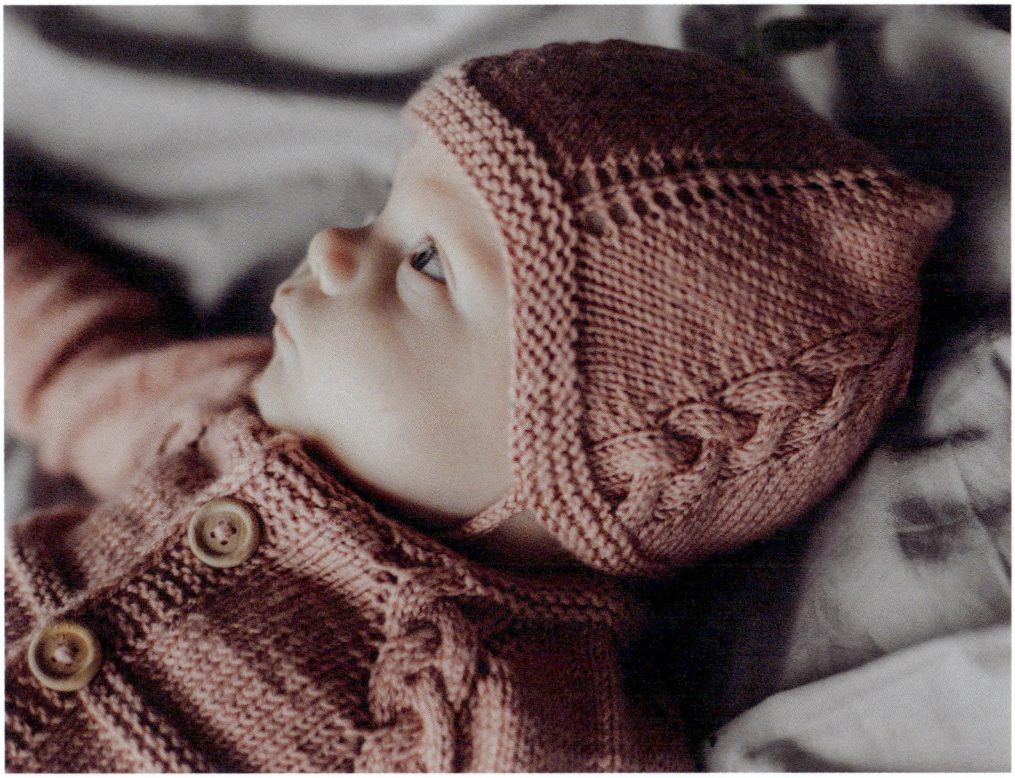

Esjar – Socken

GRÖSSENANGABEN UND GARNVERBRAUCH

Größe	Wadenumfang	Fußumfang	Garnverbrauch
0–3 Monate	11 cm	10 cm	50 g
3–6 Monate	12 cm	11,5 cm	50 g
6–12 Monate	13 cm	12 cm	50 g
1–2 Jahre	14 cm	13 cm	50 g
2–4 Jahre	**14,5 cm**	**14,5 cm**	**100 g**
4–6 Jahre	**17 cm**	**17 cm**	**100 g**
6–8 Jahre	**20 cm**	**20 cm**	**100 g**

Bitte beachtet, dass die angegebenen Garnmengen nur ein Richtwert sind.

Garn

Für warme, fest gestrickte Socken empfehlen wir **Katia Merino 100%** oder **Lana Grossa Cool Wool big.**

Für feinere Socken (besonders für Babys) empfehlen wir **Katia Merino Baby** oder **Lana Grossa Cool Wool.** Die Nadelstärke bleibt gleich, die Socken werden lockerer.

Maschenprobe

26 Maschen = 10 cm mit Nadelstärke 3,5

Das braucht ihr:

Nadelspiel Nr. 3,5
Nadelspiel Nr. 3
Stopfnadel zum Vernähen der Fäden
Maschenmarkierer

Die Socken werden von oben nach unten in Runden gestrickt. Schlagt 28, 32, 34, 36, **38, 44, 52** M auf das Nadelspiel Nr. 3,5 an (wir schlagen die Maschen auf drei Nadeln an und stricken mit der vierten) und schließt zur Runde. Strickt nun ein Rippenbündchen (1 M re, 1 M li im Wechsel) über 4, 6, 6, 8, **10, 10, 12** Runden.

Ab hier wird kraus rechts in Runden gestrickt, d.h. immer 1 Runde re und 1 Runde li im Wechsel. Vorne am Schaft wird ein Zopfmuster gestrickt. Die Zopfreihen werden immer in Runden gearbeitet, die re gestrickt werden.

DIE ERSTE RUNDE (RE GESTRICKT) GEHT SO:

Strickt 10, 12, 13, 14, **15, 16, 20** M re, hängt einen MM auf die Nadel, strickt 9, 9, 9, 9, **9, 12, 12** M re, hängt einen MM auf die Nadel, strickt die Reihe re fertig. Die 9–12 M zwischen den MM sind die Maschen, aus denen das Zopfmuster gestrickt wird. Sie werden in jeder Runde rechts gestrickt und in jeder vierten Runde verzopft.

Strickt den Schaft kraus re, mit Zopfmuster (s. Diagramme unten), bis er ab dem Bündchen 8, 9, 10, 12, **15, 19, 23** cm misst.

Wechselt auf Nadelstärke 3 und strickt ein zweites Bündchen im Rippenmuster (1 M re, 1 M li im Wechsel), damit die Socke enger am Fuß sitzt. Strickt das Bündchen über 6, 8, 8, 10, **10, 12, 12** Runden. Wechselt dann wieder auf Nadelstärke 3,5, strickt eine Runde glatt re und nehmt dabei gleichmäßig verteilt 2, 2, 2, 2, **0, 0, 0** M ab. Jetzt liegen 26, 30, 32, 34, **38, 44, 52** M auf der Nadel

Teilt die Maschen jetzt wie folgt auf drei Nadeln auf:

Musterdiagramm 0–3 Monate bis 2–4 Jahre

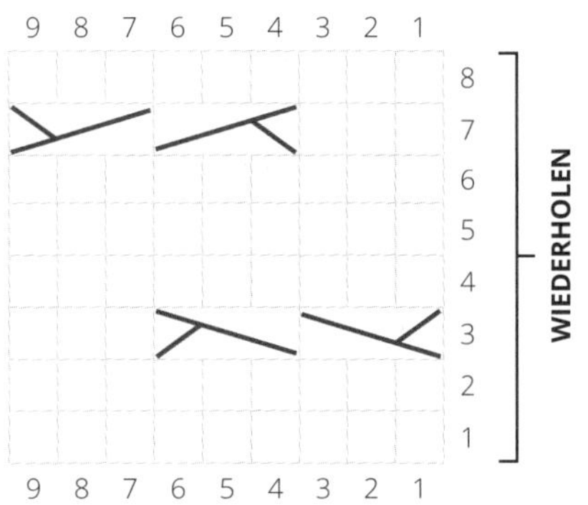

rechte Maschen

Legt 3 M auf die Zopfnadel vor die Arbeit, strickt 3 M re, strickt die M von der Zopfnadel re

Legt 3 M auf die Zopfnadel hinter die Arbeit, strickt 3 M re, strickt die M von der Zopfnadel re

Musterdiagramm 4–6 und 6–8 Jahre

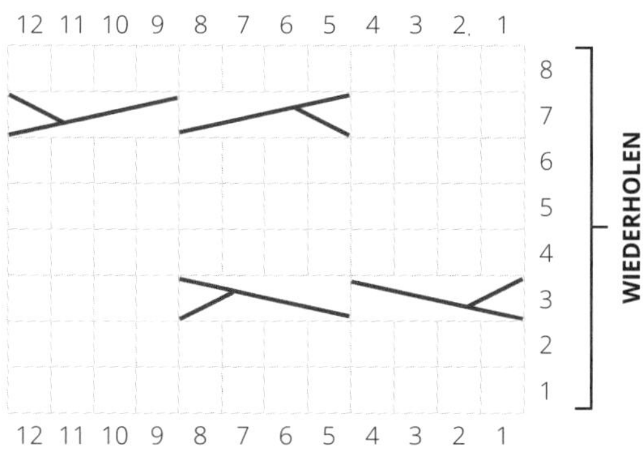

rechte Maschen

Legt 4 M auf die Zopfnadel vor die Arbeit, strickt 4 M re, strickt die M von der Zopfnadel re

Legt 4 M auf die Zopfnadel hinter die Arbeit, strickt 4 M re, strickt die M von der Zopfnadel re

1. Nadel (Sohle): 6, 7, 8, 8, **9, 11, 13** M.

2. Nadel (Spann): 13, 15, 16, 17, **19, 22, 26** M.

3. Nadel (Sohle): 7, 8, 8, 9, **10, 11, 13** M.

Ab hier werden die Socken glatt re weiter gestrickt.

VORBEREITUNG DER FERSE

Strickt zunächst die Maschen von Nadel 1 und 2 (die halbe Sohle und den Spann) re. Nehmt dann einen Hilfsfaden zur Hand (in einer Kontrastfarbe, aber möglichst derselben Stärke wie eure Wolle) und strickt damit die Maschen von Nadeln 3 und 1 (die Sohle) re. Strickt diese Maschen dann noch einmal mit eurem normalen Arbeitsfaden re, sodass der Hilfsfaden fest eingestrickt ist. Strickt jetzt weiter, bis der Fuß (ab dem eingestrickten Hilfsfaden) 7, 8, 8,5, 10,5, **12, 14,5, 17** cm lang ist. Strickt jetzt zunächst die Abnahmen an den Zehen – die Ferse wird später fertiggestellt.

ABNAHMEN

Für die Zehen werden die Maschen auf beiden Seiten reduziert. Verteilt die Maschen wieder so auf drei Nadeln, dass die eine Hälfte der Maschen (die Maschen, die die Fußoberseite bilden) auf einer Nadel liegen und die restlichen Maschen (für die Sohle) auf zwei Nadeln verteilt sind und beginnt die Runde in der Mitte der Sohle. Strickt dann die Abnahmen wie folgt:

Nadel 1 (Sohle): Strickt re bis 3 M vor Ende der Nadel. Strickt 2 M re zusammen, strickt 1 M re.

Nadel 2 (Spann): Strickt 1 M re, strickt 2 M mit SSK (s. Seite 7) zusammen, strickt re bis 3 M vor Ende der Nadel. Strickt 2 M re zusammen, strickt 1 M re.

Nadel 3 (Sohle): Strickt 1 M re, strickt 2 M mit SSK zusammen, strickt re bis zum Ende der Nadel.

Wiederholt diese Abnahme in jeder Runde, bis nur noch insgesamt 6–8 M auf den Nadeln liegen. Schneidet den Faden ab, zieht das Ende durch die übrigen Maschen und schließt so die Socke. Strickt die zweite Socke genauso.

FERSE

Entfernt den Hilfsfaden, den ihr eingestrickt habt, und legt die offenen Maschen auf 2 Nadeln des Nadelspiels (ich empfehle, die Maschen zuerst auf den Nadeln zu sichern und erst dann den Faden zu entfernen). Jetzt liegen 26, 30, 32, 34, **38, 44, 52** M auf den Nadeln (je 13, 15, 16, 17, **19, 22, 26** M pro Nadel). Verteilt die Maschen wieder auf 3 Nadeln.

Strickt zunächst 2 Runden glatt re ohne Abnahmen. Strickt dann 1 Runde mit seitlichen Abnahmen wie in den Zehen, 1 Runde ohne Abnahmen, 1 Runde mit Abnahmen und 1 Runde ohne Abnahmen. Strickt dann jede weitere Runde mit Abnahmen, bis noch insgesamt ca. 6–8 M auf den Nadeln liegen. Schneidet den Faden ab, zieht ihn durch die übrigen Maschen und schließt so die Ferse.

ABSCHLUSS

Vernäht alle Fadenänden gut, schließt etwaige Löcher an den Fersen und wascht die Socken gemäß den Angaben des Wollherstellers. Zieht sie auf einem trockenen Handtuch in Form und lasst sie liegend trocknen.

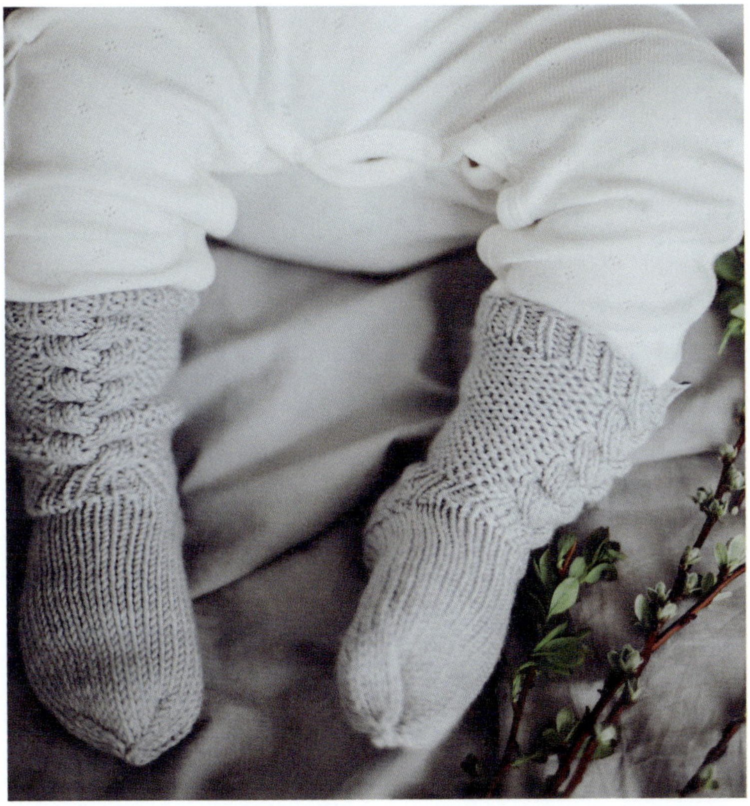

Eldar – Handschuhe

GRÖSSENANGABEN UND GARNVERBRAUCH

Größe	Breite über den Handrücken	Garnverbrauch
0–6 Monate	5,5 cm	50 g (102 m)
6–12 Monate	6 cm	50 g (102 m)
1–2 Jahre	6,5 cm	50 g (102 m)
2–4 Jahre	**7 cm**	**100 g (204 m)**
4–6 Jahre	**7.3 cm**	**100 g (204 m)**
6–8 Jahre	**7.7 cm**	**100 g (204 m)**

Bitte beachtet, dass die angegebenen Garnmengen nur ein Richtwert sind.

Die Handschuhe werden wie die Socken kraus rechts in Runden gestrickt, mit einem Zopfmuster im Schaft

SCHAFT

Schlagt 3,5 26, 28, 30, **32, 32, 34** M auf das Nadelspiel Nr. 3,5 an und schließt zur Runde. Strickt ein Rippenbündchen (1 M re, 1 M li im Wechsel) über 4, 6, 6, **8, 10, 10** Runden.

Ab hier wird kraus rechts gestrickt, d.h. immer 1 Runde re und 1 Runde li im Wechsel. Auf der Oberseite des Handschuhs wird ein Zopfmuster gestrickt. Die Zöpfe werden immer in Runden verzopft,, die re gestrickt werden.

Die erste Runde (re gestrickt) geht so: Strickt 9, 10, 11, **12, 10, 11** M re, hängt einen MM auf die Nadel, strickt 9, 9, 9, **9, 12, 12** M re, hängt einen MM auf die Nadel, strickt die Runde re fertig. Die 9–12 M zwischen den MM sind die Maschen, aus denen das Zopfmuster gestrickt wird. Sie werden in jeder Runde rechts gestrickt und in jeder vierten Runde verzopft.

Strickt die zweite Runde li. Strickt 9–12 Zopfmaschen rechts.

Die dritte Runde strickt ihr wieder rechts. Hier werden die Zopfmaschen zum ersten Mal verkreuzt (s. Diagramm unten).

Die vierte Runde strickt ihr wie die zweite.

Strickt das Stück auf diese Weise kraus re, mit Zopfmuster, bis es ab der ersten re gestrickten Runde 3, 4, 5, **6, 7, 8** cm misst.

Wechselt auf Nadelstärke 3 und strickt ein zweites Bündchen im Rippenmuster über 4, 4, 6, **8, 8, 10** Runden, damit der Handschuh gut am Handgelenk anliegt. Wechselt wieder auf Nadelstärke 3,5, strickt eine Runde re und nehmt dabei gleichmäßig verteilt 4, 4, 4, **4, 6, 6** M zu. Jetzt liegen 30, 32, 34, **36, 38, 40** M auf der Nadel.

DAUMEN UND HAND

Teilt die Maschen jetzt auf drei Nadeln auf:

1. Nadel (Handfläche): 8, 8, 9, **9, 10, 10** M.

2. Nadel (Handrücken): 15, 16, 17, **18, 19, 20** M.

3. Nadel (Handfläche): 7, 8, 8, **9, 9, 10** M.

Ab hier glatt re weiter gestrickt, d.h. re in jeder Runde, ohne Zopfmuster. Strickt zunächst 4, 4, 6, **6, 8, 8** Runden re. Dann wird der Daumen vorbereitet (in Größe 0–6 Monate ist kein Daumen vorgesehen. Überspringt die nächsten Schritte in dieser Größe und strickt den Handschuh in Runden weiter, bis er ab dem mittleren Bündchen 5,5 cm misst).

Musterdiagramm 0–6 Monate bis 2–4 Jahre

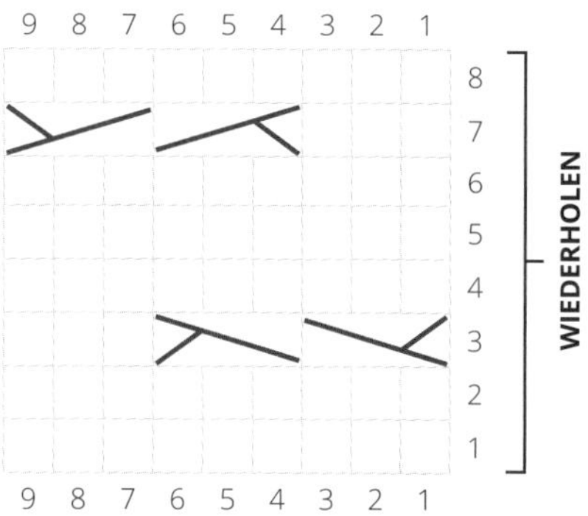

 rechte Maschen

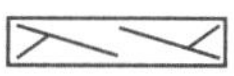 Legt 3 M auf die Zopfnadel vor die Arbeit, strickt 3 M re, strickt die M von der Zopfnadel re

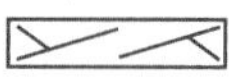 Legt 3 M auf die Zopfnadel hinter die Arbeit, strickt 3 M re, strickt die M von der Zopfnadel re

Musterdiagramm 4–6 und 6–8 Jahre

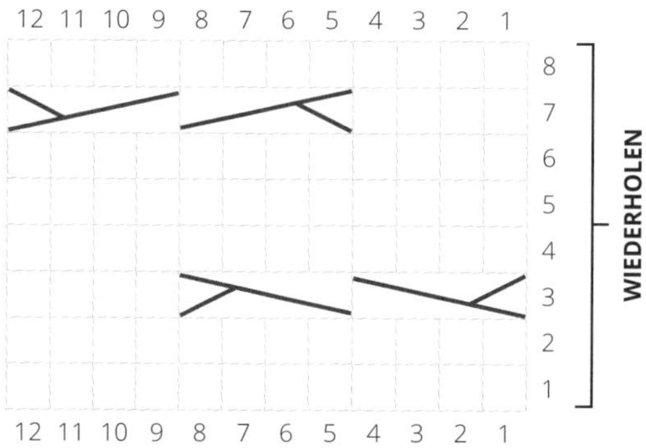

 rechte Maschen

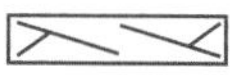 Legt 4 M auf die Zopfnadel vor die Arbeit, strickt 4 M re, strickt die M von der Zopfnadel re

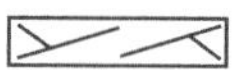 Legt 4 M auf die Zopfnadel hinter die Arbeit, strickt 4 M re, strickt die M von der Zopfnadel re

LINKER HANDSCHUH

Strickt 0, 1, **1, 2, 2** M re. Strickt die nächsten 5, 6, **6, 6, 6** M mit einem Hilfsfaden, legt sie wieder zurück auf die linke Nadel und strickt sie noch einmal mit dem Arbeitsfaden. Strickt die Runde fertig. Dieses Video zeigt die Methode anschaulich: https://bit.ly/daumen-hilfsfaden

RECHTER HANDSCHUH

Strickt die Maschen von Nadel 1 und 2 re.

Nadel 3: Strickt 2 M re, strickt die nächsten 5, 6, **6, 6, 6** M mit einem Hilfsfaden, legt sie wieder zurück auf die linke Nadel und strickt sie noch einmal mit eurem Arbeitsfaden. Strickt die Runde fertig.

Strickt dann in allen Größen glatt re in Runden weiter, bis der Handschuh ab (und nicht mit) dem mittleren Bündchen eine Länge von 5,5, 6,5, 7, **8, 9,5, 10,5** cm erreicht hat. Strickt dann die Abnahmen.

ABNAHMEN

Jetzt werden die Maschen auf beiden Seiten reduziert. Verteilt die Maschen wieder so auf drei Nadeln, dass die eine Hälfte der Maschen (der Handrücken) auf Nadel 2 liegen und die restlichen Maschen (die Handfläche) auf Nadeln 1 und 3 liegen.

Nadel 1 (Handfläche): Strickt re bis 3 M vor Ende der Nadel. Strickt 2 M re zusammen, strickt 1 M re.

Nadel 2 (Handrücken): Strickt 1 M re, strickt 2 M mit SSK zusammen (s. Seite 7), strickt re bis 3 M vor Ende der Nadel. Strickt 2 M re zusammen, strickt 1 M re.

Nadel 3 (Handfläche): Strickt 1 M re, strickt 2 M mit SSK zusammen, strickt re bis zum Ende der Nadel.

Wiederholt diese Abnahme in jeder Runde, bis nur noch insgesamt 6–8 M auf den Nadeln liegen. Schneidet den Faden ab, zieht das Ende durch die übrigen Maschen und schließt so den Handschuh. Strickt den zweiten Handschuh genauso.

DAUMEN

In allen Größen bis auf 0–6 Monate strickt ihr jetzt noch den Daumen. Entfernt dafür den Hilfsfaden, den ihr eingestrickt habt, und nehmt an beiden Seiten die Maschen auf zwei Nadeln aus dem Nadelspiel auf. Um die Bildung von Löchern an den Seiten zu vermeiden, nehme ich immer noch je 1 M pro Seite zusätzlich auf (insgesamt 4 M) und stricke sie in der ersten Runde direkt mit der nächsten Masche zusammen, damit ich wieder auf die ursprüngliche Maschenzahl komme. Jetzt liegen 12, 14, **16, 16, 18** M auf den Nadeln. Strickt daraus den Daumen glatt re in Runden, bis er 3, 3,5, **4, 4,5, 5** cm lang ist. Strickt dann über die Runde immer 2 M re zusammen, schneidet den Faden durch und zieht das Ende durch diese Maschen, um den Daumen zu schließen.

Strickt den zweiten Daumen genauso.

ABSCHLUSS

Vernäht alle Fadenänden gut und wascht die Handschuhe gemäß den Angaben des Wollherstellers. Zieht sie auf einem trockenen Handtuch in Form und lasst sie liegend trocknen.

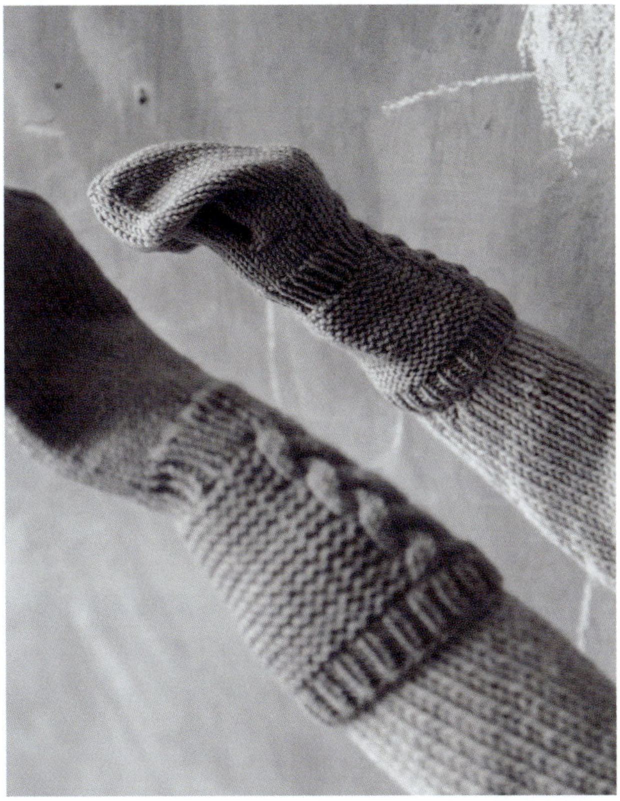

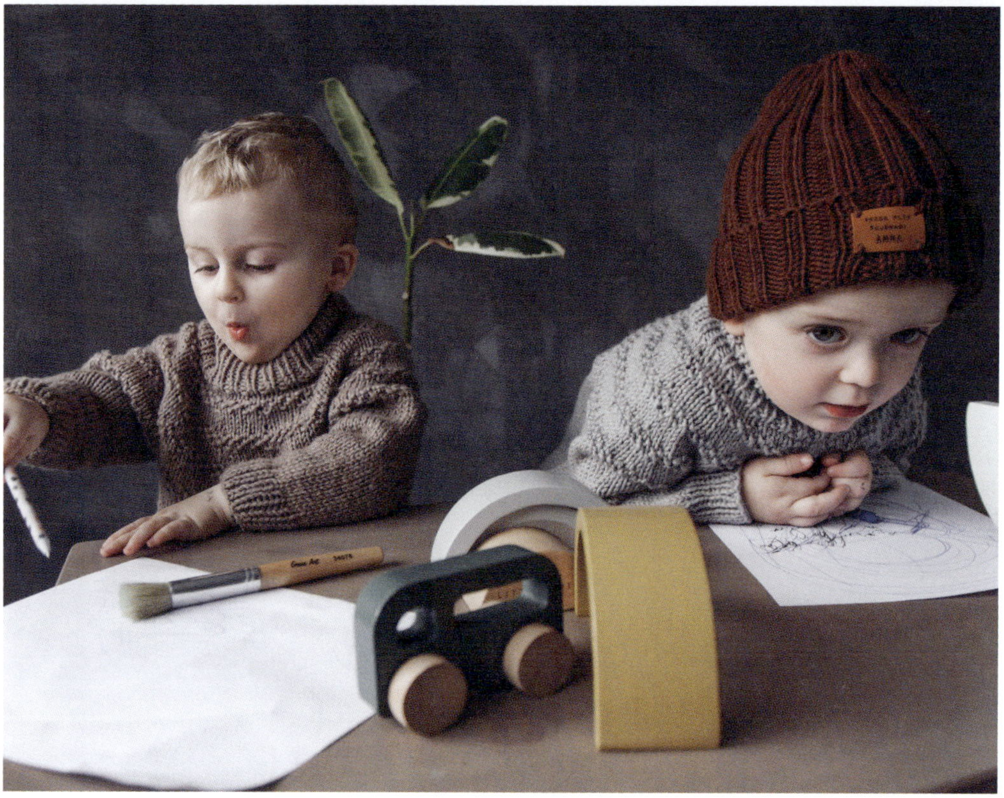

TAUSEND DANK!

Dieses Buch hat sich wahrlich nicht von selbst geschrieben. Hinter uns liegen viele Monate Arbeit, und viele helfende Hände, die mich in diesem Projekt unterstützt haben. Einigen möchte ich besonders danken.

GRÉTAR KARL
Danke, dass du mich in allen meinen Ideen unterstützt, immer hinter mir stehst und mich hin und wieder auf den Boden der Tatsachen zurückholst, wenn meine kreativen Auswüchse eine Dosis Realität brauchen. Ich liebe dich.

MEINE KINDER
Júlíana, Saga, Ari und Kári. Danke, dass ihr euch (manchmal) fotografieren lasst, freiwillig eure Stricksachen anzieht und eure dauerstrickende Mutter ertragt. Ihr seid mein Stolz und mein Glück und die besten Kinder, die man sich wünschen kann. Mama liebt euch!

SÖGUR ÚTGÁFA
Tommi, Anna, Kristján Freyr und Árni Torfa – vielen Dank für die wunderbare Zusammenarbeit.

TÓTA KUPERBLAKK
Danke für das tolles Layout, deine Geduld und dein künstlerisches Talent.

EYGLÓ GÍSLA
Danke für deine wunderschönen Fotos, die unsere Vision so gut einfangen. Du bist mein Star, und eine tolle Freundin!

GUÐNÝ GUÐMUNDSDÓTTIR
Allerbeste Mama, und mein Strickvorbild! Danke, dass du alle meine Pullover fertigstrickst, und besonders für die unzähligen Kari-Pullover, die du fürs Fotoshooting mal eben aus dem Ärmel geschüttelt hast.

LEONIE KARN
Danke für alle Geduld der Welt, für die gute Unterstützung, und dafür, dass du meine persönliche Excel-Tabelle bist.

VORDÍS GUÐMUNDSDÓTTIR
Danke, dass du ALLE unsere Anleitungen kontrollierst! Du hast uns sehr geholfen, ich bin so dankbar für dich und deine Arbeit.

MEINE PROBESTRICKERINNEN
Ein Projekt wie dieses würde nie ohne meine Truppe unermüdlicher Probestrickerinnen funktionieren. Ihr seid ein großer und wichtiger Teil unseres Erfolgs, und ich bin so dankbar für eure Unterstützung!

Birgitta Þórey
Heiða Björg
Dóra Margrét
Kristín Brynja
Vordís
Elísabet Ýrr
Íris Ósk
Anna Margrét
Inga Dóra

UNSERE WUNDERBAREN MODELS, GROSS UND KLEIN
Vielen Dank für eure Teilnahme in diesem Projekt – ohne euch wären die Fotos ziemlich langweilig. Ihr füllt das Buch mit Leben.

Erstmals erschienen unter dem Titel »Prjón er snilld!« bei Sögur útgáfa, Island

Layout der isländischen Originalausgabe: Kúper Blakk
Übersetzung und Satz der deutschen Ausgabe: Leonie Karn
Lektorat der deutschen Ausgabe: Annerose Sieck
Druck: BALTO print, Litauen

MIX
Papier aus verantwortungsvollen Quellen
FSC® C107574

3., durchgesehene Auflage 2023
Bibliografische Information der Deutschen Nationalbibliothek:
Die Deutsche Nationalbibliothek verzeichnet diese Publikation in der Deutschen Nationalbibliografie; detaillierte bibliografische Daten sind im Internet über http://dnb.dnb.de abrufbar.
ISBN 978-3-8307-2130-7

Wir produzieren unsere Bücher mit großer Sorgfalt und Genauigkeit. Trotzdem lässt es sich nicht ausschließen, dass uns in Einzelfällen Fehler passieren. Auf unserer Webseite finden Sie bei dem jeweiligen Titel eventuelle Hinweise und Korrekturen. Sollten Sie in diesem Buch einen Fehler finden, so bitten wir um einen Hinweis an verlag@stiebner.com. Für solche Hinweise sind wir sehr dankbar, denn sie helfen uns, besser zu werden.
www.stiebner.com

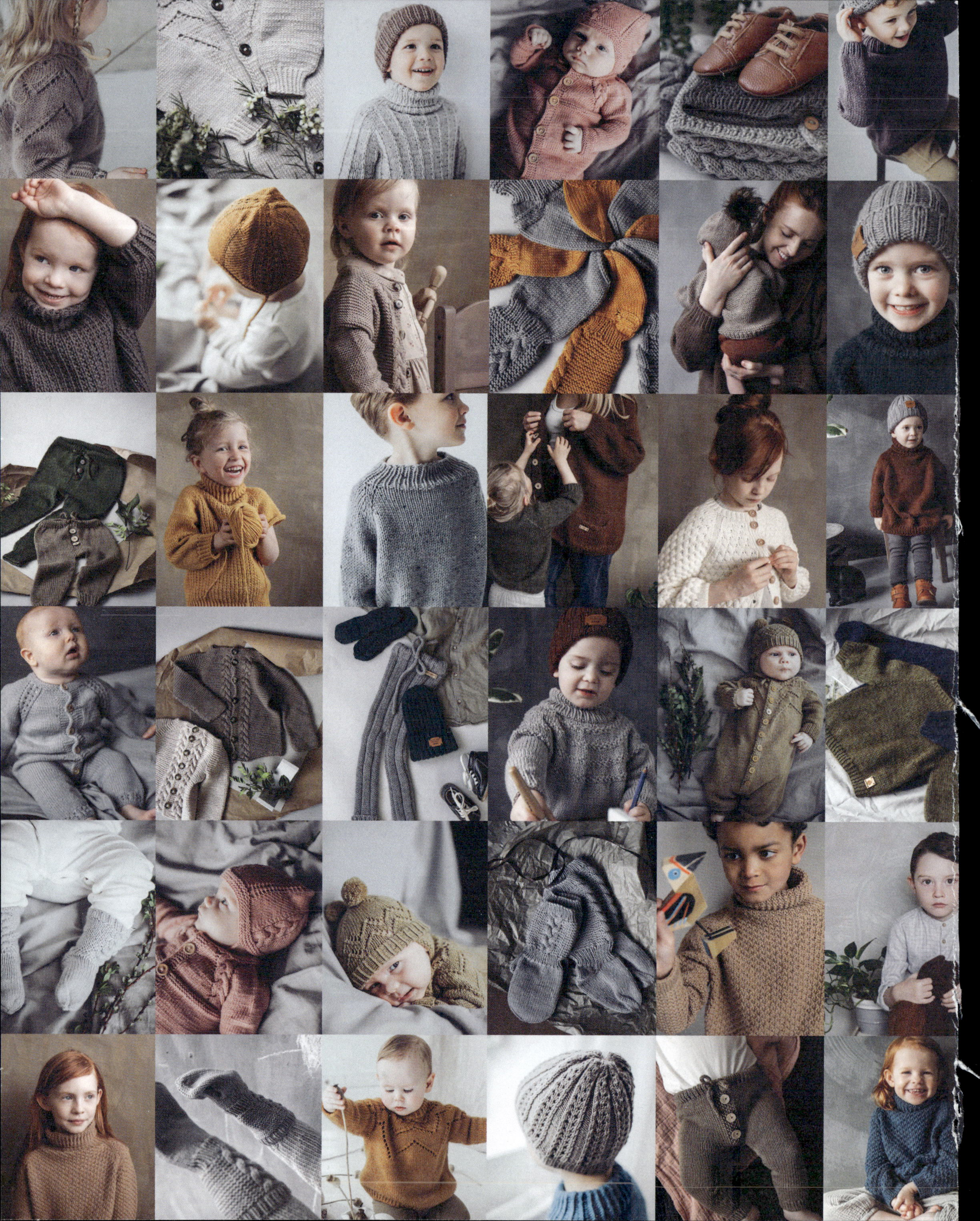